高等学校高速铁路系列教材

动车组
牵引传动与控制

主编 ◎ 车 军 杨 喆

西南交通大学出版社
·成 都·

图书在版编目（CIP）数据

动车组牵引传动与控制 / 车军，杨喆主编. —成都：西南交通大学出版社，2021.7
高等学校高速铁路系列教材
ISBN 978-7-5643-8100-4

Ⅰ. ①动… Ⅱ. ①车… ②杨… Ⅲ. ①动车–牵引传动–高等学校–教材 Ⅳ. ①U266

中国版本图书馆 CIP 数据核字（2021）第 131392 号

高等学校高速铁路系列教材
Dongchezu Qianyin Chuandong yu Kongzhi
动车组牵引传动与控制

主　编/车　军　杨　喆　　　　　责任编辑/张文越
　　　　　　　　　　　　　　　　封面设计/何东琳设计工作室

西南交通大学出版社出版发行
（四川省成都市金牛区二环路北一段 111 号西南交通大学创新大厦 21 楼　610031）
发行部电话：028-87600564　　028-87600533
网址：http://www.xnjdcbs.com
印刷：四川森林印务有限责任公司

成品尺寸　185 mm×260 mm
印张　20.5　　字数　507 千
版次　2021 年 7 月第 1 版　　印次　2021 年 7 月第 1 次

书号　ISBN 978-7-5643-8100-4
定价　69.00 元

课件咨询电话：028-81435775
图书如有印装质量问题　本社负责退换
版权所有　盗版必究　举报电话：028-87600562

高等学校高速铁路系列教材
【编审委员会】 >>>>

主　任	杨子江　李引珍
副主任	刘振奎
委　员	张友鹏　钱勇生　丁旺才　牛惠民
	石广田　陈小强　闫光辉　虞庐松
	李海军　王海涌　马元琳

【兰州交通大学高等学校高速铁路系列教材目录及主编人】

序号	教材名称	主编人
1	高速铁路客站工程	蔺鹏臻
2	高速铁路线路工程	李 斌
3	高速铁路桥梁工程	丁南宏
4	高速铁路隧道工程	梁庆国
5	高速铁路施工组织与计价	顾伟红
6	动车组运用与管理	朱喜锋
7	动车组牵引传动与控制	车 军
8	动车组车辆设计技术	商跃进
9	动车组制造与修理工艺	冉虎珍
10	机车车辆概论	金 花
11	动车组工程	石广田
12	高速铁路车站计算机联锁系统	谭 丽
13	高速铁路分散自律调度集中（FZ-CTC）	张雁鹏
14	铁路专用通信	樊子锐
15	高速铁路无线通信系统与应用	谢健骊
16	LTE-R铁路移动通信技术	周冬梅
17	高速铁路信息安全技术	李 强
18	高速铁路调度指挥	刘 斌
19	高速铁路列车运行图	田志强
20	高速铁路站场设计	张春民
21	高速铁路车站工作组织	杨信丰
22	高速铁路客运管理	张玉召

【序　言】>>>>

高速铁路是中国名片和国之重器。中国国家铁路集团有限公司2020年8月出台《新时代交通强国铁路先行规划纲要》，明确提出要加快构建现代高效的高速铁路网，深化高铁关键核心技术自主创新，造就高水平科研人才和建设高技能产业大军，至2035年率先建成现代化铁路强国。把握高速铁路技术发展新特征，面向高校专业人才培养和铁路企业职工培训新需求，编写一套先进适用的高速铁路特色教材，显得重要而迫切。

兰州交通大学为中国国家铁路集团有限公司与甘肃省人民政府共建高校，素有"铁路工程师摇篮"之称。新时期学校致力于培养铁路高素质工程技术人才，高度重视教材编写工作，专门设立"兰州交通大学高速铁路特色系列教材"项目，成立编审委员会，组织协调学校轨道交通相关专业骨干教师和中国铁路兰州局集团有限公司工程技术人员，广泛收集技术资料，深入铁路设计、施工、制造、运输企业调研，依照高速铁路技术标准，历时4年，反复讨论与修改，终在高速铁路建设新征程开启之际，完成22部高等学校高速铁路系列教材的编写任务并出版。

本套教材具有系列化和专适性特点，涵盖高速铁路线桥隧工程、动车组、通信信号、站场设计、运输组织等专业领域，注重介绍高速铁路新理论、新技术、新装备、新材料和新工艺，理论联系实际，资料翔实，图表丰富，可作为高校轨道交通专业的教学教材，亦可作为轨道交通行业企业技术管理人员的培训教材。

本套教材是校企深度合作的成果，谨向大力支持教材编写工作的中国铁路兰州局集团有限公司致谢！

兰州交通大学高等学校高速铁路系列教材编审委员会
2020年9月

【前 言】 >>>>

高速铁路的发展涉及诸多技术,动车组作为其运输装备,综合了车体技术,转向架技术,牵引变压器、牵引变流器、牵引电机、牵引控制技术,制动技术,列车网络控制技术,等。其中牵引传动控制技术在各关键技术中占据了重要地位,是动车组自主研发及产业化的关键。

本书共 7 章。第一章介绍列车牵引传动系统的发展历史和动车组牵引传动系统的组成和特点;第二章分析了变压器的工作原理和运行特性,介绍了几种动车组用牵引变压器;第三章分析了牵引变流器的工作原理,介绍了几种动车组用牵引变流器;第四章分析了牵引电机的基本结构、原理及特性等,介绍了几种动车组用牵引电机;第五章介绍了牵引传动系统控制策略,重点分析了矢量控制和直接转矩控制策略;第六章介绍了动车组网络控制系统及其主要设备,分析了 MVB 和 WTB 的工作原理;第七章综述了 CRH 系列动车组交流传动系统,并以 CRH_2、CRH380AL、CRH380BL 型动车组为例分析了各自的牵引传动与控制系统。

本书可作为高等学校动车组方向专业教材，也可供铁路高职院校动车组方向学生和研究动车组的工程技术人员使用和参考。

本书由兰州交通大学车军、杨喆主编，参加编写的还有兰州交通大学王保民。车军编写了第1章和第6章，杨喆编写了第2、3、4章，王保民编写了第5章和第7章。赵娜、石蕊、卫启哲、曾思奥、丁景贤等研究生在成稿过程中均承担了一定的文字和图片整理工作。在此向对本书给予支持和帮助的所有个人和单位致以最衷心的感谢。

由于编者水平有限，书中难免会有疏漏和不足之处，恳请广大读者指正。

编 者

2019年6月

【目 录】 >>>>

1 绪 论 ·· 001
- 1.1 列车牵引传动发展历史 ············ 001
- 1.2 交流传动机车发展概况 ············ 003
- 1.3 动车组牵引传动系统组成 ········ 013
- 1.4 动车组的技术特点 ···················· 022
- 复习思考题 ·· 034

2 牵引变压器 ································ 035
- 2.1 变压器概述 ································ 035
- 2.2 变压器运行原理 ························ 037
- 2.3 变压器参数测定与特性 ············ 047
- 2.4 几种特殊用途的变压器 ············ 053
- 2.5 几种动车组用牵引变压器 ········ 057
- 复习思考题 ·· 082

3 牵引变流器 ································ 084
- 3.1 四象限脉冲整流器 ···················· 084
- 3.2 牵引逆变器 ································ 113
- 3.3 几种动车组用牵引变流器 ········ 136
- 复习思考题 ·· 151

4 牵引电机 ···································· 152
- 4.1 异步牵引电机基本结构和原理 ·· 152
- 4.2 交流异步牵引电动机的调速 ···· 162
- 4.3 变频供电对牵引电动机的影响及设计对策 ·· 170
- 4.4 几种动车组用牵引电机 ············ 177
- 复习思考题 ·· 184

5 牵引传动系统控制策略 ... 185
- 5.1 异步牵引电动机与变流器的匹配 ... 186
- 5.2 SPWM 控制技术 ... 190
- 5.3 转子磁场定向控制——矢量控制 ... 207
- 5.4 直接转矩控制（DTC） ... 218
- 复习思考题 ... 229

6 网络控制系统 ... 230
- 6.1 动车组网络控制系统 ... 230
- 6.2 国内外列车信息控制网络 ... 238
- 6.3 多功能车辆总线（MVB） ... 242
- 6.4 绞线式列车总线（WTB） ... 248
- 6.5 网络系统主要设备 ... 260
- 复习思考题 ... 263

7 CRH 系列动车组交流传动系统分析 ... 264
- 7.1 动车组牵引传动与控制系统概述 ... 264
- 7.2 列车牵引特性与控制策略 ... 267
- 7.3 CRH2 型动车组牵引传动与控制系统分析 ... 276
- 7.4 CRH380AL 型动车组牵引传动与控制系统分析 ... 291
- 7.5 CRH380BL 型动车组牵引传动与控制系统分析 ... 300
- 复习思考题 ... 314

参考文献 ... 315

Part 1 绪 论

1.1 列车牵引传动发展历史

自世界上第一条铁路诞生以来,作为载运工具的牵引动力机车已经历了蒸汽机车、内燃机车、电力机车3个发展阶段。电力机车与电动车组的主传动控制系统统称为电力牵引传动控制系统,其发展可分为电力牵引传动摸索阶段、交直传动控制阶段及交流传动控制阶段。

1879年出现的第一台电力机车和1881年出现的第一台城市电车均尝试采用直流供电牵引方式。1891年德国西门子公司试验了三相交流直接供电、绕线式转子异步电动机牵引的机车,1917年德国试制了采用"劈相机"将单相交流供电进行旋转、变换为三相交流电的试验车。这些技术终因系统庞大、能量转换效率低、电能转化为机械能的转换能量小等因素,未能成为牵引动力的适用技术。

1955年,水银整流器机车问世,标志着牵引动力电传动技术实用化的开始。1957年,晶闸管(旧称可控硅)整流器的发明,标志着电力牵引进入了电力电子时代。1965年,晶闸管整流器机车问世,使牵引电传动系统发生了根本性的技术变革,全球掀起了单相工频交流电网电气化的高潮。牵引供电主要采用4种电流制式:第1种直流;第2种15 kV,16.67 Hz;第3种25 000 V、50 Hz;第4种25 000 V、60 Hz。交直传动电力机车相继问世,日本、德国、法国、苏联等铁路发达国家均研制成功交直传动电力机车并投入运行。

1958年底,我国试制出第一台干线电力机车,即6Y1型电力机车,该电力机车是以苏联H60型干线交直传动电力机车为样车,采用的整流器件是引燃管。随着我国电力电子工业的发展,大功率整流二极管开始进入工程实用阶段,我国第1代有级调压、交直传动电力机车——SS_1型电力机车于1968年试制成功,1969年开始批量生产。晶闸管的问世,使机车电传动技术跨上了一个新的台阶,1978年底,由株洲电力机车厂和株洲电力机车研究所共同研制成功的SS_3型电力机车是我国首次采用相控无级调压的第2代交直传动客货运电力机车。随着大功率晶闸管性能不断提高,相控整流技术的成功应用,性能更优的SS_4型电力机车研制成功。它与随后研发出的SS_5、SS_6、SS_7、SS_8及SS_9型系列相控整流货运与客运电力机车,形成了我国以晶闸管相控整流术为核心的交-直传动电力机车系列产品。

交流传动技术用于牵引传动是从20世纪70年代开始的,1971年联邦德国研制了第1批DE2500型交流传动内燃机车,经试运行后,证实了三相交流机车的一系列重大优点,如牵引力大、黏着利用好、制动性能优越以及维修量小等,从而掀起了研究三相交流机车的热潮。1983年,联邦德国联邦铁路公司又将第1批BR120型交流传动干线电力机车投入运行,该机车在系统设计、总体布置、参数选择与优化规则、电路结构方面，以及在主要部件如卧式主变压器、牵引变流器、牵引电动机、空心轴万向节传动装置、辅助交流器等的设计和制造方面，成功地进行了尝试，奠定了当代交流机车设计和运行的基本模式。自20世纪80年代末90年代至今，已在多个国家的铁路线上运行，制造厂家有德国西门子公司、法国阿尔斯通公司、加拿大庞巴迪公司、美国公司、日本日立公司和川崎重工、中国的南车集团和北车集团等大型企业。从20世纪90年代开始，铁路发达国家已不再生产交-直流传动电力机车和直流传动内燃机车，而是全部采用交流传动控制技术。

交流传动电力机车具有如下优势：

（1）良好的牵引性能。合理地利用系统的调压、调频特性，可以实现宽范围的平滑调速，使机车和动车组的高速利用功率 $K_P = 1$，恒功率调速比 $K_n = 2 \sim 3$。另外，调节频率特性能使机车和动车组启动时发出较大的启动转矩。

（2）电网功率因数高、谐波干扰小。在交-直-交电力机车和动车组上，其电源侧变流器可以采用四象限脉冲整流器，它通过PWM控制方法，可以调节电网输入电流的相位，使所取电流接近正弦波形，并能在广泛的负载范围内使机车和动车组的功率因数接近1，这在减小对通信信号的谐波干扰方面和充分利用电网的传输功率方面都有很大的意义。另外，四象限脉冲整流器能很方便地实现牵引和再生之间的能量转换，取得显著的节能效果。

（3）牵引系统功率大、体积小、重量轻、运行可靠。由于异步牵引电动机转速可达4 000 r/min，利用了直流电动机换向器所占的空间，所以交流电动机能够做到功率大、重量轻，主电路系统又可以省去许多有触点电器。因此，可以进一步提高运行可靠性。

（4）动态性能和黏着利用好。由于交流异步电动机有较硬的自然特性，其防空转（机车黏着利用）性能较好。当机车和动车组轮对发生空转（黏着破坏）时，牵引力会急剧下降，使黏着牵引力很快恢复。经过近10年的研究，机车和动车组的牵引控制已用矢量控制或直接转矩控制取代了转差-电流控制。这些控制技术，不仅能使系统稳态精度高，而且能获得高的动态性能，可以使牵引力沿着轮轨之间蠕滑极限进行控制，极其适合当代动车组高速牵引、机车重载牵引要求。

20世纪70年代，我国许多科研单位已开始进行电力半导体交流技术和三相交流传动的研究，容量从几千瓦逐渐扩大，到1989年交流传动系统的容量已达到300 kW以上。与此同时，铁道科学研究院与株洲电力机车研究所等也在进行交流传动机车的研制，到1992年已经完成了单机功率为1 000 kW级的地面试验系统。根据地面试验系统研制取得的成果和经验，1996年研制成功单轴功率1 000 kW的AC4000型交流传动原型机车，这是我国牵引传动由交直传动转变为交流传动的一个重要里程碑。迄今我国已研制出DJ1、DJ2型等交流传动大功率电力机车、"中华之星"等交流传动高速动车组以及交流传动内燃机车。

为加快实现我国铁路机车车辆现代化的步伐，原铁道部遵照2004年4月国务院下发的《研究铁路机车车辆装备有关问题的会议纪要》精神，贯彻"引进先进技术、联合设计生产、打造中国品牌"的总体要求和"先进、成熟、经济、适用、可靠"的基本方针，以关键技术的引进为"龙头"，以国内企业为主导，通过"市场换技术"，以国内外公开招标方式，先后引进200 km/h及以上的多种铁路客车动车组和大功率电力机车制造技术，并在此基础上研发具有我国自主知识产权的高速动车组和大功率交流传动电力机车。

目前，我国具有自主知识产权的高速列车有 CRH_1、CRH_2、CRH_{2-300}、CRH_3 以及 CRH_5 型高速动车组。CRH_1 型动车组是由青岛四方-庞巴迪-鲍尔铁路运输设备有限公司（简称 BSP）生产的动力配置为 5M3T 的动力分散型高速列车；CRH_2 和 CRH_{2-300} 型高速动车组分别是由中车青岛四方机车车辆股份有限公司生产的动力配置为 4M4T 和 6M2T 动力分散型高速列车；CRH_3 型动车组是由唐山轨道客车股份有限公司生产的动力配置为 4M4T 的动力分散型高速列车；CRH_5 型高速动车组是由长春轨道客车股份有限公司生产的动力配置为 5M3T 的动力分散型高速列车。

我国具有自主知识产权的大功率交流传动电力机车有 HX_D1、HX_D2 以及 HX_D3 型电力机车。HX_D1 型电力机车是由株洲电力机车有限公司生产的 8 轴 9 600 kW、120 km/h 的货运高速电力机车；HX_D2 型电力机车是由大同电力机车有限公司生产的 8 轴 10 MW、120 km/h 的货运高速电力机车；HX_D3 型电力机车是由大连机车车辆有限公司生产的 6 轴 7 500 kW、120 km/h 的货运高速电力机车。这些高速动车组和大功率电力机车融合了世界各国最先进的交流传动技术，成为我国高速动车组和大功率机车的系列品牌列车。

1.2 交流传动机车发展概况

人们对交流传动机车开展研究已有 100 多年的历史，其发展历程按交流传动机车的技术水平可分为两个阶段。

1.2.1 早期发展阶段（19 世纪 90 年代至 20 世纪 50 年代初）

1891/1892 年德国西门子公司制造的试验车，选择的是三相交流电源直接供电的绕线转子异步牵引电动机系统，该系统通过两条架空线和一条轨道提供 550 V 的三相交流电。

1898 年西门子公司进一步在一台两轴车上安装了变压器，并由三根架空线提供 10 kV、50 Hz 的三相交流电。绕线转子异步电动机的转子串接电阻，通过变阻器实现转差调节。为此，当时意大利的交流传动电力机车上采用了水电阻。为了改善调速性能，电动机上装有可变极绕组，并采用了每两台电动机级联的电路。德国和意大利先后修建了一些三相交流制的电气化铁路区段。

1903 年在德国试验线上，交流传动车辆的最大速度达到 210 km/h。特别是意大利，在其北部 1 500 km 的线路上采用 3 kV、$16\frac{2}{3}$ Hz 三相交流制实现电气化。但由于接触网的建造及维修费用很高，而且采用变阻、变极和级联调速的方法，仍无法获得理想的牵引特性。所以，这种三相交流电气化方案最终还是被放弃了。

为了简化接触网的结构，人们也曾考虑如何使已有的交流传动电力机车进一步适应单相供电的情况。当时的一种办法就是在机车上加装同步旋转的"劈相机"，其余部分不变。这种机车曾经在匈牙利西部平原地带 50 Hz 线路上试验，其效果较好。

1917 年德国试制了装有异步劈相机的系统，由 11 kV、25 Hz 的接触网供电。随即还试验了其他的一些变相、变流系统。此时一个最重要的进步是人们开始考虑采用改变定子频率的控制方法。

1943 年，匈牙利国铁订购的机车和 1955 年法国国营铁路的一台样车上，都装有旋转变频机组。但由于系统结构复杂、机组体积庞大，这两种机车都没有继续发展下去。特别是 20 世纪 50 年代初，整流器机车的问世，使电力牵引交流传动技术的早期发展阶段宣告结束。

1.2.2 近代发展阶段（20 世纪 60 年代以来）

经过了 10 余年的沉寂之后，随着电力电子技术和微电子技术的发展，人们重新开始对交流传动机车的研究。

20 世纪 60 年代中期，在全新的物质和技术基础上，把单线接触网送到机车上的能量，变换为三相的适合牵引用的新的能量形式变为可能。

进入 20 世纪 70 年代，因采用异步交流传动系统的 DE-2500 型内燃机车在莱茵河畔试验成功，交流传动在牵引领域焕发出了前所未有的活力。

1983 年底，历经 3 年的试验、试运行和改进之后，世界上首批 5 台 BR120 型大功率干线交流传动电力机车，终于赢得了相当挑剔的原联邦德国铁路当局的认可。BR120 型机车在系统设计、总体布置、参数选择与优化规则、电路结构方面，以及在主要部件，如卧式牵引变压器、牵引变流器、牵引电动机、空心轴万向节传动装置、辅助变流器等的设计和生产方面，进行了成功的尝试，并奠定了当代交流传动机车设计和运行的基本模式，推动了铁路牵引动力的新一轮革命性的变化。

对交流传动机车发展起关键作用是电力电子技术的发展。1957 年发明了可控硅整流器[SCR，后改称为晶闸管（Thyristor）]（为方便起见，人们常用 SCR 代表普通晶闸管），开始跨入电力电子技术时代。随后，在 20 世纪 80 年代中期，大功率门极关断（GTO）晶闸管（为方便起见，人们常用 GTO 代表门极关断晶闸管）。在电力机车上装车使用，20 世纪 90 年代绝缘栅双极型晶体管（IGBT）在机车上投入使用。作为交流传动技术核心的变流器，就是随着电力电子器件技术的进步而不断地得到发展。

在交流传动机车发展的过程中，1964 年提出分谐波控制的逆变器（即现在的脉宽调制逆变器）、1973 年提出在斩波整流理论的基础上研制的所谓四象限脉冲整流器、1971 年提出的磁场定向矢量控制和 1985 年提出的直接转矩自控制方法起到了重要作用。

交流传动技术根据牵引变流器主电路使用的电力电子器件不同可分为：

1.2.2.1 用高频晶闸管的交流传动技术

这时期研制了 4 台 DE-2500 型交流传动内燃机车（德国），改装了 12001 型交流传动电力机车（瑞士），对不同供电方式下的脉宽调制（PWM）逆变器——异步牵引电动机系统在转差-电流控制下的机车性能进行了多方面的试验，结果向世人确认了交流传动系统意想不到的优越性。而由一台 DE-2500 型机车和一节装有变压器、四象限脉冲整流器的控制车组成的试验电力机车，证实了这种类型的系统对电网没有任何不良反应，从而更加坚定了人们推广这种新一代技术的决心和信心。

1975 年，BBC 公司对 1 400 kW 机组的地面系统进行了试验，为选择未来机车的参数、电路和控制方法提供了充分的依据。

1980 年，BBC 公司的 BR120 型试验机车投入运行。1987 年，BBC 公司供应了首批 60

台这种机车。随后应用该技术的有丹麦国家铁路（DSB）的 EA3000 型电力机车和德国联邦铁路的部分 ICE1 系列电动车组。当时自换相的变流器需使用快速或高频晶闸管。起初可供使用的快速晶闸管反向电压只有 1 400 V。为了控制当时采用的 2 800 V 中间直流环节电压（避免用并联电路），必须串联 4 只器件，以致变流器结构较复杂。

1.2.2.2 用 GTO 的交流传动技术

20 世纪 80 年代，微处理器承担了越来越多的电子控制任务，尽管功能增多，但体积却缩小了。日本首先开发了 GTO，它大大简化了变流器结构，在首次使用的 2 500 V GTO 的基础上，（瑞士）BBC 公司开发了首台 1 400 V 中间直流环节电压的机车传动变流器［1987 年起向 BT/SZU 铁路提供了 8 台使用这种 GTO 变流器的机车，1989 年起向瑞士联邦铁路（SBB）、苏黎世城市高速铁路提供了 115 台用这种 GTO 变流器的 Re450 型电力机车］。

20 世纪 80 年代末，有了可供使用的 4 500 V/3 000 A GTO，可以实现 2 800 V 中间直流环节电压或更高电压的大功率应用。6.1 MW 功率的 Re460 型机车采用了三电平变流器（每台逆变器用 12 只 GTO）。

投入首批应用的部分 ICE1 电动车组（1989—1990）、挪威国家铁路（NSB）的 IC70 型电动车组（1992 年）和 CL7000 型欧洲穿梭式电力机车（1992 年），使用了西门子和庞巴迪公司开发的两电平 GTO 变流器（4.5 kV GTO，中间直流环节电压为 2 800 V，无串联连接，每台逆变器用 6 只 GTO）。后来用 4.5 kV 器件、2 800 V 中间直流环节电压的两电平变流器成了西门子和庞巴迪公司的标准产品，直到 2001 年所有批量生产的电力机车和动车组用的变流器都采用了这种电路。

在控制方面：

（1）用微处理器替代模拟控制装置。除了 16 位芯片外，目前批量生产的交流传动电力机车上，已成功地应用了 32 位高速数字信号处理器（DSP），如 TMS320 等。

（2）采用具有高动态性能的磁场定向矢量控制和直接转矩自控制方法替代转差-电流控制方法。

（3）采用具有更好的冷却效果，并利于环境保护的变流器水冷却系统。该系统目前有用去离子水和用普通水的两种结构。

1.2.3 用 IGBT 的三相交流传动技术

早在 GTO 变流器投入使用的初期，就发现其可靠性水平受到变流装置复杂性的极大限制。GTO 的控制电路对系统影响特别大。与 GTO 不同的是，IGBT 由电压控制，而器件输入电容的充放电控制电流很小，因此，其栅极控制电路大为简化。

由于 IGBT 能通过改变电压实现控制，变流器系统有很多优点。

（1）由于控制单元体积小和无需吸收电路，变流器结构简单而轻巧。

（2）变流器系统有效地限制内部或外部损坏情况下 IGBT 栅极可能产生的过电压，从而可保护变流器免受较大短路电流的影响。在这些器件中，可以考虑采取很多种短路保护。

（3）由于简化了变流器电路，系统的可靠性较高。

IGBT 首先是在辅助逆变器中取代了 GTO，后来才用于轻型和重型近郊运输、城市高速列车的主传动（BR423.2 型电动车组），最后用于大功率机车（从 2002 年起供应的欧洲穿梭式机车、从 2002 年起供应的 BR189 型机车、从 2003 年起供应的 BR185.2 型机车和从 2004 年起向 SBB 供应的 Re484 型机车）的主传动。

电力牵引交流传动系统主要由受电弓、主断路器、牵引变压器、牵引变流器、三相交流牵引电动机和齿轮箱等组成，主电路如图 1.1 所示。

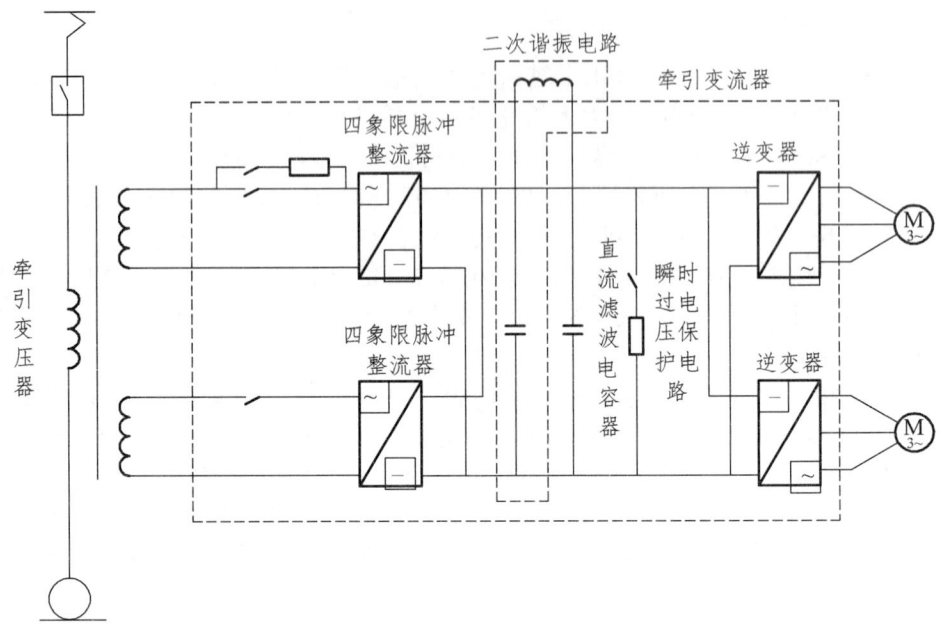

图 1.1　电力牵引交流传动系统主电路图

牵引变流器可分为 3 个主要环节：网侧四象限脉冲整流器实现功率调节，电动机侧逆变器实现频率变换，交流牵引电动机和机械传动部分实现机电能量转换。

牵引工况时，牵引变压器二次牵引绕组将单相交流电供给牵引变流器，在变流器内部，单相交流电通过四象限脉冲整流器进行交-直变换，输出直流电压；中间直流环节由直流滤波电容器、瞬时过电压保护电路、LC 二次谐振电路等部分构成，起稳定中间直流电压的作用；逆变器进行直-交变换，将中间直流电压逆变成三相变频变压的交流电压，驱动三相交流牵引电动机。

再生制动工况时，逆变器将三相交流牵引电动机再生的交流电能进行交-直变换，输出直流电能至中间直流环节，四象限脉冲整流器进行直-交变换，将电能回送电网。

电力牵引交流传动技术是一门跨学科的技术，它涉及电力电子器件、脉宽调制技术、电机电器、控制及微电子学在内的许多领域。经过近 30 年的发展，交流传动技术在国内外轨道交通运载装备中得到了广泛应用。但是，由于这一领域所具有的跨学科特点，在系统控制理论和许多实用技术上还存在一些问题，有待进一步研究改进和提高。

1.2.4　电力电子器件

1.2.4.1　电力电子器件简介

电力电子器件是列车牵引变流器的基础与核心，其性能直接决定了牵引变流器的性能指标。电力电子器件的发展经历了两个重要阶段，即以晶闸管（SCR）为代表的传统半控型电力电子器件时代和以绝缘栅双极型晶体管（IGBT）为代表的全控型自关断现代电力电子器件时代。

全控型自关断现代电力电子器件可分为双极型、单极型和混合型三大类型。除了SCR（晶闸管，Silicon Controlled Rectifier）、RCT（逆导晶闸管，Reverse-Conducting Thyristor）、ASCR（非对称晶闸管，Asymmetrical Silicon Controlled Rectifier）和TRIAC（三端双向交流开关，TRIode AC semiconductor switch）等器件之外，GTO、IGBT/IPM、IGCT等均为全控型器件。下面对常用的GTO、IGBT/IPM、IGCT等作一些简单介绍。

1. 可关断晶闸管（GTO）

GTO是高电压、大电流双极型全控型器件，与SCR相比，GTO的工作频率较高且具有自关断能力，省去了强迫换流电路，所以在组成变流器时整机体积减小、质量减小、效率提高、可靠性增加。在大容量变流设备中，GTO发挥了其高电压、大电流的优势，在机车牵引传动、交流电机调速、不停电电源和直流斩波调速等领域被广泛应用。

GTO缺点有两个：一是关断增益较小，所需门极驱动电流较大；二是为限制du/dt及关断损耗需设备专门的缓冲电路，这部分电路消耗一定能量，而且需要快速恢复二极管、无感电阻、无感电容等器件。

2. 绝缘栅双极型晶体管（IGBT）

IGBT是一种增强型场控（电压）复合器件，集大功率晶体管GTR通态压降小、载流密度大、耐压高和功率MOSFET（金属-氧化层半导体场效应晶体管）驱动功率小、开关速度快、输入阻抗高、热稳定性好的优点于一身。IGBT通过施加正向门极电压形成沟道提供晶体管基极电流，使IGBT因流过反向门极的电流而关断，其门极控制电路大为简化。大功率IGBT的研制成功为提高电力电子装置的性能，特别是为牵引变流器的小型化、高效化、低噪化提供了有力条件。目前常用于机车牵引变流器的IGBT器件容量有3 300 V/1 200 A、6 500 V/600 A等多个等级。

智能型功率模块IPM是以IGBT技术为基础的电力电子开关，由高速低功耗的管芯和优化的门极驱动电路以及快速保护电路构成。与IGBT器件相比，IPM还具有以下特点：① 快速的过电流保护；② 过热保护；③ 桥臂对管互锁保护；④ 器件布局合理，无外部驱动线，抗干扰能力强，工作可靠性高；⑤ 驱动电源欠电压保护。

3. 集成门极换流晶闸管（IGCT）

IGCT的特点：① 采用了"穿通型"结构，硅片厚度约减少30%，有利于减少工作损耗；② 采用了"阳极透明发射极"结构，使器件关断更均匀、快速；③ 在结构上将半导体元件与门极电路合成一体，简化了应用，提高了性能；④ 封装为低电感，实现了硬关断，缩短了下降时间，降低了关断损耗。IGCT器件适用于大功率高压变流器，特别是电力补偿器、有源滤波器、电机驱动装置、可再生资源发电系统、电力牵引装置等，在工业传动和地面设备中已有不俗的业绩。

1.2.4.2 电力电子器件的发展趋势

电力电子器件的发展要求器件具有大电流、高电压、低损耗、高频率、功能集成化、高可靠性等特点。为了实现大电流、高电压，需要采用新材料和新工艺；为了提高可靠性和简单化，需要对电力电子系统采用集成化技术。

新工艺主要包括薄片工艺、引线键合、平板压接式、无焊料内压接式和双面散热结构等技术，目的是进一步降低开关器件的通态损耗和提高器件的耐压值与耐流值。

就电力电子器件而言，硅材料并不是最理想的材料，比较理想的材料应当是临界雪崩击穿电场强度、载流子饱和漂移速度和热导率都比较高的宽禁带半导体材料，这种材料比较典型的有砷化镓（GaAs）、碳化硅（SiC）等。虽然碳化硅场效应器件的阻断电压可以做到硅器件所无法达到的 10 kV，但更高的阻断电压也面临通态电阻问题，因此，碳化硅的研究还有待于材料和工艺技术的进一步发展。

电力电子器件的发展趋势是紧凑化、薄型化、智能化、集成化，为了使电力电子系统具有高可靠性、高功率密度、高效率以及低成本，电力电子系统集成被认为是最有效的方法。在电力电子集成系统中，各分立元器件被标准化模块即"集成电力电子模块（IPEM）"取代。对交流传动电力机车控制来说，这种集成化的模块更为有利，因为它不仅减小了系统的体积以及开发时间，也大大增强了系统的可靠性，适应了当今功率器件的发展方向，在交流传动系统中越来越受到重视。

1.2.5 控制理论

交流传动系统是一个多变量、非线性和强耦合的系统。系统中通常可控的输入量是电压（或电流）和频率，输出量则是转速、位置和转矩，它们彼此之间以及和气隙磁链、转子磁链、转子电流等内部参数之间都是非线性耦合关系。

由于系统模型相当复杂以及运行中参数和变量又不可能十分精确地测量，所以传统的几种控制系统都是基于反馈控制环节来实现传动系统的控制，例如电压-频率协调控制系统、电流-转差系统、恒磁通控制系统等，它们都是把电压和频率两个输入变量相关联起来，从而转化成单变量系统，保证了系统的静态性能。

现代控制理论的发展应用促进了多种控制系统的诞生，并解决了传统反馈控制理论所不能解决的控制问题，例如取得重要突破的矢量控制系统、直接转矩控制系统、变结构控制系统、自适应控制系统和智能控制系统等。

矢量控制系统是采用参数重构和状态重构的现代控制概念，实现电机定子电流的励磁分量与转矩分量之间的解耦，从而使交流电机能像直流电机一样分别对其励磁分量和转矩分量进行独立控制，这一控制思想给高性能的交流电机调速技术奠定了理论基础。围绕矢量控制技术的完善化，相继提出了如下许多提高矢量控制性能的方法。

（1）为了克服由电机内部压降造成的耦合，系统加入前馈控制器。

（2）为了克服模型运算的误差，系统低速用电流模型而高速用电压模型控制。

（3）为了克服运行中电机转子电阻变化，采用对系统参数辨识修正的方法。

继矢量控制技术之后交流调速控制理论的另一个突破是直接转矩控制技术。与矢量解耦控制的方法不同，它无需进行两次坐标变换及矢量的模与相角的复杂计算，而是直接在定子坐标系上计算电机磁链和转矩的实际值，并与磁链和转矩的给定值相比较，通过 Bang-Bang 调节器进行转矩的直接调节，加快了转矩的响应速度，使响应时间控制在一拍之内，能使系统的静、动态性能得到很大的提高。

采用滑模变结构控制系统是为了克服矢量控制系统在运行时参数变化对系统的影响，这种控制系统是使系统结构在动态过程中根据系统当时的偏差及其导数以跃变的方式作预先设定的改变，使系统达到最佳性能指标，并使系统具有对参数的不敏感性和抗干扰的鲁棒性，对系统的数学模型和参数的精确性要求不高。它实际上解决了非线性控制问题，但这种方法对状态观察要求很高。

对于一个较复杂的交流传动系统，在运行中参数发生变化时，采用模型参考自适应控制能够实时地在线确定系统的模型或参数，并及时调速，以达到高精度的控制目的。

为了解决系统的非线性问题，实现大范围的线性化，同时实现解耦，近年来一些学者又提出了一种非线性解耦控制，其基本思想是通过非线性坐标变换和非线性状态反馈量，使非线性控制对象完全线性化，同时实现解耦，然后将线性解耦控制的多变量系统转化成单变量系统，这样就可以按单变量系统进行综合，并可以借助经典控制理论设计最佳调节参数。这种方法是一种新的探索，在理论和实践上还有待做进一步的论证。

在高性能传动控制系统中，为了进一步解决高性能驱动系统中的非线性、参数变化、扰动和噪声等控制问题，进一步提高驱动系统的控制精度和控制性能，人们运用现代控制理论，不断寻求和采用更先进的控制方法、控制策略和控制技术。人工智能是指机器模仿人类的思维过程，人工智能控制是传统控制理论与模糊逻辑、神经网络、专家系统等相结合的产物，人工智能控制理论的处理方法不再是依赖单一的数学模型，而是数学模型与知识系统相结合的广义模型，充分利用人类的经验、思维和判断能力实现对复杂系统的控制。人工智能控制的许多优点已在电力电子和电力传动领域得到了验证和应用。可以预测，未来人工智能控制将在电力电子学和传动控制领域中发挥引领时代新潮流的作用。

1.2.6 交流传动系统的控制技术

异步牵引电动机的控制方法经历了转差-电流控制、磁场定向控制和直接转矩控制3个发展过程。早期的转差-电流控制方法基于异步电动机的稳态数学模型，其动态性能远不能与直流调速系统相媲美；20世纪70年代推出的磁场定向控制理论基于直流调速系统的控制思想对异步电动机进行矢量解耦，实现链接、转矩独立调节，达到了与直流调速系统同样的动态响应性能；最新的直接转矩控制技术基于定子磁场定向理论，其数学模型简单、具有更优良的动、静态性能，其优势越来越明显。

脉宽调制（PWM）是变流系统中不可缺少的一个环节，它能优化变流器的输出特性。基于不同的目的，产生了许多调制方法。在牵引领域，先后研发、应用了正弦脉宽调制（SPWM）技术、电压空间矢量脉宽调制（SVPWM）技术、消除谐波法脉宽调制（SHEPWM）技术。

异步牵引电动机具有很陡的机械特性，对机车、动车动轮的空转、滑行具有一定的防护能力。但为了保证现代机车、动车能在各种轨道状态下发挥尽可能大的牵引/制动力，还需要专门的控制装置对轮轨黏着进行调节。牵引电动机发出的转矩经传动机构、车轮到轮轨的过程极其复杂，轨面条件变化多样，难以描述轮轨黏着的物理模型，得到确切的规律性。因此在研究黏着控制时，基于理解方式不同可得到各种各样的控制方法。

由于矢量控制、直接转矩控制、无速度传感器控制和基于智能化的系统控制等新理论的应用，交流传动中的控制算法越来越复杂。早期交流电机的控制均以模拟电路为基础，采用运算放大器、非线性集成电路以及少量的数字电路组成，控制系统的硬件部分非常复杂，功能单一而且系统控制非常不灵活，调试困难，因此阻碍了交流电机控制的发展和应用范围的推广。微电子、信息技术等为交流传动技术的进步提供了现代控制手段，从过去复杂的模拟-数字电路实现简单的控制功能，进入现代网络化控制、小型化及模块化结构。微计算机和微处理器品质不断提升，由 8 位发展到 32 位、64 位，由定点运算发展到浮点运算，处理能力大幅提升，构筑了以高速数字信号处理器 DSP 为核心的实时控制器，使很多功能和算法可以采用软件技术来完成，为交流电机的控制提供了更大的灵活性，并使系统能够达到更高的性能，交流电机的数字控制系统因而得以推广。

1.2.7 变频电机技术

应用交流传动调速系统的主要目的是节能、高精度控制和实现高速驱动。为使系统获得最佳控制效果，不仅要对电力电子器件、变频电路、控制系统等技术进行大量研究，也必须对变频式电机的理论、设计和制造技术进行充分研究。

变频调速用电机与普通电机相比，其运行条件、使用目的以及特性要求都有所不同。

（1）变频调速用电机由逆变器输出的非正弦电压供电时，由于波形中高次谐波电路的影响，使电机的效率、功率因数下降，温升增高。对于中小型电机来说，即使采用 PWM 调制，其效率和功率因数也降低 1%~2%。

（2）变频调速用电机的调速范围很宽，从低频（几赫以下）启动到高频（数百赫）运行，为了充分利用系统的容量，要求电机在低速范围内能发挥最大转矩和高速范围内充分利用电机的功率。

（3）谐波电流与谐波磁通相互作用产生各种脉动转矩，使电机在运行中产生振动和噪声。

（4）变频调速用电机在运行时，其承受电压是运行电压和逆变器换向时产生的尖峰电压的叠加值，这种峰值电压数值较高，能使电机层绝缘加速老化及产生电晕。

因此，为适应变频调速系统的运行，必须专门设计和逆变器配合使用的电机。对于大中容量等级的电机更应与逆变器配套制造。变频电动机的制造，应考虑以下几方面的技术问题。

（1）根据选用逆变器类型的不同，异步电动机参数有不同的设计方案，一般来说，由电压型逆变器供电的电动机，为了降低谐波电流，电动机漏电抗应设计得较大；对于由电流型逆变器供电的电动机，应减小电动机的漏电抗，以抑制换流时产生的尖峰电压。

（2）提高低速转矩特性和扩大高速恒功率范围。变频异步电动机经常采用低频启动，如果系统用于恒转矩负载，则电动机在低速区要求有 100% 的输出转矩。另外，变频调速电动机调速范围很宽，为了在高速范围内使电动机恒功率运行，并保证运行的稳定性，要求电动机在最大速度点有一定的过载转矩。因此，从快速启动、低速恒转矩运行、高速恒功率运行等不同方面来看变频电动机都要求有较高的转矩特性。

（3）高速运转的技术问题。目前，逆变器输出频率已达到 120 Hz、240 Hz 甚至 400 Hz，电动机转速高达 10 000 r/min 以上。电动机高速化带来的问题有噪声增加、转子的不平衡、轴承的极限转速等。为此，高速变频电动机要专门配套设计，例如应降低磁通密度，适当加大气隙以减小偏心的影响，提高转子动平衡精度以及研究高速轴承的各种技术。

（4）高动态响应的技术问题。对于诸如矢量控制所要求的高动态性能的系统，其电动机要求惯性小、转子外径小。如果系统要求转速闭环控制，则速度检测需采用磁编码器和光电编码器等高精度检测装置，这时逆变器是专用的，电动机也应该特殊设计，使整个系统能获得良好的动态响应。

变频调速系统中的另一类电动机是自调频同步电动机。在设计它的参数时，除必须考虑系统的运行性能对电动机的要求外，其主要问题是电动机的电抗参数设计和选择，因为它影响逆变器的换流稳定性。在换流期间，电动机有两相绕组串接在换流回路中，由于转子对电枢磁场有相对运动，故转子系统（励磁绕组等）对电枢磁场起阻尼作用，因此，电动机回路中的换流电抗应属于同步电动机超瞬变电抗的范畴。为了增加换流能力，需要减小换流电抗，可以采用在电动机磁极上装设阻尼绕组的办法来解决。这也是自调频同步电动机设计中的一个重要特点。

除以上两类电动机正在稳步发展外，永磁同步电动机和开关电路控制的磁阻电动机也开始在变频调速系统中应用。永磁同步电动机的磁极是用新型的永磁材料——钴、钐制成的，有很高的磁能积，对温度变化也不敏感。开关磁阻电动机在结构上类似步进电动机，在原理上属于电流控制的变磁阻连续运动的电动机，基本结构和控制技术都很简单。目前这两种调速电动机由于材料价格及工艺技术等原因还限于小容量的范围，但都具有很好的发展前景。

1.2.8 牵引传动新技术

1.2.8.1 无速度传感器控制技术

在交流传动系统中，为达到高精度转速闭环控制，必须在电动机的传动轴上安装速度传感器，然而速度传感器的安装不仅导致系统成本的增加、体积增大、可靠性降低，而且其性能易受工作环境影响。在现有的电力牵引系统中，高性能控制技术同样依赖于位置速度传感器，而速度传感器是引起机车故障的主要根源之一，不能满足传动控制设备对可靠性的要求。因此，对于电力牵引传动系统而言，无速度传感器控制技术具有如下优点：可以减小牵引电动机的体积，提高电动机输出功率，提高传动控制单元（DCU）的系统可靠性，去掉速度传感器后可以避免因为速度传感器机械故障导致的系统故障。

目前无速度传感器控制技术主要有模型参考自适应控制器、全阶观测器、扩展卡尔曼滤波器和高频谐波注入控制器等。其主要研究热点是低速时的速度辨识、定子和转子电阻的参考辨识。由于轨道牵引传动控制的特殊性，无速度传感器控制还必须解决诸如过电分相后电动机带速度重投、零速附近稳定发挥出额定转矩、低速发电状态时整个控制系统的稳定性等问题。

1.2.8.2 软开关技术

器件的开关性能（兼顾考虑开关损耗和通态损耗的结果）目前都已经接近于最佳水平了。在无吸收回路的硬开关变流器中，进一步减少损耗的潜力是有限的。对于那些需要最大效率和更高开关频率的应用场合，必须考虑在交流器中采用软开关技术，即设法使开关器件在零电流或零电压的状态下实现换流。软开关需要两方面的条件：一方面是重复地使器件上的电压为零，或强迫流过器件的电流为零，并随即保持一个足够长的时间以完成换流；另一方面，器件必须在零电压或零电流期间，尽快完成换流过程。目前有两类电路可采用：谐振直流环节和谐振吸收回路。

1.2.8.3 永磁同步电动机直接驱动技术

由于牵引电动机存在功率要求和安装空间有限的矛盾，不可避免地要增加设计转速以减少电动机体积。所以长期以来，牵引电动机都是通过一级甚至两级齿轮与轮对耦合的。若去掉齿轮将有许多好处：节省齿轮及其油润滑装置的制造费用，消除了齿轮装置中的能耗，减少维修频率。

直接驱动是将驱动电动机与其负载-车轴直接连接起来，电动机产生的转矩不经齿轮而直接传递到车辆轮对上。随着铁路机车车辆技术领域对维修方便、节约能源、降低噪声等提出了越来越高的要求，采用直接驱动系统会有很好的改善效果。为了达到机车牵引的要求，永磁同步电动机作为直接驱动的牵引电动机具有体积小、重量轻、控制简单、可靠性高、功率因数及效率高的优点，因此它已成为了直接驱动式牵引电动机研究领域的热点。

设计永磁同步牵引电动机时要求其体积小、重量轻、输出功率大，并能在控制中实现机车启动时的输出大的启动转矩，且在很宽的速度范围内实现平滑调速，以便达到对机车转矩控制的目的。现代永磁同步电动机也正向大功率、高转矩和微型化方向发展，此发展趋势必将推动铁路直接驱动技术的发展。

1.2.8.4 变压器小型化和轻量化技术

传统的干线交流传动机车牵引电路中大多带有低频牵引变压器，作为交流传动系统中的一个重要组成部分，牵引变压器存在笨重，昂贵，效率低，占据车体空间大等缺点，导致牵引车辆在质量、尺寸方面经常超过设计要求，并且仅能非常有限地满足效率要求等。随着我国高速铁路的快速发展，车载变压器小型轻量化已成为下一代交流传动列车应优先解决的课题。目前，车载变压器小型轻量化方案主要包括硅油变压器、超导变压器和中频变压器。

硅油变压器：硅油比矿物油具有更好的电气绝缘性能，且硅油还有不易着火、自熄性等性质。由于硅油的电气强度高，如果用硅油填充变压器，可以缩小电气绝缘的距离。硅油的燃点比矿物油高一倍多，可以允许变压器绕组在更高的温升下运行，所以用硅油填充变压器有利于减小变压器的体积，增大功率可实现牵引变压器的小型轻量化。

超导变压器：采用超导线代替铜导线，具有小型轻量、低耗高效的特点。超导导体的电流密度比铜高一百多倍，远高出传统牵引变压器的 $6 \sim 8 \text{ A/mm}^2$，可以大大减少线圈的重量。当供电电压和频率一定时，可通过增加线圈匝数来减少铁心截面积。所以，使用超导导体能够实现牵引变压器的小型化和轻量化。

中频变压器：采用中频变压器也可以实现交流传动系统的轻量化。根据变压器的电磁平衡方程 $u = 4.44 fN\Phi$，绕组的匝数 N 不变，如果要维持绕组的端电压 u 恒定，那么频率 f 升高，磁通 Φ 降低，铁心可以相对减小。牵引中频变压器正是根据这一原理实现变压器的小型轻量化的，但是在采用中频变压器的方案中，变压器重量和体积减小却是以增加两倍变流器容量为代价的。

1.2.8.5 无牵引变压器技术

虽然上述的 3 种牵引变压器小型轻量化技术能够有效地减小牵引变压器的重量与体积，但牵引变压器在牵引传动系统中所占重量和体积仍然较大。2000 年，瑞士学者 M. Steiner 等提出了采用高压电动机的无变压器交流传动系统结构，该方案开创了新纪元。无变压器交流传动系统是一种全新的选择方案,与传统的交流传动相比较,该系统对牵引变流器和牵引电动机的设计提出了新的挑战。

(1)新型牵引变流器设计与控制技术:取消牵引变压器,将变流器模块通过一个小的平波电抗器直接与电压的接触网相连,这对当前的电力电子器件的耐压等级提出新的挑战。由于当前电力电子器件的耐压等级的限制,可以将多个变流器模块串联连接,并且每个牵引变流器模块可以采用多电平的拓扑结构,以降低所需电力电子器件的耐压等级。因此无牵引变压器的交流传动系统对牵引交流器的拓扑结构及其相应控制技术提出了许多新的课题。

(2)新型电动机设计与控制技术:由于交流侧牵引交流器串联连接,各个变流器模块直流中间回路电压的点位不同,结果对驱动侧则是每个直流中间回路为具有不同电位的独立驱动电路的一部分,因此需要引入一种新的电动机的概念。M. Steiner 等学者提出采用带有 3 个独立驱动三相绕组的星形联结异步电动机的新型控制结构。因此,无牵引变压器交流传动系统对牵引电动机的拓扑结构和控制技术提出了新的挑战。

1.3 动车组牵引传动系统组成

1.3.1 动车组牵引传动系统的组成及作用

电力牵引高速列车的供电、牵引传动系统,包括从变电站到列车受电弓在内的供电部分和动车组本身的传动系统。目前根据系统的传动方式和动力布置形式等的差异,动车组供电牵引系统的组成有所不同。本教材主要介绍列车装备部分,即从受电弓、主变压器到牵引电动机的主电路部分涉及的内容,即牵引传动系统。虽然受电弓一般列在牵引供电系统中,但由于其为车载设备,因此也将其列为本书内容。

从动车组的发展过程来看,动车组的传动方式主要包括交-直传动方式和交-直-交、交-交的传动方式。如图 1.2 所示为交-直牵引传动系统构成图,图 1.3 所示为交-直-交牵引传动系统构成图。

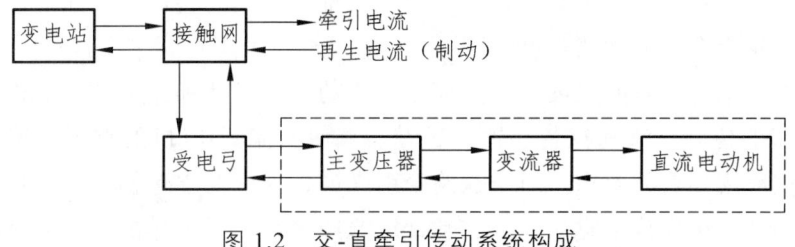

图 1.2 交-直牵引传动系统构成

交-直传动系统是指机车或动车组采用交流供电而采用直流电动机驱动动车组运行的传动系统。从图 1.2 可以看出,为了能够用电网提供的交流电驱动直流电动机工作,系统中采用了变流器,将交流电转换成直流电,并通过对变流器的控制来调整直流电动机的工作速度。

交流传动系统是指由各种变流器供电的异步或同步电动机作为动力的机车或动车组传动系统。目前交流器主要有直接式变流器(即交-交变流器)和带有中间环节的间接式变流器(即交-直-交变流器)两大类。

列车受电弓从接触网上取得的是一定频率和恒定电压的电源。而牵引电动机在所要求的转速、转矩范围内工作，需要的是电压和频率均可以调节变化的三相交流电。因此必须设计一组变流调频装置。交-交变流器是把电网的交流能量直接转换为电压和频率适合交流电机调节的能量；而交-直-交变流器，先把电网交流能量转换成直流能量，然后进一步转换成电压和频率可调节的交流能量，如图1.3所示。

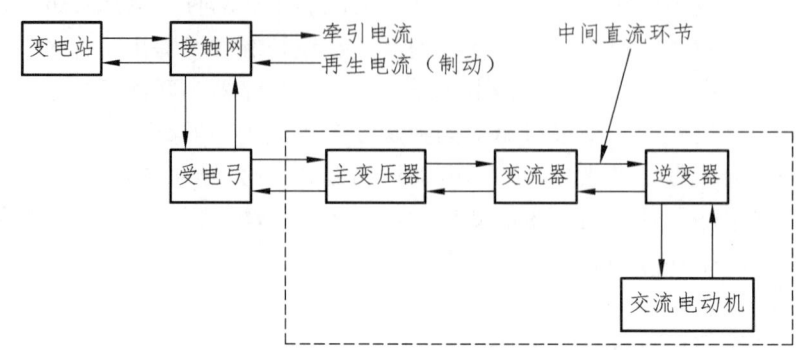

图1.3　交-直-交牵引传动系统构成

现有机车或动车组采用的交流传动系统基本结构为：电压型交-直-交变流器供电的异步电机系统；交流型交-直-交变流器供电的异步电机系统；电流型交直交变流器供电的异步电机系统和交-交变流器供电的同步电机系统。从发展趋势看，未来干线铁路牵引将主要采用电压型交-直-交变流器供电的异步电机系统。

交-直-交牵引传动系统主要由受电弓（包括高压电气设备）、牵引变压器、四象限变流器、中间环节、牵引逆变器、牵引电机、齿轮传动系统等组成。

牵引传动系统组成如图1.3所示。受电弓将接触网的AC 25 kV单相工频交流电输送给牵引变压器，经变压器降压后的单相交流电供给脉冲整流器，脉冲整流器将单相交流电变换成直流电经中间直流电路将直流电输出给牵引逆变器，牵引逆变器输出电压、电流、频率可控的三相交流电供给三相异步牵引电动机，牵引电机轴端输出的转矩与转速通过齿轮传动传递给轮对，转换成轮缘牵引力和线速度。

交流传动技术卓有成效的发展，一方面是由于功率半导体和变流技术的进步；另一方面取决于日臻完善的控制方法和控制装置。后者能够使变流器-电机的整个系统具备不同的性能，以满足不同应用场合的要求。对于铁路牵引来说，这些要求包括：平稳启动、抑制滑行和空转、再生制动、调速范围宽。此外，常常还希望多台并联工作的电动机能够由一个控制器进行控制。

1.3.2　能量变换及其技术实现

图1.4给出了交-直-交牵引传动系统的能量传递关系。列车牵引运行是将电能转换成机械能，能量变换与传递的途径如图1.4黑色箭头所示；再生制动运行是将机械能转换成电能，能量变换与传递的途径如图1.4白色箭头所示。

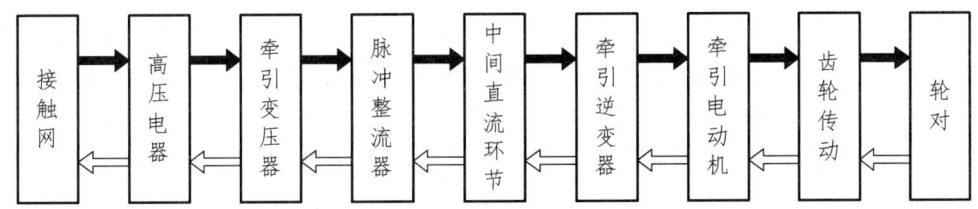

图1.4 能量变换与传递途径示意图

高压电气设备完成从接触网到牵引变压器的接通与断开，主要包括：受电弓、主断路器、避雷器、电流互感器、接地保护开关等；具体功能包括：完成供电系统的接入与断开控制、网侧电流检测、保护等功能，不参与能量的转换。其中受电弓最为关键，它负责完成列车运行过程中的高速受流、并确保受流质量。因此，弓网关系是非常重要的研究课题。

牵引变压器用来把接触网上取得的 25 kV 高压电变换为供给牵引变流器及电动机、电器工作所适合的电压，其工作原理与普通电力变压器相同。针对高速列车交流传动系统的特点，为了抑制变压器二次侧电流纹波、控制开关器件的关断电流以及抑制网侧谐波电流，要求牵引变压器各绕组有很高的电抗；为了使二次侧并联的脉冲整流器的负荷平衡，各牵引绕组的电抗必须相等。二次侧各绕组之间相互干扰很强时，电流波形会产生紊乱，严重影响开关器件的关断电流，因此各绕组之间要采取磁去耦结构。由于变流器负载的谐波电流等会引起牵引变压器局部发热，对冷却系统要求很高；同时高速列车要求其体积小、质量小、性能稳定，在理论研究的基础上解决牵引变压器的特殊问题是当务之急。

脉冲整流器是牵引传动系统的电源侧变流器，列车牵引时作为整流器，再生制动时作为逆变器，可以实现牵引与再生工况间快速平滑地转换。列车牵引运行时，将牵引变压器的牵引绕组输出的单相交流变换成直流电，并要保证中间直流环节的电压恒定，交流电网侧功率因数接近1，使电网电流尽量接近正弦，减少电网对周围环境的电磁污染。对直流侧，在电网电压或负载发生变化时，能够维持中间直流电压的稳定，给牵引逆变器提供良好的工作条件。列车再生制动运行时，将中间直流环节的直流电压变换成电压频率、相位满足要求的单相交流电，通过牵引变压器实现并网。再生制动及其并网技术是最关键的技术问题。

牵引逆变器是牵引传动系统的电动机驱动侧变流器，列车牵引时作为逆变器，再生制动时作为整流器，可以实现牵引与再生工况间快速平滑地转换。列车牵引运行时，将中间直流环节的直流电压变换成电压、电流、频率按照牵引特性要求控制的三相交流电，并要保证三相电压对称、电流尽量接近正弦，减少谐波及电压不对称对牵引电机的影响。列车制动运行时，牵引电机工作在发电状态，将牵引电机输出的电压、频率变化的三相交流电变换成直流电，输出给中间直流环节。高速列车采用转子磁场定向矢量控制技术和直接转矩控制技术实现对逆变器的 PWM 控制。逆变器-牵引电机的驱动控制技术，是牵引传动控制系统的核心技术。

牵引电机是实现电能和机械能转换的最核心的部件，列车牵引时作电动机运行将电能转化成机械能，制动时作发电机运行将机械能转化为电能。高速运行的列车要求牵引电机机械强度能承受很大的轮轨冲击力，故采用耐电压、低介质损耗的绝缘系统以适应变频电源供电。电机前后端采用绝缘轴承，以防止电机轴承的电蚀；转子导条采用低电阻、温度系数高的铜合金材料，保证传动系统的控制精度；电机采用轻质量高强度材料，以减轻电机自重。采用经过验证的轴承和轴承润滑结构，从而减少电机的维护，保证电机轴承更可靠工作。在输出功率一定的情况下，为减少体积，采用强迫通风和优化通风结构，充分散热，以降低电机的温升，提高材料的利用率；电机的非传动轴端安装了速度传感器，用以给传动控制系统提供速度信号，便于逆变器控制和制动控制。高速列车交流牵引电机的优化设计理论与方法研究至关重要。

牵引传动系统是高压系统，为保证系统安全可靠工作，系统的保护十分必要。因此，牵引驱动系统应对各种故障具有检测和保护功能。为了有效利用黏着力，牵引变流器设有牵引时检测空转并实施再黏着控制的功能，在制动控制装置设有制动时检测滑行并进行再黏着控制的功能；为了在故障和并联电机载荷分配不均匀等情况时保护牵引电机，设有电机过流检测、电机电流不平衡检测、接地检测等保护功能。

日本新干线 100 系高速列车采用电阻制动，将动能转变为热能消散掉，在由牵引工况转变为制动工况时，主电路要进行转换，同时，在低建区，难以产生大的制动力。而 300 系高速列车由于采用交直交牵引变流器，可以十分方便地实现再生制动，且牵引、再生两种工况转换平稳、连续无冲击，无须主电路换接。当电机转速低于同步转速，即为牵引工况；当电机转速高于同步转速，即转为制动工况。这样，只要控制逆变器的输出频率（即同步转速），即可控制牵引与再生工况转换及牵引力或制动力的大小。

由于交流传动系统的诸多优点，20 世纪 80 年代以来世界各国所研制的高速列车均采用交流传动技术。如前所述，动车组通过牵引电机将电能转换为机械能驱动列车的动力轮对。动力轮对通过轮轨黏着蠕滑作用，将牵引电机的驱动转矩转换为轮轨之间的牵引力，牵引列车运行。

1.3.3 动车组牵引方式

列车牵引动力系统除包括如图 1.3 所示的主变压器、变流器，逆变器等各种动力设备外，还有空调机、空压机、各种风机、蓄电池、辅助逆变器等多种辅助设备，在考虑列车动力配置的同时，必须考虑这些设备的布置。

目前世界上高速电动车组有两种牵引方式：动力分散方式和动力集中方式。前者以日本为代表；后者以欧洲为代表。动力分散方式：列车头尾各有一台动力车，中间为拖车，如果动力不够，靠近动力车的中间车转向架亦装有牵引电动机，这种动力布置方式实质上是传统机车牵引方式的变形。随着动车组运行速度的不断提高，欧洲 300 km/h 以上的动车组也转向动力分散的形式。

动力集中型高速列车是将这些动力设备全部设置在一辆头车中，如图 1.5（a）所示，全列车的牵引力由集中在动力头车的动力轮对上的电动机提供。这时必须注意两个问题：第一，动力轴的质量必须足够提供牵引力所需的黏着力，否则动力车轮将产生空转，丧失牵引力，不但使电机功率不能发挥反而会损伤车轮和钢轨。第二，动力轴的质量又不能过大，否则在高速运行时会产生过大的轮轨力，损坏钢轨和线路。为此，欧洲高速铁路网在有关的技术规程中规定高速列车的最大轴重不能超 170 kN，在做牵引力计算时轮轨黏着系数值定为：

低速启动时：0.2，
100 km/h 时：0.17，
200 km/h 时：0.13，
300 km/h 时：0.09。

  动力车轴重及轮轨黏着系数的限值给高速列车的动力配置造成了很多困难。如德国设计的 ICE1 型动力集中型高速列车的动力车每轴功率 1 200 kW，一台动力头车的功率 4 800 kW，较大功率的动力设备和传动机构，使每轴的轴重达到 195 kN。尽管它有很大功率的牵引电机，并且可以产生较大的启动牵引力（双机启动牵引力为 400 kN），但过大的轴重使欧洲高速路网拒绝接纳。法国的办法是保持动力轴轴重为 170 kN，采用增加动力转向架的方式来满足列车功率和牵引力的需要。即在紧接动力头车的拖车中将靠近动力车的一台转向架设为动力转向架，如用在巴黎——伦敦的 EUROSTAR 型和出口韩国的 TGV 高速列车都是这样的动力设置。

  动力集中设置的特点在于集中在头车的动力设备便于检修和集中通风冷却，同时使拖车减少负担动力设备的质量和噪声干扰。

  另一种动力系统配置方法，却将全列车分为若干个动力单元，在每一个动力单元中带牵引电机的驱动轴（动力轴）分散布置在单元的每一个或部分车轴上，更重要的是将传动系统的各个动力设备也分散地设置在各个车辆底下，而不占用任何一节车厢。图 1.5（a）即是该类动力配置的一个例子，图示为 2 辆动力车和 1 辆无动力拖车（简称 2 动 1 拖）组成的一个列车单元。列车可以按需要由若干个单元组成，列车两端必须设有带驾驶室的头车。由图例可见动力系统的主要设备：主变压器（MTr）、变流器/逆变器（C/I）以及空压机、空调机等辅助设备都以吊挂的方式置于各车体的底部。为了平衡质量分配，拖车下面也安装一定的动力设备，图示为一种典型的配置方式，主变压器承担前后 2 台动力车的功率供给，即 2 台动力车共用一台主变压器。

  动力分散布置列车的单元一般可由 2~4 辆车构成。根据列车的牵引、加速、最高速度等特性决定各单元动力车（M）和拖车（T）的组合。如可能的组合有 2M，2M + 1T，2M + 2T，3M + 1T，4M，等。图 1.5（b）即是该类动力配置的一个例子。它的特点是：① 包括头车在内的各车厢都用来布置乘客座席和旅客设施；② 每组单元都具有完善的牵引、制动、控制、信息和辅助电源系统这；③ 每列编组中设 2 架受电弓，采用高压线连接以抑制离线和电弧的发生；④ 动力设备分散于车底下部，设备的工作环境和检修条件较差。

  动力分散型动车组轴重小，牵引力大，气动加速快，驱动动轴多，黏着性能比较稳定，容易实现高速运转；其动力设备均可安装在地板底下，所有车辆（包括头车和中间车）均可作为客车使用，这样可提高列车定员。以新干线 300 系为例，其额定功率为 12 000 kW，启动加速牵引力可达到 360 kN，每吨启动加速牵引力可达到 0.5 kN，由启动加速到 250 km/h 速度的时间仅需 215 s，走行 9.6 km。新干线 300 系每米定员为 3.29 人，超过 TGV-A 的 2.04 人和 ICE 的 1.85 人。基于这种特点，动力分散型动车组比较适合铁路路基较软、站距较短的日本等国家。40 年来，日本始终坚持动力分散电动车组，从 0 系带 700 系，一直不变，取得辉煌成绩。之所以取得这样大的成绩，主要缘于：① 轮轨作用力小，牵引、制动性能良好；② 采用交流传动（300 系开始）；③ 部件轻量化；④ 采取了减小运行阻力和噪声的措施。

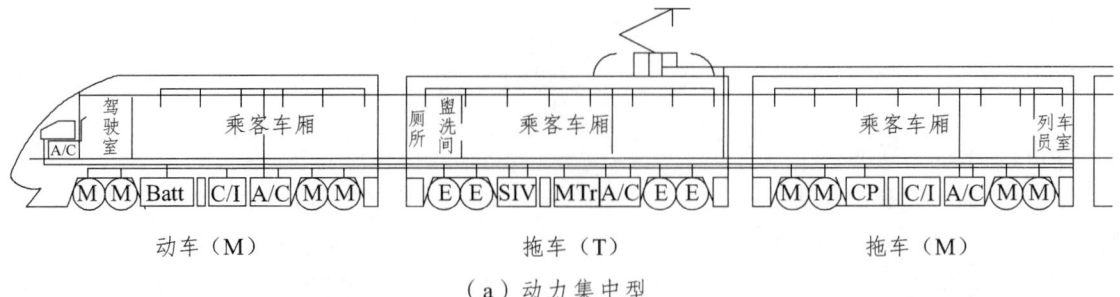

（a）动力集中型

A/C　　　客车车厢

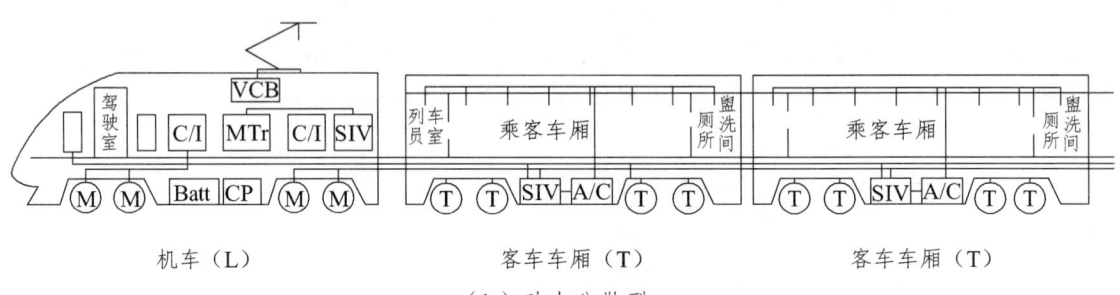

（b）动力分散型

VCB—真空断路器；SIV—静止式逆变器；M—设有驱动电动机的车辆；MTr—主变压器；Batt—蓄电池；
E—拖车车轴（设有涡流制动盘或者机械制动盘）；C/I—变流器/逆变器；A/C—空调装置；
T—拖车车轴（设有机械制动盘）；CP—气压机。

图 1.5　动力配置形式

动力集中型动车组为世界很多国家广泛采用，其运行速度也达到 330 km/h。动力集中型动车组技术成熟，编组较动力分散型动车组更为灵活。另外，在成本方面，动力集中型两端为动力车，设备集中，动力设备数量少；在车内环境方面，动力集中型驱动装置集中在两端，远离旅客座位，噪声小。动力分散型驱动设备分布在车下，有一定的振动影响。

可从如下几个方面来分析动力集中与动力分散之间的特点：

1.3.3.1　牵引总功率和轴功率

从轮轨关系来看，理论上每根动轴能传递的牵引功率为轴重、黏着系数和速度的乘积，而实际上能实现的功率受轮径、传动装置布置方式和电传动技术水平等的限制。由于动力分散方式电动车组的轮径和车体底下空间位置比动力集中方式的小（实际上也不需要大），所以就单轴功率而言，动力分散方式的小，目前最大为 550 kW；动力集中方式的大，目前最大可达 1 200 kW。就车组总功率而言，由于动力分散方式动轴多，可以超过 10 000 kW；动力集中方式目前尚未超过 10 000 kW。当然也可以在动力车相邻的中间车转向架上加牵引电动机的办法来增加总功率。但总的来说，只要站线长度允许，动力分散方式可以增加动力单元，其总功率比动力集中方式大，从而可牵引更多的旅客，启动加速度快。

1.3.3.2　最大轴重和簧下质量

根据日本新干线的运用经验，在速度和簧下质量一定时，轨道下沉量随着轴重增加而增加。所以采用动力分散方式的理由之一是可以减少线路建设费用并降低轴重。一般轴重在 160 kN 以下，300 系车降到 114 kN。动力集中方式日本电动车组一般轴重大，规定不超过 170 kN，但 ICE 车高达 195 kN。所以就最大轴重而言，动力集中方式比动力分散方式大，对线路不利。但对轨道的破坏不只是轴重，簧下质量也起着同样重要的作用。日本曾就轴重 140 kN、100 kN 计算了簧下质量与运行速度的关系。结果表明，如果簧下质量不变，即使减轻轴重，对轨道的破坏不会有太大的好转，簧下质量必须与轴重一起减少。

1.3.3.3　黏着利用

动力分散方式一般轴重较轻，单轴黏着力也较小，但由于动轴多，可以发挥的黏着牵引力大；而动力集中方式虽然轴重大，单轴黏着力大，但由于动轴少，单轴黏着利用接近极限，可以发挥的总的黏着牵引力小。就启动加速度而言，经计算表明，在低速区段，动力分散方式可以充分利用黏着质量大的特点，动力集中方式黏着质量小，低速时采用恒流控制。

1.3.3.4　制　动

动力分散方式的一个主要优点是动轴多，对每个动轴都可以施加电力制动和盘形制动，制动功率大，甚至可以超过牵引功率，使列车迅速停车。动力集中方式动轴少，制动功率没有动力分散那么大。

1.3.3.5　制造成本

采用动力分散方式电动车组，电气设备分散、总重大、造价高。日本曾用传统机车牵引客车和动力分散方式电动车组做过比较，BD75 型机车牵引 12 辆客车，一列车造价为 34 240 万日元，而 583 电动车组 6 辆动力车和 6 辆拖车的造价为 47 740 万日元。为了降低列车制造成本，日本已由 16 个全动车减少到 12M + 4T，10M + 6T。意大利 ETR450 型 10M + 1T 一列车造价 2 200 万美元，法国 M-P 型 1M + 8T + 1M 一列车造价 1 300 万美元，也说明动力集中方式电动车组造价比动力分散方式电动车组低得多。

1.3.3.6　维修费用

由于动力分散方式电动车组的每辆动力车均装有一套电气设备，维修工作量大。原西德曾把动力分散方式电动车组与一台 BR41 型电力机车牵引三辆客车的穿梭列车做过比较，结果表明，如果只分析每千米折旧维修费，则 BR430 型电动车组约贵 50%，BR420/421 电动车组约贵 20%。日本也承认动力分散方式维修费用比动力集中方式电动车组高得多。就拿 TGV-A 与 TGV-P 来比较，由于电动机由 12 台减少到 8 台，中间车由 8 辆增加到 10 辆，每座位公里的检修费用 TGV-A 比 TGV-P 低 20%。

德国 ICE1 列车和 ICE2 长编组列车采用推挽式电动车组，两端为动力车，中间为拖车，即采用传统的机车牵引模式，而到了 ICE3 转为动力分散动车组（EMUs）。欧洲铁路联盟拟建统一的高速铁路网，新"全欧通用"技术规范于 1997 年生效。要进入这个网，德国铁路必须与国际接轨，在技术上、性能上满足欧洲高速运输队高速列车要求。考虑市场竞争的需求，因此 ICE3 采用动力集中已不适合，原因是轴重限制 170 kN（ICE1 是 194 kN），最高速度 300 km/h，线路坡度 40‰，并且要增加座位数等。采用动力分散可增加乘员，并使整列车质量分布更均匀，随之降低了最大轴重，得到了更好的牵引特性和降低单位座席的质量。此外还提高了再生制动的利用率，制动功率 8.2 MW，最大电制动力为 300 kN，相当于 ICE2 "短编组" 的 2 倍，减少了盘形制动的磨耗量及维修费用。

1.3.4 动车组供电牵引系统发展概况

日本从 1964 年首条高速线开通以来，动车组从 0 系发展到 700 系，从直流传动发展到交流传动，运营速度从 210 km/h 到 300 km/h，一直坚持动力分散模式。法、德两国原先一直推崇动力集中牵引的动车组模式。法国以直流传动速度 260 km/h 起步，经过同步电动机传动第三代实现三相交流异步电机传动高速动车组，而下一代 AGV 动车组改用动力分散式，速度为 320～360 km/h。德国 ICE1、ICE2 高速动车组率先采用交流异步电机传动，实现 280 km/h 的运营速度，采用动力集中传动方式。然而 ICE3 新一代高速动车组也转而采用动力分散方式（2M+2T）。可见，开发 300 km/h 以上高速动车组采用动力分散是目前世界的发展趋势。

早期的电力牵引传动系统均采用交-直传动，用直流电动机驱动。采用抽头切换，间断控制或可控硅连续相位控制技术进行调速。无论是日本 0 系、100 系、200 系还是法国 TGV-P 和意大利的 ETR450 均采用直流牵引电机，继承了传统的交—直牵引传动系统技术。由于直流电动机的单位功率质量较大，直流牵引电动机一般不超过 500 kW，使高速列车既要大功率驱动又要求减轻轴重，特别是减轻簧下部分质量，形成难以克服的矛盾。

到 20 世纪 80 年代末 90 年代初，高速列车开始采用交流电动机驱动。并存在两种不同的技术路线，即交流同步电机和交流异步电机。法国选择了自换相三相同步牵引电动机，把单台电机功率提高到 1 100 kW，从而在 TGV-A 上用 8 台交流牵引电机，代替了 TGV-P 上的 12 台直流牵引电机，将列车功率由 6 800 kW 提高到 8 800 kW，运行速度由 270 km/h 提高到 300 km/h，列车质量由 418 t 增加到 479 t，列车定员由 368 人增加到 485 人。

TGV-A 采用 GT0 晶闸管逆变器，同步电动机加上辅助设备的质量比 TGV-P 的直流电动机增加 30 kg，而功率却增加了一倍。

日本和德国与法国不同，它们采用异步牵引电动机驱动。同步牵引电动机结构上虽然比直流牵引电动机简单，但它仍有滑环及电枢绕组。而异步电动机中的鼠笼型感应电机（简称异步电机），转子用硅钢片叠压，用裸铜条作为导体，无滑环等磨耗装置，结构简单，可靠，体积小，质量小，可实现电机免维修。

交流传动系统采用三相交流鼠笼式感应电机。三相异步电机与直流电机相比具有很多优点：① 结构简单，可靠性高，维护少，价格低，易于制造；② 功率大（目前，世界上最大的直流牵引电机功率为 1 000 kW，而交流牵引电机功率，已达到 1 800 kW），效率高，质量小；③ 无换向引起的电气损耗和机械损耗，无环火引起的故障；④ 耐振动、冲击的性能较好；⑤ 耐风雪，多尘，潮湿等恶劣环境；⑥ 具有可持续的大启动牵引力；⑦ 过载能力强（仅受定子绕组热时间常数的影响）；⑧ 转速高，功率/质量比高，有利于电机悬挂；⑨ 转矩-速度特性较陡，可抑制空转，提高黏着利用率；⑩ 在几台电机并联时，不会发生单台电机空转现象；⑪ 由于取消了整流子和电刷，大大减少了维修工作量（据统计，不到直流电机的 1/3）。

鉴于逆变器技术和交流电机控制技术的进步为采用异步牵引电动机驱动提供了条件，因此，交-直-交传动并采用异步电动机驱动是高速列车牵引传动系统的发展主流。

早期，日本的科学技术和国力比不上欧洲，但比欧洲早 17 年实现世界第一条高速铁路，促进了它的经济高速发展。欧洲原来的技术实力和水平较高,坚持发展动力集中,但滞后17年才实现高速铁路;而在1989年,300 km/h高速列车运行时,欧洲又比日本早9年。

日本采用电动车组的主要理由是它属于岛国、山丘、坡道、弯道多,地质松软,对动轴轴重限制十分严格,而欧洲铁路土质坚硬,路基结实,轨道基础好,承受作用力较大。

在法国、德国和日本的货运中,铁路所占的比重不一样,法国、德国近年仍占20%。而日本水运比重大,铁路货运只占5%~6%。日本铁路货运量太少,可以针对客运专线专门设计轻量客运列车。由于轴重轻,在路基、桥梁建筑中可采用轻型标准规格,以降低修路成本。而对于欧洲来说,采用客货通用的线路和机车牵引客货通用方式,可以提高机车的利用率,或者通过技术延伸,把货运机车技术延伸到客运机车中去。欧洲坚持发展动力集中实现高速:一是凭借先进技术;二是客货混跑的缘故。欧洲实现高速比日本要付出高得多的代价和克服更多的困难,因此实现高速比日本滞后了17年,尔后通过采用先进技术(特别是交流传动技术和双空心轴悬挂传动技术),坚持采用动力集中模式,在日本之前突破了300 km/h的高速,但代价是相当大的。300 km/h以上的动车组在欧洲国家也逐渐转向动力分散式。

大功率交-直-交传动系统性能的提高与电力半导体器件的发展密切相关,电力半导体器件的特性决定了变流装置的性能、体积、质量和价格。从铁道牵引的角度看,理想的电力半导体器件应是:断态时能够承受高电压,通态时可流过大电流且通态压降小。可在通态和断态之间进行快速切换,即开关频率高,消耗小,易于控制。应用于铁道牵引的电力半导体器件大致经历了晶闸管、GTO、IGBT 3个发展阶段。新干线高速列车电传动技术的发展与电力半导体技术的发展紧密相关,20世纪60年代初研制的0系高速列车,限于当时的电力半导体器件水平,只能采用牵引变压器次边抽头,二极管整流调压方式。到80年代,大功率晶闸管应用技术成熟,新研制的100、200、400系高速列车,均采用相控调压方式。进入90年代,在电力牵引领域,交流传动开始取代直流传动,加之大功率GTO元件的应用,使得电压型交流传动技术在该领域中占据了主导地位。因此,新研制的300系、500系、700系,E1、E2、E3、E4等高速列车均采用了交流传动技术。

随着新型大功率半导体器件(诸如IGBT、IPM)的出现,E2和700系高速列车牵引变流器开始采用IGBT或IPM器件,进一步改善了传动系统性能。

采用交流电机时,网上的单相交流电经变压、整流之后,还必须通过逆变器变成三相变流电,才能作为交流电机的驱动电流。整个变流过程是从单相交流变直流,再由直流变三相交流,这套交-直-交变流技术,特别是交流牵引电机的控制技术,是高速列车牵引技术的核心,而逆变器又是其中的关键,其中包括下列3项主要技术:一是电力半导体器件,它是逆变器中的关键元件,目前比较先进的是GTO元件和IGBT元件,后者将逐步取代前者。IPM元件是GTO元件、驱动及保护电路的集成块,它具有短路、过流、过热及电流实时控制等保护功能,将更有利于实用。二是变流电路的结构性能,它是随半导体器件的发展而发展的,目前其设计重点已转向于牵引性能、谐波含量、电磁干扰和对环境的电磁污染的重要途径,有待研究开发。三是交-直-交传动的控制技术。这一技术由网侧变流器控制和电机逆变器控制两部分组成。

列车牵引传动长期以来采用交-直传动系统,牵引电机为直流电机。近30年来,由于电子技术尤其是大功率变流技术的发展、控制理论和控制技术的完善以及变频器技术的成熟,使三相交流电动机的高速列车牵引中的应用得到了关键性的突破,获得了极为迅速的发展。

高速动车组采用的就是交流传动体统,其牵引电机采用的是三相交流异步电机。

高速动车组牵引传动系统采用的新技术主要表现在以下几个方面:

1.3.4.1 新型全控电力电子器件的应用

电力电子器件是牵引变流技术的基础和核心。诞生于 20 世纪 80 年代的新型全控制电力电子器件 IGBT 是一种 MOSFET 与晶体管复合的器件,由于它既有易于驱动、控制简单、开关频率高的优点,又有功率晶体管的导通电压低、通态电流大、损耗小的显著优点,IGBT 的发展及应用领域的拓展十分迅速。高速动车组牵引变流器的功率电子器件大多采用大功率 IGBT/IPM。

1.3.4.2 牵引变流器 PWM 控制技术

交流调速传动系统中的变流器,无论是电源侧的整流器还是电机侧的逆变器都属于开关电路,电路中开关器件的周期性通断,从根本上破坏了交流电压、电流的连续性和正弦性。电压、电流中的高次谐波,一方面给交流电网带来严重危害;另一方面交叉使电机运行性能恶化。谐波电流产生的脉动力矩,会引起运动轴系振动,增大运行噪声,严重时还会使电机不稳定运行。减小谐波含量的有效办法是牵引变流器采用 PWM 技术。高速列车牵引变流器均采用 PWM 控制技术。

1.3.4.3 列车驱动控制技术

高速列车牵引传动系统是一个多变量、非线性和强耦合的系统。通常电压(或电流)和频率是可控的输入量,输出量则是转速、位置和力矩,它们彼此之间以及和气隙磁链、转子磁链、转子电流等内部量之间都是非线性耦合关系。

近年来,现代控制理论的应用交叉促进多种控制系统的诞生,并解决了传统反馈控制理论所不能解决的控制问题。例如取得重要突破的矢量控制系统、直接力矩控制系统等。

矢量控制系统是采用参数重构和状态重构的现代控制概念,实现电机定子电流的励磁分量与力矩分量之间的解耦,从而使交流电机能像直流电机一样分别对其励磁分量和力矩分量进行独立控制,是交流驱动控制最有效的方法之一。

继矢量控制技术之后的另一个新的突破是直接力矩控制方法。与矢量解耦控制的方法不同,它无须进行两次坐标变换及求矢量的模与相角的复杂计算,而是直接在定子坐标系上计算电机磁链和力矩的实际值,并与磁链和力矩的给定值相比较,通过二点式调节器进行力矩的直接调节,加快了力矩的响应速度,使响应时间控制在一拍之内,能使系统的静、动态性能得到很大的提高。

1.4 动车组的技术特点

1.4.1 CRH$_1$ 型动车组

CRH$_1$ 型动车组是一种全面采用先进技术、现代化的动力分散型电动车组。该列车为 8 辆车编组,其中 5 辆车为动车,3 辆车为拖车,设计运营速度为 200 km/h,最高试验速度为

250 km/h。CRH$_1$型动车组转向架采用成熟的设计概念，悬挂系统的设计能最大限度地降低轨道作用力，减少车轮磨耗和噪声；电动机变流器由微处理器控制，具有自检、自诊断和保护功能，模块化程度高，冷却系统的效率高，控制系统协调性好；列车网络系统的软硬件设计模块化程度高、智能化程度高，为列车高速、安全运行提供了可靠的保证，同时也为旅客提供了健康和舒适的旅行环境。

1.4.1.1 主要技术特点

1. 牵引电动机与牵引变流器优化匹配

牵引电动机能在牵引工况下，将列车获得的电能转换成机械能，并牵引列车前进，在制动工况下，又能将车轮的机械能转换成电能而产生制动力。一个动车转向架上有2个牵引电动机，并联连接到一个电动机变流器上，牵引电动机的运行工况受电动机变流器微机控制系统监控。

牵引电动机与牵引变流器统一进行优化匹配设计，减小波形畸变和转矩波动，噪声小，损耗小。这种设计还能够最大限度地减少牵引电动机的零部件磨损，减少设备维修时间，提高系统可靠性。

2. 微机控制的牵引电动机变流器

电动机变流器模块将直流环节电压转变成可变电压、可变频率的对称的三相电压，一台电动机变流器向两台并联的牵引电动机供电。

电动机变流器的功率器件是IGBT模块，IGBT为电压驱动方式，开关频率高，模块的抗干扰及短路保护能力强，损耗小，性能好，工作可靠。此外，大功率IGBT模块本身绝缘，外壳不带电，冷却方便，系统结构简单。

电动机变流器由微机控制，具有自检、自诊断和保护功能，模块化程度高，冷却系统的效率高，控制系统协调性好。

3. 高度自动化的牵引控制系统

CRH$_1$型动车组8辆车分为3个基本列车单元，每个基本单元有相对独立的高压系统、牵引系统和辅助动力供给系统。列车两端的带司机室的动车、带弓拖车和普通动车各为一个单元，列车中部的普通动车和二等车餐车合造车为一个单元。每个单元的高压、牵引和辅助动力供给系统基本相同，各单元控制设备包括列车控制设备（VCU）、牵引设备（PCU）、驱动控制设备（DCU/X）、蓄电池充电控制设备（BCC/I）和输入/输出（I/O）设备等。牵引控制系统是一个基于现场总线的分布式控制系统，牵引控制的总线型式为MVB，各列车基本单元独立运行，受列车主控制器的协调与监控。

4. 模块化、智能化的列车控制和管理系统（TCMS）

CRH$_1$型动车组通过列车控制和管理系统（TCMS）实现对全列车的控制和管理。TCMS是分布式计算机系统，全车需要控制的装置都在TCMS的监控之下，如牵引系统、制动系统、压缩空气供给系统、通信系统、辅助电气系统、车钩系统、列车安全和自动保护系统、旅客信息系统、车内环境调节系统、内外门系统、供水和卫生间系统、餐饮系统、火灾检测系统、轴温警报系统、后视镜系统等。TCMS是通过列车通信网络对这些系统进行宏观监控的，每个系统都自带有安装在其附近的、可独立运行的、完备的微机控制装置,即控制的执行是分散的;司乘人员通过 TCMS 给这些控制装置发送命令、接收其状态和故障信息,实现集中监控。

CRH$_1$ 型动车组的列车网络系统的软硬件设计模块化程度高、智能化程度高,为列车高速、安全运行提供了可靠的保证,同时也为旅客提供了健康和舒适的旅行环境。

5. 电空及再生制动系统

CRH$_1$ 型动车组采用动力制动和空气制动相结合的制动方式,动力制动采用再生制动方式,空气制动用盘形制动。在拖车转向架上,制动盘放置在车轴上(每根轴上 3 个制动盘),在动车转向架上,制动盘安装在车轮辐板上,这样就保证了全列车所有的转向架都可实施盘形制动,不但使制动力得到保证,而且提高了制动的平稳性。

CRH$_1$ 型动车组的制动系统由微机控制,不但可以根据列车速度、制动方式(常规制动还是紧急制动)等情况自动在动力制动与空气制动之间分配制动力,而且空气制动本身也采用了电空制动(制动指令由电信号传递,制动力由压缩空气产生),保证了良好的制动性能。

1.4.1.2 主要技术参数

编组型式	8 辆编组,可两列编组连挂运行
动力配置	2(2M + 1T)+(1M + 1T)
定员	670 人
最高运营速度	200 km/h
最高试验速度	250 km/h
适应轨距	1 435 mm
传动方式	交-直-交型变频
牵引功率	5 500 kW
头车车辆长度	26 950 mm
中间车辆长度	26 600 mm
车辆宽度	3 328 mm
车辆高度	4 040 mm
编组质量及长度	420.4 t,213.5 m
轴重	≤160 kN
轮径	915 mm
转向架固定轴距	2 700 mm
受流电压	AC 25 kV,50 Hz
牵引变流器	IGBT 水冷 VVVF
牵引电动机	265 kW
空调系统	分体式空调系统
启动加速度	0.6 m/s^2
制动方式	直通式电空制动
紧急制动距离(制动初速度为 200 km/h)	≤2 000 m
辅助供电制式	三相 AC 380 V,50 Hz,DC 100 V

1.4.2　CRH$_2$型动车组

CRH$_2$型动车组为动力分散、交流传动电动车组。动车组具有"先进、成熟、经济、适用、可靠"的技术特点。

先进：动车组采用铝合金型材车体，采用了先进的 IGBT 功率器件及变压变频调速（VVVF，Variable Voltage and Variable Frequency）控制牵引方式。

成熟：动车组的原型车为日本新干线动车组，其主要系统和部件均有长时间的运营业绩。

经济：动车组采用流线型头形，各车辆的最大轴重仅 140 kN，牵引和制动能耗低。另外，列车采用再生制动方式，在节能、环保以及减少机械损耗等方面具有独特的优越性。

适用：动车组具有速度提升能力，通过调整动车、拖车比例，能够灵活适应 200～300 km/h 各种速度等级运行。另外，动车组还可通过两列自动联挂满足大运量需求。

可靠：动车组采用了先进的防滑、防空转控制系统和自动列车保护系统，为列车在各种运行环境下的准时性提供了可靠的保障。

1.4.2.1　主要技术特点

1. 高速转向架

高速转向架采用无摇枕式转向架、H 形构架；二系采用具有高度自动调节装置的空气弹簧悬挂，且其辅助风缸由横梁内腔承担；采用单拉杆式中央牵引装置传递纵向力，采用抗蛇行减振器兼顾高速稳定性和曲线通过性能；一系采用转臂式定位，轴箱弹簧采用双圈钢圆簧；采用小轮径（ϕ860 mm）车轮减少簧下重量，采用内孔为 ϕ60 mm 的空心车轴；全部车轮设有制动轮盘，所有拖车转向架车轴上还装有制动轴盘。

基础制动装置采用特殊的液压油缸卡钳式盘型制动，制动装置体积小；装有踏面清扫装置，以改善轮轨间运行噪声和黏着状态；动车转向架上装用轻型交流异步牵引电动机，通过挠性浮动齿式联轴器与齿轮箱连接，驱动列车运行。

2. 轻型牵引系统

CRH$_2$型动车组采用 VVVF 控制牵引方式，牵引变流器采用 IGBT，工作频率为 1 500 Hz，牵引电动机采用三相笼型异步电动机，功率为 300 kW。动车组牵引系统各部件体积小、质量更小、集成化程度高，使得动车组牵引变压器和牵引变流器可以整合到同一辆车上，即两个动力车可组成一个基本动力单元。

3. 复合制动系统

制动系统为复合制动模式，动车采用再生制动＋电气指令式空气制动，拖车采用电气指令式空气制动。

制动系统由制动信号发生装置、信号传输装置、控制装置、基础制动装置以及空气供给系统组成。基础制动均采用空压-油压变换的增压气缸和油压盘式制动装置。

制动控制装置分常用制动、快速制动、紧急制动、防雪制动。其主要特点为：

① 具有适应黏着变化规律的速度-黏着控制模式；
② 具有根据载荷自动调整制动力的能力；
③ 具有防滑保护控制；

④ 以 1M+1T 为单元进行制动力的协调配合，充分利用动车再生制动力，减少拖车空气制动力使用，仅在再生制动力不足时才由空气制动力补充；

⑤ 具有与车载 ATP/LKJ2000 的接口，施行安全制动；

⑥ 具有故障诊断和相关信息保存功能。

4. 保持车内压力稳定的换气装置

为了克服列车在高速运行下，特别是在会车和进入隧道时造成的客室内外空气的压力差传到客室内，CRH_2 型动车组采用供排气一体的换气装置。

换气装置采用变频器控制送风机的运行转速，动车组运行速度高于 160 km/h 时，送风机高速运行，动车组运行速度低于 160 km/h 时，风机低速运行。通过提高换气装置送风机的静压力性能，能够很好地抑制客室内的压力变动，同时确保客室内新风量的要求。

1.4.2.2 动车组主要参数

气温条件	−25~+40 °C
编组形式	4 动 4 拖
定员	610 人
最大轴重	140 kN
动车组全长	201.4 m
动车组高	3 700 mm
动车组宽	3 380 mm
轨距	1 435 mm
供电制式	单相 AC 25 kV，50 Hz
牵引功率	4 800 kW
起动加速度	≥ 0.406 m/s^2
剩余加速度（200 km/h）	≥ 0.1 m/s^2
动车组运行速度	200 km/h
动车组试验速度	250 km/h
车钩形式	密接车钩
动车组车钩高	1 000 mm
两端过渡车钩高	880 mm
通过最小曲线半径	
联挂运行时	180 m
单车调车时	130 m
车门地板距轨面高度	1 300 mm
转向架中心距	17 500 mm
转向架固定轴距	2 500 mm
轮径	860 mm
制动距离	
初速度为 200 km/h 时	$\leq 2 000$ m
初速度为 160 km/h 时	$\leq 1 400$ m

1.4.3 CRH₃型动车组

CRH₃动车组是在德国西门子 ICE3/VelaroE 成功开发的基础上，适应中国的客运需求进行适应性优化设计而来的。它继承了 ICE3/VelaroE 高速电动车组的高新技术，并根据技术的发展趋势进行了改进。

CRH₃动车组为 4M+4T 8 辆编组，采用电力牵引交流传动方式，由两个牵引单元组成，每个牵引单元按 2M+1T 构成。动车组具有良好的气动外形，两端为司机室，列车正常运行时由前端司机室操纵。两列动车组可以联挂运行，自动解编。

CRH₃动车组设置一等座车一辆、二等座车 6 辆和一辆带厨房的二等座车。一等车厢座席采取 2+2 布置，二等车车厢座席采取 2+3 布置，除带厨房的二等座车采用固定座椅外，其余车型均采用了可旋转座椅，全车定员 557 人。

1.4.3.1 主要技术特点

车体采用大型挤压中空铝型材焊接而成，司机室采用弯曲铝型材梁和板状铝型材作蒙皮的焊接结构。车体的强度按 EN12663 进行设计。

防火安全性按 DIN5510 和 EN45545 设计，可满足火灾发生后，在 80 km/h 的速度下运行 10 min 的要求，车体、电气柜和重要电缆、外端门、重要电缆和系统的防护、材料选择等都采用特殊的设计。

转向架采用经过实践验证、性能优良的 SF500 转向架。为适应车体的加宽和速度的要求，仅对枕梁、减振器、弹簧参数、传动比等进行了适应性的改变和优化。

牵引系统与 Velaro E 动车组基本相同，牵引功率同为 8 800 kW，牵引部件分散配置在 6 辆车上。主变压器设计成单制式的变压器，容量为 5.6 MV·A，与 Velaro E 动车组不同的是它取消了辅助绕组。主变压器采用强迫导向油循环风冷方式，当变压器冷却系统的送风机故障时，车辆的可用牵引力只减少 25%。牵引变流器采用结构紧凑、易于运用和检修的模块化结构，相模块采用的半导体器件是 IGBT。

辅助供电系统采用列车线供电方式，由分散布置在若干车厢的各个电源设备向干线供电。车辆的车载电源的电力是通过牵引变流器的直流环节获得的。辅助变流器（ACU）把直流电转换为车辆的车载电源系统的三相交流电。

网络控制系统由列车控制微机网络系统完成信息传输功能。列车控制微机网络系统由两级传输组成：MVB 和 WTB。列车通信和控制微机网络系统应为车载分布式计算机网络系统，可由多级网络构成。通信协议基本上基于标准 VIC556 和 IEC61375-1:1999。

采用独特的降噪设计，以速度 350 km/h 运行时车内噪声水平：一等座车不大于 65 dB，二等座车不大于 68 dB。

1.4.3.2 主要技术参数

编组形式　　　　　　　　　4M4T，可两列重联
动力配置　　　　　　　　　2（2M+1T）+2T
编组质量　　　　　　　　　380 t
编组长度　　　　　　　　　200.67 m

总牵引功率	8 800 kW
动轴数	16
单电动机功率	550 kW
吨均功率	21.05 kW/t
运营时速	350 km/h
试验速度	≤400 km/h
轴重	150 kN
车辆宽度	2.950 m
车辆高度	3.890 m
中间车长度	24.775 m
头车长度	25.675 m
转向架轴距	2.500 m
转向架中心距	17.375 m
辅助供电制式	三相 440 V，80 Hz，DC 110 V
列车控制网络系统	车载分布式计算机网络系统

1.4.4　CRH_5型动车组

CRH_5型动车组由 8 辆编组构成。其中，一等座车 1 辆，带酒吧的二等座车 1 辆、带残疾人卫生间的二等座车 1 辆、二等座车 5 辆。8 辆编组定员为 622 人。

动车组可在运营需要时由两列 8 辆短编组连挂成 1 列 16 辆长编组进行运营。

动车组由车体、车内设备及装饰、转向架、牵引传动系统、制动系统、空调通风系统、给排水系统、辅助供电系统、列车运行及网络控制系统、旅客信息服务系统等组成。

1.4.4.1　主要技术特点

车体采用轻质铝合金型材和板材制成。车体强度按照 UIC566、EN12663 标准执行，各车能在 5 km/h 速度的调车冲击下保持正常状态。为最大限度地减少辅助构件的焊接，底架型材的下部设有"T形槽"，便于固定底架设备，并能增加底架的刚度。同样，侧墙和车顶型材也设置"T形槽"，以便安装绝缘材料、内装饰板和设备等。

该车组共有 10 台动力转向架，6 台非动力转向架，其中动轴 10 根，拖轴 22 根。动力转向架为单动力轴形式，采用空心车轴，整体车轮，磨耗型踏面，SKF-TBU 圆锥滚子轴承，构架采用焊接结构。电动机向车轴的传动是通过齿轮箱和万向轴实现的。

牵引系统采用交流传动方式，动力配置为 5 动 3 拖的动力分散式，分成两个牵引单元，第一动力单元为 M + M + T + M，第二动力单元为 T + T + M + M，其中 M 代表动车，T 代表拖车。在 3、6 号车上设有受电弓，动车组运行时采用单弓受流方式，另一个备用，在车顶设贯通的高压母线，分别向两个牵引单元供电。牵引单元由主变压器、牵引变流器、异步牵引电动机组成。主变压器使用油冷方式，牵引变流器使用成熟的 IGBT 技术。异步牵引电动机的功率为 550 kW，采用体悬方式，由万向轴传递牵引力。转向架上只有齿轮箱，大大地降低了转向架的簧下质量，改善了动力学性能。动车组牵引总功率为 5 500 kW，轮周牵引力为 302 kN。

客室空调系统采用车顶单元式空调机组，由两套独立的冷却电路构成（除冷却扇以外），以确保设备发生第一次故障时还可保持50%正常运转。空调系统配有一个压力保护系统，可保护乘客在列车进入隧道或两列车交汇时免于压力波动的影响。系统通过关闭空调系统的新风口和排风口，保证动车组外部压力波不在车内传播。

采暖系统由空调机组中安装的热阻器和分隔间、通过台及卫生间内的电热器构成。电热器的布置可以保证在车内形成空气对流状态，以充分利用加热功率。

1.4.4.2 主要技术参数

编组型式	8辆编组，可两列编组连挂运行
动力配置	（3M+1T）+（2M+2T）
车种	一等车、二等车、酒吧坐车合造车
客室布置	一等车2+2、二等车2+3
定员	622人
最高运营速度	250 km/h
适应轨距	1 435 mm
适应站台高度	500~1 200 mm
传动方式	交-直-交型变频
牵引功率	5 500 kW
编组质量及长度	451 t，211.5 m
车体型式	大型中空型材铝合金车体
气密性	车内压力从4 kPa降到1 kPa时间大于40 s
头车车辆长度	27 600 mm
中间车辆长度	25 000 mm
车辆宽度	3 200 mm
车辆高度	4 270 mm
空调系统	车顶单元式空调系统
转向架类型	二系空气弹簧摇枕转向架
转向架一系悬挂	双组钢弹簧双转臂定位+液压减振器
转向架二系悬挂	空气弹簧+橡胶堆
轴重	≤170 kN
轮径	890 mm
转向架固定轴距	2 700 mm
受流电压	AC 25 kV，50 Hz
牵引变流器	IGBT水冷VVVF
牵引电动机	550 kW
启动加速度	0.5 m/s^2
制动方式	直通式电空制动，备用自动空气制动
紧急制动距离（制动初速度200 km/h）：	≤2 000 m
辅助供电制式	三相AC 380 V，50 Hz，DC 24 V

1.4.5　CRH380BL 型动车组

2008 年 4 月 18 日，举世瞩目的京沪高速铁路开工建设，京沪高速铁路全长 1 318 km，总投资 2 200 亿元。京沪高速铁路全线贯穿东部 21 个大中型城市，覆盖了中国经济最为活跃、最为发达的地区，其 GDP 总量约占全国的 40%，初步测算年旅客发送量 4 亿人次以上，社会惠及面 8 亿人。京沪高速铁路建成后，将成为世界上最为繁忙的高速客运通道。

基于上述背景，在充分考虑京沪高速铁路运输需求的基础上，在 CRH_3 型动车组技术平台上进行优化设计，研制新一代的高速列车。投入运营后将成为世界上运能最大、开行密度最高、能耗最低、零排放、低噪声、高安全性、全天候、多样化、个性设计的高速列车。

2009 年，以唐车公司为主导，唐车公司与长客股份联合国内优势科研院所全面开展 CRH380BL 型动车组的技术研发工作。

CRH380BL 型动车组采用"8M + 8T"的成熟动力分散配置方式，是当今世界铁路最先进的动力分散型高速动车组之一，其 18 400 kW 的牵引功率为 350 km/h 的持续运营速度和 380 km/h 的最高运营速度提供了技术保障。

1.4.5.1　主要技术特点

CRH380BL 型动车组的技术特点和优势主要体现在以下几个方面。

（1）采用了 380 km/h 速度级的高速转向架，该转向架不仅固定轴距较小，仅有 2 500 mm，结构紧凑，而且采用了高强度双 H 形构架、空心车轴、转臂式轴箱定位、高柔性二系空气弹簧装置等先进、成熟技术。

（2）采用了先进的牵引系统，牵引变流器采用 IGBT 技术，具有开关频率高、结构紧凑、技术先进、性能稳定可靠等优点，符合当今的技术发展方向。

（3）采用防撞铝合金车体结构，以一定速度相撞不会对车体造成大的损伤，更不会造成人员伤害。

（4）采用独特的防火设计结构。火情发生后，列车仍可以速度 80 km/h 速度持续运行 10 min，单车起火 10 min 内不会蔓延到邻车。

（5）采用了符合 TCN 标准的列车网络系统，该网络系统采取了成熟的分布式网络体系结构，具有智能化、信息化水平高、冗余性好、电磁兼容性好等优点，代表了高速动车组网络系统的最高水平。

（6）采用了直通式电空制动系统和大热容量基础制动装置，制动控制采用微机自动控制，控制可靠，制动冲动小。

（7）辅助供电系统采用辅助变流器向相邻单元相互支援的并网干线供电技术，可靠性高，冗余性好。

（8）完备的车载诊断系统，动车组配置了完备的车载诊断系统，对列车运行过程中出现的故障实时同步无线传送到地面维修中心，方便地面维修中心对出现的故障及时制定故障处理方案，并有效实施，确保列车运行安全，同时提高列车运营效率。

1.4.5.2　主要技术参数

持续运营速度　　　　　　　　　　　　　　　　　　350 km/h
最高运营速度　　　　　　　　　　　　　　　　　　380 km/h

最高试验速度	> 400 km/h
动车组定员	1 003 + 1 人
动车组长度	~ 400 m
初速度 350 km/h 时,平直道上紧急制动时的制动距离	< 6 500 m
动车组轮周牵引总功率	18 400 kW
平直道上 0 ~ 200 km/h 的平均起动加速度	> 0.4 m/s^2
平直道上 350 km/h 时的剩余加速度	~ 0.05 m/s^2
自动车钩中心线高度	1 000 mm
中间车辆车体长度	24 175 mm
车体宽度	3 257 mm
车辆高度(车顶距轨面高度,新轮,不含受电弓)	3 890 mm
受电弓落弓时高度	~ 4 260 mm
受电弓弓头总长度	< 1 950 mm
车体内中心高度(客室内净空高度)	> 2 200 mm
地板面距轨面高度(整备状态)	1 260 mm
车辆定距	17 375 mm
固定轴距	2 500 mm
通过最小曲线半径	
联挂运行时	250 m
单车调车时	150 m
车轮直径	新轮/磨耗:
拖车转向架	920/860 mm
动车转向架	920/830 mm

1.4.6 中国标准动车组

中国标准动车组,是我国在 CRH "和谐号"动车组技术消化吸收再创新的基础上全面掌握高速动车组九大关键技术和十项配套技术,以中国铁路总公司为主导,20 多家单位构成核心研发团队,自 2012 年起历经 3 年时间全面正向研发的新一代中国高速动车组,具有完全自主知识产权。它是继 2010 年 CRH380 系列动车组发布后,中国研制的最重要的一款动车组。

中国标准动车组核心技术全面自主化,并在运用安全、节能环保、降低全寿命周期成本、进一步提高安全冗余等方面加大了科技创新力度,具有创新性、安全性、智能化、人性化、经济性等特点。

中国标准动车组的车辆统一互联互通(统一车钩机械连接接口,实现物理互联;统一电气接口,实现逻辑互联)、互操作功能规范(统一司机操作界面及动车组的工作模式,实现互操作),实现不同厂家生产的相同速度等级动车组能够重联运行、不同速度等级的动车组能够相互救援,使运营组织更加灵活,提升动车组的利用效率,降低运用成本。列车内牵引、高压、转向架、空调、网络、旅客信息系统等 11 个系统 96 项关键部件可以互相通用。列车采用高效的牵引、制动系统,统一设置了合理的修程修制体系。整车寿命 30 年。零部件等寿命设计理念、合理修程修制、最少易损易耗件和最小维护单元、通用性强的模块化定制技术，以及完善的配套产品供应链，降低运用检修寿命周期成本。

1.4.6.1 主要技术特点

（1）列车为 8 编组，4M + 4T，最高运行速度 350 km/h。列车动力配置形式由 2 个基本动力单元组成，通过调整电机特性，可在动力单元配置及网络控制等基本不变的情况下，满足不同速度目标值对牵引能力的需求，可通过不同动力单元的组合，实现灵活编组，满足不同的客流需要。

（2）采用大功率 IGBT 元器件构成的交直交传动牵引系统，通过提高中间直流环节电压，提高效率，降低损耗，改善电机控制特性，提升单位质量下的牵引输出功率。充分利用元器件性能，在牵引功率基础上显著提高电制动功率。利用移相技术有效控制谐波，保证再生能量的回收质量，降低总能耗。

（3）采用微机控制的直通式电空制动系统及大容量基础制动装置，具备以整列车进行空电复合控制的能力，可按模式曲线精确控制列车减速或停车。由制动系统实施列车制动力的管理、计算和分配，优化防滑控制逻辑，充分利用黏着及电制动，缩短制动距离，减少盘片磨损。

（4）采用模块化设计的 H 形构架无摇枕转向架，强化结构及性能的安全冗余设计。统一采用 920 mm 的大轮径及磨耗型踏面，改善轮轨匹配关系，优化转向架两系悬挂参数，降低簧下质量，减轻轮轨动力作用，提高运行稳定性、舒适性及结构安全性。实现轮对等主要部件的统型互换。转向架构架焊接同时满足 EN（欧洲标准）、UAC（国际铁路联盟标准）、DVS1612（德国标准）三个轨道车辆焊接标准。

（5）采用大型中空铝型材焊接而成的高强度、轻量化车体，统一车体长度为 25 000 mm，车体最大宽度为 3 360 mm，车辆高度为 4 050 mm，车顶采取平顺化设计，受电弓安装、高压设备空调等采取嵌入化设计，门窗与车体平齐，两车连接处采用全包外风挡。底部结构采用了导流设计。实现列车纵断面的平顺化，全新设计流线型车头，进一步降低高速运行时的阻力。设计防撞吸能结构和装置，提高安全防护性能。

（6）采用列车级（WTB）和车辆级（MVB）组成的两级网络结构。列车采用 TCN 和高速传输以太网的双重冗余设计的网络控制系统，可实现收集各监测点信息，并根据预先设定的判据实时诊断故障。全列车检测点达 2 500 余项，采集各种车辆状态信息 1 500 余项，对走行部状态、轴承温度、冷却系统温度、制动系统状态、客室环境等进行全面监测。同时新设地震预警与减灾系统，当接收到地震报警时，列车自动施加紧急制动。新设前后车追踪系统，能显示前后车间隔距离，当距离接近时，按提示、预警、报警三级实施语音提示，同时将本车车次、速度、位置信息实时无线传输给地面预警服务器，以供后车预警。此前该系统一直加装在既有高铁线路上进行测试。此外，还采用 4G 通信技术（第四代移动通信技术）实现远程数据传输，可在地面实时获知车辆状态，提升地面同步监测，远程维护能力。

（7）采用中国标准制式的 AC 380 V/50 Hz 辅助供电系统，具有自动平衡负载和冗余供电功能，辅助变流器由牵引变流器中间直流环节供电，实现过分相不断电、无动力回送/救援工况时自发电功能。研发锂电池直流供电系统，提升单位质量供电能力。

（8）高压系统采用主动控制受电弓，高压设备外绝缘的雷电冲击耐受电压提升至 185 kV，采用整体密闭的高压箱结构，除受电弓外，其余高压部件不暴露于运行环境中，以改善高压系统部件的工作环境，提高系统在不同网高和不同环境下的工作可靠性，实现日常运用的免维护。

（9）列车设计遵循所有安全相关标准，包括防火、防碰撞、动力学等，采用高RAMS（可靠性、可用性、可维护性、安全性）指标，提高列车可靠性，具备失稳检测、烟火报警、轴温检测、受电弓视频检测等安全防护措施，安全防护设计完善。列车还设置了脱线安全防护装置，提高动车组被动防护能力。

（10）旅客界面设计坚持以人为本，运用人机工程学合理设计旅客乘坐空间、占用空间、通过空间和乘降空间。按照旅客旅行生理需求、卫生需求、休闲娱乐需求，合理分配资源，统筹安排饮水、卫生、集便排污、空调和旅客信息与影音系统设计，其中空调系统将充分考虑免受各种高速运行工况下车外压力波的影响，通过合理的旅客界面设计，最大限度保证旅客的乘坐舒适性，缓解旅途疲劳。

1.4.6.2　主要技术参数

最高持续运营速度	350 km/h
动车组定员	总定员556席
动车组长度	208.95 m
平直道上紧急制动时的制动距离：	
制动初速度350 km/h时	≤6 500 m
制动初速度300 km/h时	≤3 800 m
制动初速度250 km/h时	≤3 200 m
制动初速度200 km/h时	≤2 000 m
制动初速度160 km/h时	≤1 400 m
制动初速度120 km/h时	≤800 m
平直道上的平均加速度：	
动车组从0到200 km/h	≮0.4 m/s^2
平直道上的剩余加速度（定员载荷）：	
在最高持续运营速度时	≮0.05 m/s^2
前端车钩中心线距轨面高度	1 000 mm
中间车钩中心线距轨面高度	935 mm
中间车体长度	25 m
车体最大宽度	3 360 mm
车辆高度（车顶距轨面高度，新轮，不含受电弓）	4 050 mm
受电弓落弓时高度	4 428 mm
车体内中心高度（客室内净空高度）	>2 200 mm
地板面距轨面高度（整备状态）	1 260 mm
车辆定距	17 800 mm
转向架固定轴距	2 500 mm
通过最小曲线半径：	

重联运行时	250 m
单编 S 曲线时	曲线 180 m + 最小过渡直线 10 m + 曲线 180 m
单车调车时	150 m
轴重	≤170 kN

网压适应性能：

网压在 22.5 kV ~ 29 kV 间发挥额定牵引功率；

网压在 22.5 kV ~ 19 kV 间轮周功率可线性下降至额定牵引功率的 84%；

网压在 19 kV ~ 17.5 kV 间轮周功率线性下降至零，辅助系统应正常工作；

网压在 29 kV ~ 31 kV 间轮周牵引功率线性下降至零，辅助系统应正常工作；

再生制动工况，网压 29 kV ~ 30 kV 间从额定牵引功率下降到零。

复习思考题

1. 请简述电力牵引传动及控制系统的发展过程。
2. 请简述交流传动牵引系统的优势。
3. 列举牵引传动控制方面的新技术。
4. 请简述动车组牵引传动系统的组成。
5. 列举我国典型动车组的技术特征。

Part 2 牵引变压器

2.1 变压器概述

变压器是一种静止的电器，用以将一种等级电压与电流的交流电能变换为同频率的另一种等级电压与电流的电能。变压器最主要的部件是绕组和铁心。接入电源的绕组叫一次绕组（亦称原边或初级绕组），接到负载的绕组叫二次绕组（亦称副边或次级绕组），一次、二次绕组间互相绝缘且通常放置在同一铁心柱上。一次、二次绕组具有不同的匝数，根据电磁感应原理，一次绕组的电能即可传递到二次绕组，且使一次、二次绕组具有不同的电压和电流。

变压器的应用很广泛。例如：根据配套需要供给冶炼用的电炉变压器，电解或化工用的整流变压器，焊接用的电焊变压器，实验用的调节变压器，煤矿用的防爆变压器、船用变压器、电力机车牵引用变压器等。除此之外，各种用途的控制变压器，仪用互感器等特殊变压器也应用十分广泛。

列车牵引变压器，是交-直-交传动电力机车中的重要电气设备，用来将接触网上取得的单相工频交流 25 kV 高压电降为列车各电路所需的电压。

2.2.1 变压器分类

变压器的种类很多，可按其用途、结构、相数和冷却方式等进行分类。

2.2.1.1 按用途分类

（1）电力变压器——主要用在输配电系统，分为升压变压器、降压变压器、配电变压器、联络变压器（连接几个不同电压等级的电网）和厂用变压器（供发电厂自用电）等几种。容量从几十千伏安到几十万千伏安，电压等级从几百伏到 500 kV 以上。

（2）调压变压器——用来调节电网中的电压，小容量调压器多用于实验室中。

（3）仪用变压器——如电流互感器和电压互感器。因大电流、高电压线路中的电流与电压不能直接测量，同时为了保障操作者的安全，需通过互感器进行测量。

（4）矿用变压器——供矿坑下变电所用。

（5）试验用高压变压器——产生高电压供高压试验用，电压高达 750 kV。

（6）特殊用途变压器——如整流变压器、电炉变压器、电焊变压器和电弧炉用变压器、铁路牵引变压器等。

2.2.1.2　按绕组数目分类

（1）自耦变压器——高低压共用一个绕组；
（2）双绕组变压器——每相有高、低压两个绕组；
（3）三绕组变压器——每相有高、中、低压三个绕组；
（4）多绕组变压器。

2.2.1.3　按相数分类

（1）单相变压器；
（2）三相变压器；
（3）多相变压器（如整流用六相变压器）。

2.2.1.4　按冷却方式分类

（1）油浸式变压器——现在生产的绝大多数电力变压器都属于这一类，变压器的绕组与铁心完全浸在变压器油里。这种变压器又分为：
① 油浸自冷变压器——借助油的自然循环进行冷却；
② 油浸风冷变压器——在散热器上装风扇吹风冷却；
③ 油浸强迫油循环变压器——用油泵等强迫变压器油加速循环，提高散热能力。
（2）干式变压器——这种变压器的铁心和绕组用空气直接冷却。
（3）充气式变压器——这种变压器的器身放在密封的铁箱内，箱内充以特种气体。

在以上各种变压器中，以油浸自冷式三相双绕组变压器最广泛，下面主要介绍这种变压器的结构。

2.2.2　变压器的额定值

额定值是制造厂对变压器正常工作时所作的使用规定，它亦是制造厂设计和试验变压器的依据。在额定状态下运行时，可以保证变压器长期可靠的工作，并具有良好的性能。额定值通常标注在变压器的铭牌上，故亦称铭牌值。

变压器的额定值主要有：

（1）额定容量 S_N：在铭牌上所规定的额定状态下变压器输出能力（视在功率）的保证值，称为变压器的额定容量。单位以 V·A 或 kV·A 表示。对三相变压器，额定容量是指三相容量之和。

（2）额定电压 U_N：标在铭牌上的各绕组在空载、额定分接下端电压的保证值，以 V 或 kV 表示。三相变压器的额定电压是指线电压。

（3）额定电流 I_N：根据额定容量和额定电压所计算出来的线电流值称为额定电流，以安表示。对单相变压器，一次、二次绕组的额定电流为：

$$I_{N1} = \frac{S_N}{U_{N1}} \; ; \quad I_{N2} = \frac{S_N}{U_{N2}} \tag{2.1}$$

对三相变压器，一次、二次绕组的额定电流为：

$$I_{N1} = \frac{S_N}{\sqrt{3} U_{N1}} \; ; \quad I_{N2} = \frac{S_N}{\sqrt{3} U_{N2}} \tag{2.2}$$

(4)额定频率 f_N：我国规定工频为 50 Hz。此外，在变压器的铭牌上还给出了额定工作下变压器的效率、温升、相数、连接组别、接线图、短路电压（或短路阻抗）的标幺值（相对值），变压器的运行方式（长期连续运行或者短时运行）及冷却方式等。大型变压器，为便于运输，有时铭牌上还标出变压器的总重、油重、器身重量和外形尺寸等。

2.2 变压器运行原理

尽管变压器用途非常广泛，类型繁多且结构也不完全相同。但就其基本原理而言则是一致的。故本章以单相双绕组变压器为例，分析其基本电磁关系，导出基本方程式、等效电路和相量图，最后分析计算变压器在运行中的电压变化率和效率。

2.2.1 变压器的空载运行

变压器的空载运行是指一次侧绕组接到额定电压、额定频率的电源上，二次侧绕组开路时的运行状态。图 2.1 是单相变压器空载运行的示意图。一次侧与二次侧的各物理量分别用下标"1"和"2"标注，以示区别。

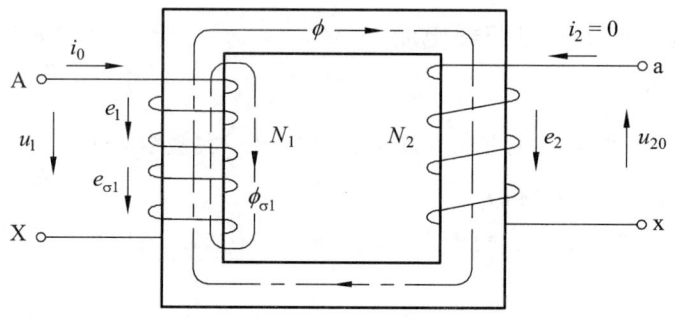

图 2.1 变压器的空载运行示意图

2.2.1.1 空载运行时的电磁状况

图 2.1 绘出了空载运行的单相变压器，在一次侧加上电压 u_1 之后，绕组流过空载电流 i_0，它建立了空载磁势 $N_1 i_0$，这一磁势作用在铁心磁路上产生主磁通 Φ，主磁通交链着一次绕组和二次绕组，当 i_0 和 Φ 以频率 f 交变时，在一次绕组和二次绕组中分别感应出电动势 e_1 和 e_2，空载磁势同时也作用在漏磁路上，漏磁通分布十分复杂，为便于分析，通常把它等效为交链全部绕组的漏磁通 $e_{\sigma 1}$，它在一次绕组中也感应电动势，我们把它称之为漏抗电动势，以 $e_{\sigma 1}$ 表示。i_0 流过一次绕组也有相应的电阻压降 $i_0 r_1$，r_1 是一次绕组的电阻。从而可知 e_1、$e_{\sigma 1}$、$i_0 r_1$ 一起平衡电源电压。二次绕组只产生感应电动势 e_2，因二次侧开路 $i_2 = 0$，无阻抗压降，所以，变压器空载输出电压 u_{20} 等于电动势 e_2。变压器空载时，因一次侧的电源电压相对于一次侧阻抗小，所以，变压器空载时的电流很小，仅为额定电流的百分之几，变压器空载运行时的电磁关系如图 2.2 示意。

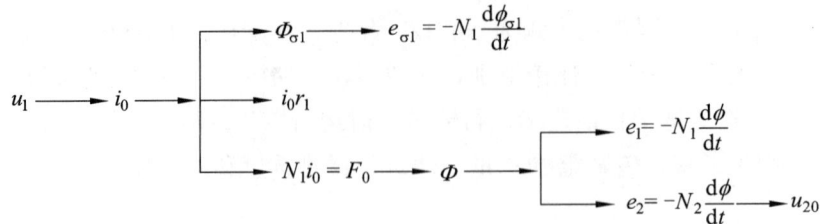

图 2.2 变压器空载运行时电磁关系示意图

2.2.1.2 正方向的规定

在变压器中,电压、电流、磁通及电势的大小和方向均随时间交变,为了正确地表示它们之间的相位关系,必须首先规定它们的正方向。

正方向原则上可以是任意的,但通常均按电工惯例来规定正方向(叫作习惯正方向):

(1)在同一支路内,电压降的正方向与电流的正方向一致;

(2)磁通的正方向与电流的正方向之间符合右手螺旋定则;

(3)由交变磁通(包括主磁通 Φ、漏磁通 $\Phi_{\sigma 1}$)产生的感应电动势(e_1、$e_{\sigma 1}$、e_2),其正方向与产生该磁通的电流方向一致,如图 2.1 所示。在这样规定了正方向后,电磁感应定律就可写成 $e_1 = -N_1 \dfrac{\mathrm{d}\Phi}{\mathrm{d}t}$、$e_2 = -N_2 \dfrac{\mathrm{d}\Phi}{\mathrm{d}t}$、$e_{\sigma 1} = N_1 \dfrac{\mathrm{d}\Phi_{\sigma 1}}{\mathrm{d}t}$。

2.2.1.3 磁通、电动势与空载电流

1. 磁通 Φ

变压器空载时,根据上述正方向的规定,可写出一次绕组的电压方程式:

$$u_1 = -e_1 - e_{\sigma 1} + i_0 r_1 \tag{2.3}$$

因 $e_{\sigma 1}$ 和 $i_0 r_1$ 比 e_1 要小很多,两者之和也不足 e_1 的 1%,所以可以将其略去。则上述方程式可近似写成:

$$u_1 \approx -e_1 \tag{2.4}$$

式(2.4)表明:当忽略电阻和漏磁通的影响时,电源电压 u_1 和一次侧绕组中的感应电动势 e_1 在任何瞬间都是大小相等而方向相反,故常称 e_1 电势为反电势。由于变压器外加电压 u_1 常为正弦波,那么 e_1 也按正弦规律变化。因 $e_1 = -N_1 \dfrac{\mathrm{d}\Phi}{\mathrm{d}t}$,所以 Φ 也按正弦规律变化,即 $\Phi = \Phi_\mathrm{m} \sin \omega t$ 并在以后的相量图中以磁通为参考相量,将它画在实轴上,磁通把一次侧和二次侧两个电路联系起来,以它为相量比较方便。

2. 电动势 e_1 和 e_2

由前面正方向规定,得出

$$\begin{aligned} e_1 &= -N_1 \dfrac{\mathrm{d}\Phi}{\mathrm{d}t} = -N_1 \mathrm{d}(\Phi_\mathrm{m} \sin \omega t)/\mathrm{d}t = -\omega N_1 \Phi_\mathrm{m} \cos \omega t \\ &= E_{1\mathrm{m}} \sin(\omega t - 90°) \end{aligned} \tag{2.5}$$

式中,$E_{1\mathrm{m}} = \omega N_1 \Phi_\mathrm{m} = 2\pi f_1 N_1 \Phi_\mathrm{m}$ 是一次侧绕组电动势的最大值,其有效值

$$E_1 = \frac{E_{1m}}{\sqrt{2}} = 4.44 f_1 N_1 \Phi_m \tag{2.6}$$

如果磁通的单位为 Wb，则电动势的单位为 V。

同理可得二次侧绕组电动势的最大值和有效值：

$$e_2 = -N_2 \frac{d\Phi}{dt} = -N_2 d(\Phi_m \sin\omega t)/dt = -\omega N_2 \Phi_m \cos\omega t$$
$$= E_{2m} \sin(\omega t - 90°)$$

$$E_2 = \frac{E_{2m}}{\sqrt{2}} = 4.44 f_1 N_2 \Phi_m \tag{2.7}$$

如以复数的形式来表示，则电势的有效值为

$$\left.\begin{array}{l} \dot{E}_1 = -j4.44 f_1 N_1 \dot{\Phi}_m \\ \dot{E}_2 = -j4.44 f N_2 \dot{\Phi}_m \end{array}\right\} \tag{2.8}$$

3. 一次侧电压 u_1 和二次侧电压 u_2

由上式可以看出，一次绕组与二次绕组产生的感应电动势与匝数成正比，且由于 $u_1 \approx -e_1$，其有效值 $U_1 \approx E_1$。二次侧绕组无电流，所以有 $u_2 = -e_2$，其有效值 $U_2 = E_2$，因此，变压器空载时，一次绕组与二次绕组的电压比为：

$$\frac{U_1}{U_{20}} \approx \frac{E_1}{E_2} = \frac{N_1}{N_2} = k \tag{2.9}$$

式中，k 称为变压器的变比，若 k 大于 1，则为降压变压器；反之，为升压变压器。这就是变压器的变压原理。

4. 空载电流 i_0

变压器空载时，一次绕组流过空载电流 i_0，其作用是在磁路中产生磁动势以建立磁场。故把它称之为励磁电流。由前分析可知，如果变压器外加电压为正弦波形时，其磁通波形也基本上是正弦波形，那么此时的空载电流又是怎样的波形呢？下面就来分析这个问题。

空载时，一次绕组实际上是一个铁心线圈，线圈电流的大小主要决定于铁心线圈的电抗和铁心损耗，铁心线圈的电抗 $x = \omega N^2 \Lambda$，其中 Λ 为铁心的磁导。因此，空载电流的大小与铁心的磁化性能、饱和程度等密切相关。

如果铁心没有饱和，且忽略铁心中的损耗时，空载电流纯粹为建立磁场的无功电流（与电压相差 90°电角度），称为磁化电流，用 i_μ 表示。当主磁通按正弦波形变化时，空载电流 i_0 也将按正弦波形变化，且与 $\dot{\Phi}_m$ 同相（即空载电流 i_0 全部为磁化电流 i_μ）。但实际上变压器为了充分利用材料，铁心总是设计得比较饱和，且铁心也有磁滞和涡流损耗，此时，当主磁通按正弦波形变化时，空载电流 i_0 将如何变化呢？

当只考虑饱和，不考虑磁滞和涡流损耗时，变压器空载电流由图 2.3（a）所示的基本磁化曲线所决定。当主磁通 Φ 按正弦波形变化时，由作图法可以求得 i_0 为一尖顶波，如图 2.3（b）所示，此时 i_0 仍是产生磁场的磁化电流 i_μ，但可以看出，它可以分解为基波、三次谐波和其他高次谐波，磁通密度越高，铁心饱和程度越厉害，谐波成分也越显著。基波与 Φ 同相位，当既考虑饱和又考虑损耗时，$\varPhi$ 与 i_0 的关系，也可由作图法求得，如图 2.4 所示。可以看出，当 $\varPhi$ 为正弦波形时，i_0 为一不对称的尖顶波，它可以分成两个分量，如图中虚线所示。其中一个分量是对称的尖顶波 $\dot{I}_\mu$，这就是只考虑饱和影响时的磁化电流。另一个分量数值很小，近似正弦波，以 i_{Fe} 表示，它超前 $\varPhi 90°$，与 $-\dot{E}_1$ 同相位，是一个有功分量，对应铁心中的损耗。如果把这时的不对称尖顶波也等效成相应的正弦波，以 $\dot{I}_0$ 表示，则有

$$\dot{I}_0 = \dot{I}_{\text{Fe}} + \dot{I}_\mu \tag{2.10}$$

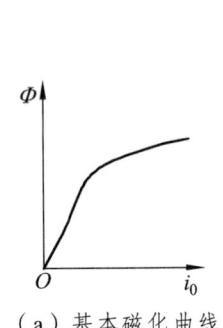
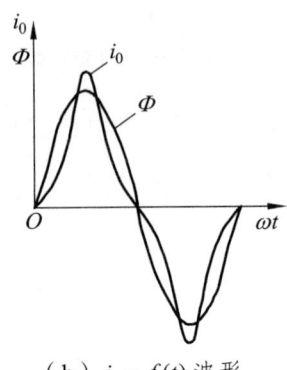

（a）基本磁化曲线　　　　　　　　（b）$i_0 = f(t)$ 波形

图 2.3　只考虑饱和时的 i_0 波形图

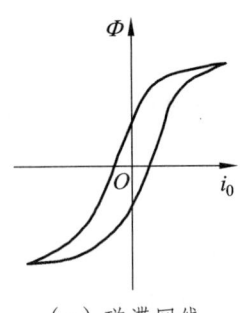
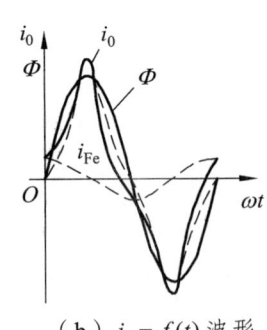

（a）磁滞回线　　　　　　　　　　（b）$i_0 = f(t)$ 波形

图 2.4　考虑磁滞回线时的 i_0 波形图

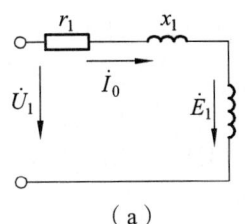
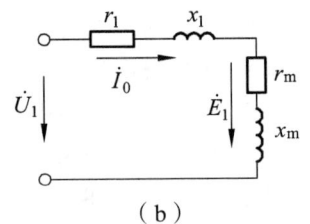

（a）　　　　　　　　　　　　　　（b）

图 2.5　变压器空载等效电路

$\dot{I}_0$ 引前 $\dot{\varPhi}_m$ 一个小角度 α，称为磁滞角。$\dot{I}_0$、$\dot{I}_\mu$、$\dot{I}_{\text{Fe}}$ 的相量图如图 2.6 所示。

变压器的空载损耗包括两个部分，一部分是空载电流在一次侧绕组产生的电阻损耗 $P_{\text{cu}} = I_0^2 r_1$，另一部分是由于铁心中的涡流和磁滞现象所引起的损耗 p_{Fe}，叫铁损耗。空载时 $\dot{I}_0$ 很小，r_1 也很小，电阻损耗很小，可忽略，认为空载损耗 p_0 就是铁耗 p_{Fe}。即

$$p_0 \approx p_{Fe} \tag{2.11}$$

对已做好的变压器可用空载试验测量空载损耗，在一般电机中，铁耗 p_{Fe} 可按下式计算：

$$p_{Fe} = p_{10/50}\left(\frac{B_m}{10\,000}\right)^2\left(\frac{f}{50}\right)^{1.5} G \text{（W）} \tag{2.12}$$

式中　G——铁心质量，kg；
　　　$p_{10/50}$——频率 50 Hz；
　　　B_m——最大磁密度，为 1 T 时每千克铁心的损耗值，可从材料的性能表中得到。

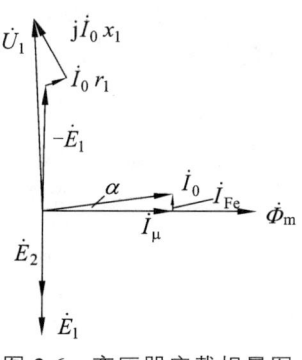

图 2.6　变压器空载相量图

2.2.1.4　电动势平衡方程式、等效电路及相量图

在实际的变压器中，一次侧绕组总有一定的电阻 r_1，当 $\dot{I}_0$ 流过时将产生电阻压降 $i_1 r_1$，一次侧绕组的漏磁通 $\Phi_{\sigma 1}$ 也将在一次侧绕组中感应漏磁电电势 $e_{\sigma 1}$。

根据 $e_{\sigma 1} = -N_1 \mathrm{d}\Phi_{\sigma 1}/\mathrm{d}t$，可得

$$\begin{aligned} e_{\sigma 1} &= -N_1 \mathrm{d}\Phi_{\sigma 1}/\mathrm{d}t = -N_1 \mathrm{d}(\Phi_{\sigma 1m}\sin\omega t)/\mathrm{d}t \\ &= -\omega N_1 \Phi_{\sigma 1m}\cos\omega t = E_{\sigma 1m}\sin(\omega t - 90°) \end{aligned} \tag{2.13}$$

其有效值为

$$E_{\sigma 1} = 4.44 f_1 N_1 \Phi_{\sigma 1m} \tag{2.14}$$

写成复数的形式可得

$$\dot{E}_{\sigma 1} = -\mathrm{j}4.44 f_1 N_1 \dot{\Phi}_{\sigma 1m} \tag{2.15}$$

$\dot{E}_{\sigma 1}$ 也可以用漏抗压降的形式来表示。此时需利用 $\Phi_{\sigma 1m}$ 和 I_0 的关系导出反映漏磁通的电感系数 $L_{\sigma 1}$，即

$$L_{\sigma 1} = \frac{N_1 \Phi_{\sigma 1m}}{\sqrt{2} I_0} \tag{2.16}$$

将式（2.16）代入式（2.15）得

$$\dot{E}_{\sigma 1} = -\mathrm{j}\dot{I}_0 \omega L_{\sigma 1} = -\mathrm{j}\dot{I}_0 x_1 \tag{2.17}$$

$x_1 = \omega L_{\sigma 1}$ 是对应于一次绕组漏磁通的漏电抗（简称一次绕组漏抗）。对已做好的变压器是一个常数，不随负载变化而变化。

将一次侧电压瞬时值的方程式（2.3），因各量的正方向符合电工惯例，将其写成向量形式则有：

$$\dot{U}_1 = -\dot{E}_1 - \dot{E}_{\sigma 1} + \dot{I}_0 r_1 = -\dot{E}_1 + \dot{I}_0(r_1 + \mathrm{j}x_1) = -\dot{E}_1 + \dot{I}_0 z_1 \tag{2.18}$$

绘出对应式（2.18）的等效电路图，如图 2.5（a）所示。

变压器空载时，一次绕组实际上是一个铁心线圈，从式（2.18）可知，空载变压器可以看成两个电抗线圈串联的电路（也可看成并联，与串联等效，可相互转化，但习惯上常看成两个电抗线圈串联的电路），其中一个是没有铁心的线圈阻抗，表示一次侧绕组的内阻抗 $z_1 = r_1 + \mathrm{j}x_1$；另一个是有铁心的线圈，它不但产生感应电动势，而且还有铁耗，也即它既具有

产生感应电动势的电感性质又具有消耗一定有功功率的电阻性质，它可以用称之为励磁阻抗的物理量 z_m 表示，也即

$$z_m = r_m + jx_m \tag{2.19}$$

式中，x_m 为励磁电抗，$x_m = \omega N_1^2 \Lambda_m$；$\Lambda_m$ 为主磁路的磁导，N_1 为铁心线圈的匝数。z_m 变化不大，可近似为一个常数。从而得：

$$\left. \begin{array}{l} z_m = E_1/I_0 \\ r_m = p_{Fe}/I_0^2 \\ x_m = \sqrt{z_m^2 - r_m^2} \end{array} \right\} \tag{2.20}$$

这样一次侧绕组电势方程式可写成

$$\dot{U}_1 = -\dot{E}_1 + \dot{I}_0 z_1 = \dot{I}_0(z_1 + z_m) \tag{2.21}$$

$x_m \gg x_1$，$r_m \gg r_1$，所以 $z_m \gg z_1$。

绘出对应式（2.21）的等效电路图如图 2.5（b）所示。这是变压器空载时一次侧的等效电路。图 2.6 为相量图，图中的 $\dot{I}_0 r_1$ 和 $j\dot{I}_0 x_1$ 很小，为了看得清楚，绘图时人为放大了。图中都以磁通 $\dot{\Phi}_m$ 为参考相量。

综上所述，得出以下重要结论：

（1）感应电势 E 的大小与电源频率 f、绕组匝数 N 及铁心中主磁通的最大值 Φ_m 成正比，在相位上总是落后产生它的主磁通 Φ_m 90°，而主磁通的大小主要取决于电源电压、频率和一次绕组的匝数，而与磁路所用材料的性质和尺寸基本无关。

（2）使用材料的导磁性能越好，则励磁阻抗 x_m 越大，空载电流越小。所以电机与变压器的铁心均采用高导磁性能的硅钢片叠成。

（3）铁心的饱和程度越高，励磁电抗 x_m 越小，空载电流越大。因此合理选择铁心截面对电机和变压器的运行性能有重要影响。

（4）气隙对空载电流的影响很大，气隙越大，磁阻越大，励磁电抗 x_m 就越小，空载电流就越大，因此要严格控制铁心叠片接缝之间的气隙。

2.2.2 变压器的负载运行

2.2.2.1 负载运行时的电磁状况

当变压器负载时，二次侧有电流流过，它也要产生一个磁动势 $N_2 \dot{I}_2$，它除了也产生只与绕组本身交链的漏磁通外，主要是在主磁路中产生作用，而变压器空载时，只有一个磁动势 $N_1 \dot{I}_0$，它在主磁路中产生了主磁通 Φ，因此，变压器负载时主磁路上有两个磁动势相连接，其负载运行示意图如图 2.7 所示。那么此时一次侧的电流将如何变化呢？

变压器空载时，只有一个磁动势 $N_1 \dot{I}_0$。当变压器负载时，二次侧有电流流过，它也要产生一个磁动势 $N_2 \dot{I}_2$，根据楞次定律，磁势 $N_2 \dot{I}_2$ 作用在铁心上，它力图使主磁通发生变化，所以一次侧绕组就要相应地增加电流（磁势）去阻止主磁通发生变化。且如果主磁通改变，则一次侧绕组电路中的电势平衡（因 Z_1 很小，其压降仍可忽略，仍认为 $\dot{U}_1 \approx -\dot{E}_1 = -j4.44 f_1 N_1 \Phi_m$）就要被破坏，所以只有一次侧电流（磁势）相应地增加来抵偿磁动势 $N_2 \dot{I}_2$ 的去磁作用，才能

保持变压器磁路中的磁动势和主磁通基本不变，基本仍等于 $N_1\dot{I}_0$ 和 Φ。即

$$N_1\dot{I}_1 + N_2\dot{I}_2 = N_1\dot{I}_0 \tag{2.22}$$

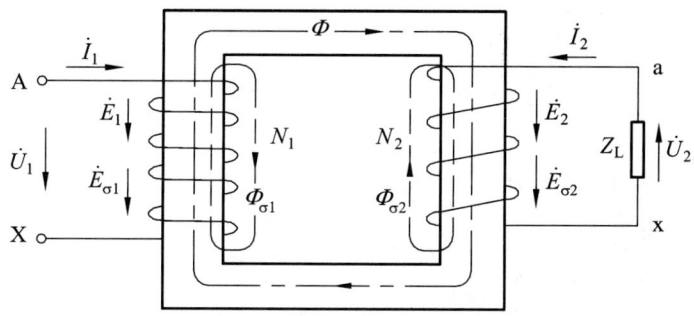

图 2.7 变压器负载运行示意图

这就是变压器负载后的磁动势平衡方程式。将上式写成下面形式

$$\dot{I}_1 = \dot{I}_0 + \left(-\dot{I}_2\frac{N_2}{N_1}\right) = \dot{I}_0 + \left(-\frac{\dot{I}_2}{k}\right) \tag{2.23}$$

式（2.23）说明，一次电流由两部分组成：一部分是励磁分量 $\dot{I}_0$，用以产生主磁通，基本不随负载变化；另一部分是负载分量 $-\dfrac{\dot{I}_2}{k}$，用以抵消二次电流对主磁通产生的影响，随负载变化而变化，正是这一部分把一次侧的电功率传送到了变压器二次侧。由于 $\dot{I}_1 \gg \dot{I}_0$，忽略 $\dot{I}_0$，则得

$$\dot{I}_1 \approx -\dot{I}_2\frac{N_2}{N_1} = -\frac{\dot{I}_2}{k} \tag{2.24}$$

如果仅考虑绝对值，则

$$\frac{I_1}{I_2} = \frac{N_2}{N_1} = \frac{1}{k} \tag{2.25}$$

式（2.25）表明：负载运行时，一次、二次电流与匝数成反比，说明变压器在变电压的同时，也能变电流。将以上的分析得出变压器负载之后其电磁关系示意图如图 2.8 所示。

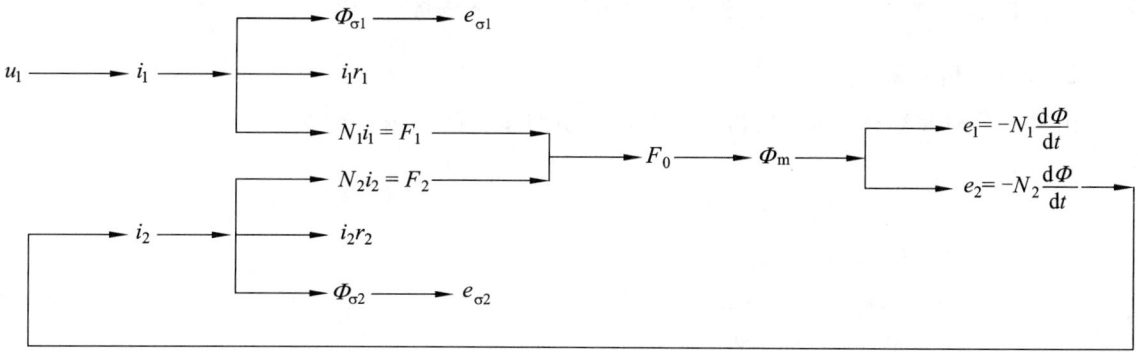

图 2.8 变压器运行时电磁关系示意图

2.2.2.2 电动势平衡方程式

依照一次侧漏磁通所产生的漏感电动势的方法和原理,可导出二次侧漏感电动势

$$e_{\sigma 2} = -N_2 \frac{d\Phi_{\sigma 2}}{dt} = -N_2 d(\Phi_{\sigma 2m} \sin \omega t)/dt \\ = -\omega N_2 \Phi_{\sigma 2m} \cos \omega t = E_{\sigma 2m} \sin(\omega t - 90°) \tag{2.26}$$

其有效值为

$$E_{\sigma 2} = 4.44 f_1 N_2 \Phi_{\sigma 2m} \tag{2.27}$$

写成复数的形式可得

$$\dot{E}_{\sigma 2} = -j4.44 f_1 N_2 \dot{\Phi}_{\sigma 2m} \tag{2.28}$$

$\dot{E}_{\sigma 2}$ 也可以用漏抗压降的形式来表示。此时需利用 $\Phi_{\sigma 2m}$ 和 I_2 的关系导出反映漏磁通的电感系数 $L_{\sigma 2}$,即

$$L_{\sigma 2} = N_2 \Phi_{\sigma 2m} / \sqrt{2} I_2 \tag{2.29}$$

将式(2.29)代入式(2.28)得:

$$\dot{E}_{\sigma 2} = -j\dot{I}_2 \omega L_{\sigma 2} = -j\dot{I}_2 x_2 \tag{2.30}$$

$x_2 = \omega L_{\sigma 2}$ 是对应于二次绕组漏磁通的漏电抗(简称二次绕组漏抗)。对已做好的变压器是一个常数,不随负载变化而变化。

这样,依照图2.7所示,根据基尔霍夫电压定律,列出一次侧电压方程式为:

$$\dot{U}_1 = -\dot{E}_1 - \dot{E}_{\sigma 1} + \dot{I}_1 x_1 = -\dot{E}_1 + \dot{I}_1 (r_1 + jx_1) \tag{2.31}$$

$$\dot{U}_2 = -\dot{E}_2 - \dot{E}_{\sigma 2} + \dot{I}_2 x_1 = -\dot{E}_2 + \dot{I}_2 (r_2 + jx_2) \tag{2.32}$$

绘出对应式(2.31)和(2.32)的等效电路图如图2.9所示。

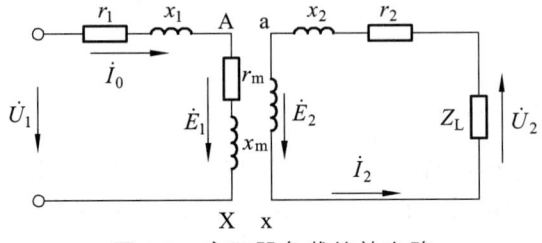

图2.9 变压器负载等效电路

2.2.2.3 折 算

由以上分析并结合图2.9可以列出变压器负载运行的一组方程式

$$\left. \begin{aligned} \dot{U}_1 &= -\dot{E}_1 + \dot{I}_1 (r_1 + jx_1) \\ \dot{U}_2 &= -\dot{E}_2 + \dot{I}_2 (r_2 + jx_2) \\ \dot{I}_0 (r_m + jx_m) &= -\dot{E}_1 \\ N_1 \dot{I}_1 + N_2 \dot{I}_2 &= N_1 \dot{I}_0 \\ \dot{U}_2 &= \dot{I}_2 z_L; \quad \frac{E_1}{E_2} = \frac{N_1}{N_2} = k \end{aligned} \right\} \tag{2.33}$$

应用这组方程组可以对变压器负载运行进行定量计算。当已知 $\dot{U}_1$、$z_1 = r_1 + jx_1$、$z_2 = r_2 + jx_2$、$z_m = r_m + jx_m$、z_L 及变比 k 时就可以解出 $\dot{I}_1$、$\dot{I}_2$、$\dot{E}_1$、$\dot{E}_2$ 及 $\dot{U}_2$。但因上式中的六个方程式多为复数方程，计算十分繁杂，特别是 k 较大时，一次和二次电压、电流、阻抗数值差别很大，计算很不方便，绘制相量图也较困难，为此我们常用一假想的绕组来代替其中一个绕组，使其成为变比 $k=1$ 的变压器，此时图 2.9 中的 A 点与 a 点成为等电位点，X 点与 x 点成为等电位点，A 点与 a 点可以直接相连，X 点与 x 可以直接相连，将一次绕组与二次绕组通过一个磁路将两个电路耦合到一起的变压器化为一个单纯电路，从而大大简化变压器的分析计算，这种方法称为折算。折算仅仅是研究变压器的一种方法，折算即可将一次侧折算到二次侧，也可将二次侧折算到一次侧。折算过的量在原来的符号上加一个标号 "'" 以示区别。折算的原则是保证磁动势不变、有功功率和无功功率不变。下面介绍将二次侧各量折算到一次侧折算值的方法。

1. 二次侧电流的折算

因变比假设为 1，所以折算后二次侧等效匝数 $N_2' = N_1$，依据折算前后磁动势不变的原则，有 $N_2\dot{I}_2 = N_1\dot{I}_2'$

$$\dot{I}_2' = \frac{\dot{I}_2}{k} \tag{2.34}$$

2. 二次侧电动势、电压的折算

因折算后的变压器变比为 1，所以

$$\dot{E}_2' = \dot{E}_1 \text{ 或 } \dot{E}_2' = k\dot{E}_2 \tag{2.35}$$

同样二次侧的电压、漏电势也可以按同样的办法折算，得

$$\dot{E}_{\sigma 2}' = k\dot{E}_{\sigma 2} \tag{2.36}$$

$$\dot{U}_2' = k\dot{U}_2 \tag{2.37}$$

3. 二次侧漏阻抗的折算

根据折算前后二次侧绕组铜耗不变的原则，$I_2'^2 r_2' = I_2^2 r_2$ 得

$$r_2' = \frac{I_2^2 r_2}{I_2'^2} = k^2 r_2 \tag{2.38}$$

根据折算前后二次侧绕组漏磁无功功率不变的原则，$I_2'^2 x_2' = I_2^2 x_2$ 得

$$x_2' = \frac{I_2^2 x_2}{I_2'^2} = k^2 x_2 \tag{2.39}$$

同样

$$z_2' = \frac{I_2^2 z_2}{I_2'^2} = k^2 z_2 \tag{2.40}$$

$$z_L' = \frac{I_2^2 z_L}{I_2'^2} = k^2 z_L \tag{2.41}$$

折算以后，变压器的负载运行的一基本组方程式变为以下形式：

$$\left.\begin{array}{l}\dot{U}_1 = -\dot{E}_1 + \dot{I}_1(r_1 + jx_1)\\ \dot{U}_2' = \dot{E}_2' - \dot{I}_2' z_2'\\ \dot{I}_0(r_m + jx_m) = -\dot{E}_1\\ \dot{U}_2' = \dot{I}_2' z_L'\\ \dot{E}_1 = \dot{E}_2'\\ \dot{I}_1 = \dot{I}_0 - \dot{I}_2'\end{array}\right\} \quad (2.42)$$

2.2.2.4 等效电路及相量图

有了折算以后变压器的负载运行的一基本组方程式后，就可以把图2.9中的A点与a点、X点与x直接相连，将x_1、x_2作为集中参数，将一次绕组和二次绕组合并为一个绕组，它相当于一个铁心电抗线圈，可用$z_m = r_m + jx_m$来代替，其中r_m表示铁耗的等效电阻，x_m表示主磁通的励磁电抗，于是得到如图2.10的等效电路图。因这一等效电路的形状像字母"T"，所以被称为T形等效电路。通过上面的处理，就把通过一个磁路耦合和有两个电路的计算化为一个单纯电路的计算（或者说将只有磁联系而无电直接联系的电路计算变为只有电联系的电路计算），从而大大简化变压器的分析计算。感性负载时的相量图如图2.11所示。

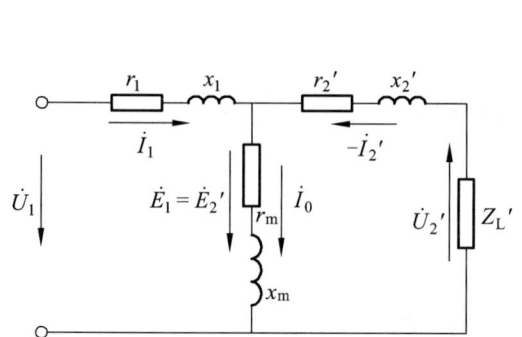

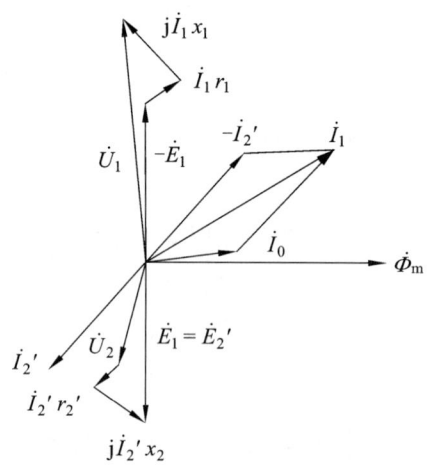

图2.10 变压器负载运行时的"T"形等效电路　　图2.11 变压器感性负载时的相量图

T形等效电路虽然正确地表达了变压器内部的电磁关系，但却属于复杂电路，进行复数运算也比较麻烦。考虑到一次绕组的漏阻抗压降只占额定电压的2%～5%左右，所以可近似地把磁化分路从T形等效电路的中部移到电源端，这样就可得到Γ形近似等效电路，如图2.12所示。运算Γ形近似等效电路简便，且在工程上已足够精确。

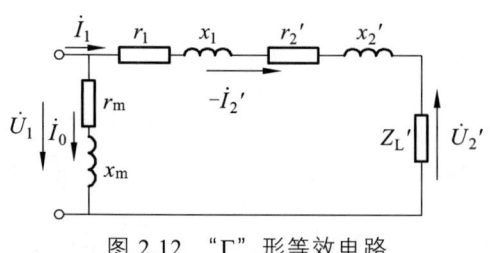

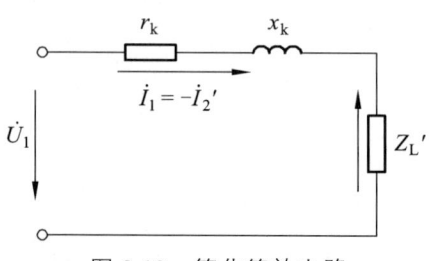

图2.12 "Γ"形等效电路　　图2.13 简化等效电路

由于 r_m 比 r_1 和 r_2 大得多，x_m 比 x_1 和 x_2 大得多，$\dot{I}_0$ 与变压器额定电流相比小得多，若忽略不计，将励磁分路去掉，则电路变为如图 2.13 所示，就变为简化等效电路。使计算更进一步的简化，在工程上，如果对计算精度要求不太高，则完全可以使用。图 2.13 中 r_k、x_k 为短路参数。

$$\left.\begin{aligned} x_k &= x_1 + x_2 \\ r_k &= r_1 + r_2 \end{aligned}\right\} \tag{2.43}$$

2.2.2.5 变压器负载时的相量图

变压器的基本电磁关系，除了可以用基本方程式和等效电路表示计算外，还可用相量图来表示和计算，他能直观地表示出变压器各电磁量的大小和相位关系，是分析变压器的有效工具。

画负载相量图时，认为参数均已知，并且 $\dot{U}_2$、$\dot{I}_2$、$\cos\varphi_2$ 及 z 给定，常选 $\dot{\Phi}_m$ 或 $\dot{U}_2$ 为参考相量，在此选 $\dot{\Phi}_m$ 为参考相量，具体画图步骤如下：

(1) 在实轴上画出参考相量 $\dot{\Phi}_m$。
(2) 根据 $\dot{E}_1 = \dot{E}_2' = -\mathrm{j}4.44 f N_2 \dot{\Phi}_m$ 画出 $\dot{E}_1 = \dot{E}_2'$。
(3) 根据 $\dot{I}_2' = \dot{E}_2'/(z_2' + z_L')$ 和 $\dot{U}_2' = \dot{E}_2' - \dot{I}_2' z_2'$，画出 $\dot{I}_2'$ 和 $\dot{U}_2'$。
(4) 由 $\dot{I}_0 \approx -\dot{E}_1/z_m$ 画出 $\dot{I}_0$。
(5) 由 $\dot{I}_1 = \dot{I}_0 - \dot{I}_2'$ 画出 $\dot{I}_1$。
(6) 由 $\dot{U}_1 = -\dot{E}_1 + \dot{I}_1 z_1$ 画出 $\dot{U}_1$。

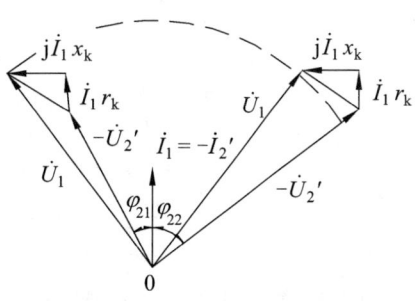

图 2.14 简化等效电路相量图

这样就可画出图 2.14 所示的 T 形等效电路的相量图。同理，可画出 Γ 形近似等效电路的相量图和简化等效电路的相量图。如图 2.14 所示为简化等效电路的相量图，电压 $-\dot{U}_2$ 引前电流 $\dot{I}_1 = -\dot{I}_2'$ 的为感性负载，功率因数角为 φ_{21}；电压 $-\dot{U}_2$ 滞后电流 $\dot{I}_1 = -\dot{I}_2$ 的为容性负载，功率因数角为 φ_{22}；两者在电源电压相同的情况下，输出电压有所不同，感性负载时，$\dot{U}_2 < \dot{U}_1$，随着电流的增加 $\dot{U}_2$ 总下降。电容性质负载时，在容性大到一定程度时，$\dot{U}_2$ 随着电流的增加而增加，完全可使 $\dot{U}_2 > \dot{U}_1$。

虽然相量图能直观地表示出变压器各电磁量的大小和相位关系，但由于作图很难精确，因此相量图主要用来做变压器的定性分析。

2.3 变压器参数测定与特性

2.3.1 变压器的参数测定

通过上面的分析与推导，我们已经得到了变压器的等效电路，要想通过等效电路对变压器运行性能进行具体的分析与计算，就必须知道等效电路中的各个参数，即 r_1、r_2'、x_1、x_2'、r_m、x_m。这些参数在设计变压器时是可以用计算的方法得到的。但变压器生产厂并不把这些参数标在铭牌和产品目录中，用户不易得到。因此，用试验的方法测定这些参数在实践中具有重要的实际意义。下面我们就来介绍变压器参数的试验测定方法。

2.3.1.1 空载试验

通过空载试验可以测定变压器的电压比，铁心损耗和励磁参数 r_m、x_m、z_m。空载试验接线图如图 2.15 所示。2.15（a）为单相变压器接线图，图 2.15（b）为三相变压器接线图。对于单相变压器，可以直接由测得数据 U_1、I_0、p_0、U_{20} 对变压器空载参数进行计算。对于三相变压器，必须将测得数据换算成每相值，即相电压、相电流和每相功率，然后按下列公式算出变压器等效电路的空载参数，即

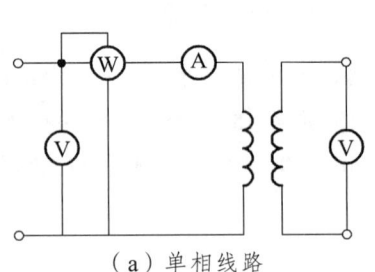 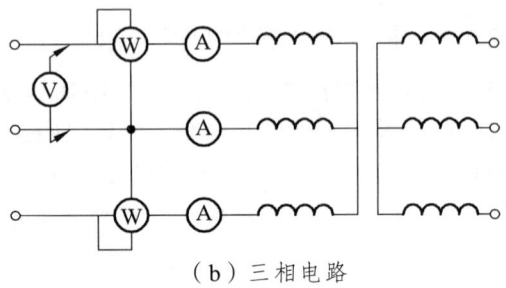

（a）单相线路　　　　　　　　（b）三相电路

图 2.15　空载试验线路

$$\left.\begin{array}{l} z_0 = \dfrac{U_1}{I_0} = z_1 + z_m \approx z_m \\[6pt] r_0 = \dfrac{p_0}{I_0^2} = r_1 + r_m \approx r_m \\[6pt] x_0 = \sqrt{Z_0^2 - r_0^2} = x_1 + x_m \approx x_m \\[6pt] k = \dfrac{U_1}{U_{20}} \end{array}\right\} \qquad (2.44)$$

由变压器空载等效电路图 2.5（b）可知，由测得的数据 U_1、I_0、p_0 直接算出参数，是空载参数 $z_0 = z_1 + z_m$、$r_0 = r_1 + r_m$、$x_0 = x_1 + x_m$。但因变压器中 x_1 为一次侧漏磁通对应的电抗，x_m 为主磁通对应的电抗，主磁通远大于漏磁通，所以有 $x_m \gg x_1$，因此可以略去 x_1，$I_0^2 r_1$ 远小于 $p_{Fe} = I_0^2 r_m$。即 $r_m \gg r_1$，所以可以略去 r_1，认为 $r_0 \approx r_m$，从而可以得出 $z_0 \approx z_m$。因此也可以认为由空载试验测得数据 U_1、I_0、p_0 直接算出来的就是变压器励磁参数 z_m、r_m、x_m。

需要指出的是，变压器励磁参数是随饱和程度变化的。变压器正常情况下是在接近额定电压下运行，因此空载试验应在额定电压下运行，这样求得的参数才能反映变压器运行时的真实情况。

变压器空载试验可以在高压侧进行（在高压侧加电源并测量 U_1、I_0、p_0，低压侧开路）。也可以在低压侧进行。但因电力变压器一般高压侧电压很高，为了安全，空载试验常在低压侧进行。这样算出的参数是低压侧参数，如果需要画折算到高压侧的等效电路，这些参数还要按折算规律折算到高压侧。

2.3.1.2 短路试验

短路试验可以测变压器的铜损耗，并根据测得数据计算变压器的短路参数 z_k、r_k、x_k，短路试验接线图如图 2.16 所示，图 2.16 中（a）为单相变压器接线图，（b）为三相变压器接线图。

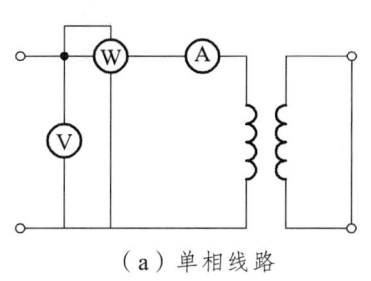 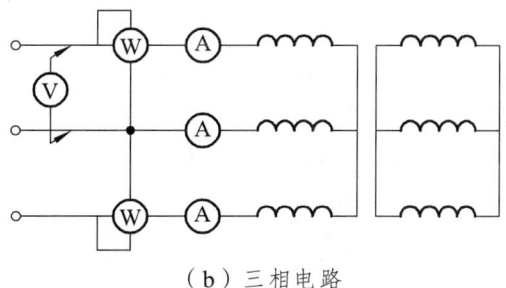

（a）单相线路　　　　　　　　　　（b）三相电路

图 2.16　短路实验线路

短路试验常在高压侧进行，即将低压侧短路，在高压侧加电压并测量电压、电流和功率。因低压侧直接短路，高压侧加的电压必须降得很低，如果高压侧加较大电压，变压器将流过很大的短路电流，如果高压侧加额定电压，变压器的短路电流可达 10～20 倍的额定电流，这是绝对不允许的。因此，在短路试验时常用调压器为高压侧供电，使电压由零逐渐升高，直到电流达到额定值为止。这时，测得并记录 U_k、I_k、p_k。

因短路试验时 U_k 很小，一般电力变压器仅为额定电压的 5%左右，所以励磁电流 I_0 很小，可以忽略。这时输入功率全部用于绕组的铜耗，因此可以应用图 2.13 简化等效电路图对变压器进行短路参数计算。因此低压侧直接短路，U_2' 为零，所以有下列公式

$$\left.\begin{aligned} z_k &= \frac{U_k}{I_k} \\ r_k &= \frac{p_k}{I_k^2} \\ x_k &= \sqrt{z_k^2 - r_k^2} \end{aligned}\right\} \quad (2.45)$$

与空载试验相同，对于三相变压器，式（2.45）中各量应采用每相的数值，即相电压、相电流和每相功率。

绕组电阻 r_k 随温度的不同阻值有一定变化，变压器正常工作时比试验时温度高，因此，r_k 算出后应换算到正常工作时的数据。按国家标准规定，绕组的电阻要换算到 75 ℃ 时的阻值。对于一般铜线变压器，按下式进行计算

$$r_{k75\,°C} = r_k \frac{234.5 + 75}{234.5 + \theta} \quad (2.46)$$

式中，θ 为实验时的室温。

电阻换算后阻抗也变为

$$Z_{k75\,°C} = \sqrt{r_{k75\,°C}^2 + x_k^2} \quad (2.47)$$

短路试验可以在高压侧也可以在低压侧进行，两侧测得的数据不等。高压侧和低压侧的参数符合折算规律。

短路试验时 $I_k = I_{1N}$，这时短路电压 $U_{kN} = I_{1N} z_k$，我们把它称为额定短路电压，它正好等于变压器额定工作时的阻抗下降，这是变压器的一个重要数据，常把它标在变压器的铭牌上，并以 U_{kN} 占额定电压的百分值表示或用标幺值表示。

标幺值是一种相对值，在工程计算中可以化繁为简。它首先要选定一个基值（一般选额定值为基值），将各物理量用对应的基值来表示，即标幺值 = 绝对值/基值。标幺值的符号在右上角加"*"，如 U_1^*、I_1^* ……

当选 U_{1N} 为电压基值、$z_N = U_{1N}/I_{1N}$ 为阻抗基值时，有下列关系：

$$U_{kN}^* = \frac{U_{kN}}{U_{1N}} = \frac{I_{1N} z_k}{U_{1N}} = z_k^* \qquad (2.48)$$

也就是说额定短路电压的标幺值与短路阻抗的标幺值相等。因此，在变压器的铭牌上有的标 U_{kN}^*，有的标 z_k^*，两者是一致的。采用标幺值具有如下优点：

（1）采用标幺值时，不论变压器的容量如何，变压器的参数和性能指标总在一定范围，便于分析和比较。如中小型电力变压器的短路阻抗的标幺值 $z_k^* = 0.04 - 0.015$，如果不在此范围，则应检查是否存在计算或设计错误。

（2）采用标幺值能直观地表示变压器的运行情况。如 $U_k^* = 1.0$，$z_k^* = 0.6$，则说明这台变压器欠载运行。

（3）采用标幺值时，一、二次各物理量不需进行折算，便于计算。如二次侧电压向一次侧折算为 $U_2' = kU_2$，采用标幺值时，则有

$$U_2'^* = \frac{U_2'}{U_{1N}} = \frac{kU_2}{kU_{2N}} = \frac{U_2}{U_{2N}} = U_2^*$$

2.3.2 变压器的运行特性

反映变压器运行性能的特性主要有两种，一种反映输出电压随负载电流变化的外特性，另一种是反映效率随负载电流变化的效率特性。下面就分别予以介绍。

2.3.2.1 外特性与电压调整率

由于变压器一次侧和二次侧都有电阻和漏电抗，因此，当变压器负载时漏阻抗上要产生一定的压降，它引起变压器输出电压的变化，这种变化用外特性曲线来表示。输出电压的变化不仅与漏阻抗和负载电流有关，还与负载性质有关。变压器的外特性是指一次电压和负载性质不变时，输出电压随负载电流变化的关系曲线。即当 $U_1 = C$（常为额定值），$\cos\varphi_2 = C$ 时，$U_2 = f(I_2)$ 的关系曲线。图 2.17 绘出了 $U_1 = U_N$ 时、$\cos\varphi_2 = 1$、$\cos\varphi_2 = 0.8$（滞后）和 $\cos\varphi_2 = 0.8$（超前）三条外特性曲线。

输出电压的变化程度常用电压调整率（也称电压变化率）来表示。电压调整率是指一次侧加额定电压、二次侧负载性质功率因数一定的情况下，二次侧空载电压与负载电压之差对空载电压的比值，常用百分值来表示，也用标幺值表示。用百分值表示时有

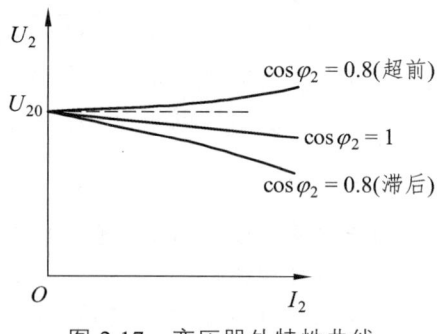

图 2.17 变压器外特性曲线

$$\Delta U\% = \frac{U_{20} - U_2}{U_{20}} \times 100\% \qquad (2.49)$$

如果用折算到一次侧的电压值表示，则有

$$\Delta U = \frac{U_{1N} - U_2'}{U_{1N}} \times 100\% \qquad (2.50)$$

外特性和电压调整率反映了变压器输出电压的变化程度。在一定程度上表明了变压器的供电质量，是变压器的重要指标之一。

电压调整率与短路阻抗、负载电流及负载性质有关。应用变压器等效短路负载时的相量图，可以推出电压调整率的计算公式。

图2.18绘出了对应变压器简化等效电路负载时的相量图。

为了看得清楚，图中的电抗压降都人为地放大了。$\overline{OA} = U_{1N}$、$\overline{OC} = -U_2'$、$\overline{CB} = I_1 r_k$、$\overline{BA} = I_1 x_k$，过 A 点作 $\overline{AD}$ 垂直于 $\overline{OC}$ 的延长线，并与延长线交于 D 点，再过 B 点作辅助线 $\overline{BE}$ 垂直于 $\overline{AD}$ 的延长线，并与延长线交于 E 点，再过 B 点作 $\overline{BF} \perp \overline{OD}$。

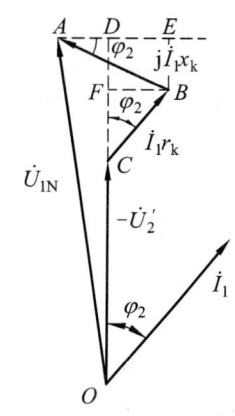

图2.18　用简化相量图求 ΔU

因相量 $\dot{U}_{1N}$ 与 $-\dot{U}_2'$ 的相位角很小（图中人为放大了），可以认为 $\overline{OA} = \overline{OD}$，由图2.18可知 $\angle BAF = \angle BCD = \angle \varphi_2$，所以得出

$$\begin{aligned} U_{1N} - U_2' &= \overline{OA} - \overline{OC} \approx \overline{OD} - \overline{OC} \\ &= \overline{CD} = \overline{CF} + \overline{FD} = \overline{CF} + \overline{BE} \\ &= \overline{BC}\cos\varphi_2 + \overline{AB}\sin\varphi_2 \\ &= I_1 r_k \cos\varphi_2 + I_1 x_k \sin\varphi_2 \end{aligned} \qquad (2.51)$$

故

$$\Delta U = \frac{U_{1N} - U_2'}{U_{1N}} \times 100\% = \left(\frac{I_1 r_k}{U_{1N}}\cos\varphi_2 + \frac{I_1 x_k}{U_{1N}}\sin\varphi_2\right) \times 100\% \qquad (2.52)$$

额定负载时，$I_1 = I_{1N}$ 有

$$\Delta U = \frac{U_{1N} - U_2'}{U_{1N}} \times 100\% = \left(\frac{I_{1N} r_k}{U_{1N}}\cos\varphi_2 + \frac{I_{1N} x_k}{U_{1N}}\sin\varphi_2\right) \times 100\% \qquad (2.53)$$

用标幺值表示则有

$$\Delta U^* = r_k^* \cos\varphi_2 + x_k^* \sin\varphi_2 \qquad (2.54)$$

如果电流不为额定值，我们把 $I_1 / I_{1N} = \beta$ 定义为负载系数，则有

$$\Delta U^* = \beta(r_k^* \cos\varphi_2 + x_k^* \sin\varphi_2) \qquad (2.55)$$

由上面公式可以看出，电压调整率 ΔU 除了与负载系数 β 和短路参数 r_k、x_k 有关外，还与负载性质有关，感性负载时 $\varphi_2 > 0$，$\cos\varphi_2$ 和 $\sin\varphi_2$ 均为正值，说明负载后电压有所下降。如果

是容性负载 $\varphi_2 < 0$，$\cos\varphi_2 > 0$、$\sin\varphi_2 < 0$，当 $|I_1 r_k \cos\varphi_2| < |I_1 x_k \sin\varphi_2|$ 时，ΔU 为负，说明负载后电压有所上升。

2.3.2.2 变压器的效率和效率特性

变压器输出功率与输入功率之比称为变压器的效率，用符号表示，有

$$\eta = \frac{P_2}{P_1} \times 100\% \tag{2.56}$$

因变压器无旋转部件，在能量传递过程中，其效率比旋转电机高，一般电力变压器的效率达95%以上，大型变压器可达99%以上。用直接加负载的办法测量有一定的困难，这是因为一方面电力变压器容量都很大，很难找到相应的负载，另一方面，变压器效率很高，P_1 和 P_2 差值很小，由于测量仪器的误差，很难得到准确的结果。因此工程上常用间接的方法计算变压器的效率。下面我们介绍这一计算方法。

变压器工作时的损耗主要有铁耗和铜耗，变压器的输入功率可以用输出功率加损耗来表示，即

$$\eta = \frac{P_2}{P_1} = \frac{P_1 - p_{cu} - p_{Fe}}{P_1} \tag{2.57}$$

式中 p_{Fe} 包括附加损耗。铁损耗 p_{Fe} 近似等于空载试验时测得的空载损耗 p_0。$p_{cu} = I_1^2 r_1 + I_2'^2 r_2'$ 用简化等效电路时有 $\dot{I}_1 = \dot{I}_2'$，因此可写成 $p_{cu} \approx I_1^2 r_k$。在做短路试验时因电流额定，因此有 $p_{kN} = I_{1N}^2 r_k$，所以任意负载下变压器的铜损耗可用 p_{kN} 表示，有

$$p_{cu} = I_1^2 r_k = (\beta I_{1N})^2 r_k \tag{2.58}$$

如果不计负载电流引起的二次侧端电压的变化，可以认为，这样式可以写成

$$\eta = \left(1 - \frac{p_0 - \beta^2 p_{kN}}{\beta S_N \cos\varphi_2 + p_0 + \beta^2 p_{kN}}\right) \times 100\% \tag{2.59}$$

这就是工程上用来计算变压器效率的公式。对三相变压器均为三相之值。所以只要通过空载和短路试验测得 p_0 和 p_{kN}，知道负载电流的性质和大小，就可以算出变压器的效率。

在一定的 $\cos\varphi_2$ 下，效率随电流变化的规律，即 $\eta = f(I_2)$ 或 $\eta = f(\beta)$ 称为变压器的效率特性，其曲线如图2.19所示。

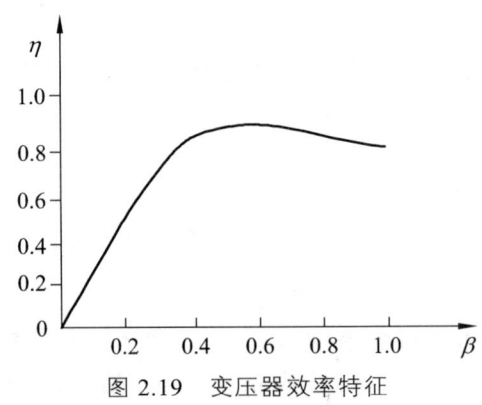

图 2.19 变压器效率特征

由效率特性曲线可以看出，当 $\beta=0$ 时，变压器效率为零。负载较小时，空载功率占输入功率的比值较大，效率较低。随着负载的增大，效率 η 上升较快，负载增加到一定程度时，效率出现最大值 η_{max}。此后，随着负载增加，因铜耗与 β^2 成正比，效率 η 反而下降。我们通过对效率公式求极大值的办法，令 $d\eta/d\beta=0$，求出 β_{max} 值，将其代入，就得到了最大效率 η_{max}。在效率最大时，变压器的可变损耗 $\beta_m^2 p_{kN}$ 等于不变损耗 p_0。即

$$\beta_m^2 p_{kN} = p_0 \tag{2.60}$$

一般变压器多设计在 $\beta_m = 0.5 \sim 0.6$ 时效率最高，这时，p_{kN} 为 p_0 的 3~4 倍，这是因为变压器并不经常满载运行，且负载随着季节、昼夜变化，这样对变压器变压效率是有利的。

2.4 几种特殊用途的变压器

前面分析了一般用途的电力变压器，还有许多特殊用途的变压器。这一类变压器涉及面很广，种类繁多。主要介绍常用的自耦变压器、仪用互感器和电焊变压器的工作原理及特点。

2.4.1 自耦变压器

普通双绕组变压器的一次侧、二次侧绕组之间互相绝缘，它们之间只有磁的耦合，没有直接电的联系。如果把普通变压器的一次侧、二次侧绕组合并在一起。如图 2.20 所示，其低压绕组是高压绕组的一部分，这种变压器叫做自耦变压器。

这种变压器的一次侧、二次侧绕组之间既有磁的联系，又有电的直接联系，其中 Aa 段为串联线圈，匝数为 $N_1 - N_2$；ax 段为公共线圈（也是二次侧绕组），匝数为 N_2。自耦变压器有单相和三相，即可升压，也可降压。

2.4.1.1 低压、电流与容量的关系

与双绕组变压器一样，当原边加上电压后，就有主磁通和漏磁通产生，主磁通将在一次、二次侧绕组中产生感应电动势 $\dot{E}_1$ 和 $\dot{E}_2$，如忽略阻抗压降，则一次、二次电压的关系为：

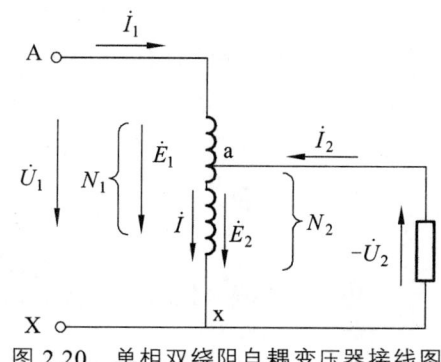

图 2.20 单相双绕阻自耦变压器接线图

$$\frac{U_{N1}}{U_{N2}} \approx \frac{E_1}{E_2} = \frac{N_1}{N_2} = k_a \tag{2.61}$$

式中 k_a——自耦变压器的变比。

根据磁势平衡关系，在有负载时 Aa 和 ax 两部分磁势在忽略空载电流时，应大小相等、方向相反，即 $\dot{I}_1(N_1 - N_2) + \dot{I}N_2 = \dot{I}_0 N_1$，而 $\dot{I} = \dot{I}_2 + \dot{I}_1$ 所以得

$$\dot{I}_1 N_1 + \dot{I}_2 N_2 = \dot{I}_0 N_1 \approx 0 \tag{2.62}$$

或

$$\dot{I}_1 = -\dot{I}_2 \frac{N_2}{N_1} = -\frac{\dot{I}_2}{k_a} \tag{2.63}$$

上式说明，一次、二次侧绕组电流的大小与其匝数成反比，但在相位上相差180°。

据图2.20，得

$$\dot{I} = \dot{I}_1 + \dot{I}_2 = \left(-\frac{\dot{I}_2}{k_a}\right) + \dot{I}_2 = \dot{I}_2\left(1 - \frac{1}{k_a}\right) \tag{2.64}$$

对降压自耦变压器来说，$I_1 > I_2$，且相位差近于180°，因此绕组 ax 部分的电流可认为等于一次、二次侧绕组电流的算术差

$$I = I_2 - I_1 = I_2\left(1 - \frac{1}{k_a}\right) \tag{2.65}$$

自耦变压器的容量为

$$S_{aN} = U_{1N}I_{1N} = U_{2N}I_{2N} \tag{2.66}$$

绕组 Aa 段的容量为

$$S_{Aa} = U_{Aa}I_{1N} = U_{1N}\left(\frac{N_1 - N_2}{N_1}\right)I_{1N} = S_{aN}\left(1 - \frac{1}{k_a}\right) \tag{2.67}$$

绕组 ax 的容量为

$$S_{ax} = U_{ax}I = U_{2N}I_{2N}\left(1 - \frac{1}{k_a}\right) = S_{aN}\left(1 - \frac{1}{k_a}\right) \tag{2.68}$$

式（2.67）和（2.68）说明，额定运行时，串联绕组与公共绕组容量相等。

若设有一台普通的两绕组变压器，其一次、二次绕组的匝数分别为 $N_{Aa} = N_1 - N_2$ 和 $N_{ax} = N_2$，额定电压为 U_{Aa} 和 U_{ax}，额定电流为 I_{1N} 和 I，则这台普通变压器的变比为

$$k = \frac{N_{Ax}}{N_{ax}} = \frac{N_1 - N_2}{N_2} = k_a - 1 \tag{2.69}$$

其额定容量为

$$S_N = U_{Aa}I_{1N} = U_{ax}I = U_{2N}I \tag{2.70}$$

由式（2.69）和式（2.70）可得

$$S_{Na} = \frac{k_a}{k_a - 1}S_N = S_N + \frac{1}{k_a - 1}S_N \tag{2.71}$$

式（2.71）中说明，额定容量中仅有计算容量 S_N 这部分功率是通过电磁感应关系从一次侧传递到二次侧的，这部分功率就称为感应（电磁）功率；剩下的 $\frac{1}{k_a - 1}S_N$ 这部分功率则是通过一次侧、二次侧之间的电联系直接传递的，称为传导功率。一次侧、二次侧绕组间除了磁的耦合外，还有的电的联系，输出功率中有部分功率是从一次侧传导而来的。这是自耦变压器和普通两绕组变压器的根本差别。

由于 $\frac{k_a}{k_a - 1} > 1$，所以 $S_{aN} > S_N$，与两绕组变压器相比，自耦变压器可以节省材料，变比 k_a 越接近于1，传导功率所占的比例越大，感应功率（计算容量）所占的比例越小，其优越性

就越显著。所以自耦变压器适用于变比不大的场合，一般变比 k_a 在 1.2～2.0 之间。

2.4.1.2 自耦变压器的优缺点及其应用

与普通双绕组变压器比较优缺点时，可将一台普通双绕组变压器改接成自耦变压器，并将它与原来作普通变压器运行来比较。

（1）由于 $1-\dfrac{1}{k_a}<1$，计算容量小于额定容量。故在同样的额定容量下，自耦变压器的有效材料（硅钢片和铜线）和结构材料都较节省。因而制造成本低、体积小、重量轻，便于运输、安装。随着有效材料减少，损耗也相应减少，效率提高。巨型自耦变压器的效率可高达 99.7%。

（2）由于自耦变压器的短路阻抗 z_k 等于把串联部分看成是一次侧绕组、共同部分看成是二次侧绕组时的两绕组变压器的短路阻抗，其一次侧额定电压是作为两绕组变压器使用时的一次侧额定电压的 $1+\dfrac{1}{k}$ 倍，故自耦变压器的短路阻抗标幺值较普通变压器小 $1+\dfrac{1}{k}$ 倍。因此其短路电流较大。为保证变压器不致受突然短路时产生的巨大电磁力所损坏，设计时应注意绕组的机械强度，并适当地增加电流电抗以限制短路电流。

（3）由于一次侧、二次侧绕组具有电的联系，故自耦变压器的过电压保护比较复杂。

（4）采用中点接地的 Y 联结时，因产生三次谐波磁通而使电势峰值严重升高，对变压器绝缘不利。为此，现代的高压自耦变压器都是制成三绕组，其中高、中压绕组接成 Y 形，而低压的第三绕组则接成 d 形。

除电力系统中应用自耦变压器外，在试验室内作为调压设备应用亦很广。

2.4.2 仪用互感器

2.4.2.1 电压互感器

为了能使一般的电压表能测量高压线路的电压，并保证工作人员的安全，在进行测量时必须采用电压互感器，如电力机车测量网压。电压互感器分为单相、三相；双线圈、三线圈。电压互感器的主要结构和工作原理，与普通双绕组变压器相似。一次侧、二次侧绕组也是绕在一个闭合的铁心上，原理接线图如图 2.21 所示。原绕组的匝数 N_1 很多，并联在被测线路上；二次侧绕组的匝数 N_2 较少（1～几匝），接在高阻抗的测量仪表上（例如电压表、功率表的电压线圈、电度表的电压线圈等）。由于二次侧绕组电流也很小，所以电压互感器实际上相当于一台空载运行的降压变压器。它的一次侧电压与二次侧电压之比为：

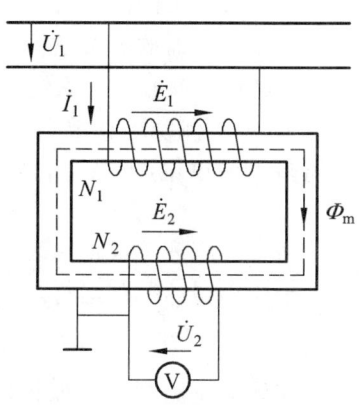

图 2.21 电压互感器接线图

$$\dfrac{U_{1N}}{U_{2N}} \approx \dfrac{E_1}{E_2} = \dfrac{N_1}{N_2} = k_\mu \tag{2.72}$$

或

$$U_{1N} = U_{2N}\dfrac{N_1}{N_2} = k_\mu U_{2N}$$

式中　k_μ——电压互感器的额定电压比。

由式（2.72）可知，利用电压互感器，可以将被测线路的高电压变换为低电压。通过电压表测出，电压表上的读数 U_2 乘上其电压比，就是被测线路的高电压 U_1 值。

电压互感器的二次侧额定电压一般都设计为 100 V，而一次侧匝数可以有很多抽头，根据被测线路电压的大小，适当选取电压互感器的电压比 k_u。

由于电压互感器相当于普通双绕组变压器的空载运行，故其基本方程式、等效电路、向量图可和普通变压器一样得出。

由于空载电流和一次侧、二次侧绕组漏阻抗的存在，使电压互感器产生两种误差：一为变比误差，指二次侧电压的折算值 U_2 和一次侧电压 U_1 的算术差；二为相角误差，表示 $-\dot{U}_2$ 和 $\dot{U}_1$ 之间的相位差。

为减小其误差，应减小空载电流和一次侧、二次侧绕组的漏抗，因此电压互感器的铁心大都用高级硅钢片叠成，并尽量减小磁路中的气隙，铁心磁密度一般设计在 0.6～0.8 T，使磁路处于不饱和状态。在绕组绕制方面，尽量设法减少两个绕组间的漏磁。

按变比误差的相对值，电压互感器的精度可分为 0.2、0.5、1.0 和 3.0 四级。

在使用电压互感器时应特别注意：① 电压互感器的二次侧绝对不许短路。② 为保证操作人的安全，互感器的铁心和二次侧绕组的一端必须可靠的接地。

2.4.2.2　电流互感器

在大电流或高压线路上，为了便于利用通常的电流表来测量线路上的电流和保障操作者的安全，均需要用电流互感器。如电力机车测量网侧电流。

电流互感器的主要结构、工作原理，与普通双绕组变压器相似，也是由铁心和一次侧绕组（匝数 N_1 很少，一般只有 1～几匝）、一次侧绕组和被测线路相串联；二次侧绕组（匝数 N_2 比较多）通过电流表或其他测量仪表的线圈短接，如图 2.22 所示。

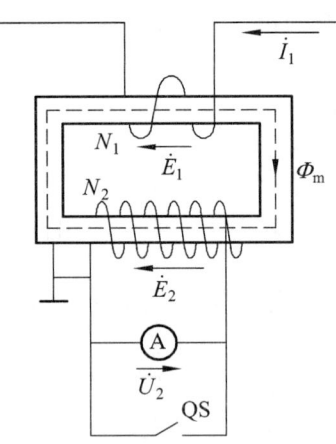

图 2.22　电流互感器接线图

由于电流表（或功率表、电压表的电流线圈）的阻抗很小，所以电流互感器的工作情况相当于变压器的短路运行。因为电流互感器铁心中的磁密很低，一般

$$B_m = 0.08 \sim 0.10 \text{ T} \tag{2.73}$$

所以空载电流 I_0 很小。如忽略 I_0，根据磁势平衡关系 $\dot{I}_1 N_1 = -\dot{I}_2 N_2$，则得

$$\frac{I_1}{I_2} = \frac{N_1}{N_2} = k_i \tag{2.74}$$

式中　k_i——电流互感器的额定电流比。

由式（2.74）可知，电流互感器是利用一次侧、二次侧绕组的不同匝数，可将线路上的大电流变成小电流来测量。

电流互感器的一次侧额定电流范围可从 10～25 000 A，二次侧额定电流通常采用 5 A。一次侧可以有很多抽头，分别用于不同的电流比例。

电流互感器也有两种误差，即变比误差和相角误差。变比误差是指二次侧电流的折算值

I_2' 与原边电流 I_1 的算术差。相角误差主要是由空载电流和一次侧、二次侧绕组的漏抗及仪表的阻抗所引起。为了减小误差，电流互感器的铁心也必须采用高级硅钢片叠成，并尽量减小磁路中的气隙，铁心磁密度设计的很低，一般在 0.08~0.10 T；在绕组绕制方面，应尽量减少两个绕组间的漏磁。此外，二次侧所接仪表的总阻抗不能大于电流互感器所规定的负载阻抗，否则将影响测量的准确度。

按照误差的大小，电流互感器的精度可分为 0.2、0.5、1.0、3.0 和 10.0 五种。

在使用时应当注意：

（1）电流互感器在运行中，以及在把它接入或拆出线路时，绝对不允许二次侧开路。如果二次侧开路，电流互感器成为空载运行，这时全部线路电流就成为激磁电流了，使铁心中的磁密度猛增。这样一方面使铁损急剧增加，使铁心严重过热，以致烧毁绕组绝缘，或使高压侧对地短路；另一方面，在二次侧绕组将会感应很高的电压，可能把绕组的绝缘击穿，而且对操作人员也有危险。

（2）为了安全，电流互感器的二次侧绕组一端和铁心必须有可靠的接地。

2.5 几种动车组用牵引变压器

牵引变压器也叫主变压器，位于动车组底架上，其作用一是将列车供电系统与接触网相隔离，二是将电网电压转换成适当的电压供列车电气系统使用，三是提供滤波、保护等手段，为列车提供安全、可靠、高质量的电力。

2.5.1 CRH_1 型动车组主变压器

CRH_1 型动车组安装有 3 台主变压器，分别位于 Tp1 车、Tb 车和 Tp2 车的底架上，向所有电机变流器模块提供电流。采用心式结构、车体下吊挂、强迫油循环风冷方式。具有 1 个原边绕组（25 kV，1 600 kV·A）、4 个牵引绕组（930 V，4×400 kV·A），1 个滤波器谐波电抗器（1 000 V）。外形尺寸（L×W×H）为 3 900 mm×2 200 mm×730 mm，质量 430 kg。其外形如图 2.23 所示。

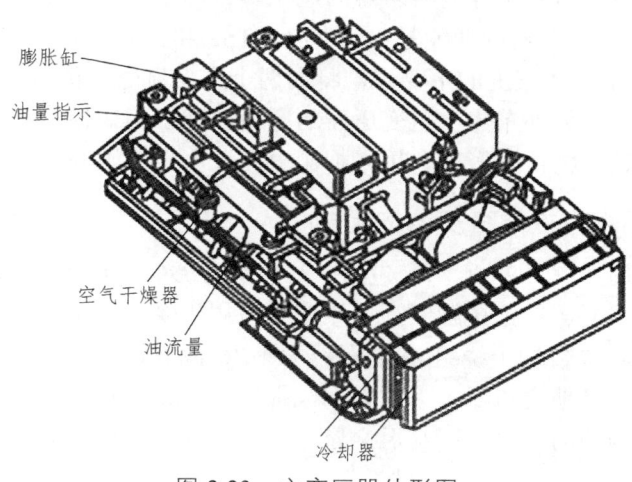

图 2.23 主变压器外形图

主变压器的主要参数，如表 2.1 所示。

表 2.1 主变压器主要技术参数

初级绕组	数量	1
	公称电压	25 kV，50 Hz
	额定功率	2 100 kV·A
	额定辅助电流	585 A
	短时电流	922 A
牵引绕组	数量	4
	名义电压	900 V，50 Hz
	提供 25 kV 时的公称电流	585 A
	电抗（包括副边）	505 mH
网侧谐波过滤器绕组	数量	1
	额定电压	1 000 V，50 Hz
	提供 25 kV 公称电流	158 A
	电抗，涉及副边	83 m
	3 相短路期间的最大空气间隙扭矩	5 506 N·m
	平均短路频率	1 次/年
主要尺寸	高度	625 mm
	横向宽度	2 250 mm
	沿车辆长度	3 000 mm
	质量	4 300 kg
供应商	瑞士 ABB Sécheron 股份有限公司	

牵引变压器，是交-直-交传动电力机车中的重要电气设备，用来将接触网上取得的单相工频交流 25 kV 高压电降为列车各电路所需的电压。

CRH$_1$ 型动车组中主变压器的功能是：由 Tp1，Tp2 和 Tb 车的车顶上的 25 kV 系统向主变压器供电；在 Tp1 和 Tp2 车上的主变压器将向两个主变流器箱供电；在 Tb 车的主变压器将向一个主变流器供电。另外车体上主变压器的旁边安装了 HV 控制箱，对主变压器进行状态监测和控制。此外还有接地变压器，用来抑制电网过电压，限制单相短路电流。

2.5.1.1 主变压器的主电路及结构组成

主变压器总电路图如图 2.24 所示，包括：1 个原边绕组、4 个牵引绕组和一个高压（即网侧）滤波器绕组。主变压器把接触网高电压变为适用于牵引系统和高压滤波器的电压。高压滤波器由 1 个绕组供电，这个绕组装有保险丝和 RC 滤波器，其作用是吸收瞬时高电压。在主变压器下面有 1 个接地变压器，为电力回流提供了 1 条通道，防止回流电流通过轮对轴承，同时对主变压器内部的油泵、冷却风扇及变压器内部不同区域温度、流量、压力、液位参数进行了监控。

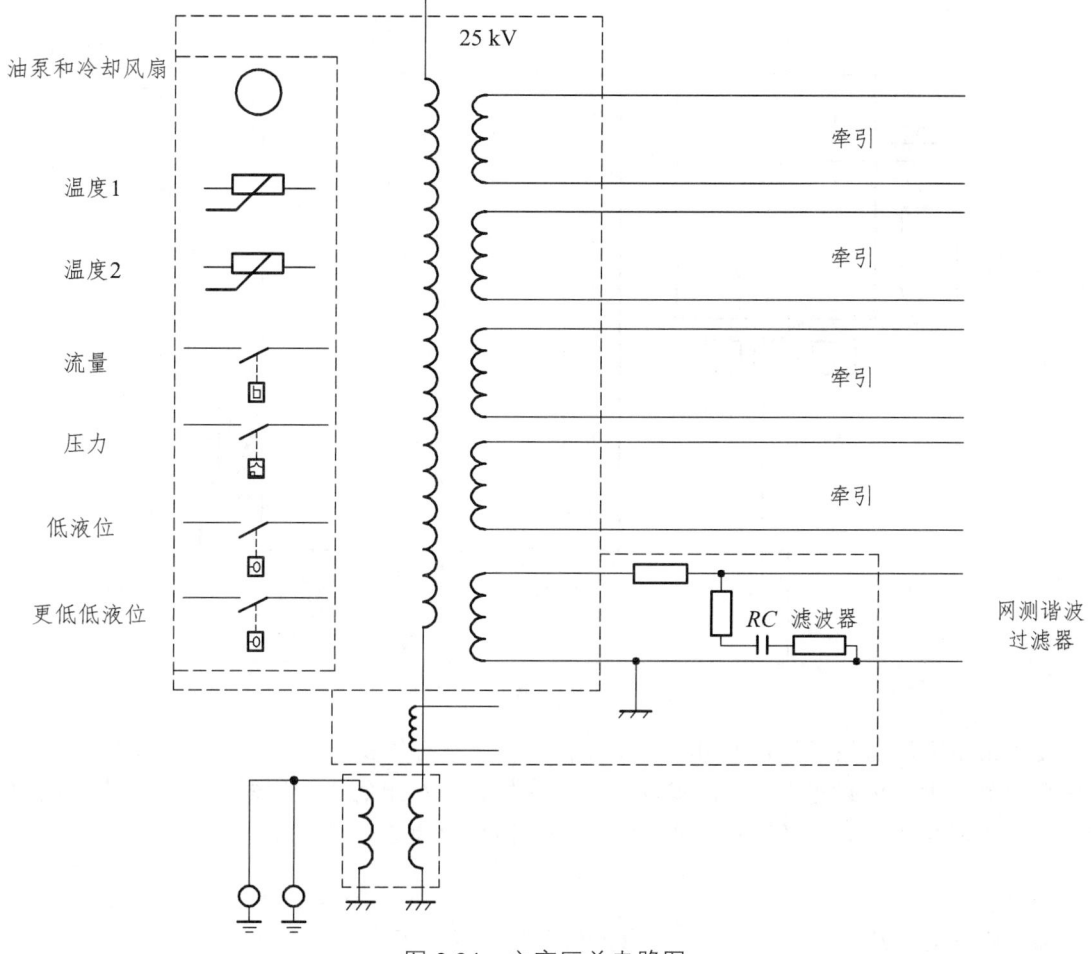

图 2.24 主变压总电路图

主变压器采用矿物油作为冷却剂进行循环冷却，冷却系统如图 2.25 所示。变压器内的油受热膨胀后进入膨胀罐，膨胀罐中的热油被泵入热交换器进行（有 2 个空气-油热交换器）强迫空气冷却，再经过回油管返回到变压器箱。热交换器与过滤器和风扇一起位于冷却装置中，1 台风扇电机驱动 2 个风扇轮，用于 2 台热交换器，风扇吸入通过热交换器过滤的外部空气。风扇电机由接触器控制，有低速/高速两档运行模式，由电机保护断路器保护。

CRH_1 型动车组的牵引变压器网侧谐波过滤器和接地变压器如下：

（1）网侧谐波过滤器。网侧谐波过滤器的部件包括：安装在底架主变压器旁边的高压控制箱内的滤波电容和电流互感器；安装在拖车顶部电阻；用于滤波器监控的电流互感器；用于保护主变压器网侧谐波滤波器绕组的熔断器。网侧谐波滤波器的主要作用是：减小瞬变电压和电磁辐射；减少列车可能引发的接触网谐振；保证与接触网线路上的其他列车电气兼容；保证实现网侧变流器控制的稳定条件。

（2）接地变压器。接地变压器作用是将主变压器的返回电流强制通过回流装置；防止电流通过轮轴的轴承，使轴承产生电化学腐蚀。接地变压器可看作是具有 1∶1 变比的电压互感器，主变压器的原边电流必然产生与其相等的次级电流。

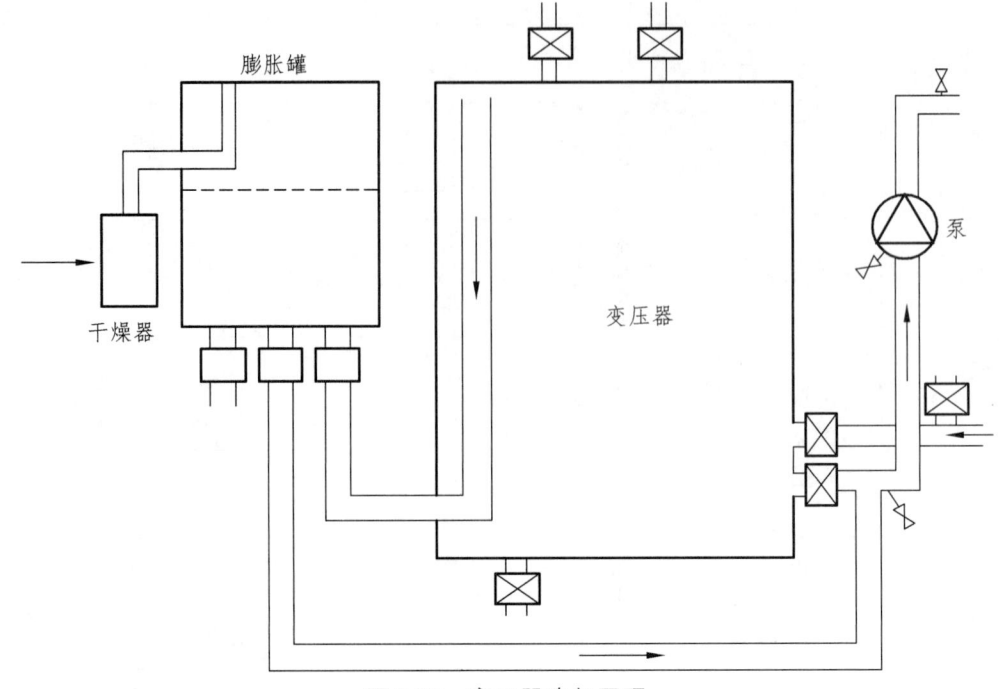

图 2.25 变压器冷却原理

动车组主变压器除了与普通机车主变压器一样，具有体积小、质量小、绕组多、用铜多、电压波动范围大、负载变化大、耐振动等特点之外，动车组的主变压器与动力集中式电力机车的主变压器相比，为减轻轴重，质量要更小，体积要更小，功率也较小。

1. 器　身

器身由铁心、绕组（线圈）、器身绝缘和引线装置等组成。

1）铁心

铁心的作用是构成变压器的闭合磁路，同时也是支撑绕组及引线装置的机械骨架。必须具有良好的导磁性能和足够的机械稳定性。铁心由心柱、铁轭和夹紧装置组成。心柱和铁轭均采用高磁导率的冷轧电工钢片叠装而成。

CRH_1 型动车组主变压器的铁心结构采用心式。高低绕组同心地套装在心柱上。心式铁心结构简单，并具有绕组装配及绝缘处理比较容易，短路时机械特性稳定性好等优点，是目前应用最广泛的结构形式。

为防止产生悬浮电位造成对地放电，安装时铁心及其他所有金属构件都必须可靠接地。整个铁心只允许一点接地。如果有两点或两点以上接地，则接地点之间可能形成闭合回路，造成铁心局部过热。

2）绕组

绕组是主变压器最关键的部件，为了保证变压器运行可靠，变压器绕组必须具有足够的电气强度、耐热强度、机械强度和良好的散热条件，使变压器既能在额定条件下长期使用，又能经受住过渡过程中（如短路、雷击、操作等）产生的过电压、过电流以及相应的电磁力作用，不致发生绝缘击穿、过热、变形或损坏。

单相心式变压器的每个绕组都是由分别布置在两个心柱上的两个绕组并联或串联而成。绕组由纸包扁钢线和绝缘体组成，绝缘体构成绕组的主绝缘体的纵绝缘，使绕组固定在一定位置上，并形成冷却油道。绕组的结构形式有圆筒式绕组、螺旋式绕组、连续式绕组、双饼式绕组等。

3）器身绝缘和引线装置

油浸式变压器的内部绝缘分为主绝缘和纵绝缘两类，主绝缘是指绕组（或引线）对地及对其他绕组（或引线）之间的绝缘；纵绝缘则指同一绕组不同部位之间的绝缘。绝缘结构尺寸，特别是主绝缘尺寸将直接影响变压器的质量和外形尺寸，以及阻抗电压、损耗等性能数据。

应当指出，变压器的内部绝缘强度在程大程度上与器身的工艺处理有关，例如：固体绝缘材料被油浸透的程度；绝缘干燥程度；绝缘结构中存在空气的多少；器身的清洁度以及变压器油的净化脱气程度等。因此，主变压器的器身在组装完成后，应进行真空干燥处理。器身进油箱前要用干净的变压器油冲洗干净。

绕组引线均用裸铜排制成，引线与绕组出头的焊接采用电阻焊接。由于铜是加速变压器油氧化的催化剂，故引线表面要覆盖一层绝缘漆作保护层。所有绕组引线均通过引线支架固定在器身上。

2. 油　箱

油箱是油浸式主变压器的外壳，变压器的器身就放在充满冷却油的油箱内。对油箱的基本要求是：

① 在保证内部必要的绝缘距离条件下，尽可能减小体积，以节约用油；

② 应具有必要的真空强度，以便在检修时能利用油箱进行真空干燥；

③ 油箱外部各种附件的布置应便于安装和维护。

油箱分为上油箱和下油箱。下油箱安装变压器的器身，上油箱可以安装储油柜，还装有油温度传感器。油箱壁上装有压力释放阀，以便迅速排出箱内过高的压力。另外，在箱壁还开有冷却系统的进出口管道，油冷却器（部件2）就安装或固定在箱壁上。油箱上装有油管，用于接通油路。

油箱壁上还装有各绕组引线用的各种绝缘套管，包括原边高压线圈、牵引线圈和滤波线圈的套管。牵引绕组的套管中通过的电流可高达1 000 A。由于大电流穿过箱盖时，在套管安装孔周围会产生很强的交变磁通，从而在周围钢板内产生相当大的涡流，引起局部过热，因此在套管安装孔周围必须采取隔磁措施。有的主变压器的箱盖上套管孔旁边均开槽，并嵌焊不锈钢板如1Cr18Ni9，这种不锈钢是低导磁材料，就是为了使箱盖上的交变磁通显著减少，避免出现局部过热。

油箱壁上焊有安装板，安装板上有安装孔，用螺栓通过橡胶垫把变压器固定在车体上。箱底的钢板上设置多个定位钉，以对变压器等进行定位。

3. 保护装置

变压器油是从石油中提炼出来的优质矿物油。在油浸式变压器中，变压器油既是一种绝缘介质，又是一种冷却介质。对变压器油的要求是：绝缘强度高、黏度低、闪点高、凝固点低、酸值低、灰粉等杂质及水分少。变压器油中只要含少量水分和杂质就会使绝缘强度大为降低（含 0.004%水分时绝缘强度降低约 50%）。此外，变压器油在较高温度下长期与空气中的氧接触时会逐渐老化，在油中生成不传热的悬浮物，堵塞油道，并使酸值增加，绝缘强度降低，这对变压器的安全运行是十分不利的。

还必须注意：不同产地或不同牌号的变压器油通常不能混用，这是因为变压器油的牌号是以凝固点的温度值命名的，不同牌号的变压器油混用后，对油的黏度、闪点、凝固点等都有一定影响，会加速油的老化。混合使用时，首先必须测量油的凝固点，若相近方可混合使用。

为了减缓变压器油受潮或老化的程度，使油能较长久地保持良好状态，主变压器上设置了下列几种保护装置：

1）储油柜

储油柜又称油枕，安装在箱盖的上方。主变压器的储油柜的容量应满足变压器在高温持续运行时，油不溢出储油柜；在低温且变压器不工作时，储油柜中应有油。

2）油位表

储油柜侧壁设有玻璃管油位表，玻璃管中有一个空心红色玻璃球，用于指示油位。油位表旁标有环境温度，分别为 +40 ℃、+30 ℃、+20 ℃ 时，且变压器工作时储油柜内变压器油应具有的油位刻度。此外 HV 控制箱的 DI 端口还对 BSP 主变压器的油位进行检测，分为油位不低和油位不是太低两个挡。

3）吸湿器

吸湿器又称空气干燥器，它的主要用途是使空气干燥和滤除杂质。一般内部的变色硅胶等干燥剂，有 2/3 的硅胶呈粉红色时，需要更换。

4）油温传感器

油温传感器用来测量和监视主变压器上层油温。油温的测量采用 2 个 PT100 铂电阻，放在油箱侧壁上部的两个不同的位置。若变压器油温超过允许范围，由 HV 控制箱的 AI 端口检测油温 1 和油温 2，然后通过 MVB 总线将数据向上传输。

5）油流传感器

油流传感器，又称油流继电器，用来检测变压器油循环状态是否正常。当油流正常时，变压器油进入探头，靠油的流动压力作用于微动开关量，由 HV 控制箱的控制板的 DI 接口对油流是否正常检测。

6）压力释放阀

由于变压器采用全密封结构，压力释放阀装在油箱壁上。变压器在进行中，因外电路或变压器内部有故障，出现很大的短路电流时，过高的热量使变压器油迅速气化，变压器内部压力升高。为防止变压器事故扩大，造成油箱薄弱环节破裂和变形，安装了压力释放阀。当压力增加到动作压力时，压力释放阀动作，将油箱中的压力释放出来，喷出的油流被轨基道渣迅速吸收，不致酿成火灾；当压力低到关闭压力时，压力释放阀关闭，这时油箱中仍保持着正压，确保外部的空气、灰尘等不进入变压器油箱中。当恢复正常时，阀口关闭。CRH_1 型动车组主变压器选 50T 型压力释放阀，有一个开关。HV 控制箱的 DI 接口对油压进行检测，以确定是否有过高的油压力。

4. 冷却系统

主变压器运行中产生的所有损耗将转变成热能，使各部件的温度升高，当主变压器温升超过规定的限值，将使绝缘损坏，直接影响主变压器的使用寿命（20～30年）。因此，主变压器必须具有相应的散热能力。CRH$_1$型动车组主变压器在保证内部散热能力良好的同时，其外部冷却采用了油循环强迫风冷式冷却系统。冷却系统完成变压器的散热。

热油从上油箱出来，经过油流继电器，进入油泵的进油口，然后进入冷却器，热油在冷却器内被风机吹风冷却，从冷却器内出来的冷油沿油道，进入下油箱（原边高压引线端），冷却变压器铁心与线圈后，流到上油箱。如此循环，就可以实现变压器油与冷却空气进行热交换，保证变压器的散热。

冷却器由风机、过渡风道及复合型冷却器等组成。HV控制箱由控制板的DI口检测冷却风机的运转情况，包括变压器冷却风机是否在低速或高速运转这两种状态。

5. 出线装置

主变压器各绕组的引线从油箱内引至油箱外时，必须采用出线装置。又称套管，以便使带电的导线与接地的油箱绝缘。主变压器的出线装置多数采用复合瓷绝缘套板。

此外，主变压器还有接地变压器箱，可以与接地变压器相连，用来防止单相对地短路电流、抑制电弧过电压，保护电网。

在变压器的滤波器线圈经过保险丝与HV控制箱相连，HV控制箱可以检测网侧电压、电流的状态。

HV控制箱还对变压器油泵是否工作的开关量进行检测，由控制板DI端口输入，HV将把变压器相关的这些数据都通过MVB总线，传输给TCMS。

2.5.1.2 主变压器的维护与检修

为了使主变压器处于良好的工作状态，必须对主变压器进行日常的维护和定期检修，以减少或避免主变压器在运行过程中发生故障及不必要的临时检修，从而保证主变压器安全可靠运行。

（1）主变压器必须保持正常的油量，以保证良好的冷却作用和绝缘性能。油量不足时，必须及时补足合格的同号变压器油。

（2）定时检查和校验测量油温用的温度计，以保证指示准确。

（3）经常检查油的温度，正常运行时，主变压器上层油温应不大于95 ℃，绕组平均温度不得大于105 ℃（环境温度为+40 ℃）。

（4）主变压器刚开始投入运行、长期停运或检修后投入运行时，必须仔细检查它的外部状态，并对主变压器的各绕组及变压器油进行绝缘强度试验，确认合格后，方可投入运行。

（5）加强对变压器油的保养。若变压器不净或老化，将严重威胁变压器的安全运行。若变压器造厂过滤不净或在使用中由于油泵烧损、轴承磨损、泵轮转子铁心松动等原因都可能使变压器油内混入金属碎片和产生游离，使油变污；变压器油经长期使用后，也会发生老化析出酸和油泥。因此在下列情况下，变压器必须进行滤油处理，以提高变压器的质量：① 变压器油泵烧损修复后；② 烧损油泵时；③ 运行多年而未经滤油的；④ 主变压器中修时；⑤ 闪点下降及发生其他情况认为需要滤油时。

（6）定期检查吸湿器中的干燥剂，观察是否变色。硅胶在干燥时呈蓝色，吸收潮气后呈粉红色。因此当硅胶成粉红色时，需要进行干燥或更换。受潮的硅胶在 140 ℃ 温度下焙烘约 8 h（或在 300 ℃ 温度下焙烘约 2 h）后，便可以完全变成蓝色。

2.5.2　CRH_2 型动车组主变压器

CRH_2 型动车组牵引变压器为壳式结构、车体下吊挂、油循环强迫风冷方式，具有 1 个原边绕组（25 kV，3 060 kV·A）、2 个牵引绕组（1 500 V，2×1 285 kV·A），1 个辅助绕组（400 V，490 kV·A），具有温度继电器、油流指示器实时状态监控。采用铝线圈、轻量耐热材料和环保型硅油，实现了小型化、轻量化；外形尺寸（$L×W×H$）为 2 570 mm×2 300 mm×835 mm，仅重 2 860 kg，效率大于 95%。

CRH_2 型动车组的主变压器＋四象限整流器电路是一种升压式脉冲整流供电方式，要求变压器 2 次绕组具有高电抗、疏耦合性，形成交流电抗器的功能，从而可使主变流器能够稳定运行。变压器每个 2 次绕组连接 1 台主变流器。主变压器结构采用壳式无压密封、强迫油循环风冷形式，冷却油为硅油，油箱分上下两部分，具备金属波纹管存油器，存油器与主体油箱经连接孔连通，油充满波纹管外侧。波纹管内侧通大气，通过波纹管的伸缩来适应绝缘油由于温度变化带来的容积变化。试验标准适用于 JISE5007。

在网压变化范围内，牵引变压器输出电压、电流及功率满足列车牵引和再生制动的要求。牵引变压器的安装采用车体横梁吊挂方式，用螺栓固定。牵引变压器有足够的强度，保证在高速运行时碎石碰撞不至于破损。

2.5.2.1　主要结构

1. 铁　心

牵引变压器采用壳式铁心，其特点是铁轭不仅包围线圈的顶面和底面，而且还包围线圈的侧面。硅钢片采用低损耗硅钢片，降低了变压器的铁损。

为防止产生悬浮电位造成对地放电，安装时铁心及其他所有金属构件都必须可靠接地。整个铁心只允许一点接地。如果有两点或两点以上接地，则接地点之间可能形成闭合回路，造成铁心局部过热。

2. 绕　组

绕组是牵引变压器最关键的部件，为了保证变压器运行可靠，变压器绕组必须具有足够的电气强度、耐热强度、机械强度和良好的散热条件，使变压器既能在额定条件下长期使用，又能经受住过渡过程所（如短路、雷击、操作等）产生的过电压、过电流以及相应的电磁力作用，不致发生绝缘击穿、过热、变形或损坏。

为满足主电路要求，牵引变压器绕组设计主要采取措施如表 2.2，其线圈排列如图 2.26 所示。

表 2.2 牵引变压器性能要求及主要措施

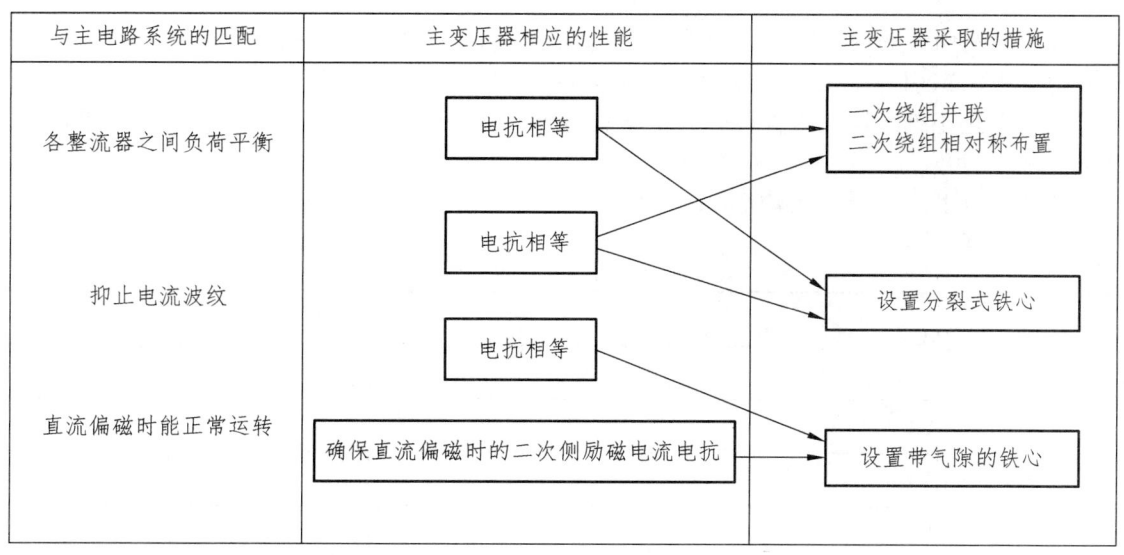

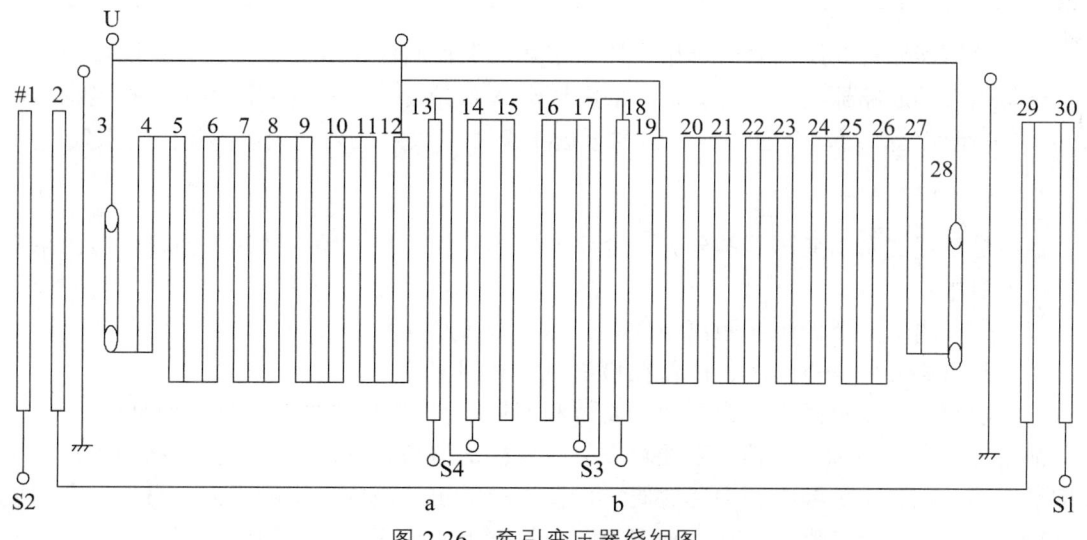

图 2.26 牵引变压器绕组图

变压器一次高压绕组、二次牵引绕组采用了铝制线圈,三次辅助绕组采用了铜制线圈。牵引变压器线圈主要技术参数,如表 2.3 所示。

表 2.3 牵引变压器线圈主要技术参数

项目	一次高压绕组	二次牵引绕组	三次辅助绕组
材质	铝	铝	铜
导体质量/kg	146	159	61
导线绝缘		聚氨酸绝缘纸	
总匝数	1 000　1/2	60×2	16

3. 绝缘和引线装置

油浸式变压器的内部绝缘分为主绝缘和纵绝缘两类，主绝缘是指绕组（或引线）对地及对其他绕组（或引线）之间的绝缘；纵绝缘则指同一绕组不同部位之间的绝缘。绕组结构尺寸，特别是主绝缘尺寸将直接影响变压器的质量和外形尺寸，以及阻抗电压、损耗等性能数据。

线圈阻抗电压，如表 2.4 所示。

表 2.4 线圈阻抗电压

短路绕组	阻抗电压/%	
	设计值	实际值
S1-S2	21.4	21.16
S3-S4	21.4	21.87
S1-S4	—	17.09
a-b	—	5.44

牵引变压器原边线路侧套管选用一体型耐热环氧树脂注塑成型套管，套管连接到相邻的高压设备箱内的断路器上。牵引变压器采用特殊 A 级绝缘，线圈内部使用聚酰胺绝缘纸板及 Nomex410 纸绝缘，冷却介质的最高温度可达 135 ℃，大大提高了变压器的温升限值。

4. 油　　箱

油箱是油浸式牵引变压器的外壳，变压器的器身就放在充满冷却油的油箱内，油箱必须满足以下要求：

（1）保证内部必要的绝缘距离条件下，尽可能减小体积，节约用油；

（2）具有必要的真空强度，以便在检修时能利用油箱进行真空干燥；

（3）油箱外部各种附件的布置便于安装和维护。

油箱分为上油箱和下油箱。下油箱安装变压器的器身，上油箱可以安装储油柜，还装有温度继电器。油箱上壁装有压力释放阀，以便迅速排出油箱内过高的压力。另外，在箱壁还开有冷却系统的进出口管道，油冷却器安装在箱壁上。油箱上装有油管，用于接通油路。牵引变压器油箱为适形结构，紧包铁心及线圈，结构紧凑，尺寸及质量小。

油箱壁上装有绕组出线用绝缘套管，另外还设有与车体固定用安装座。

5. 保护装置

为了保证变压器能够正常工作，并在出现故障时防止变压器事故的扩大，牵引变压器设置了以下保护装置：

（1）温度继电器。

用于监测牵引变压器的油温，在油温超过设定值时输出报警信号。

（2）油流继电器。

油流继电器用于监测牵引变压器运行中的油流量，油流异常时，输出故障信号。

（3）波纹管式储油柜。

储油柜又称油枕，安装在箱盖的上方。牵引变压器储油柜的油量满足变压器在高温持续运行时，油压不超过设定值。牵引变压器的储油柜采用金属波纹管式储油柜，波纹管是由多个（层数按规格）薄钢板冲压成形的环经内外圆周交互焊接而成，具有伸缩性的蛇腹状管结构。管的一端用钢板密封，另一端设有通气孔，并焊接到储油柜缸体的钢板上。缸体套在波纹管外周，两部件之间焊接。波纹管外侧和缸体内侧之间存放绝缘油，此空间与牵引变压器油箱连通。波纹管内侧通过空气配管与大气连通。

储油柜安装在牵引变压器上部，通过波纹管伸缩来吸收绝缘油因温度变化引起的体积变化，使牵引变压器内部保持大气压力。

（4）复位型压力释放阀。

变压器运行时，可能因短路而产生过高的热量使冷却油迅速气化，变压器内部压力升高。为防止变压器事故扩大，造成油箱薄弱环节破裂和变形。安装了压力释放阀。本压力释放阀采用连杆和弹簧组成的自复位结构，当主机内部异常，导致压力过高时，自动卸压；当压力降低到安全值时，自动关闭压力释放阀外罩，避免不必要的油损失。

6. 冷却系统

牵引变压器运行中产生的所有损耗将转变为热量，使各部件的温度升高，当牵引变压器温升超过规定的限值，将加速绝缘老化甚至损坏，直接影响牵引变压器的使用寿命。因此，牵引变压器必须具有相应的散热能力，牵引变压器应保证内部散热能力良好。

牵引变压器冷却系统主要由油冷却器、电动油泵、电动送风机等部件组成。电动送风机从车辆侧面吸入冷却风，经柔性风道内的整风栅板送往油冷却器，热交换后的空气从进气风道对面的排气风道排出，绝缘油在油冷却器冷却后被送往变压器。油在流经绕组表面和铁心侧面时吸收热量，吸收热量后的油经电动进油泵再次送往油冷却器进行热交换。冷却油不停地在变压器内部循环，当循环因油泵故障等停止，则绕组将过热、甚至烧损。为此，在循环回路的某部分安装油流继电器，进行油流停止检测。

2.5.2.2 CRH$_2$型动车组牵引变压器特点

CRH$_2$型动车组采用牵引变压器，把接触网上取得的25 kV高压电变换为供给牵引变流器及其他电器工作所适合的电压，其工作原理与普通电力变压器相同，但由于动车组变压器工作条件的特殊性，因此又有如下特点：

（1）对质量和尺寸有严格限制，要求其体积小、质量小。

① 一次、二次线圈采用了铝质线圈。

② 电磁线电密大，用量小。

③ 该变压器采用壳式铁心，其特点是铁轭不仅包围线圈的顶面和底面，而且还包围线圈的侧面。变压器油箱设计成适形结构，紧包变压器铁心及线圈。所以，该变压器内部结构紧凑，可以减小变压器尺寸及质量。且采用日本新日铁公司特制自30ZH105E低损耗硅钢片，降低了变压器的铁损。

④ 该系统取消了二次滤波电抗器。

（2）经常受到机械振动和冲击，要求其具有坚固的机械结构。

（3）接触网电压变动范围大，受大气过电压和操作过电压等的影响，要求其具有较大的工作范围及较好的绝缘性能。

（4）二次侧需要多种电压输出，要求其具有较多的二次线圈。

（5）二次侧各绕组的电抗要求很高。为了抑制二次电流纹波，控制开关器件的关断电流以及抑制网侧谐波电流，要求各绕组有很高的电抗。以往交-直型电力机车牵引变压器的百分比电抗值为10%左右。而交-直-交型电力机车的一般在20%以上。

（6）二次侧各牵引绕组的电抗要求相等。为了使二次侧并联的PWM整流器的负荷平衡，各牵引绕组的电抗必须相等。

（7）二次侧各绕组之间必须去耦。二次侧各绕组之间相互干扰很强时，二次电流波形会产生紊乱，严重影响开关器件的关断电流并对抑制网侧谐波电流也不利，因此各绕组之间要采取磁去耦结构。

（8）二次侧励磁电抗应尽量小。

（9）二次绕组为2个独立绕组，每个绕组与一台牵引变流器连接，确保二次绕组的高电抗和疏耦合性，两牵引绕组与各自的高压线圈耦合，相互间彼此相互影响很小，牵引变换装置具有能稳定运行的特性。另外，为对应于每个二次绕组的增容，一次绕组配置了2个并联的线圈。

（10）一次绕组接地侧、二次绕组侧及三次绕组侧的绝缘套管采用了耐热环氧树脂将11根铜质中心导线注塑一体成形的端子板。相对于三次绕组侧的一端子使用并引出了2根中心导线。缘等级高，特A级绝缘，线圈内部采用A板及Nomex410纸绝缘，冷却介质的最高温度可达135 ℃，大大提高了油浸变压器的温升限值。

（11）冷却绝缘介质采用硅油，其为二甲基聚硅氧烷结构，是无色透明的合成油，不含任何添加物、悬浮物等有害物质，具有好的环保性能。冷却系统中油冷却器采用铝制板翅式结构，质量小、体积小，空气阻力损耗（400 Pa）与油的阻力损耗（26 kPa）低，散热量大（150 kW）。另外，整个冷却系统中没有蝶阀，对所有外部组件的可靠性要求很高，维修率低。

2.5.2.3　ATM9主要技术参数

ATM9型牵引变压器采用单相、壳式、无压密封方式，一个基本动力单元配置1台，全列共计2台。主要技术参数如下：

1. 通用规格

（1）环境温度：−25 ~ +40 ℃。

（2）原边电压：标称接触网电压25 kV，（电压变动范围17.5 ~ 31 kV）。

2. 性　能

（1）单相、壳式、无压密封方式。

（2）油循环风冷方式（KDAF）。

（3）额定值：如表2.5所示。

（4）绝缘级别：如表2.6所示。

（5）绝缘类别：特殊A类绝缘（使用聚酰胺绝缘纸）。

（6）最高温升：如表2.7所示。

（7）绝缘油：硅油。

（8）辅助设备电源规格：电动鼓风机，三相 50 Hz，400 V，风速 115 m/min。

（9）电动油泵：三相 50 Hz，400 V，油速 700 L/min、7 m 油柱。

3. 外形尺寸

外形尺寸为（$L \times W \times H$）2 570 mm × 2 300 mm × 835 mm。

4. 总质量

2 910 kg（包括电动鼓风机）。

表 2.5　牵引变压器额定参数

绕　组	原　边	牵　引	辅　助
容量/(kV·A)	3 060	2 570	490
电压/V	25 000	1 500	400
电流/A	122	857×2	1 225
频率/Hz	50		
效率	大于95%		
额定类别	连续额定		

表 2.6　绝缘级别

绕　组	原边线路侧	原边接地侧	牵　引	辅　助
感应耐电压	42 kV×10 min	—	—	—
工频耐电压/kV	—	2.5	5.4	2.9
雷击耐电压/kV	全波：150 截断波：170	—	—	—

表 2.7　最高温升

测量部位	测量方法	温度上升极限/K	工频温度上升极限/K
绕组	电阻法	125	115
油	温度计法	80	75
标准环境温度/°C	25		

2.5.3　CRH$_3$ 主变压器

CRH$_3$ 型动车组一个牵引单元有一个牵引变压器，分别装在 TC02、TC07 两拖车的地板下，变压器冷却装置（CLF）在每个变压器的旁边。变压器为单相系统变压器，它将一次绕组上的接触线 CL 电压转换为四个二次绕组[牵引绕组（TW1-TW2）]的电压，并给牵引变流装置供电。变压器外形如图 2.27 所示。

2.5.3.1 牵引变压器特点

变压器结构系统符合 EN 60310 标准，为铁路用固定变压比单相变压器。变压器拥有下列次级绕组：4×TW（牵引绕组），用于牵引变流器的馈电（四象限斩波器输入电路）；一个原边绕组。

变压器上采取了多种适当的保护措施，以防变压器过载。包括冷却回路中以防热过载执行的温度监测、为检查冷却剂流量执行的流量监测及为检测一次电路接地故障执行的一次隔离监测（通过比较外向电流和返回电流进行差动保护）。

变压器系统配有膨胀箱，它位于 TC02/TC07 车的车顶，从而补偿因温度变化而产生的冷却剂量的变化。

图 2.27　牵引变压器外形

2.5.3.2 牵引变压器的主要结构

CRH_3 变压器为芯式变压器，一个原边绕组，四个牵引绕组，该牵引变压器配有膨胀箱。膨胀油箱它位于 TC02/TC07 车的车顶。从而补偿因温度变化而产生的冷却剂量的变化。

1. 铁　心

变压器铁心的计算和设计与 4 低压和 4 高压绕组的特点相符。铁心由 2 个轭架和 2 个柱构成（带有装好的绕组的柱）。铁心为冷轧、角铁制作的铁板，具有耐高温和绝缘表面。为降低损耗和噪声级，铁心片已进行了充分的堆叠和压制。两个柱都不用螺栓装配。两个柱通过两个树脂浸渍带压制。这些绷带在干燥炉中进行生产时已进行了硬化。顶部和底部压力框架均使用抗磁性钢制作而成。这些框架使用绝缘的非磁性螺栓紧固在一起。为防止电容性负载，磁性铁心要接地。接地带由绝缘铜线构成，连接在铁心和压挤框架、油箱内侧之间。

2. 绕　组

绕组为分层型绕组，通过强制冷却以环层方式固定在铁心上。为防止绝缘材料长期运行后收缩，绕组已被充分烘干。绕组被紧密压实以备在短路时能够支撑轴向力。所有绕组的绝缘，我们均采用是聚芳基酰胺材料。此材料为耐热纸，商标名称 Nomex。

3. 油　箱

油箱装配在列车底部。通过六个螺栓固定在列车框架上。油箱的设计结构适合承担活动部件的质量以及绝缘和冷却液等所有成分的质量。同时油箱还必须能够承受运转过程中的所有加速度。油箱盖为钢制，通过螺钉和螺栓周定在油箱上。油箱和油箱盖之间是椭圆形垫圈（截面）。

2.5.3.3 牵引变压器的主要技术参数

牵引变压器的主要技术参数如下：

额定电压： 一次　　　25 kV，50 Hz
　　　　　二次　　　约 4×1 511 V，50 Hz
额定功率：　　　　　5 644 kV·A
　　　　　一次　　　约 5 644 kV·A
　　　　　二次　　　约 4×1 411 kV·A
额定电流： 一次　　　226 A
　　　　　二次　　　约 4×910 A
质量　　　　　　　　约 5.6 t

牵引绕组的最大基频有效电流在电源额定电压（AC 25 kV）时为 935 A，在电源低压（AC 22.5 kV）时为 960 A。

2.5.4　CRH$_5$ 主变压器

CRH$_5$ 主变压器采用卧放结构。内部结构主要由铁心、线圈构成的器身和引线等组成；外部结构主要由油箱及储油柜、冷却系统、组件等几部分组成。主变压器的控制，是由高压箱完成的。高压箱安装在 3 号车和 6 号车车底下，其包括机电设备和传感器来管理高压电路，高压箱也可以进行牵引变压器的保护。

整个变压器含网侧高压套管共有 14 个接线端子，总质量 7 000 kg。最大外形尺寸为 4 124 mm×2 465 mm×685 mm。外形如图 2.28 所示。

铁心磁路为芯式结构，由两个心柱旁轭及两个矩形铁轭组成，采用冷轧晶粒取向硅钢片叠积而成，片间有耐热的绝缘涂层。芯柱采用多级近似圆形的截面。为了适应卧式安装的要求，上下铁轭硅钢片冲孔并用穿心螺杆紧固，心柱使用苯乙烯塑料绑带绑扎，使之成为一个结实的刚体。

图 2.28　CRH$_5$ 主变压器结构图

线圈为层式结构，A 级绝缘等级，线圈有两柱，每柱有 2 段绕组，每段绕组都有由高压绕组、滤波绕组和牵引绕组组成的线饼，每个牵引绕组中都有它自身对应的高压绕组，每个变压器共有 4 段绕组。从里到外的顺序为：牵引绕组，滤波绕组及高压绕组。线圈的绝缘部分由板材制成。每个绕组带有轴向的同心油道，这些油道用于优化冷却效果。绕组的定位是通过准确的端环来保证的，这样可以减少轴向短路作用力。为满足高阻抗的要求，线圈采用分裂式结构，所有线圈之间均采用退耦布置，四个牵引绕组分别对应四个高压绕组。

该牵引变压器具有如下特点：

（1）采用轻量化技术，实现大容量、小型化、低质量。
（2）采用了车体地板下吊挂式安装的卧式扁平结构。
（3）能承受水平方向 3g、横向 2g、垂直方向 1g 的冲击加速度。
（4）绕组结构采用全分裂结构，以满足电磁耦合要求。
（5）冷却方式为强迫导向油循环风冷，冷却媒质采用了具有高燃点的 Ester 脂油。

CRH$_5$ 牵引变压器电气参数见表 2.8。

表 2.8 CRH5 变压器电气参数

	高压绕组	牵引绕组
额定容量/kV·A	5 262	8 776
额定电压/V	25 000	1 770×6
额定电流/A	210	495×6
施加的工频耐电压/kV	13	13
端子号	HVN	TR11-TR12, TR21-TR22, TR31-TR32, TR41-TR42, TR51-TR52, TR61-TR62
直流电阻（150 ℃）	3.02 Ω	6×55.08 mΩ
负载总损耗（150 ℃）/kW	250	—
最大外形尺寸/（mm×mm×mm）	4 124×2 465×685	—
线圈类型	层式	—
油质量/kg	850	
总质量/kg	7 000	
相关标准	IEC60310	
储油柜位置	与油箱在一起	

变压器油箱是一个钢制的焊接结构。油箱在真空充油过程中能够承受一定压力。由于变压器要求大容量、小体积，同时还承受运行方向纵向 3g、横向 2g 加速度。因此，对变压器油箱最主要的要求是应具有足够的机械强度，在设计过程中油箱和箱盖均采用 ANSYS 软件对其进行了有限元分析，分析计算了油箱承受 76 kPa 的密封和压力试验，以及添加加速度后变压器的受力变形情况。钢板材料要求耐低温及高强度。几块不锈钢钢板焊接在箱壁上以切断高电流端子的磁场效应。箱盖直接焊接到箱体上，在箱盖上有一个排气孔，在油箱的下部固定有注油阀。油箱通过一个过压阀来保护。打开过压阀时，通过一个内部连接管减少溢油量，这个管位于箱盖下面。油箱喷涂共有三层，50 μm 的环氧漆，中间喷涂 50 μm 的聚亚安酯，最后表面喷涂 50 μm 的聚亚安酯。储油柜侧面安置变压器的一侧。变压器包括的附件见表 2.9。

表 2.9 CRH5 变压器附件

名称	数量	名称	数量
冷却器	1	PT100 铂电阻	2
油泵	2	36 kV，630 A 高压 HV 端子	1
油位指示器	1	低压牵引端子	12
压力释放装置	1	N 端子	1
开口铁心电流互感器	1	吸湿器	1
电火花放电器	1	—	—

变压器在安装前，要检查空气干燥器里有没有油，如果发现空气干燥器里没油，应当更换硅胶。变压器与车体的安装通过 8 条螺栓连接。

CRH_5 动车组牵引变压器绝缘等级为 F 级，使用耐热等级高的脂油，设计使用环境温度为 -25 ~ +45 ℃，可以在 -40 ~ +80 ℃ 的温度下储存，但不应当把充满油的变压器露天存放。变压器储存场地必须干燥，必须用塑料布把变压器罩起来。每年必须按 IEC 61099 标准要求分析所用变压器油。

油位探测器利用光纤来检测膨胀油箱中的最低油位。如果油位变得太低，则油位探测器就显得多余了。这时就会自动断电，直到再把它与电源连接起来。

油位计位于储油柜上。该指示计用来显示油平面的高度，它可以显示最低和最高油面位置，通过观察上面的对应温度的印记即可了解。变压器要 100% 地加满油，直至储油柜相应温度下的刻度。在最低温度为 -20 ℃，最高温度为 +120 ℃ 时，油位计显示必须能够被看清。

起吊变压器只能使用专用的吊装工具进行起吊，不得利用箱盖吊起整个变压器。在起吊变压器时要注意有无散热器，因为两者的起吊部位是不一样的。

在正常工作期间，每次接通变压器之后都要用油位探测器来检查一下油位。如果列车及变压器较长时间不使用，则这种检查油位的工作应至少 6 个月进行一次。正常情况下油位必须和油位上的相应温度刻度相同（偏差为 +20 ℃/ -0 ℃）。为了保证检查结果真实，应使变压器保持水平。如果油位低于其相应温度刻度，就应当对变压器进行检查并向变压器里加油。但如果油位探测器检测器检测到油位太低，绕组可能低于实际油位而不在真空状态下，此时需判断清楚方可补油。

第一次试运行之后 3 个月要进行第一次取油样工作，以后年年如此。在取油样时应使用干净和干燥的容器，这些容器内不得有清洁液的残留物。在取油样之前应清扫一次变压器上的排油阀。取样时需排出数升油。取油后取样容器也要用油涮一涮。取样必须避光。盛油瓶必须完全充满油。可用暗色玻璃制成的玻璃瓶，带有磨砂玻璃塞。

空气干燥器大致要每 3 个月检查一次硅胶的颜色变化。当有一半以上的硅胶变成无色的（被水饱和），就应该更换。饱和硅胶在 130 ~ 160 ℃ 条件下可以被烤干。虽然经上述处理的硅胶可以再用，但不得使用太多的次数，以防止硅胶失效。

对于散热器和油泵应检查有无漏油及异音。每隔一周应检查并清扫散热器散热片间的灰尘及异物。

2.5.5 CRH380BL 牵引变压器

2.5.5.1 概 述

CRH380BL 型动车组牵引变压器（TF）位于动车组 TC02/TC07/TC10/TC15 车下设备舱中，变压器及冷却单元集成在一个框架内，外形如图 2.29 所示。

变压器为单相变压器，额定电压为 AC 25 kV。变压器将一次绕组上的接触网 AC 25 kV 转换为四个二次绕组［牵引绕组（TW1 ~ TW4）］的电压，并给牵引变流器供电。

牵引变压器具有自保护功能，如冷却回路中设置温度监测以防止过热，监测冷却介质的流量以及原边电路绝缘等。

图 2.29　牵引变压器外形

牵引变压器具有如下保护功能，如在冷却回路中的温度监测以防止过热，监测冷却介质的流量以及原边电路绝缘，监测检查原边电路的接地故障（差动保护是通过比较输出电流和返回电流之间的差值）等。

2.5.5.2　牵引变压器特点和技术参数

1. 特　点

该变压器结构系统符合 EN 60310 标准，为铁路用固定变压比的单相变压器。变压器拥有一个原边绕组，4 个次级绕组（牵引绕组 TW1～TW4），用于牵引变流器的馈电（四象限斩波器输入电路）。

2. 接口尺寸

该变压器的接口见表 2.10 和表 2.11 所示。

表 2.10　变压器的电气接口

功率电缆接口	每个接口的电缆/mm^2
初级绕组	1×240
初级绕组接地	2×150
TW 牵引绕组	2×240

表 2.11　变压器辅助设备的电气接口

设备名称	连接/接口类型
泵	接线盒
温度传感器	8 极 PT 100 双向温度传感器的插头
瓦斯继电器	8 极插头
流量监控器	4 极插头
接地电流互感器	接地电流互感器接线盒

3. 主要技术参数

变压器的主要技术数据如下：

输入频率	50 Hz
额定功率	5 848 kV·A
一次	约 5 848 kV·A
二次	约 4×1 462 kV A
额定电流	
一次	234 A
二次	约 4×790 A
额定电压	
一次	25 kV
二次	约 4×1 850 V
质量	约 6.3 t

牵引绕组的最大基频有效电流在电源额定电压（AC 25 kV）时为 790 A，在电源低压（AC 22.5 kV）时为 878 A。

牵引变压器的功率不是常数，变压器的瞬时功率取决于车辆、载荷、发热和交流负载的需求。

另外变压器还必须遵守下列空载运行参数见表2.12所示。

表 2.12 变压器、空载运行参数

参数	要求	附注
空载耗损（额定电压时公差 +15%）		（最多为额定功率的0.1%）
空载电流（额定电压时公差 +30%）	≥0.4	（最多为初级绕组额定电流的3%）

2.5.5.3 牵引变压器结构

1. 内部结构

CRH380BL 型动车组牵引变压器为芯式变压器，其内部结构如图2.30和图2.31所示。

图 2.30 铁心柱和带框架的下磁轭

图 2.31 变压器机芯结构

2. 外部结构

牵引变压器油箱安装在变压器框架内，油箱的设计结构适合承担活动部件的质量以及绝缘和冷却液等所有成分的质量，图 2.32 为框架内的变压器油箱。

变压器系统配有膨胀邮箱，如图 2.33 所示，它位于 TC02/TC07/TC10/TC15 车顶部，从而补偿因温度变化而产生的冷却剂量的变化。

图 2.32　装配活动部件的变压器油箱　　图 2.33　主变压器的膨胀油箱

CRH380BL 型动车组牵引变压器冷却单元集成在变压器安装框架内的牵引变压器旁边，其外形示意图如图 2.34 所示。冷却类型为 ODAF，绝缘和冷却介质为符合标准 IEC 60310 的矿物油，散热能力约为 330 kW。

大多数冷却液在油箱中，通过油泵将油箱中的热液抽入冷却器中，经过冷却处理的冷却液通过另外一根管流回油箱中。为补偿冷却液的体积，油箱通过管路与膨胀油箱连接起来，冷却系统的示意图如图 2.35 所示。

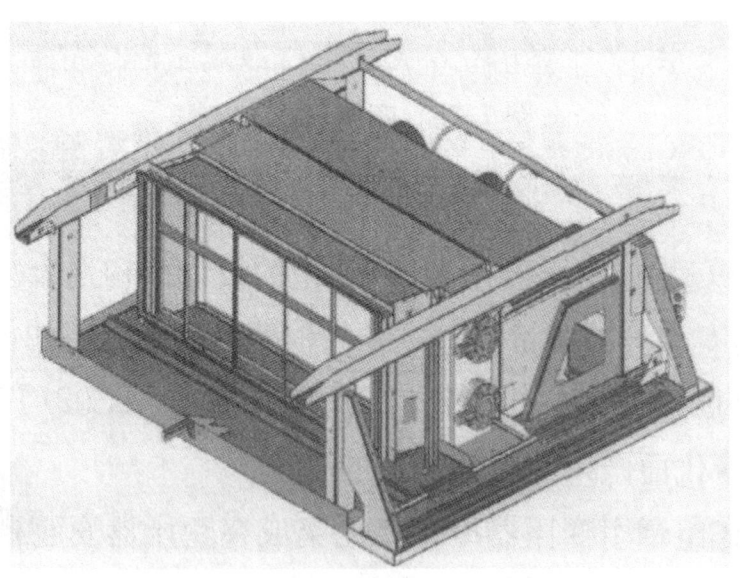

图 2.34　牵引变压器冷却单元示意图

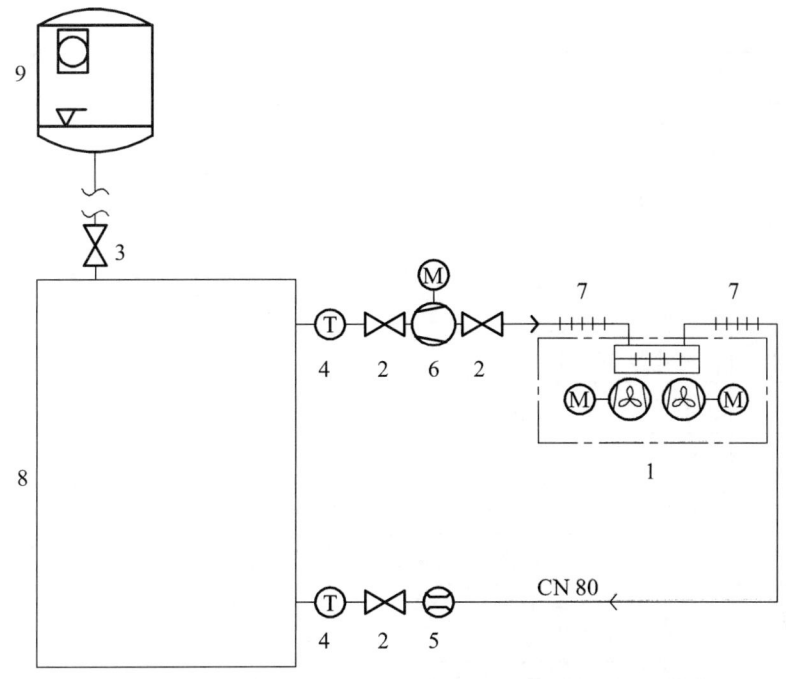

1—冷却设备；2—法兰叶；3—封闭套管；4—PT100；5—流量计；
6—油循环泵；7—补偿器；8—主变压器；9—膨胀油箱。

图 2.35　冷却系统示意图

2.5.5.4　运用与维护

牵引变压器及冷却单元在安装前已经填注好油，油位达到运行所需油位，膨胀油箱通过连接装置同变压器连接。

储存变压器时需要满足下列条件：放置主变压器的地方必须足够坚固、水平、对地下流水进行防护；必须防止发生油漏泄，对周围环境产生负面影响；必须采用适当的气候防护（顶棚、储存室）措施以防接头处有冷凝形成。

要及时检查膨胀油箱内的矿物油液位。变压器、冷却器和膨胀油箱组成的整套系统必须完全填注矿物油，使之达到正常液位；并且要及时检查脱水式吸湿器中的硅胶颜色，必须更换过期硅胶。

在调试牵引变压器之前需要对重要部件的电气连接以及接地连接进行检查；目视检查变压器所有密封件和阀、循环泵、连接膨胀油箱的管道、瓦斯继电器、膨胀油箱的密封性；检查膨胀油箱的油位指示器，确定油位正常；对瓦斯继电器进行通风及功能检查；检查脱水吸湿器中硅胶的颜色；变压器与冷却单元之间的法兰阀必须打开；循环油泵在使用前需进行通风并检查其旋转方向是否正确；检查流量监视器、温度传感器运转是否正常；检查所有的紧固螺钉及防腐保护。

定期维护很重要，可以避免变压器出现严重损坏，检测排除可能的故障，变压器维护内容见表 2.13。

表 2.13 维护内容与时间进度表

部件	检查与检修工作	运行距离
冷却单元	目视检查防护网上有无泄漏和污物	10×10^4 km
主变压器	检查油位：检查膨胀油箱上的油位指示器，查看油位是否正常。如出现油缺失，必须找出漏泄处并修复。缺少的油必须再次填注，并对冷却系统进行通风	40×10^4 km
脱水吸湿器	必须检查硅胶，如果水晶体有半数以上均改变颜色，则整个水晶体必须使用新的硅胶替换	
冷却单元防护网	检查有无污物	
主变压器	建议对溶解的气体进行分析	80×10^4 km
空气过滤器	检查有无污物，必要时清洁/湿洗	
冷却器	检查有无污物，必要时清洁/湿洗	
主变压器	目视检查漆涂层及所有接头、法兰以及管接头密封性	120×10^4 km
循环油泵	检查油循环泵的电气连接，如出现不断增大的异常运行噪声，则必须更换轴承	
主变压器	检查油位：检查膨胀油箱上的油位指示器，查看油位是否正常。如出现油缺失，必须找出漏泄处并修复。缺少的油必须再次填注，并对冷却系统进行通风	240×10^4 km
瓦斯继电器	清洁瓦斯继电器，检查控制电缆插头的连接，进行功能测试并进行通风	
温度传感器	目视检查温度计中带的油，查看传感器有无泄漏或损坏	
流量监视器	一旦泵通电，油流量监视器的辅助触点必须接通	
主变压器	采集油样进行分析	480×10^4 km
冷却风机	按照制造商规范进行维护	
风机外壳	更换缓冲器	
制冷装置	更换蝶形阀和密封件	

2.5.6 CR400AF 主变压器

2.5.6.1 设计型式

变压器绕组结构：层式绕组
变压器铁心：柱心式结构
绝缘等级：F 级
冷却形式：强迫油循环风冷

2.5.6.2 电气原理图

变压器的电气组成是由 1 个原边绕组、4 个牵引绕组。

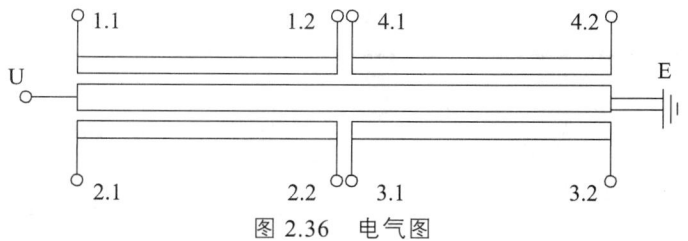

图 2.36 电气图

2.5.6.3 变压器数据（以单相变压器为例）

绕组	各端	功率/kW	电压/V	电流/A
原边高压	U－E	6 433	25 000	257
牵引	1.1-1.2；2.1-2.2；3.1-3.2；4.1-4.2	4×1 608	1 900	846

2.5.6.4 主要部件的位置图

主要部件的位置图如图 2.37 所示，主要部件清单如表 2.14 所示。

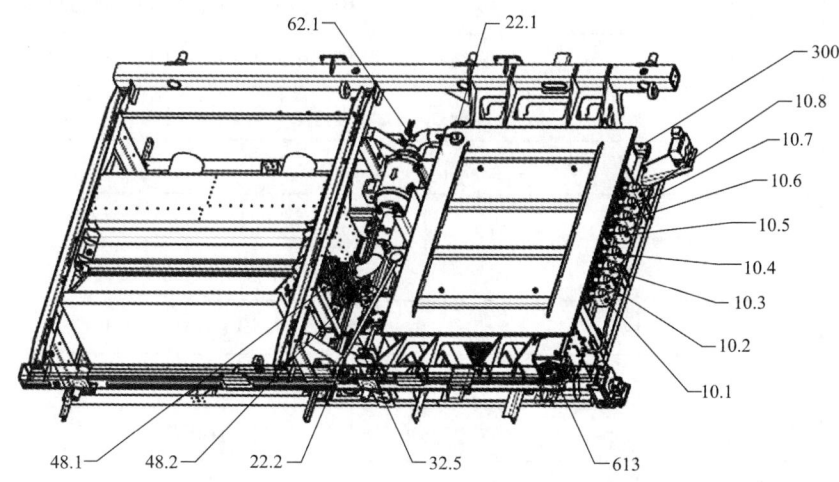

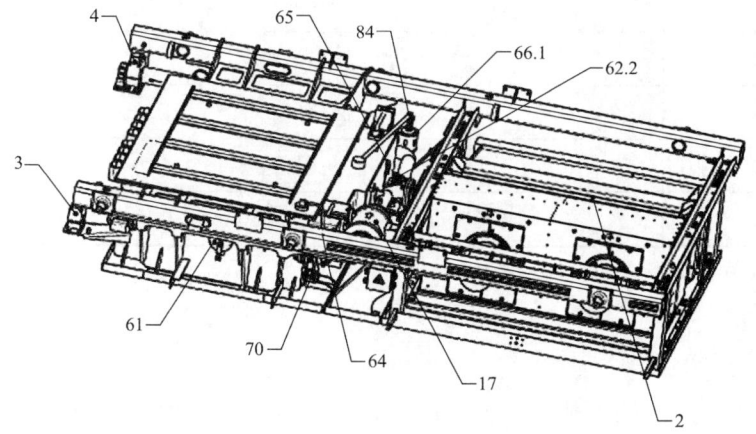

图 2.37 主要部件的位置图

表 2.14 主要部件清单

件号	数量	名称
613	1	高压端子 630 A,42 kV
2	1	冷却系统
3	1	电流互感器 CT LMZ(2)-0.66
4	1	电流互感器 CT LMZ(2)-0.66
10.1	1	双电缆端子插头 Pfisterer P3EC2 240 mm² D31-33 AF.01
10.2	1	双电缆端子插头 Pfisterer P3EC2 240 mm² D31-33 AF.02
10.3	1	双电缆端子插头 Pfisterer P3EC2 240 mm² D31-33 AF.03
10.4	1	双电缆端子插头 Pfisterer P3EC2 240 mm² D31-33 AF.04
10.5	1	双电缆端子插头 Pfisterer P3EC2 240 mm² D31-33 AF.05
10.6	1	双电缆端子插头 Pfisterer P3EC2 240 mm² D31-33 AF.06
10.7	1	双电缆端子插头 Pfisterer P3EC2 240 mm² D31-33 AF.07
10.8	1	双电缆端子插头 Pfisterer P3EC2 240 mm² D31-33 AF.08
17	1	油泵
22.n	2	蝶阀 DN80
32.5	1	油位计 A=500
48.n	2	波纹管 DN80 L160 C-160
61	1	单开关压力释放阀 0.8 bar
62	2	2×PT100
64	1	油位探测器
65	1	油流指示器
66.1	1	呼吸器
70	1	DN32 球阀
84	1	球阀 3/4″
300	1	双电缆端子插头 P3EC2 150 mm² D19.5-22.9 AF.01

2.5.6.5 电气连接

1. 变压器绕组的连接

变压器上安装了 1 个高压端子和 9 个低压端子,这些端子的作用是确保变压器原边、二次边的电气连接,其详细参数如表 2.15 所示。

表 2.15　变压器绕组连接部件参数表

部位	线圈	端子	端子型号	数量	大同 ABB 物料号
原边	高压	U	高压端子 630 A，42 kV	1	1ZKD103001-001
	中性点	E	牵引端子插座 1250A AF.01	1	1ZCH106961-201
牵引	牵引 1	1.1	牵引端子插座 1250A AF.01	1	1ZCH106961-201
		1.2	牵引端子插座 1250A AF.02	1	1ZCH106961-202
	牵引 2	2.1	牵引端子插座 1250A AF.03	1	1ZCH106961-203
		2.2	牵引端子插座 1250A AF.04	1	1ZCH106961-204
	牵引 3	3.1	牵引端子插座 1250A AF.05	1	1ZCH106961-205
		3.2	牵引端子插座 1250A AF.06	1	1ZCH106961-206
	牵引 4	4.1	牵引端子插座 1250A AF.07	1	1ZCH106961-207
		4.2	牵引端子插座 1250A AF.08	1	1ZCH106961-208

2. 原边高压端接线

原边高压端子接线由带有高压连接器的高压端子（件号 613）和高压连接器（T 型头）组成，如图 2.38 所示。

它是作为变压器原边高压输入电源的插头，与机车高压 T 型头连接使变压器通电。高压端子不需要定期维护。

3. 原边末端接线

原边中性点接线直接连接到 Pfisterer 端子（图 2.39）上。

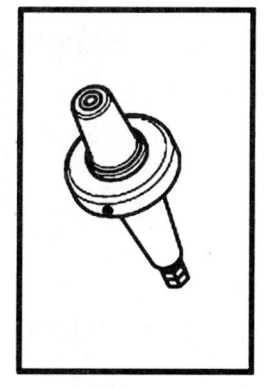

图 2.38　高压端子（一般视图）

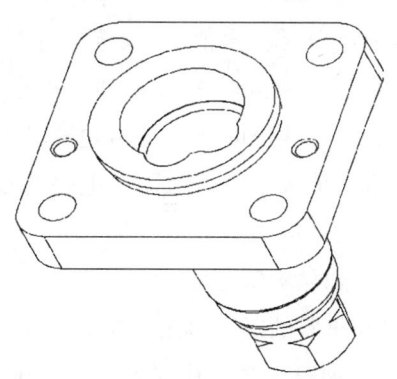

图 2.39　Pfisterer 端子（一般视图）

4. 次边低压端接线

次边低压端接线直接连接到 Pfisterer 端子上。低压端子位置图参见图 2.40。

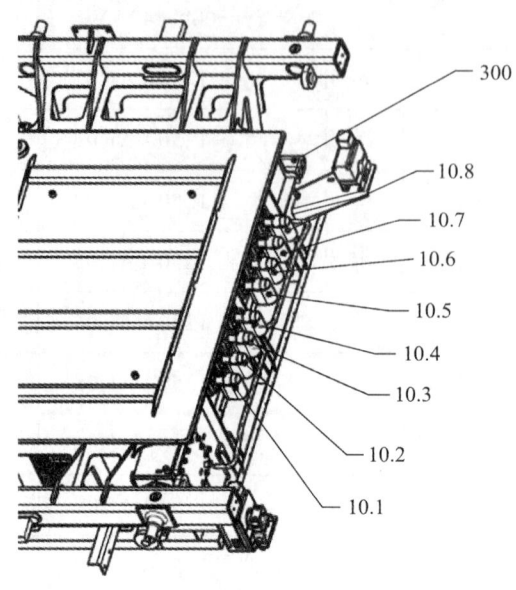

图 2.40　端子的位置图

复习思考题

1. 变压器有哪些主要额定值？它们的含义是什么？

2. 变压器等效电路中 r_m 代表什么电阻？这个电阻能否用加直流的方法测出来？

3. 试述 T 形等效电路中各参数的意义。利用 T 形等效电路进行实际问题计算时，算出一次和二次侧电压、电流和损耗、功率是否均为实际值？为什么？

4. 什么叫变压器的电压调整率？它与哪些因素有关？Δu 能否变成负的？

5. 有一台 1 000 kV·A，10 kV/3.6 kV 的单相变压器，额定电压下的空载损耗为 6.9 kW，空载电流为 0.05 A（标幺值），额定电流下 75 ℃ 时的损耗为 14 kW，短路电压为 5.2%（百分值）。设归算后一次和二次绕组的电阻相等，满抗亦相等，试计算：

（1）归算到一次侧时 T 形等效电路的参数；

（2）用标幺值表示时近似等效电路的参数；

（3）负载功率因数为 0.8（滞后）时，变压器的额定电压调整率和额定效率；

（4）变压器的最大效率，发生最大效率时负载的大小（cos = 0.8）。

6. 自耦变压器的额定容量，电磁容量和传导容量之间的相互关系是怎样的？

7. 电流互感器正常工作时相当于普通变压器的什么状态？使用时有哪些注意事项？为什么二次侧不能开路？

8. 电压互感器正常工作时相当于普通变压器的什么状态？使用时有哪些注意事项？为什么二次侧不能短路？

9. CRH$_3$ 型动车组牵引变压器的技术特点有哪些？

10. CRH$_5$ 型动车组牵引变压器的技术特点有哪些？

11. CRH380BL 型动车组牵引变压器的技术特点有那些？

Part 3 牵引变流器

牵引变流器是交流传动系统的核心部件，要能够实现四象限运行，满足列车牵引、制动需要。牵引变流器的基本功能是把来自接触网或其他交流电源的交（直）流电压，最终变换为频率、幅值可调的三相交流电压，供给交流牵引电动机，将电能转换为机械能，输出转矩驱动动轮旋转，在轮轨间产生牵引力，驱动列车运行。交-直-交流传动系统中，牵引变流器由网侧整流器、直流中间环节、电动机侧逆变器及控制装置组成。整流器的作用是把来自接触网的单相交流电压或同步发电机产生的三相交流电压变换为直流。直流中间环节由滤波电容器或电感组成，其作用是储能和滤波，获得平直的直流电。逆变器的作用是将中间环节平直的直流电，通过一定的控制策略，变换为频率、电压可调的三相脉冲交流电，供给交流牵引电动机，通过能量转换驱动列车。

牵引变流器根据中间直流环节滤波元件的不同，可分为电压型和电流型两种。电压型变流器直流中间环节的储能器采用电容器，向逆变器输出的是恒定的直流电压，相当于电压源；电流型变流器直流中间环节的储能器采用电感，相当于恒流源，向逆变器输出的是恒定的直流电流。在交-直-交流传动系统中，牵引变流器与牵引电动机之间互为电源，又互为负载。在牵引工况，若从负载来看，变流器可分为电压型和电流型两种。由于电压型变流器相对于电流型变流器具有较大的优势，所以在现代轨道列车交流传动领域大多都采用电压型逆变器。

3.1 四象限脉冲整流器

3.1.1 脉冲整流器主电路及其控制

高速电动车组中所用牵引变流器主要由四象限脉冲整流器和牵引逆变器组成，脉冲整流器是交流传动系统一个重要组成部分。随着电力电子技术和控制技术的发展，目前牵引变流器均采用 PWM 控制技术，因此也称其为 PWM 整流器。目前我国生产的高速动车组的牵引变流器均采用 PWM 整流器，其拓扑结构分为两电平和三电平两大类：两电平拓扑结构的脉冲整流器存在开关器件所承受的电压应力较大的缺点；三电平拓扑结构的脉冲整流器具有开关器件所承受的电压应力低、容量大、成本低等特点，而且能产生 5 个电平的线电压，在相同开关频率及控制方式下，其输出电压和电流中的谐波含量远小于传统的两电平整流器，但其存在主电路及控制系统复杂的缺点，本节着重对这两类脉冲整流器的工作原理及其控制方式进行分析。

1. 脉冲整流器概述

在交流传动电力机车、动车组上，脉冲整流器是列车牵引传动系统中的网侧变流器。在列车牵引时起整流作用，将单相交流电转变成直流电；再生制动时起逆变作用，将直流电转变成单相交流电回馈给牵引供电网。由于其可以工作在电压、电流坐标平面的四个象限，因此亦称为四象限整流器。由于当前牵引传动系统中基本采用 PWM 技术控制整流器，因此又称之为脉冲整流器。

对于电力牵引系统中的脉冲整流器，除了有运行特性、可靠性、维修性等方面的要求以外，还有一个重要的评价准则：对牵引供电网要有较好的反应，不引起其中电流的畸变，不产生太大的无功电流。将 PWM 技术引入整流器就是为了提高功率因数，降低谐波及电能传输中的损耗，同时尽可能地减少电磁干扰。为分析机车的网侧电流对牵引供电网电能质量的影响，定义两个重要判据如下：

（1）功率因数 λ。

$$\lambda = \xi \cos\varphi \tag{3.1}$$

式中，ξ——电流波形畸变系数，定义为：

$$\xi = \frac{I_1}{\sqrt{\sum_{n=1}^{\infty} I_n}} \tag{3.2}$$

$\cos\varphi$——基波功率因数。

（2）等效干扰电流。

$$I_P = \sqrt{\sum_{n=1}^{\infty} I_n^2 \omega_n^2} \tag{3.3}$$

式中：ω_n——第 n 次谐波的加权系数。

各次电流谐波的加权系数可以根据国际电话委员会（CCITT）提供的等效干扰加权系数曲线图计算，如图 3.1 所示。

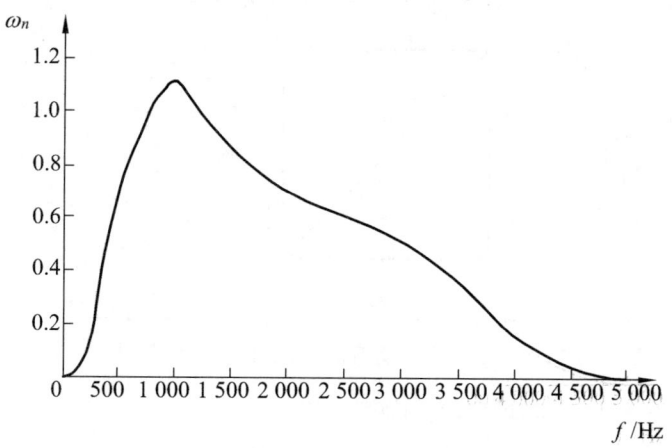

图 3.1 CCITT 提供的等效干扰加权系数

所以对于包括交流传动电力机车或动车组在内的网侧变流器来说，其设计必须考虑对牵引供电网的影响。在电力牵引系统中四象限脉冲整流器取代了其他各种交-直变流器，主要在于它彻底地、全面地解决了电力牵引设备对于功率因数、等效干扰电流、优化黏着利用和再生制动能力方面的特殊而苛刻的要求。

2. 脉冲整流器的等效电路模型

一个理想的脉冲整流器，一方面需要为直流侧提供平直稳定的直流电压（或电流），另一方面只从交流电网吸取有功功率。从原理上，这种装置可以由一个无储能部分的变流器和一个分离的储能器组成。为了使牵引供电网保持较好的功率因数的同时获得平整的直流量，脉冲整流器的变比必须能够通过调制技术随时加以改变，而必要的储能器作为简单的并联（或串联）谐振电路，与直流侧负载并联（或串联）。通过不同的方法能够使脉冲整流器的变比逼近所希望的曲线：在许多可能的变比值之间进行有极变换，或者在仅有的两个值（1和0）之间频繁变换。后者由脉宽调制技术来实现。电压型脉冲整流器在保证电源电流不发生畸变，并与电源电压保持同相位的同时，其输出端提供恒定平整的直流电压，而输出直流电流的大小与负载特性有关。

图 3.2 所示为脉冲整流器的电路原理图，由交流回路、功率开关桥路以及直流回路组成。其中交流回路包括变压器牵引绕组的输出电压、变压器漏电感 L_N 和绕组电阻 R_N（R_N 很小，可以忽略不计）；直流回路包括二次滤波环节 L_2、C_2 和中间支撑电容 C_d。图 3.3 所示为电力牵引脉冲整流器等效理想电路模型。

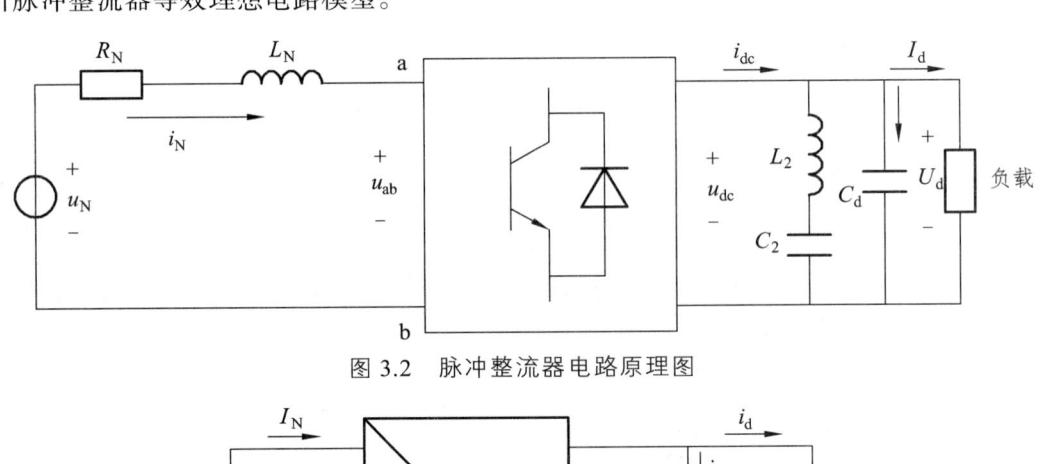

图 3.2 脉冲整流器电路原理图

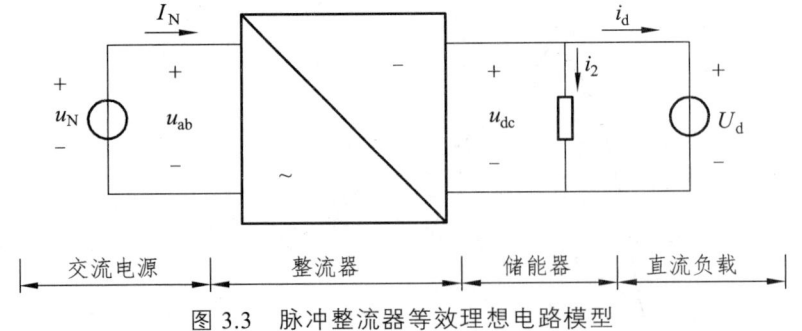

图 3.3 脉冲整流器等效理想电路模型

如果脉冲整流器的电压变比为 k_u，即

$$u_{ab} k_u = u_{dc} \tag{3.4}$$

其中 u_{ab} 为脉冲整流器 ab 端的输入电压，u_{dc} 为脉冲整流器输出端电压。

把网侧电压 $u_N = \sqrt{2}U_N \sin\omega t \approx u_{ab}$ 代入上式，则得电压变化比为

$$k_u = \frac{u_{dc}}{\sqrt{2}U_N \sin\omega t} \tag{3.5}$$

在理想情况下，脉冲整流器中既没有损耗，也没有储能，所以按功率平衡原理，可得

$$u_N i_N = u_{ab} i_N = u_{dc} i_{dc} \tag{3.6}$$

从而可求得电流变比 k_i 为

$$k_i = \frac{i_{dc}}{i_N} = \frac{u_{ab}}{u_{dc}} = \frac{1}{k_u} = \frac{\sqrt{2}U_N \sin\omega t}{u_{dc}} \tag{3.7}$$

若供电电网中的交流电流是纯正弦形的，并且与交流电压同相，那么交流电流应写为

$$i_N = \sqrt{2}I_N \sin\omega t \tag{3.8}$$

脉冲整流器在理想的前提下，其直流功率和交流功率的平均值应当相等，即

$$\overline{u_N i_N} = U_d I_d \tag{3.9}$$

$\overline{u_N i_N}$ 表示交流侧平均功率，且满足

$$\overline{u_N i_N} = U_N I_N \tag{3.10}$$

联立式（3.9）和（3.10），得交流电流的有效值 I_N 为

$$I_N = \frac{U_d I_d}{U_N} \frac{u_{dc} I_d}{U_N} \tag{3.11}$$

所以，脉冲整流器的直流侧电流可按式（3.7）求得

$$i_{dc} = k_i i_N = 2I_d \sin^2 \omega t = I_d(1 - \cos 2\omega t) \tag{3.12}$$

由关系式 $i_2 = i_{dc} - i_d$，可求得储能器的电流为

$$i_2 = -I_d \cos 2\omega t \tag{3.13}$$

按照这个结果，储能器所接受的电流是正弦形的，其频率为供电频率的两倍，幅值恰好等于直流侧负载电流。另一方面，在该储能器上的电压是一个纯直流电压。所以，对于这个作为储能器的两端网络来说，加在其上的直流电压不引起电流，而流过双倍网频的交流电流也不会在其端子上引起电压。显然，最简单的电容器或电抗器串接的谐振电路，能满足这些特征的要求，但其谐振频率必须等于两倍的电网频率。

从以上的分析可以看出，倘若设计的变流器，其电流变比符合式（3.7）的要求，按时间的正弦函数变化，它与具有两倍电网频率的电容器-电抗器串联谐振电路的储能器一起，将构成在图 3.3 中所提到的脉冲整流器理想等效模型，既保证直流侧关于平整的直流量的需要，又满足交流畸变无功功率尽可能小的要求。

关于对脉冲整流器的电流比按正弦规律变化的要求，可以用类似于 PWM 逆变器的思路，通过脉宽调制的办法来解决。如果说逆变器的功能是把输入的直流电压通过脉宽调制技术变换为正弦形的输出电压，那么脉冲整流器在保证输出为直流电压的情况下，其功能是通过脉宽调制来保证直流电流的正弦性，且该电流与网侧电压同相位。

3. 脉冲整流器的工作原理

脉冲整流器的等效电路如图 3.4 所示。图 3.5 表示脉冲整流器的相量图。

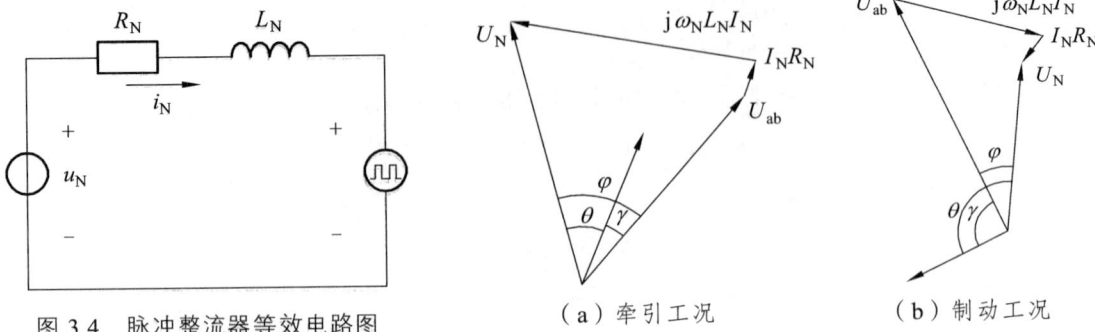

图 3.4　脉冲整流器等效电路图　　　　（a）牵引工况　　　　（b）制动工况

图 3.5　脉冲整流器相量图

U_N 和 U_{ab} 之间的相角 φ 表示，U_N 和 I_N 之间的相角用 θ 表示，阻抗为 $Z = R_N + j\omega L_N$，阻抗角为 $\psi = \arctan(\omega L_N / R_N)$。而且，把超前于 U_{ab} 的角度记为正的，滞后于 U_{ab} 的角度记为负的。那么从图 3.4 和图 3.5 可以推导出脉冲整流器在能量变换过程中的功率关系，对于牵引工况，可得

$$\begin{cases} \dot{U}_N = \dot{I}_N Z + \dot{U}_{ab} \\ I_N \angle \theta = \dfrac{U_N \angle 0 - U_{ab} \angle \varphi}{|Z| \angle \psi} \\ \mathrm{conj}(I_N \angle \theta) = \dfrac{U_N \angle 0 - U_{ab} \angle (-\varphi)}{|Z| \angle (-\psi)} \end{cases} \tag{3.14}$$

式中　$\mathrm{conj}(I_N \angle \theta)$ ——网侧电流相量的共轭相量。

脉冲整流器吸收的复功率为

$$P_{ab} + jQ_{ab} = U_{ab} \angle \varphi \times \mathrm{conj}(I_N \angle \theta) = \dfrac{U_N U_{ab}}{|Z|} \angle (\varphi + \psi) - \dfrac{U_{ab}^2}{|Z|} \angle \psi \tag{3.15}$$

交流电源提供的复功率为

$$P_{ab} + jQ_N = U_N \angle 0 \times \mathrm{conj}(I_N \angle \theta) = \dfrac{U_N^2}{|Z|} \angle (\psi) - \dfrac{U_N U_{ab}}{|Z|} \angle (\psi - \varphi) \tag{3.16}$$

则

$$\begin{cases} P_N = \dfrac{U_N^2}{|Z|} \cos\psi - \dfrac{U_N U_{ab}}{|Z|} \cos(\psi - \phi) \\ Q_N = \dfrac{U_N^2}{|Z|} \sin\psi - \dfrac{U_N U_{ab}}{|Z|} \sin(\psi - \phi) \\ P_{ab} = -\dfrac{U_N^2}{|Z|} \cos\psi + \dfrac{U_N U_{ab}}{|Z|} \cos(\psi + \phi) \\ Q_{ab} = -\dfrac{U_N^2}{|Z|} \sin\psi + \dfrac{U_N U_{ab}}{|Z|} \sin(\psi + \phi) \end{cases} \tag{3.17}$$

脉冲整流器一般在 $\cos\theta = 1$ 下工作，由于牵引变压器的内阻 R_N 远小于其电感 L_N，其内阻可以忽略不计（$R_N = 0$），则 $\psi = \pi/2$。相应的简化等效电路的相量如图 3.6 所示。脉冲整流器的电压相量平衡方程为

$$U_N = j\omega L_N I_N + U_{ab} \quad (3.18)$$

当二次牵引绕组电压 U_N 一定时，I_N 的幅值和相位仅由 U_{ab} 的幅值及其与 U_N 的相位差来决定。改变 U_{ab} 基波的幅值和相位，就可以使 I_N 与 U_N 同相位或反相位。在牵引工况下，I_N 与 U_N 的相位差为 0°，该工况下的相量图如图 3.6（a）所示，此时 U_{ab} 滞后 U_N；而对于再生制动工况，I_N 与 U_N 的相位差为 180°，该工况下的相量图如图 3.6（b）所示，此时 U_{ab} 超前 U_N，电机通过脉冲整流器向牵引供电网反馈能量。

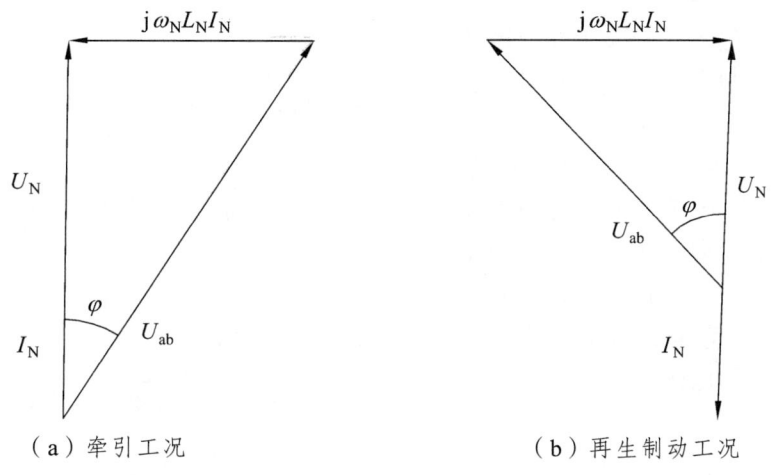

（a）牵引工况　　　　　　（b）再生制动工况

图 3.6　$R_N = 0$ 和 $\cos\theta = 1$ 时电压型脉冲整流器的相量图

把有关参数代入式（3.17），经简化后可求得这种状态下的相应功率为

$$\begin{cases} P_N = U_N I_N \\ Q_N = 0 \\ P_{ab} = U_N I_N \\ Q_{ab} = -\dfrac{U_{LN}^2}{\omega L_N} \\ U_{LN} = \omega L_N I_N \end{cases} \quad (3.19)$$

以上分析的结果，同样适用于再生制动的情况。但是在再生制动工况下，U_{ab} 超前于 U_N，所以 $\varphi > 0$。

根据图 3.28 可以定义

$$\begin{cases} U_{ab} = U_d \cdot m / \sqrt{2} \\ U_{ab}^2 = U_N^2 + (\omega L_N I_N)^2 \\ \omega L_N I_N = K U_N \end{cases} \quad (3.20)$$

式中　U_d——直流侧电压；

m——整流器的调制深度，亦称调制比；

K——短路阻抗的标幺值，一般取 0.3~0.35。

由式（3.20）可得

$$U_d = U_N \sqrt{2\times(1+K^2)}/m \tag{3.21}$$

式（3.21）表明了中间直流电压 U_d 与变压器牵引绕组电压 U_N、变压器短路阻抗标幺值 K 以及调制深度 m 的关系。

由图 3.6 可知，如果保持 I_N 与 U_N 同方向，即位移因数为 1，则 U_{ab} 随负载电流变化。显而易见，当 $I_N=0$ 时，$U_{ab\,min}=U_N$，这时调制深度 m 为最小，即

$$m_{min} = \sqrt{2}U_{ab\,min}/U_d = \sqrt{2}U_N/U_d \tag{3.22}$$

而 m 的最大值主要取决于开关器件的开关频率、开通时间和关断时间。最大调节深度计算示意图如图 3.7 所示。

在图 3.7 中，当调制比达到其最大值时，门极信号相邻两个开关点的间距需满足 $t_{de} \geq t_{on}+t_D$，其中 t_{on} 是为了复原吸收回路所需要的最短时间；t_D 是保证一个器件开通之前另一个器件必须完全关断所需的最小时间，假定载波信号的幅值为 1，由于△ABC 与△Ade 相似，则有

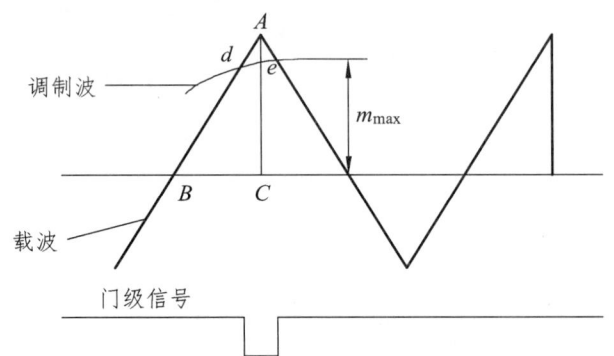

图 3.7 最大调制深度计算示意图

$$\frac{1-m_{max}}{1} = \frac{\frac{1}{2}(t_{on}+t_D)}{\overline{BC}} \tag{3.23}$$

$$m_{max} = 1 - \frac{t_{on}+t_D}{2\overline{BC}} \tag{3.24}$$

假定对于高速列车，满足 $U_d=3\,000$ V，$K=0.3$，当 $m_{max}=0.9$ 时有

$$U_{ab\,max} = m_{max}U_d/\sqrt{2} = (3\,000\times0.9/\sqrt{2})\text{V} = 1\,909.2\text{ V} \tag{3.25}$$

$$\begin{aligned}u_{N\,max} &= m_{max}U_d/\sqrt{2\times(1+K^2)} = [3\,000\times0.9/\sqrt{2\times(1+0.3^2)}]\text{V}\\ &= 1\,828.67\text{ V}\end{aligned} \tag{3.26}$$

考虑网压波动范围为 22.5~29 kV，如果上述最大值只有在网压为 29 kV 的工况下才允许出现，而在系统设计时，变流器的输入电压通常对应于 25 kV 工况，因此折算到 25 kV 时的额定电压为

$$U_N = U_{N\,max} \times \frac{25}{29} = 1\,576.44\text{ V} \tag{3.27}$$

$$U_{ab} = U_{ab\,max} \times \frac{25}{29} = 1\,645.85\text{ V} \tag{3.28}$$

折算到 22.5 kV 时的额定电压为

$$U_N = U_{N\max} \times \frac{22.5}{29} = 1\,418.8 \text{ V} \tag{3.29}$$

$$U_{ab} = U_{ab\max} \times \frac{22.5}{29} = 1\,481.3 \text{ V} \tag{3.30}$$

3.1.1.2 两电平脉冲整流器主电路

1. 两电平脉冲整流器的结构和工作原理

单相两电平脉冲整流器主电路如图 3.8 所示，L_N 和 R_N 分别为牵引绕组漏电感和电阻，开关管 T_1、T_2、T_3、T_4 组成一个全控桥电路，L_2 和 C_2 组成一个二次滤波器，C_d 为中间直流侧支撑电容。

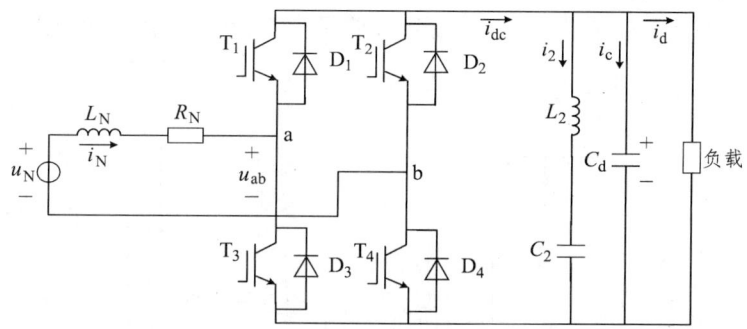

图 3.8 两电平脉冲整流器主电路

为了便于分析，定义理想开关函数 S_A 和 S_B 如式（3.31）和（3.32）所示。采用理想开关函数并忽略牵引绕组电阻，则图 3.8 所示的两电平脉冲整流器主电路可以等效为图 3.9 所示的电路。

$$S_A = \begin{cases} 1 & T_1 \text{ 或 } D_1 \text{ 导通} \\ 0 & T_2 \text{ 或 } D_2 \text{ 导通} \end{cases} \tag{3.31}$$

$$S_B = \begin{cases} 1 & T_3 \text{ 或 } D_3 \text{ 导通} \\ 0 & T_4 \text{ 或 } D_4 \text{ 导通} \end{cases} \tag{3.32}$$

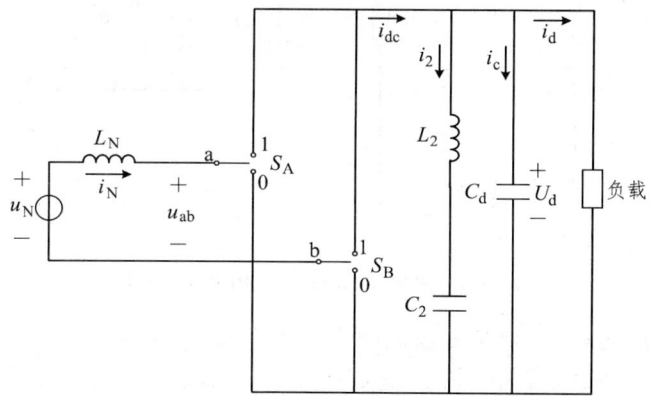

图 3.9 两电平脉冲整流器开关等效图

由于上桥臂与下桥臂不允许直通，因此在每相桥臂中，上桥臂的开关信号必须与下桥臂的开关信号互反。输入端电压 u_{ab} 的取值有 U_d、0、$-U_d$ 三种电平，有效的开关组合有 $2^2 = 4$ 种，即 $S_A S_B = 00$、01、10、11 四种逻辑，则 u_{ab} 可表示为

$$u_{ab} = (S_A - S_B)U_d \tag{3.33}$$

对应于 4 个开关的不同开闭状态，电路共有以下 3 种工作模式。

工作模式 1：$S_A S_B = 00$ 或 11，其等效电路如图 3.10（a）和（b）所示，即下桥臂开关或上桥臂开关全部导通，则此时 $u_{ab} = 0$，电容 C_d 向负载供电，直流电压通过负载形成回路释放能量，直流电压下降。另一方面，牵引绕组两端电压 u_N 直接加在电感 L_N 上，对电感 L_N 充放电，即当 $u_N > 0$ 和 $i_N > 0$ 时，D_1 与 T_3 导通或 T_2 与 D_4 导通，牵引绕组向电感 L_N 充电，电流 i_N 幅值增大，电感 L_N 储存能量；当 $u_N > 0$ 和 $i_N < 0$ 时，D_3 与 T_1 导通或 T_4 与 D_2 导通，电感 L_N 向牵引绕组侧充电，电流 i_N 幅值减小，电感 L_N 释放能量。在此过程中，有下式成立，即

$$u_N = L_N \frac{di_N}{dt} \tag{3.34}$$

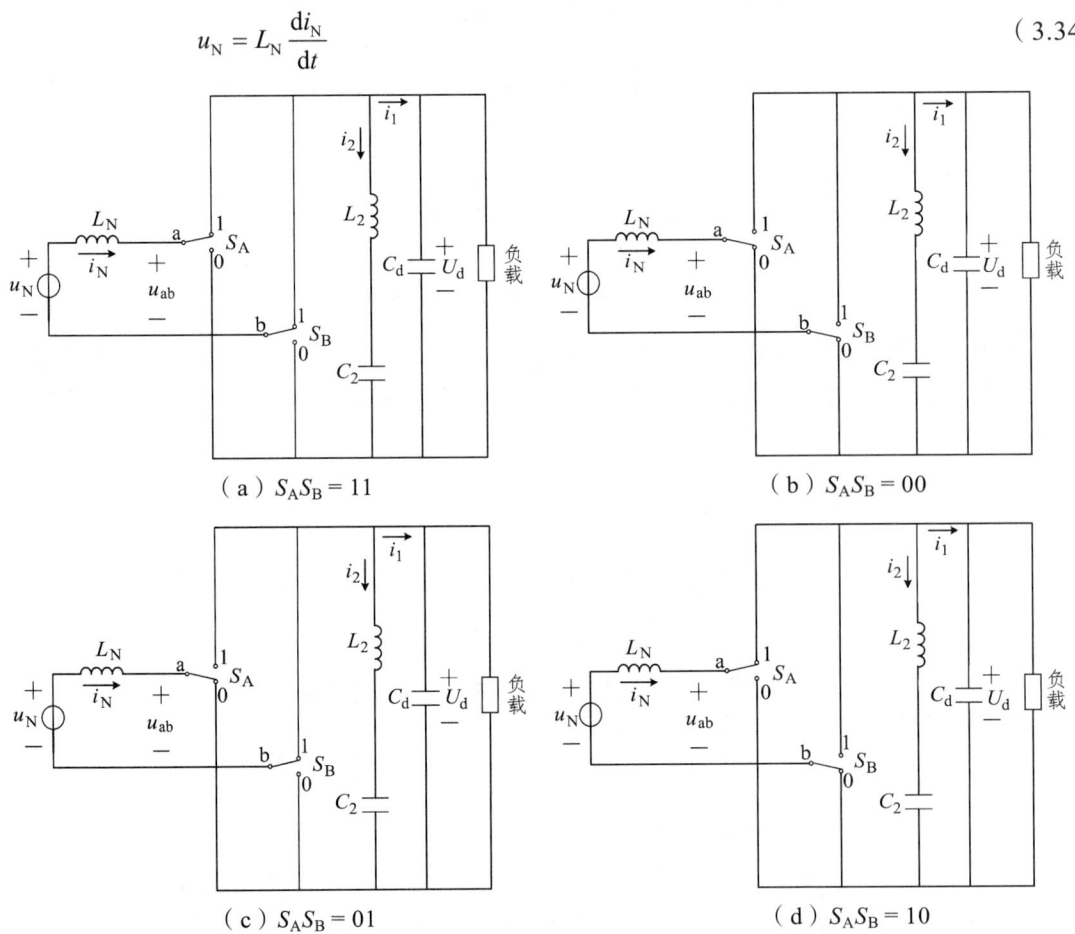

图 3.10 不同开关模式下的等效电路

工作模式 2：$S_A S_B = 01$，其等效电路如图 3.10（c）所示，此时 $u_{ab} = -U_d$。当 $u_N > 0$ 和 $i_N > 0$ 时，T_2 与 T_3 导通，牵引绕组和直流侧电容都向电感 L_N 充电，电流 i_N 幅值增大，电感 L_N 储存能量；当 $u_N > 0$ 和 $i_N < 0$ 时，D_2 与 D_3 导通，电感 L_N 同时向牵引绕组侧和直流侧电容充电，电

流 i_N 幅值减小,电感 L_N 释放能量。满足如下关系式

$$L_N \frac{di_N}{dt} = u_N + U_d \quad (3.35)$$

工作模式3：$S_A S_B = 10$,其等效电路如图3.10(d)所示,此时 $u_{ab} = U_d$。当 $u_N > 0$ 和 $i_N > 0$ 时,D_1 与 D_4 导通,牵引绕组和电感 L_N 都向直流侧电容充电,电流 i_N 幅值减小,电感 L_N 释放能量,储存在电感中的能量向负载 R_L 和电容 C_d 释放,电感电流 i_N 下降,一方面给电容充电,使得直流电压上升,保证直流电压稳定,同时高次谐波电流通过电容形成低阻抗回路,另一方面给负载提供恒定的电流；当 $u_N > 0$ 和 $i_N < 0$ 时,T_1 与 T_4 导通,直流侧电容向牵引绕组和电感 L_N 充电。电流 i_N 幅值增大,电感 L_N 储存能量。满足如下关系式：

$$L_N \frac{di_N}{dt} = u_N - U_d \quad (3.36)$$

在任意时刻,处于整流状态的脉冲整流器都只能工作在3种模式中的一种,在不同的时间段,通过对上述3种开关模式的切换,实现直流侧负载电压的稳定和负载电流的双向流动,在上述工作模式中,均只分析了当电压 $u_N > 0$ 时,网流 $i_N > 0$ 和 $i_N < 0$ 的情况下每种工作模式对应的开关状态,没有分析当 $u_N < 0$ 时,网流 $i_N > 0$ 和 $i_N < 0$ 的情况下每种工作模式对应的开关状态,但其结果在表3.1中已详细列出。表3.1列出了脉冲整流器的3种工作模式下所有可能的开关状态,从中还可以看出交流电源、附加电抗器(一般为变压器漏电抗)和直流侧电路之间的能量转移关系。在表3.1中,不论是牵引工况还是再生制动工况,各自都被分为6种开关状态,一共有 $2 \times 2 \times 3 = 12$ 种开关状态,每种开关状态的能量转换关系是互不相同的。

表3.1 电压型四象限脉冲整理器的工作模式

u_N	i_N	u_{ab}	u_{LN}	导通的器件	i_N 的变化	工作状态	能量传送	等效电路
>0	>0	0	U_N	D_1T_3/T_2D_4	↗	电源短接	$u_N \to L_N$	a, b
		$+U_d$	$U_N - U_d$	D_1D_4	↘	整流	$u_N + L_N \to$ 直流侧	d
		$-U_d$	$U_N + U_d$	T_3T_2	↗	反馈	$u_N +$ 直流侧 $\to L_N$	c
	<0	0	U_N	T_1D_3/D_2T_4	↘	电源短接	$L_N \to u_N$	a, b
		$+U_d$	$U_N - U_d$	T_1T_4	↘	反馈	直流侧 $\to -u_N + L_N$	d
		$-U_d$	$U_N + U_d$	D_2D_3	↘	整流	$L_N \to u_N +$ 直流侧	c
<0	>0	0	U_N	D_1T_3/T_2D_4	↘	电源短接	$L_N \to u_N$	a, b
		$+U_d$	$U_N + U_d$	D_1D_4	↘	整流	$u_N + L_N \to$ 直流侧	d
		$-U_d$	$U_N - U_d$	T_3T_2	↗	反馈	直流侧 $\to -u_N + L_N$	c
	<0	0	U_N	T_1D_3/D_2T_4	↘	电源短接	$u_N \to L_N$	a, b
		$+U_d$	$U_N + U_d$	T_1T_4	↗	反馈	$u_N +$ 直流侧 $\to L_N$	d
		$-U_d$	$U_N - U_d$	D_2D_3	↘	整流	$u_N + L_N \to$ 直流侧	c

2. 两电平脉冲整流器的SPWM调制原理

两电平脉冲整流器采用单极性SPWM调制的实现方式,如图3.11所示。当 $u_{ra} > u_z$ 时,S_A

为 1,否则为 0。b 相与 a 相调制方式相同,但 u_{rb} 与 u_{ra} 相位相差 180°,u_z 为三角载波。两电平脉冲整流器单极性 SPWM 调制波形如图 3.12 所示。

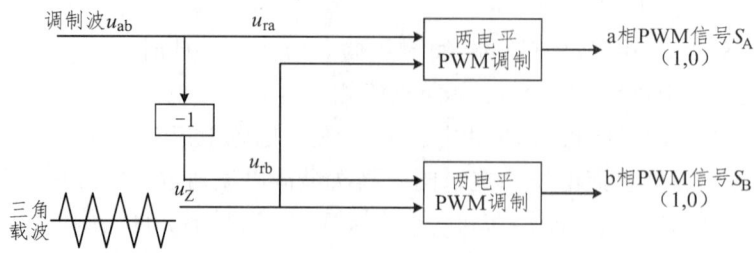

图 3.11 两电平脉冲整流器的单极性 SPWM 调制示意图

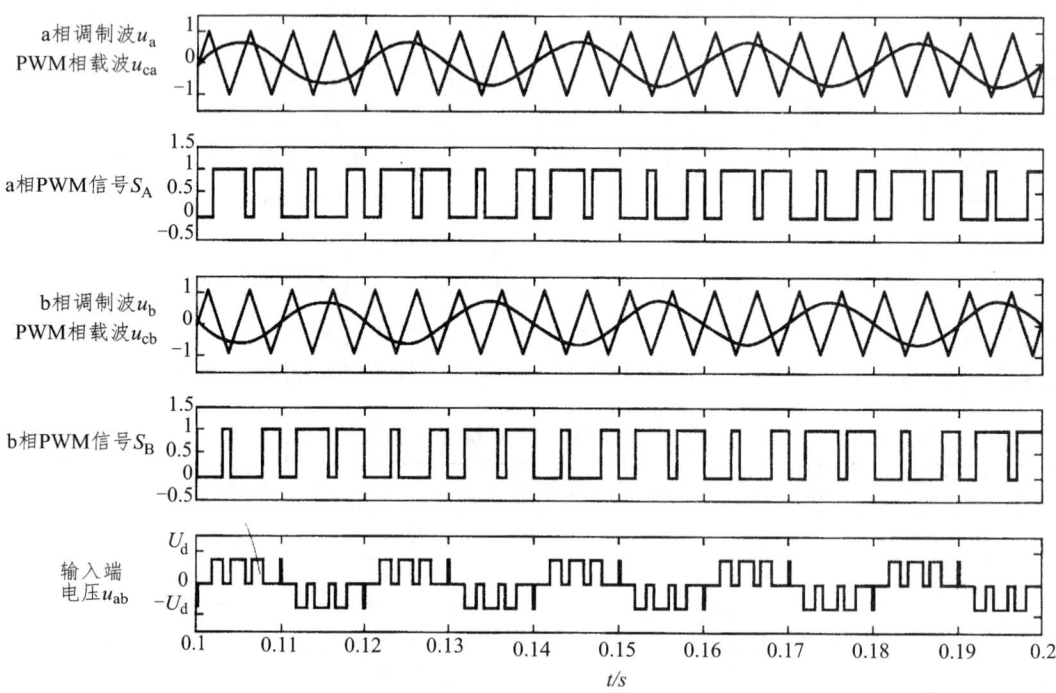

图 3.12 两电平脉冲整流器的单极性 SPWM 调制波形

3.1.1.3 三电平脉冲整流器主电路

1. 三电平脉冲整流器的结构与工作原理

二极管钳位型(NPC)三电平脉冲整流器的主电路结构如图 3.13 所示,图中 u_1 为直流侧支撑电容 C_1 上的电压,u_2 为直流侧支撑电容 C_2 上的电压。为了便于分析,定义理想开关函数 S_A 和 S_B 如式(3.37)、(3.38)所示。采用理想开关函数并忽略牵引绕组电阻,则图 3.13 所示的三电平脉冲整流器主电路可以等效为图 3.14 所示的电路。

$$S_A = \begin{cases} 1(p) & T_{a1} 和 T_{a2} 导通 \\ 1(o) & T_{a2} 和 T_{a3} 导通 \\ -1(n) & T_{a3} 和 T_{a4} 导通 \end{cases} \quad (3.37)$$

$$S_B = \begin{cases} 1(p) & T_{b1}和T_{b2}导通 \\ 1(o) & T_{b2}和T_{b3}导通 \\ -1(n) & T_{b3}和T_{b4}导通 \end{cases} \quad (3.38)$$

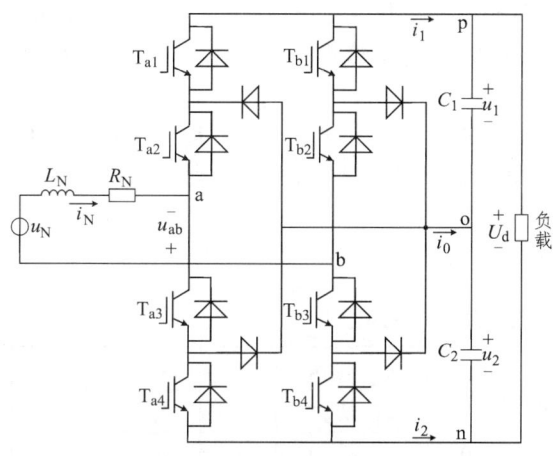

图 3.13 脉冲整流器主电路图

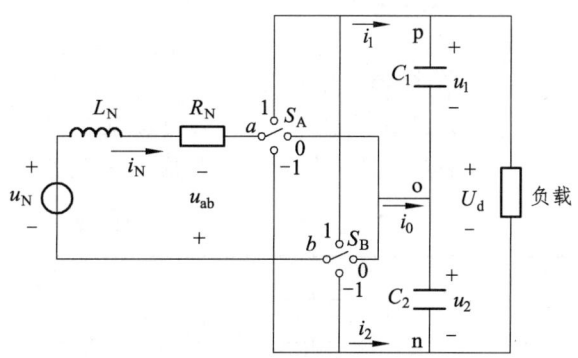

图 3.14 脉冲整流器开关等效电路

显然，由 S_A 和 S_B 组成的开关状态共有 $3^2=9$ 种组合，对应主电路的 9 种稳态工作模式。

工作模式 1（$S_AS_B = 11$ 或 pp）：开关管 T_{a1}、T_{a2}、T_{b1} 和 T_{b2} 导通，T_{a3}、T_{a4}、T_{b3} 和 T_{b4} 关断，网侧端电压 $u_{ao} = u_1$，$u_{bo} = u_1$，$u_{ab} = 0$。如果网侧电压 $u_N > 0$，则牵引绕组向电感 L_N 充电，电感 L_N 储存能量，正向网侧电流 i_N 幅值增大。电容 C_1 和 C_2 通过负载电流放电。

工作模式 2（$S_AS_B = 10$ 或 po）：开关管 T_{a1}、T_{a2}、T_{b2} 和 T_{b3} 导通，T_{a3}、T_{a4}、T_{b1} 和 T_{b4} 关断，网侧端电压 $u_{ao} = u_1$，$u_{bo} = 0$，$u_{ab} = u_1$，当网侧电压 $u_N > 0$ 时，如果网侧电压 u_N 大于（或小于）直流侧电压 U_d 的一半，则正向网侧电流 i_N 增大（或减小），正向网侧电流对电容 C_1 进行充电，而电容 C_2 通过负载电流放电。

工作模式 3（$S_AS_B = 1-1$ 或 pn）：开关管 T_{a1}、T_{a2}、T_{b3} 和 T_{b4} 导通，T_{a3}、T_{a4}、T_{b1} 和 T_{b2} 关断，网侧端电压 $u_{ao} = u_1$，$u_{bo} = -u_2$，$u_{ab} = u_1 + u_2$。如果网侧电压 $u_N > 0$，则正向网侧电流 i_N 幅值减小，正向网侧电流对电容 C_1 和 C_2 充电。

工作模式 4（$S_AS_B = 01$ 或 op）：开关管 T_{a2}、T_{a3}、T_{b1} 和 T_{b2} 导通，T_{a1}、T_{a4}、T_{b3} 和 T_{b4} 关断，网侧端电压 $u_{ao} = 0$，$u_{bo} = u_1$，$u_{ab} = -u_1$。如果网侧电压 $u_N < 0$，且反向的网侧电压 $-u_N$ 大于（或小于）直流侧电压 U_d 的一半，则反向网侧电流 $-i_N$ 幅值减小（或增大），反向网侧电流对电容 C_1 进行充电，而电容 C_2 通过负载电流放电。

工作模式 5（$S_AS_B = 00$ 或 oo）：开关管 T_{a2}、T_{a3}、T_{b2} 和 T_{b3} 导通，T_{a1}、T_{a4}、T_{b1} 和 T_{b4} 关断，网侧端电压 $u_{ao} = 0$，$u_{bo} = 0$，$u_{ab} = 0$。如果网侧电压 $u_N > 0$，则正向网侧电流 i_N 幅值增大，电容 C_1 和 C_2 通过负载电流放电。

工作模式 6（$S_AS_B = 0-1$ 或 on）：开关管 T_{a2}、T_{a3}、T_{b3} 和 T_{b4} 导通，T_{a1}、T_{a4}、T_{b1} 和 T_{b2} 关断，网侧端电压 $u_{ao} = 0$，$u_{bo} = -u_2$，$u_{ab} = u_2$。如果网侧电压 $u_N > 0$，且网侧电压 u_N 大于（或小于）直流侧电压 U_d 的一半，则正向网侧电流 i_N 幅值增大（或减小），正向网侧电流对电容 C_2 进行充电，而电容 C_1 通过负载电流放电。

工作模式 7（$S_AS_B = -11$ 或 np）：开关管 T_{a3}、T_{a4}、T_{b1} 和 T_{b2} 导通，T_{a1}、T_{a2}、T_{b3} 和 T_{b4}

关断，网侧端电压 $u_{ao} = -u_2$，$u_{bo} = u_1$，$u_{ab} = -u_1 - u_2$。如果网侧电压 $u_N < 0$，则反向网侧电流 $-i_N$ 幅值减小，反向网侧电流对电容 C_1 和 C_2 进行充电。

工作模式 8（$S_A S_B = -10$ 或 no）：开关管 T_{a3}、T_{a4}、T_{b2} 和 T_{b3} 导通，T_{a1}、T_{a2}、T_{b1} 和 T_{b4} 关断，网侧端电压 $u_{ao} = -u_2$，$u_{bo} = 0$，$u_{ab} = -u_2$。如果网侧电压 $u_N < 0$，且反向网侧电压 $-u_N$ 大于（或小于）直流侧电压 U_d 的一半，则反向网侧电流 $-i_N$ 幅值增大（或减小）；反向网侧电流对电容 C_2 进行充电，而电容 C_1 通过负载电流放电。

工作模式 9（$S_A S_B = -1-1$ 或 nn）：开关管 T_{a3}、T_{a4}、T_{b3} 和 T_{b4} 导通，T_{a1}、T_{a2}、T_{b1} 和 T_{b2} 关断，网侧端电压 $u_{ao} = -u_2$，$u_{bo} = -u_2$，$u_{ab} = 0$。如果网侧电压 $u_N > 0$，则正向网侧电流 i_N 幅值增大，电容 C_1 和 C_2 通过负载电流放电。

三电平整流器工作状态及相应的电压见表 3.2。

表 3.2 三电平整流器工作状态及相应的电压

Mode		T_{a1}	T_{a2}	T_{a3}	T_{a4}	T_{b1}	T_{b2}	T_{b3}	T_{b4}	S_A	S_B	u_{ao}	u_{bo}	u_{ab}
1	pp	1	1	0	0	1	1	0	0	1	1	u_1	u_1	0
2	po	1	1	0	0	0	1	1	0	1	0	u_1	0	u_1
3	pn	1	1	0	0	0	0	1	1	1	-1	u_1	$-u_2$	$u_1 + u_2$
4	op	0	1	1	0	1	1	0	0	0	1	0	u_1	$-u_1$
5	oo	0	1	1	0	0	1	1	0	0	0	0	0	0
6	on	0	1	1	0	0	0	1	1	0	-1	0	$-u_2$	u_2
7	np	0	0	1	1	1	1	0	0	-1	1	$-u_2$	u_1	$-u_1 - u_2$
8	no	0	0	1	1	0	1	1	0	-1	0	$-u_2$	0	$-u_2$
9	nn	0	0	1	1	0	0	1	1	-1	-1	$-u_2$	$-u_2$	0

2. 三电平脉冲整流器 SPWM 调制原理

三电平脉冲整流器采用 SPWM 调制方式时，其理想开关函数如式（3.39）所示，单极性三电平 SPWM 调制方式如图 3.15 所示。当 b 相调制波 u_{rb} 与 a 相相差 180°相位时，其与 b 相载波 u_{zb} 之间的关系与上述关系相同，为减少高次谐波，b 相载波需要偏离 a 相载波 180°相位。

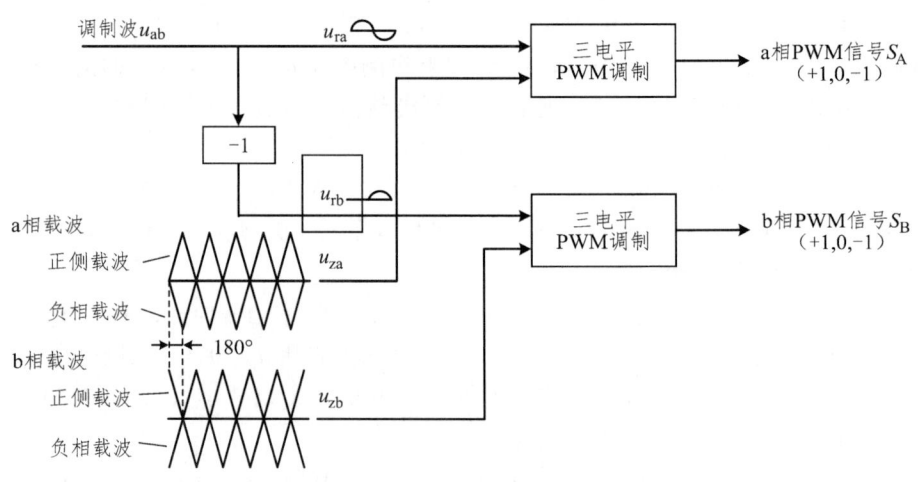

图 3.15 单极性三电平 SPWM 调制方式

$$\begin{cases} u_{ra}u_{za}(\text{正侧载波})\ u_{za}(\text{负侧载波})\text{时}, S_A = 1 \\ (\text{正侧载波})\ u_{ra}u_{za}(\text{负侧载波})\text{时}, S_A = 0 \\ u_{za}(\text{正侧载波})\ u_{za}(\text{负侧载波})\text{时}, S_A = -1 \end{cases} \quad (3.39)$$

三电平脉冲整流器利用上述调制方式进行切换动作,得到的 SPWM 调制和动作波形如图 3.16 所示,u_{ab} 是采用 U_d、$U_d/2$、0、$-U_d/2$、$-U_d$ 这 5 种电平来等效的正弦波。与两电平脉冲整流器相比,这样可以有效地减小网侧输入端电流 i_N 谐波。

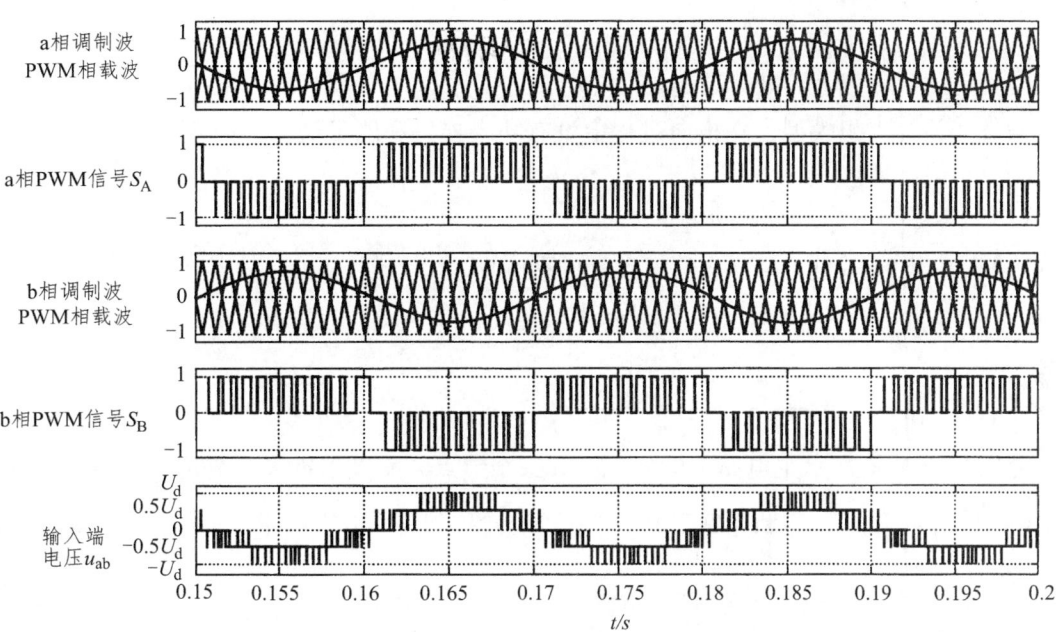

图 3.16　三电平脉冲整流器 SPWM 调制波形

3. 三电平脉冲整流器中点电位平衡策略

由于二极管钳位型三电平脉冲整流器自身结构的原因,当三电平主电路任意相出现零电平时,外电路对直流侧电容中点注入或抽取电流,中点电位不可避免地会产生漂移,并使输出波形谐波含量增大,在情况严重时,上下电容分压严重不均会导致开关器件的损坏。为了阐述中点电位不平衡产生的机理,需要对图 3.13 所示的主电路做如下分析。

对图 3.13 所示的电路采用基尔霍夫电压定律（KVL）,可得

$$u_N = R_N i_N + L_N \frac{di_N}{dt} + u_{ab} \quad (3.40)$$

根据式（3.37）和（3.38）所定义的开关函数 S_A 和 S_B,可得

$$u_{ao} = \frac{S_A(S_A+1)}{2} u_1 - \frac{S_A(S_A-1)}{2} u_2 \quad (3.41)$$

$$u_{bo} = \frac{S_B(S_B+1)}{2} u_1 - \frac{S_B(S_B-1)}{2} u_2 \quad (3.42)$$

$$u_{ab} = u_{ao} - u_{bo} = \left[\frac{S_A(S_A+1)}{2} - \frac{S_B(S_B+1)}{2}\right] u_1 - \left[\frac{S_A(S_A-1)}{2} - \frac{S_B(S_B-1)}{2}\right] u_2 \quad (3.43)$$

整理式（3.43）可得

$$u_{ab} = \frac{S_A - S_B}{2} U_d + \frac{S_A^2 - S_B^2}{2} \Delta u \tag{3.44}$$

其中 $\Delta u = u_1 - u_2$。由式（3.44）可知，如果直流侧两电容的电压存在不平衡，则会对输入端电压 u_{ab} 产生较大的谐波。如果直流侧电容电压相等，即 $\Delta u = 0$，有

$$u_{ab} = \frac{S_A - S_B}{2} U_d \tag{3.45}$$

$$u_N = R_N i_N + L_N \frac{di_N}{dt} + \frac{S_A - S_B}{2} U_d \tag{3.46}$$

假设开关为理想模型，在换向过程中没有功率损失和能量储存。因此交流侧与直流侧瞬时功率应相等，即

$$u_{ab} i_N = u_1 i_1 - u_2 i_2 \tag{3.47}$$

将式（3.43）中的 u_{ab} 代入式（3.47）中，可求解得

$$i_1 = \frac{S_A(S_A + 1) - S_B(S_B + 1)}{2} i_N \tag{3.48}$$

$$i_2 = \frac{S_A(S_A - 1) - S_B(S_B - 1)}{2} i_N \tag{3.49}$$

分别对图 3.16 所示主电路中的 p、o、n 三个节点采用基尔霍夫电流定律（KCL），可得

$$i_1 = C_1 \frac{du_1}{dt} + \frac{u_1 + u_2}{R_L} \tag{3.50}$$

$$i_o = -i_1 - i_2 = -(S_A^2 - S_B^2) i_N \tag{3.51}$$

$$i_2 = -C_2 \frac{du_2}{dt} - \frac{u_1 + u_2}{R_L} \tag{3.52}$$

其中 R_L 为脉冲整流器的等效负载。如果直流侧两电容大小满足相等（$C_1 = C_2 = C$），则得

$$i_o = -C \frac{d(u_1 - u_2)}{dt} = -(S_A^2 - S_B^2) i_N \tag{3.53}$$

进一步得

$$\Delta u = u_1 - u_2 = -\frac{1}{C} \int i_o dt + k = \frac{1}{C} \int (S_A^2 - S_B^2) i_N dt + k \tag{3.54}$$

其中，k 为积分常数，由电压差决定，通常不为 0。因此中点电流导致了电容电压的不平衡，需要在控制中加以补偿。通过式（3.54）也可看出，通过合理的控制 $S_A^2 - S_B^2$ 的符号就可以控制中点电位。

关于中点电位波动问题的研究以及控制技术的开发已经有相当多的成果，中点电位控制的基本思想是检测直流侧上下电容两端的电压差，并根据系统的运行状态来进行补偿控制，重新分配导致中点电位不平衡的开关状态的作用时间，以达到控制中点电位的目的，重新达到平衡。本节主要介绍一种较为简单的脉冲转换方法来解决中点电位不平衡的问题。

如图 3.17 所示。其控制的核心思想是：判断脉冲整流器功率流向，在适当时候通过脉冲转换改变上下两个电容的充放电过程。

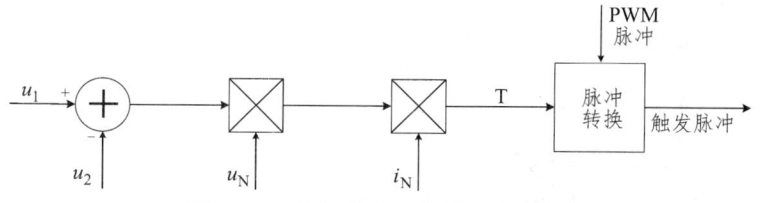

图 3.17 中点电位平衡策略原理图

首先定义脉冲转换信号为

$$T = (u_1 - u_2)i_N u_N \tag{3.55}$$

转换原则如下

$$\begin{cases} T>0 \begin{cases} (S_A,S_B)=(1,0) \xrightarrow{转为} (S_A,S_B)=(0,-1) \\ (S_A,S_B)=(0,1) \xrightarrow{转为} (S_A,S_B)=(-1,0) \end{cases} \\ T<0 \begin{cases} (S_A,S_B)=(0,-1) \xrightarrow{转为} (S_A,S_B)=(1,0) \\ (S_A,S_B)=(-1,0) \xrightarrow{转为} (S_A,S_B)=(0,1) \end{cases} \end{cases} \tag{3.56}$$

三电平单相脉冲整流器只有当开关信号 (S_A,S_B) 取 (1,0)、(0,1)、(0,-1) 或 (-1,0) 这 4 种模式之一时,中点电位才会产生偏移。式(3.56)的调整,实质上是在中点电位不平衡时通过调整开关状态使中点电位恢复平衡。例如,当 $i_N>0$、$u_N>0$、$u_1>u_2$ 时,$T>0$,为了平衡中点电位,需要对下侧电容 C_2 充电或者对上侧电容 C_1 放电,所以当出现 $(S_A,S_B)=(1,0)$ 时,调整为 $(S_A,S_B)=(0,-1)$,即把本应对上侧电容 C_1 充电的工作状态调整为对下侧电容 C_2 充电的工作状态,从而使中点电位向平衡位置靠拢。其他 3 种转换情况可以用同样的方法分析。经上述调整后,三电平脉冲整流器可以较好地实现中点电位的平衡,且输出电压没有变化,电流跟踪控制效果不会受到影响。为防止脉冲频繁转换使得开关频率不固定或过高,可以在 $u_1-u_2 \geq k$(k 为常数)时才进行上述转换。

3.1.1.4 中间直流回路的功能与参数

从前面的叙述中得知,储能回路是脉冲整流器的基本组成之一。在交-直-交变流器中,储能回路是作为网侧变流器的四象限脉冲整流器和作为负载侧变流器的逆变器之间的连接纽带,一般称之为中间直流回路。在电压型脉冲整流器中,中间直流回路由两个部分组成:一个是相应于两倍电网频率的串联谐振电路(可以取消);另一个是支撑电容器。

1. 串联谐振电路

在以下分析中,仍然假设 $R_N=0$,且基波功率因数 $\lambda=1$。从图 3.6 中可以推导出以下的功率平衡关系:

交流电源提供的瞬时功率为:

$$P_N(t) = u_N(t) \times i_N(t) = \sqrt{2}U_N \sin\omega t \times \sqrt{2}I_N \sin\omega t = U_N I_N - U_N I_N \cos 2\omega t \tag{3.57}$$

其中包含一个恒定分量和一个以两倍电源频率脉动的交变分量。

变压器漏电抗上的瞬时无功功率为:

$$Q_{LN}(t) = u_{LN}(t) \times i_{LN}(t) = \sqrt{2}U_{LN}\sin\omega t \times \sqrt{2}I_N \sin\left(\omega t + \frac{\pi}{2}\right) = U_{LN}I_N \sin 2\omega t \quad (3.58)$$

脉冲整流器输入瞬时功率为：

$$\begin{aligned}P_{ab}(t) &= u_{ab}(t) \times i_N(t) = \sqrt{2}U_{IN}\sin(\omega t - \varphi) \times \sqrt{2}I_N \sin\omega t \\ &= U_N I_N - U_N I_N \cos 2\omega t - U_{LN} I_N \sin 2\omega t\end{aligned} \quad (3.59)$$

脉冲整流器输出电流可根据整流器为无损耗和无储能器件的简化假设，由以下功率平衡关系求得：

$$i_N(t)u_{ab}(t) = i_{dc}(t)U_d \quad (3.60)$$

则

$$i_{dc}(t) = \frac{\sqrt{2}U_{ab}\sin(\omega t + \varphi) \times \sqrt{2}U_{ab}\sin\omega t}{U_d} = \frac{U_{ab}I_N}{U_d}[\cos\varphi - \cos(2\omega t - \varphi)] \quad (3.61)$$

这再次证实了脉冲整流器的输出电流包含两个重要的分量：一个直流分量和一个两倍于供电频率的交流分量。

脉冲整流器输出的瞬时功率为

$$\begin{aligned}P_d(t) &= i_{dc}(t) \times U_d = U_{ab}I_N \cos\varphi - U_{ab}I_N \cos\varphi\cos 2\omega t - U_{ab}I_N \sin\varphi\sin 2\omega t \\ &= U_N I_N - U_N I_N \cos 2\omega t - U_{LN} I_N \sin 2\omega t\end{aligned} \quad (3.62)$$

从对式（3.57）~式（3.62）的分析，可以得出以下结论：

① 因为串联谐振电路对两倍网频调谐，所以幅值为 $U_{ab}I_N/U_d$ 的二次谐波电流从这个谐振电路流过，而直流分量 $U_{ab}I_N\cos\varphi/U_d$ 流入负载。

② 两倍网频的串联谐振电路的无功功率，来自与漏电抗 L_N 的功率交换，并因此降低电源的瞬时功率的脉动分量。

③ 在式（3.58）、式（3.59）和式（3.61）中，无功功率分量 $(U_{LN}I_N\sin 2\omega t)$ 的不同符号，表示电源的感性的无功功率需要一个容性的无功功率来加以平衡。所以，从电源侧来看脉冲整流器可以用一个可变电容和一个可变电阻的并联电路来等效地表示。可变电容代表其与漏电感 L_N 交换无功功率的那个部分，而可变电阻代表不同负载所要求的有功功率。

在选择串联谐振电路的电感和电容值时，除了考虑很大的谐振电流可能在电容器上产生过电压的危险外，还必须考虑电抗器的结构尺寸与电感值、持续电流和最大电流有关，而电容器的结构尺寸与电容值、最大电压和充电损耗有关。所以适当选择参数，将有助于减少总成本。

2. 支撑电容器

在理想情况下，特别是当负载纯粹是一个电阻时，是不需要另外一个储能器的。因为反应漏电感和脉冲整流器之间无功功率交换的二次谐波电流从串联电路上流过，而流到负载上去的是一个纯直流分量。但是实际上，由于以下原因，在脉冲整流器的输出端，或者说在中间直流回路中，由电容器构成的另一个储能器是必不可少的。

（1）与脉冲整流器、逆变器交换无功功率和谐波功率。它们是在脉宽调制过程中产生的。

（2）与异步电动机交换无功功率。

（3）由于实际串联谐振电路中存在线路阻抗 R_2，二次谐波电流并非全部通过串联谐振电路，而是由串联谐振电路 $R_2-L_2-C_2$ 和支撑电容器 C_d 分流。流过支撑电容器 C_d 的二次谐波分量为

$$I_{c(2)} = \frac{R_2}{R_2 + \frac{1}{j2\omega C_d}} I_2 \qquad (3.63)$$

所以，从这个角度出发来说，支撑电容器 C_d 也起着与变压器漏电感交换无功功率的作用。

（4）支撑中间直流回路电压，使其保持稳定。如果这个电容器太小，脉冲整流器的控制将变得相当困难，因为控制稍有一点误差，中间直流回路的电压就会出现很大的波动。

由于中间直流回路与两端变流器之间存在着复杂的能量交换过程，迄今还没有简单实用的方法来选择合适的支撑电容器 C_d 的大小，但可以通过系统仿真，并按照以下准则来判定经验取值的正确性，这些准则如下：

① 中间直流回路的直流电压保持稳定，峰-峰波动值不超过规定的允许值。
② 中间直流回路的直流电流是连续的，没有间断，其峰-峰波动值不超过规定的许可值。
③ 中间直流回路的损耗应保持最小。
④ 所选择的电容器的参数不会影响整个系统的稳定性。
⑤ 应当成功地抑制逆变器和电动机中发生的暂态过程，保持系统稳定。

此外，还必须指出，在牵引应用中，如果没有正确地选择中间直流回路电容器的值，其高频电流可能引起对通信和信号系统的电磁干扰。

3.1.1.5 电压型四象限脉冲整流器的控制

对于电压型四象限脉冲整流器进行控制有两个目的：第一，保持中间回路直流电压在允许的偏差范围之内；第二，使变压器一次侧的功率因数接近于 1（或 -1），即使输入电流为正弦波，且和电压同相位（或反相）。对于一般的控制系统，要实现四象限脉冲整流器正常工作，必须同时控制直流输出电压和交流输入电流，直流输出电压作为外环控制量，交流输入电流作为内环控制量。

要使四象限脉冲整流器在工作时功率因数近似为 1（或 -1），可以通过很多控制方法实现。根据是否引入电流反馈，控制可以分为两种：引入交流电流反馈的称为直接电流控制；没有引入交流电流反馈的称为间接电流控制。

1. 间接电流控制

间接电流控制是一种基于工频稳态的控制方法，通过控制脉冲整流器交流侧输入电压，使其接近正弦波的 PWM 波形，并和网侧电压保持一定的幅值和相位，从而达到控制网侧电流波形为正弦，且与网侧电压同相位。间接电流控制的优点是控制简单，无需电流反馈。其缺点主要是脉冲整流器的电流动态响应不够快，甚至交流侧电流中含有直流分量，且对系统参数变化较敏感，因而常用于对脉冲整流器动态响应要求不高且控制结构要求简单时的应用场合。

要实现脉冲整流器间接电流控制，关键在于由脉冲整流器交流侧电流矢量通过控制运算，获得 PWM 的调制信号。电流指令信号是通过脉冲整流器直流侧电压反馈控制产生。脉冲整流器直流侧电压调节器采用 PI 调节器（比例积分调节器），其输出直接作为电流幅值指令，再由同步环节设定所需的电流相位指令，这样就给出了脉冲整流器交流电流矢量指令。

间接电流控制的控制原理框图如图 3.18 所示。

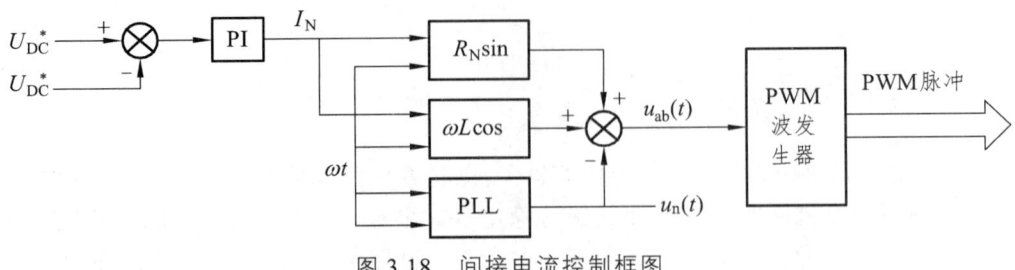

图 3.18 间接电流控制框图

直流电压给定值 U_{DC}^* 和实际直流电压 U_{DC} 比较后送入 PI 调节器，调节器的输出为直流电流信号 I_N，I_N 的大小和整流器交流侧输入电流幅值成正比。具体调节过程如下：稳态时 $U_{DC}=U_{DC}^*$，调节器输入为零，调节器的输出 I_N 和负载电流大小对应，也和交流输入电流幅值相对应。当负载电流增大时，直流侧电容 C_d 放电而使 U_{DC} 下降，调节器的输入端出现正偏差，使其输出 I_N 增大，进而使交流侧输入电流增大，也使 U_{DC} 回升。达到新的稳态时，U_{DC} 和 U_{DC}^* 相等，调节器输入仍恢复到零，而 I_N 则稳定为新的较大的值，与较大的负载电流和较大的交流输入电流对应。当负载电流减小时，调节过程和上述过程相反。

图 3.18 中 I_N 与网侧电压同相位的正弦信号相乘，再乘以电阻 R_N，得到输入电流在 R_N 上的压降 U_{RN}。I_N 与网侧电压同相位的余弦信号相乘，再乘以电感 L_N，得到输入电流在电感 L_N 上的压降 U_{LN}。网侧电压减去输入电流在电阻 R_N 和电感 L_N 上的压降，就可得到所需要的交流输入端电压 $u_{ab}(t)$ 的信号，用该信号对三角波载波进行调制，就可以得到开关的脉冲信号。

这种控制方式在信号运算过程中需要用到电路的参数如 L_N 和 R_N。当这些参数的运算值同实际值存在误差的时候，必然会影响控制系统的控制效果。另外间接电流控制是基于系统的静态模型设计的，它的动态性能比较差，甚至交流侧电流中含有直流分量，因此常用于对动态响应要求不高且控制结构要求简单的应用场合。

2. 直接电流控制

直接电流控制是通过对网侧电流的直接控制而使其跟踪给定电流信号的控制方法。在这种控制方法中，通过运算求出网侧电流指令值，再引入网侧电流反馈，通过对网侧电流的直接控制而使其跟踪指令电流值。

直接电流控制与间接电流控制的主要区别在于：直接电流控制具有网侧电流闭环控制，在直接电流控制中，双闭环控制是目前应用最广泛、最实用的控制方式。

电压外环输出作为电流指令，电流内环则控制输入电流，使之快速跟踪电流指令。其动态响应速度快、限流容易、控制精度高。由于采用网侧电流闭环控制，使得脉冲整流器网侧电流动、静态性能得到了提高，同时也使网侧电流控制对系统参数不敏感，增强了电流控制的鲁棒性和较高品质的电流响应。

直接电流控制主要有滞环电流控制、固定开关频率控制、瞬态电流控制、预测电流控制等。

1）滞环电流控制

基本思想将电流给定信号与检测到的整流器实际输入电流信号相比较，若实际电流大于给定值，则通过改变整流器的开关状态使之减小，反之增大。这样，实际电流围绕给定电流波形作锯齿状变化，并将偏差控制在一定范围。因此，采用电流控制的整流器系统中有一个 Bang-Bang 控制的电流闭环，如图 3.19 所示。

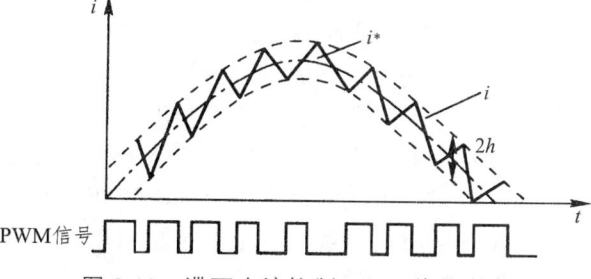

图 3.19 滞环电流控制 PWM 信号产生

设滞环宽度为 $2h$，当 $i^*-i>h$ 或 $i^*-i<h$ 时，滞环比较器产生相应的 PWM 信号，控制脉冲整流器器件的通断，这样来保证 i 就在 i^*-h 到 i^*+h 内，呈锯齿状地跟踪指令电流 i^*。滞环环宽对电流跟踪的性能影响比较大。环宽过宽时，开关动作频率低，但是跟踪误差增大；环宽过窄时，跟踪误差减小，但是开关的动作频率过高，并会超过开关的允许动作频率，增加开关器件的开关损耗。

滞环电流控制系统原理框图如图 3.20 所示。把给定电流信号与交流侧电流 i 进行比较，两者的偏差关系作为滞环比较器的输入，通过滞环比较器产生控制主电路中开关通断的 PWM 信号，该 PWM 信号经驱动电路控制开关的通断，从而控制交流信号的变化。

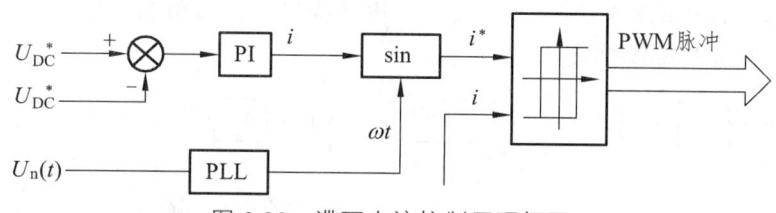

图 3.20 滞环电流控制原理框图

电压给定 U_{ab}^* 与实际电压 U_{ab} 的偏差经 PI 调节器后的输出和网压同步后得到指令电流 i^*，指令电流 i^* 和实际电流 i 的偏差（i^*-i）作为滞环比较器的输入，通过比较器的输出分别控制桥臂器件的通断。

滞环 PWM 电流控制具有较快的电流响应，而且电流跟踪动态偏差由滞环宽度确定，而不随电流变化率变化而波动。但该方案主要不足就是，开关频率随电流变化率变化而波动，造成网侧滤波电感设计困难，功率模块应力大以及开关损耗增大，因而在大功率应用领域难以应用。

2）固定开关频率控制

基于电流瞬时值反馈的控制模式，将电流给定信号与检测到的实际电流信号比较后作为 PI 调节器的输入，再将调节器的输出与固定开关频率的三角波比较，就可得到控制脉冲信号。

固定开关频率控制原理框图如图 3.21 所示。

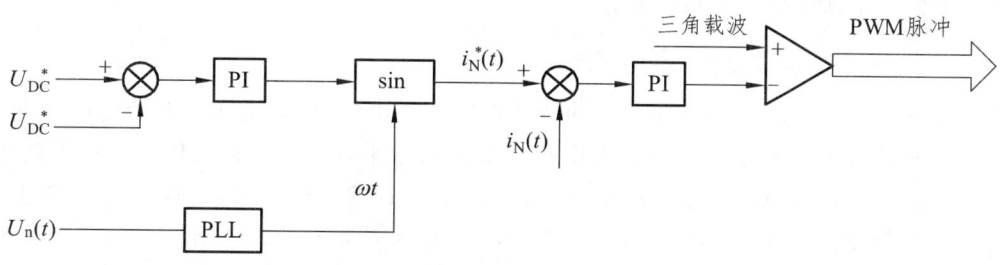

图 3.21 固定开关频率控制原理框图

固定开关频率控制是把滞环控制中的电流误差信号经放大后作为调制波,然后与载波(如三角波)比较,从而输出开关控制 PWM 信号。该方法控制机理清晰,算法简单,但有不足:开关频率较低时,网侧电流容易产生直流偏置,直流偏置过大将导致系统崩溃;整流器的控制完全由 PI 调节器支撑,这不利于控制性能的优化。同时 PI 调节器负担重,响应速度不够快。

固定开关频率控制物理意义清晰,且实现较方便。但在开关频率不高时,电流动态响应相对比较慢,电流的动态偏差随电流变化明显,它对器件的开关频率要求非常高,不适合在大功率场合应用,普遍应用于小功率场合。

3)瞬态电流控制

瞬态电流控制是在固定开关频率控制的基础上,引入补偿环节,这样就克服了固定开关频率控制的不足,使其实现简单控制效果良好,尤其是在大功率整流场合得到广泛引用。

该控制策略是电压外环和电流内环控制的双闭环控制,电压外环采用 PI 控制器,通过将直流侧输出电压 U_{dc} 与其给定值 U_{dc}^* 的偏差信号进行 PI 调节,得到网侧电流给定值的幅值 I_{N1}^*,为减轻电压外环 PI 调节器的负荷,改善 PI 调节器的动态响应,用直流侧输出功率除以网侧电压有效值来计算给定电流的有效分量 I_{N2}^*,并将它和 I_{N1}^* 相加,共同作为网侧电流的给定幅值 I_N^*;对于电流内环,由于其主要目的就是在确保稳定条件下,加速电流响应,因而只采用比例调节器,且比例系数不能过大以保证将系统稳态误差限制在给定范围内。

瞬态电流控制原理框图如图 3.22 所示。

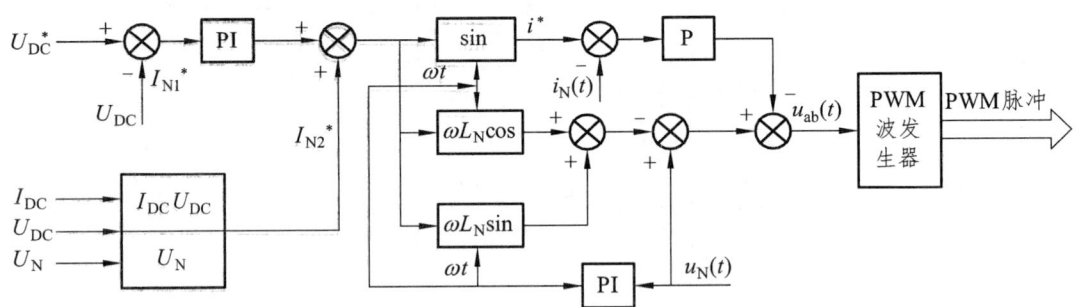

图 3.22 瞬态电流控制原理框图

在控制过程中,中间直流环节电压的给定值 U_{DC}^* 和其反馈值 U_{DC} 进行比较,当 $U_{DC}^*=U_{DC}$ 时,误差 $\Delta E = 0$,PI 调节器保持恒定的输出,这意味着四象限变流器直流侧和交流侧功率平衡;当 $U_{DC}^* > U_{DC}$ 时,$\Delta E > 0$,I_{N1}^* 将增加,四象限变流器输入电流将增加,即输出更大的功率;反之亦然。所以 PI 调节器的输出 I_{N1}^* 反映了所要求的功率的变化。

瞬态电流控制实现简单且控制效果良好,同时对元器件开关频率的要求不高,因此在大功率 PWM 整流器领域得到了很好的推广应用。

3.1.1.6 脉冲整流器谐波产生机理

由上述内容可知,两电平拓扑的脉冲整流器输入端电压 u_{ab} 具有 U_d、0 和 $-U_d$ 三种电平,也即两电平脉冲整流器是采用具有 3 种电平的脉冲信号来等效一个正弦信号;由上述内容可知,三电平拓扑的脉冲整流器输入端电压 u_{ab} 具有 U_d、$U_d/2$、0、$-U_d/2$ 和 $-U_d$ 五种电平,也即三电平脉冲整流器是采用具有 5 种电平的脉冲信号来等效一个正弦信号;与两电平拓扑结构相比,三电平拓扑结构的输入端电压 u_{ab} 更接近正弦波,谐波含量更小,根据图 3.26 所示的脉冲整流器的等效电路可知，三电平拓扑脉冲整流器的网侧电流 i_N 的谐波含量要比两电平拓扑结构的小。

本节以 CRH$_2$-300 型动车组为例，简要地阐述三电平脉冲整流器谐波产生机理。分析所得结论同样适用于两电平脉冲整流器，各次谐波成分相同，其唯一差别是：同样的电路参数下，三电平拓扑结构中网侧电流的谐波含量比两电平拓扑结构要小。

CRH$_2$-300 型动车组采用 6M + 2T 模式，一共有 3 台牵引变压器，每台牵引变压器有两台牵引变流器分别来驱动两节动车单元，主传动系统的框图如图 3.23 所示。牵引变流采用三电平拓扑结构，由单相脉冲整流器和三相逆变器组成。由于取消了变流器中间直流回国二次滤波回路，因而牵引变压器不用考虑设置二次滤波电抗器，这样，无论是牵引变压器还是牵引变流器的质量均可以大大减小。

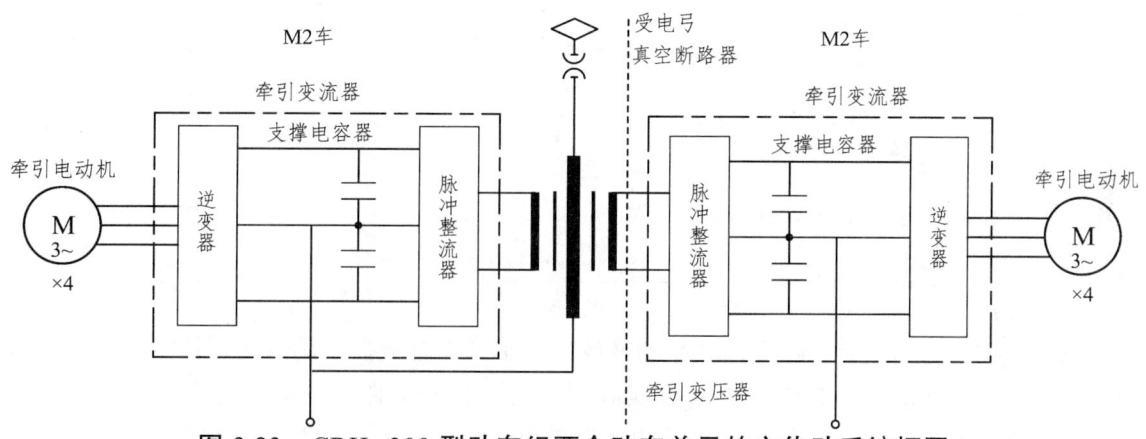

图 3.23　CRH$_2$-300 型动车组两个动车单元的主传动系统框图

本节主要分析 CRH$_2$ 型动车组在运行过程中对接触网和牵引变电所产生的谐波含量。由于与接触网直接相关联的是牵引变压器，牵引变压器产生的谐波又来源于脉冲整流器。在某一特定功率下运行时，可以将逆变器考虑为恒定电阻负载等效。所以分析网侧谐波特性主要在于分析脉冲整流器的谐波。

假设整流器网侧电源电压和电流分别如式（3.64）和（3.65）所示

$$u_N = \sqrt{2}U_N \sin\omega t \tag{3.64}$$

$$i_N = \sqrt{2}I_N \sin(\omega t - \theta) \tag{3.65}$$

其中 U_N 和 I_N 分别为网侧电源电压和电流的有效值，θ 为电流滞后电压的相位角，当整流器工作在单位功率因数的整流模式时，$\theta = 0°$；当整流器工作在单位功率因数的再生制动模式时，$\theta = 180°$。

则输入功率为

$$P_{in} = u_N i_N = 2U_N I_N \sin\omega t \sin(\omega t - \theta) \tag{3.66}$$

式（3.70）可简化为

$$P_{in} = U_N I_N \cos\theta - U_N I_N \cos(2\omega t + \theta) \tag{3.67}$$

式中 $U_N I_N \cos\theta$ ——稳态量；

$U_N I_N \cos(2\omega t + \theta)$ ——波动量。

由图 3.13 可知，采用平均状态等效模型，瞬态输出端的功率表示为

$$P_{\text{out}} = U_d I_d + C_d U_d \frac{\mathrm{d}\tilde{u}_{\text{dc}}}{\mathrm{d}t} \tag{3.68}$$

其中 U_d 和 I_d 分别为输出电压 u_{dc} 和电流 i_d 的平均值，$\tilde{u}_{\text{dc}}$ 为电压 u_{dc} 的波动值。

假设开关器件均为理想模型，在换相过程中没有功率损失和能量储存，则交流侧与直流侧瞬时功率应当相等，即

$$P_{\text{in}} = P_{\text{out}} \tag{3.69}$$

则输入与输出对应的稳态量相等，波动量也相等，联立式（3.67）、式（3.70）和式（3.69），有

$$C_d U_d \frac{\mathrm{d}\tilde{u}_{\text{dc}}}{\mathrm{d}t} = -U_N I_N \cos(2\omega t + \theta) \tag{3.71}$$

$$\tilde{u}_{\text{dc}} = -\frac{U_N I_N \sin(2\omega t + \theta)}{2\omega C_d U_d} \tag{3.72}$$

实际的直流侧输出电压 u_{dc} 可以表示为

$$u_{\text{dc}} = U_d + \tilde{u}_{\text{dc}} = U_d - \frac{U_N I_N \sin(2\omega t + \theta)}{2\omega C_d U_d} \tag{3.73}$$

直流侧输出电压含有两倍电网频率的波纹，若 PWM 整流器采用双闭环控制，原理如图 3.24 所示，电压外环采用 PI 控制器使得实际的直流侧电压 U_d 跟踪给定的直流侧电压 U_d^*，从而保持直流侧电压稳定，PI 控制器的输出为网侧电流给定值 i_N^* 的幅值，锁相环（PLL）检测网侧电源电压得到的相位和频率作为给定值 i_N^* 的相位和频率，与电源电压同频同向的 i_N^* 是电流内环的输入信号，电流内环主要使实际的网侧电流 i_N 跟踪给定的网侧电流 i_N^*，实现单位功率因数运行。具体的控制原理将在下一节详细介绍。

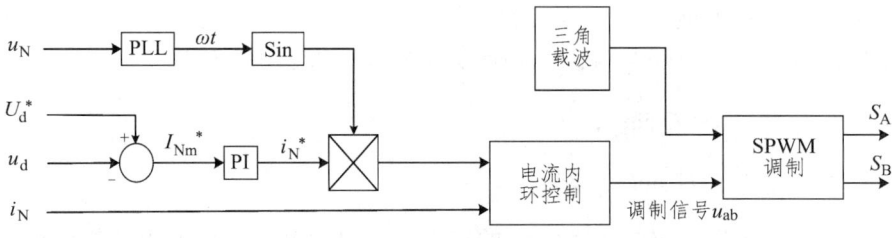

图 3.24 脉冲整流器的控制原理图

由上述分析可知，在电压外环 PI 控制器中，由于实际直流侧电压有两次波纹，则其输出的 i_N^* 的幅值 i_{Nm}^* 也含有两倍电网频率的谐波，将其与锁相环采样得到的与电网同频率的正弦信号相乘，得到网侧电流的给定值 i_N^*，其中必然含有 3 次谐波，实际网侧电流跟踪给定的网侧电流，则最终实际网侧电流 i_N 就含有较大 3 次谐波。与上述分析相同，i_N 中的 3 次谐波通过整流器后，必然会导致网侧电流 i_N 含有 5 次谐波，依次类推，从理论分析上可以得出，网侧电流中 3、5、7、9、11 等奇次谐波含量较大。

3.1.2 四象限脉冲整流器的构成及参数

3.1.2.1 CRH$_1$型动车组四象限脉冲整流器的构成及参数

CRH$_1$型动车组的四象限脉冲整流器模块（LCM）（又称为网侧变流器模块）是基于IGBT的两重四象限脉冲整流器，其基本任务是整流，并能在再生制动时实现有源逆变，把电能反馈到电网。输入的AC电压由主变压器的二次绕组（牵引绕组）提供，其输出为牵引逆变器模块（MCM）和辅助变流器模块（ACM）提供DC电压；在动力制动过程中，LCM的能量传输反向，电能从LCM输出给主变压器的二次侧，进而反馈到AC电网。

1. 四象限脉冲整流器模块（LCM）结构

LCM是具有独立控制功能的变流结构，该系统由两部分组成（如图3.25所示）：一是主电路部分，即LCM的功率变换部分；二是控制电路部分，即配备计算机和低电压系统的电子箱。计算机控制系统通过测量LCM的温度、电流和电压等参数实现其变流功能和自动保护功能。

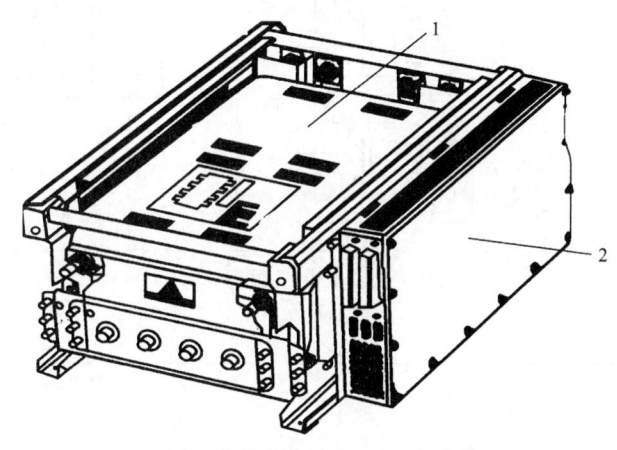

1—功率变换部分；2—电子箱

图3.25　LCM外形

2. 四象限脉冲整流器模块（LCM）的电路原理

LCM的电路原理框图如图3.26所示，它包含：两重四象限脉冲整流电路（主变压器有两个二次侧牵引绕组）、直流环节电容、低压供电电源、驱动电路、计算机系统、测量传感器。图3.27给出了LCM中1U相的电路原理图，1U相的IGBT桥与1V相的IGBT桥一起构成一个四象限脉冲整流电路。上IGBT功率器件由上门极驱动单元GDU1UU来驱动，下IGBT功率器件由下门极驱动单元GDU1UL来驱动。

LCM在使用中要求为直流侧提供平直的直流电压，且使交流网侧保持接近于1的功率因数。为使变流器网侧电流的等效干扰电流最小，采用两个四象限变流器并联的方式，调制信号的载波互相错开一定角度，变流器输入电流的高次谐波互相错开，可在牵引变压器一次侧电流总量中抵消部分谐波。LCM有四个相同的桥臂1U、1V和2U、2V。1U和1V两相桥臂构成一个四象限脉冲整流器，2U和2V两相构成另一个四象限脉冲整流器。每个IGBT模块配一个门极驱动单元（GDU），GDU由+24 V供电，靠近IGBT安装，控制单元DCU/L与GDU之间通过光缆连接，GDU按照DCU/L的指令控制IGBT导通或关断。

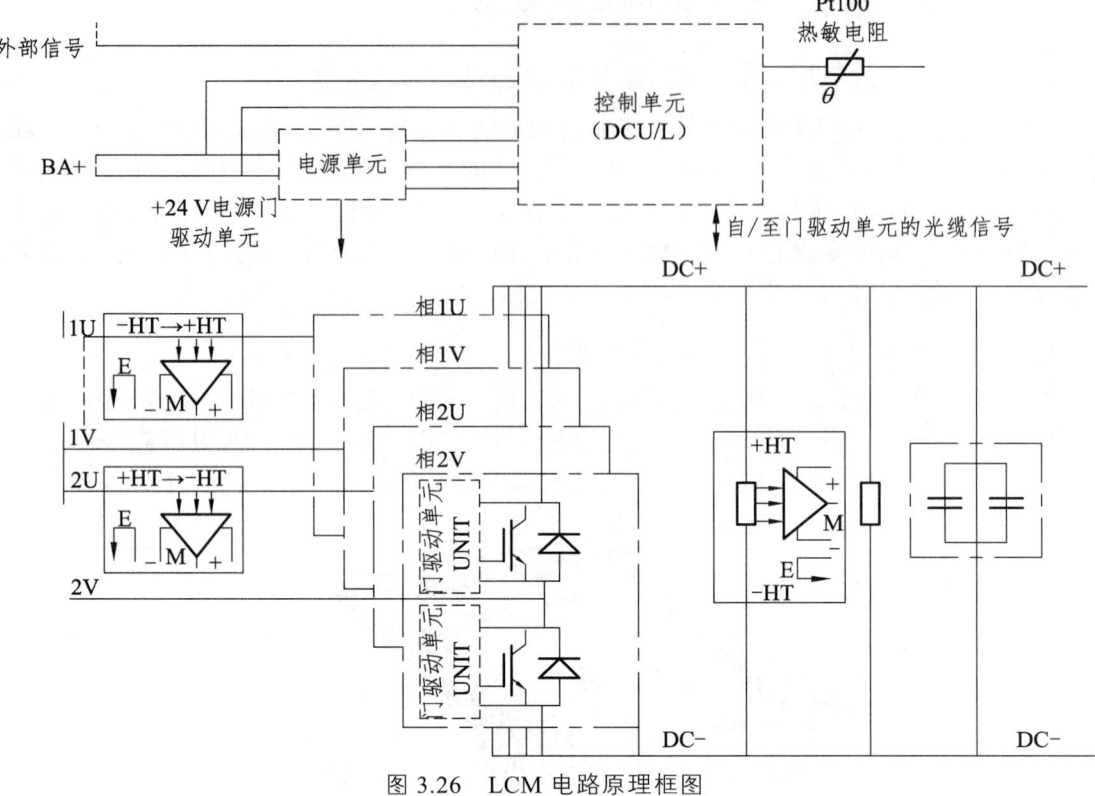

图 3.26 LCM 电路原理框图

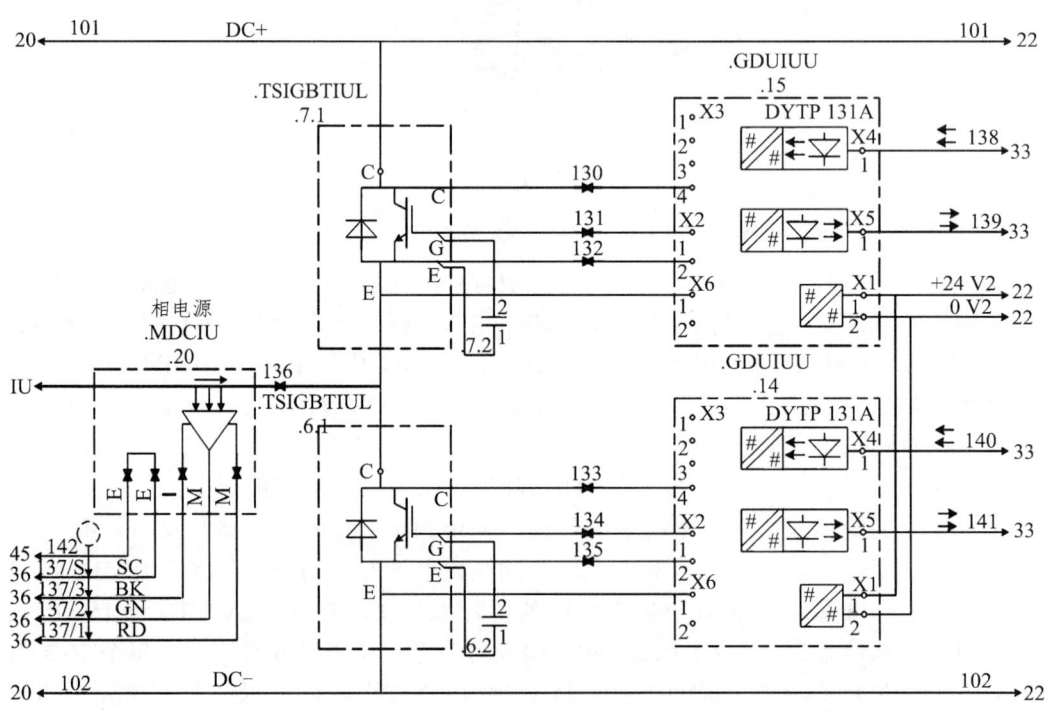

图 3.27 LCM 的 1U 相电路原理图

3. 四象限脉冲整流器的控制方式与谐波抑制

四象限脉冲整流器模块（LCM）由控制单元 DCU/L 进行全面的监视与控制。LCM 功率器件的开/关时间比的控制方式为频率恒定的脉冲宽度调制法，即所谓的定频调宽方式，其输出控制采用瞬时值法，为得到每相输出的瞬时电压，优化控制算法，GDU 将 IGBT 的电压通过光缆反馈给 DCU/L，计算机能够快速得到 GDU 和 IGBT 的当前状态。这对控制器的瞬时响应特性和快速响应短路故障均有好处。

图 3.28 示出牵引变压器、网侧变流器桥和网侧谐波滤波器电路简图及脉冲移相模式，1#变压器 Trafol 的变流器 LCM1 的变流器桥桥 11 对应有 1U 相和 1V 相桥臂，其触发脉冲错开 180°，见脉冲分配图中 1#变压器中的桥 11P 和桥 11M，LCM1 的桥桥 12P 与桥 11P 错开 90°；1#变压器中的第二个变流器 LCM2 的两个变流器桥 21 和桥 22 也与 LCM1 一样错开 90°；LCM1 和 LCM2 相综合后，桥 21P 与桥 11P 相差 54°。同样，图中还画出了 2#、3#变压器中的 LCM 脉冲分配的情况，最终 3 个变压器 5 个 LCM 综合后的脉冲相移为 18°，如图 3.29 所示。

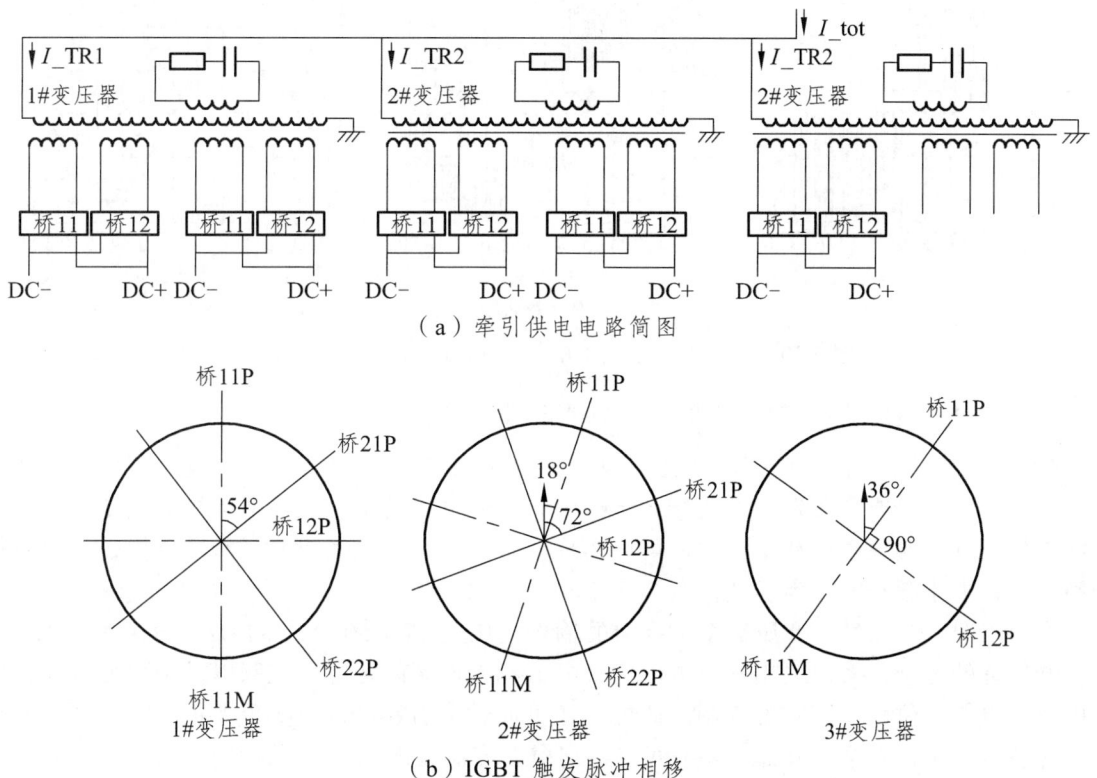

（a）牵引供电电路简图

（b）IGBT 触发脉冲相移

图 3.28 牵引供电电路简图和 IGBT 触发脉冲相移

IGBT 的 PWM 开关频率为 450 Hz，因此每个桥将会产生频率 900 Hz、1 800 Hz、2 700 Hz、3 600 Hz 等为中心的边频谐波。一个牵引系统的两重变流器按移相调制模式控制，其 IGBT 的开或关将会交错开来（图 3.28 的 1#变压器），理想情况下在网侧 900 Hz，2 700 Hz 频率附近的谐波会相互抵消［见图 3.30（b）］，因此，最低次的谐波就是分布在 1 800 Hz 中心的边频，如 1 650 Hz、1 750 Hz、1 850 Hz、1 950 Hz 等。

CRH$_1$型动车组的五个独立的牵引系统可进一步按移相调制模式进行控制，相互错开触发（见图3.29），这样1 800 Hz和3 600 Hz两边的谐波就会在网侧相互抵消[见图3.30（c）]，因此最低谐波频率变为5×1 800 Hz = 9 000 Hz的边频，其振幅已非常低了。

图3.30示出移相调制控制模式下，网侧电流谐波抵消后，得到的最佳效果的电压波形。

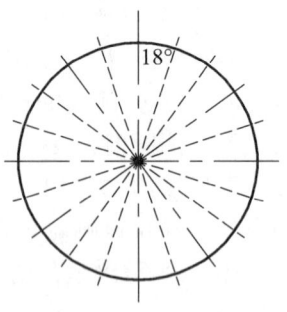

图3.29　五个牵引系统触发脉冲错开18°等相位

4. LCM的参数

输入电压　　　　　　　AC 860 ~ 920 V
输入最大电压　　　　　AC 1 254 V
输入相电流　　　　　　800 A
额定输出电压　　　　　DC 1 650 V

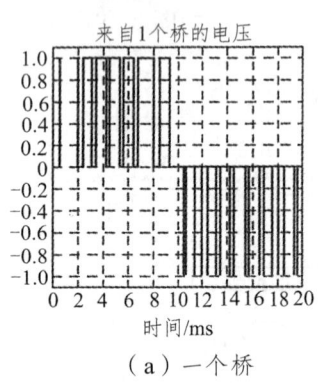
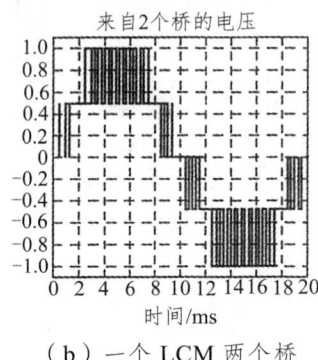
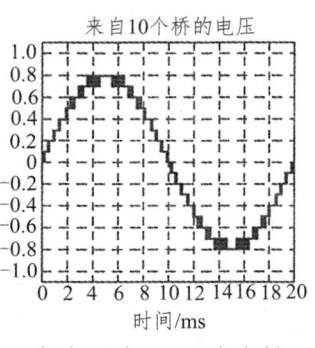

（a）一个桥　　　　　（b）一个LCM两个桥　　　　　（c）五个LCM十个桥

图3.30　移相调制控制下的等效LCM的交流电压波形

3.1.2.2　CRH$_2$型动车组四象限脉冲整流器的构成及参数

CRH$_2$动车组采用单相三电平电压型四象限脉冲整流器。可实现交流电网侧功率因数接近1；在电网电压或负载发生变化时，维持中间直流电压的稳定，给电动机侧逆变器提供良好的工作条件。四象限脉冲整流器还可以实现牵引、再生工况间快速平滑地转换，牵引时作为整流器，再生制动时作为逆变器。

牵引工况下，以牵引变压器牵引绕组的输出电压（AC 1 500 V、50 Hz）为输入，通过牵引控制装置的控制，实现输出直流电压为2 600 ~ 3 000 V的定电压控制以及牵引变压器一次侧电压、电流单位功率因数的控制。此外，还可通过牵引控制装置实现保护功能。再生制动时脉冲整流器工作在逆变状态，以中间电路支撑电容器输出电压DC 3 000 V为输入，向牵引变压器侧输出AC 1 500 V，50 Hz电压。

与传统两电平四象限脉冲整流器相比，CRH$_2$型动车组四象限脉冲整流器具有以下优点：

（1）每一个功率器件所承受的关断电压仅为直流侧电压的一半。这样在相同的情况下，直流电压可以提高1倍，容量也可以提高1倍。

（2）在同样的开关频率及控制方式下，三电平脉冲整流器输出电压或电流的谐波大大小于两电平脉冲整流器，因此它的总的谐波失真（THD）也要远小于两电平脉冲整流器。

（3）三电平脉冲整流器输入侧的电流波形即使在开关频率很低时，也能保证一定的正弦度。

1. 主电路结构

CRH$_2$ 型动车组单相三电平四象限脉冲整流器的主电路如图 3.31 所示。L_N 和 R_N 分别为牵引绕组的等效漏感和漏电阻，VI$_{a1}$ ~ VI$_{a4}$，VI$_{b1}$ ~ VI$_{b4}$，为 IGBT，VD$_a$、VD$_a'$，VD$_b$、VD$_b'$ 为钳位二极管。C_1 和 C_2 为直流侧支撑电容。

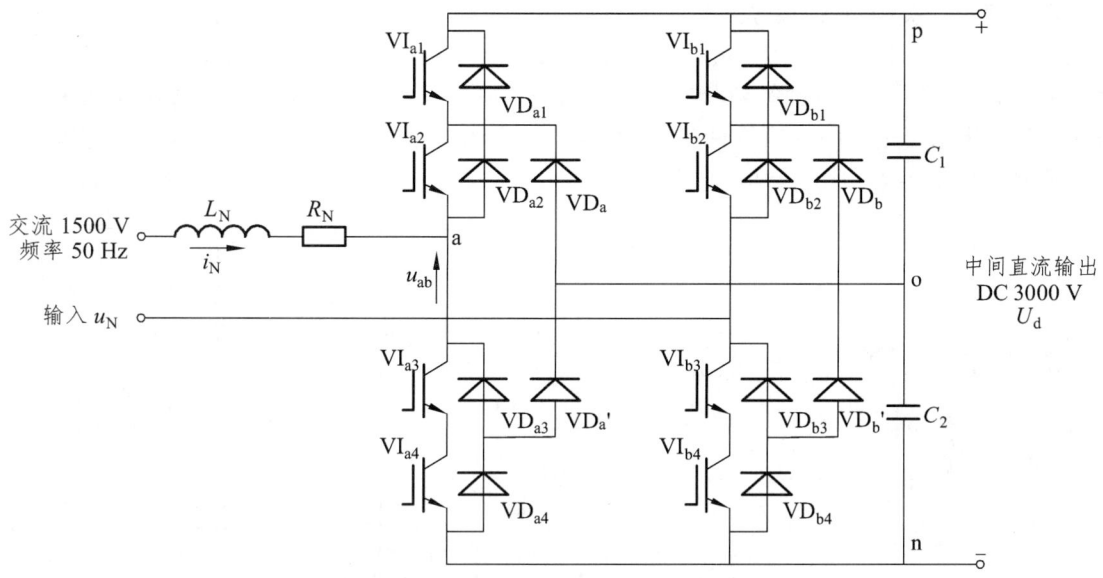

图 3.31 脉冲整流器的主电路图

该电路的控制部分采用 PWM 调制方式，交流输入端的电压 u_{ab} 是用 5 电平的脉冲来等效的正弦波，这 5 个电平分别为 U_d，$U_d/2$，0，$-U_d/2$，$-U_d$，U_{ab} 中含有和正弦信号同频率且幅值成比例的基波分量以及和载波频率有关的高次谐波，而不含有低次谐波。输入端的电压 U_{ab} 波形如图 3.32 所示，由于牵引绕组漏感 L_N 的滤波作用，高次谐波电压只会使交流侧电流 i_N 产生很小的脉动，可以忽略。

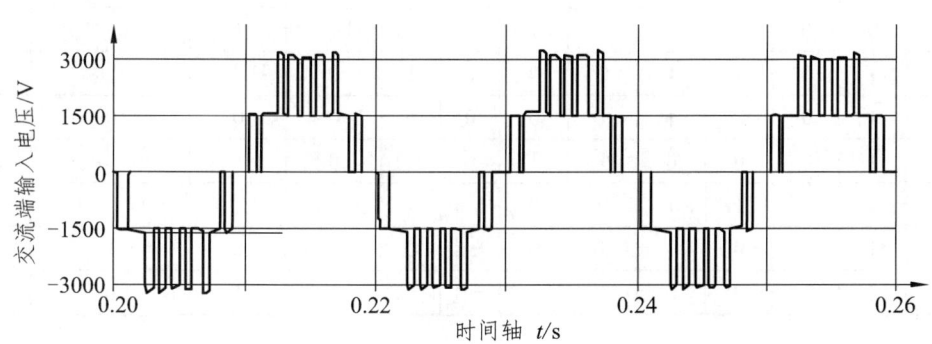

图 3.32 交流侧输入端电压

$$S_A = \begin{cases} 1 & \text{VI}_{a1}\text{和VI}_{a2}\text{导通} \\ 0 & \text{VI}_{a2}\text{和VI}_{a3}\text{导通} \\ -1 & \text{VI}_{a3}\text{和VI}_{a4}\text{导通} \end{cases} \qquad (3.74)$$

$$S_B = \begin{cases} 1 & VI_{b1}和VI_{b2}导通 \\ 0 & VI_{b2}和VI_{b3}导通 \\ -1 & VI_{b3}和VI_{b4}导通 \end{cases} \quad (3.75)$$

2. 主电路的工作状态

定义理想开关函数 S_A 和 S_B：

由式（3.74）和式（3.75）可将主电路等效为图 3.33。每组桥臂可以等效为一个开关，该开关具有 1、0、-1 三种等效状态，两组桥臂有 $3^2 = 9$ 种开关组合，则主电路有 9 种工作模式。开关状态及相应的电压值见表 3.1 所示。其中 U_{C1} 为直流侧支撑电容 C_1 上的电压，U_{C2} 为直流侧支撑电容 C_2 上的电压。

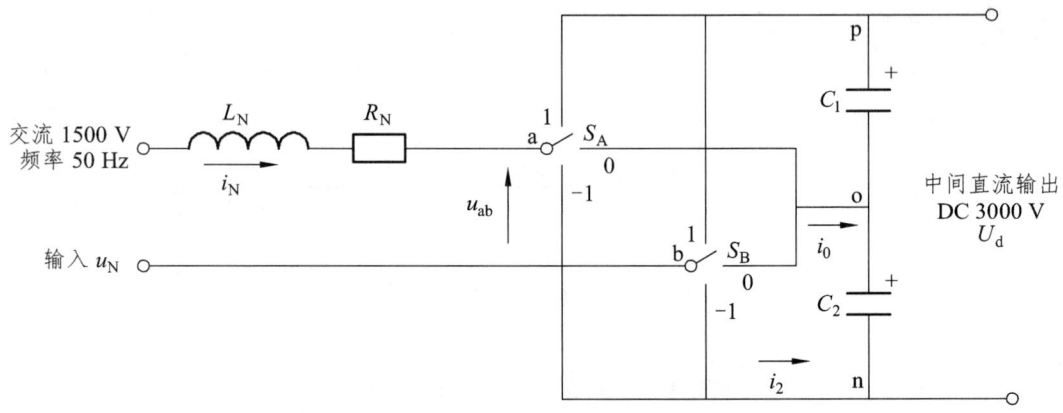

图 3.33 脉冲整流器的开关函数等效电路图

表 3.3 工作状态及输出电压

VI_{a1}	VI_{a2}	VI_{a3}	VI_{a4}	VI_{b1}	VI_{b2}	VI_{b3}	VI_{b4}	S_A	S_B	u_{ao}	u_{bo}	u_{ab}	工作模式
1	1	0	0	1	1	0	0	1	1	U_{C1}	U_{C1}	0	V_0
1	1	0	0	0	1	1	0	1	0	U_{C1}	0	U_{C1}	V_1
1	1	0	0	0	0	1	1	1	-1	U_{C1}	$-U_{c2}$	$U_{C1}+U_{c2}$	V_2
0	1	1	0	1	1	0	0	0	1	0	U_{C1}	$-U_{C1}$	V_3
0	1	1	0	0	1	1	0	0	0	0	0	0	V_4
0	1	1	0	0	0	1	1	0	-1	0	$-U_{c2}$	U_{c2}	V_5
0	0	1	1	1	1	0	0	-1	1	$-U_{c2}$	U_{C1}	$-U_{C1}-U_{c2}$	V_6
0	0	1	1	0	1	1	0	-1	0	$-U_{c2}$	0	$-U_{c2}$	V_7
0	0	1	1	0	0	1	1	-1	-1	$-U_{c2}$	$-U_{c2}$	0	V_8

3. 主电路的技术参数

额定输入容量　　　　1 285 kV·A
额定输入电压　　　　单相工频交流 1 500 V，857 A
额定输入电流　　　　单相工频交流 857 A
额定输出功率　　　　1 296 kW

额定输出电压	直流 3 000 V
额定输出电流	直流 432 A
效率	97.5%以上（牵引电动机额定）
功率因数	97%以上（在额定负载条件下，除辅助电路和控制电路外）
载波频率	1 250 Hz
主控制元件	高耐压 IPM/IGBT 3 300 V，1 200 A
钳位二极管	高耐压二极管 3 300 V，1 200 A
支撑电容器	2 125（1±10%）μF

3.2 牵引逆变器

3.2.1 概 述

3.2.1.1 牵引逆变器的发展

牵引逆变器作为机车/动车的心脏，决定了列车的起动、制动和最高运行速度等性能，机车/动车技术的发展，集中地反映到牵引逆变器的发展上。

牵引逆变器的发展经历了晶闸管逆变器、GTO 逆变器和 IGBT 逆变器三个阶段。

1. 晶闸管逆变器

在这个阶段，牵引逆变器主电路中的开关器件采用快速晶闸管，由于晶闸管是半控型器件，其导通后的关断不受控制，因此需加换相电路来实现晶闸管的关断。这样就使得逆变器主电路结构复杂，可靠性降低。

晶闸管逆变器的控制系统由模拟电子电路构成。不足之处是：系统复杂，控制功能较少。逆变器的控制策略一般采用转差频率控制。

2. GTO 逆变器

GTO 是一种可通过门极关断的全控型器件，它的发明和应用，简化了逆变器主电路的结构，提高了逆变器的可靠性，再加上器件本身电压等级的提高，先后在不同型号的电动车组和不同型号的电力机车上得到广泛应用。这个阶段的控制系统，已由模拟控制发展到数字控制，控制策略也由转差频率控制发展到矢量控制。

GTO 逆变器的不足之处是：GTO 的吸收电路复杂，门极对 GT0 的电流上升率和电压上升率没有抑制作用。

3. IGBT 逆变器

IGBT 是绝缘栅双极型晶体管，它通过绝缘栅极和发射极之间所设置的电场控制。导通和关断时，可根据栅极电压特性曲线来控制电流上升率和电压上升率。与晶闸管和 GTO 相比，IGBT 具有控制简单、保护功能强、开关频率高、可以实现无吸收电路工作等优点。因此 IGBT 已逐步成为轨道交通车辆牵引逆变器和各种辅助逆变器的主流功率器件。

采用 IGBT 技术，可使变流器开关装置（整流器结构模块）的尺寸减小，复杂性降低，功率损耗减少和脉冲频率提高。

德国的 BR423.1 型城市高速铁路电动车组和 BR185.1 型电力机车安装了 GTO 逆变器，而 BR423.2 型城市高速铁路电动车组和 BR185.2 型电力机车则安装了 IGBT 逆变器。表 3.4 和表 3.5 分别列出了 IGBT 逆变器与对应的 GTO 逆变器的技术参数。

表 3.4　BR423.1 型和 BR423.2 型电动车组用变流器技术参数

变流器型式	GTO423.1	IGBT423.2
每台变流器的轮周功率/kW	1 200	1 200
中间电路电压/V	1 800	1 800
输入电压（有效值）/V	2×900	2×900
最大输入电流（有效值）/A	2×900	2×900
最大输出电流（有效值）/A	750	700
最小导通时间/μs	80	16
最小关断时间/μs	180	10
逆变器脉冲频率/Hz	250	500
四象限调节器可能的脉冲频率/Hz	217	284
四象限调节器实际的脉冲频率/Hz	184	184
额定电流时的损耗/kW	28	16
变流器模块宽度/m	1.29	0.90
变流器模块高度/m	0.55	0.41
变流器模块深度/m	0.54	0.48
变流器模块体积/dm^3	383	177
四象限变流器模块质量/kg	330	114
变流器总质量/kg	1 120	880
变流器中 9.4 mF 吸收电路	—	—
电容器安装位置	外部	内部

表 3.5　BR185.1 型和 BR185.2 型电力机车用变流器技术参数

变流器型式	GTO185.1	IGBT185.2
每台变流器的轮周功率/kW	2 800	2 800
中间电路电压/V	2 800	2 800
输入电压（有效值）/V	2×1 340	2×1 340
最大输入电流（有效值）/A	2×1 280	2×1 220
最大输出电流（有效值）/A	1 050	
额定输出电流（有效值）/A		872
最小导通时间/μs	80	15

续表

变流器型式	GTO185.1	IGBT185.2
最小关断时间/μs	180	15
逆变器脉冲频率/Hz	300	300
四象限控制器脉冲频率（16.7 Hz 时）/Hz	184（250）	300
四象限控制器脉冲频率（50 Hz 时）/Hz	250	400
最大损耗功率/kW	90	80
16.5 kV 无牵引力工况下机车吸收功率/kW	130	66
冷却介质	脂	水
变流器模块宽度/m	3.4	3.4
变流器模块高度/m	2.17	2.17
变流器模块深度/m	1.03	1.05
变流器模块体积/dm³	7.06	7.75
变流器总质量/kg	2 950	2 230

3.2.1.2 对牵引逆变器的要求

铁路和城市轨道车辆用 IGBT 牵引逆变器较其他工业用逆变器具有更高的要求，具体表现在以下几个方面：

（1）设计集约化、模块化，力求结构紧凑，小型轻量，维修方便。器件按开关组件或相构件形式做成半成品的模块，通过接插件方式连接，尽量不用螺钉、螺母，以方便装拆。

（2）保证足够的电磁兼容性，包括抑制对外部的电磁发射、内部各子系统间和各部件间的相互干扰以及抗干扰能力。对于采用如 IGBT 一类的高开关频率器件的逆变器，还应注意因高的 du/dt 值通过零部件和线路的杂散电容引起的传导干扰，以及轴电压和轴承电流的破坏性作用。

（3）需要在有限的空间内发挥最大的牵引功率，要求更高的功率密度，同时要实现制动能量的回馈。

（4）车载运行环境相对地面静止环境在温度、振动、冲击、灰尘等诸多方面更加严格。

（5）牵引逆变器负载的特殊性，其应用场合为电机类负载。

3.2.1.3 国外的主要牵引变流器

目前国外拥有生产牵引变流器技术和拥有完整的牵引变流器产品研发平台的公司主要有西门子、庞巴迪、阿尔斯通、三菱、东芝等公司，这些公司针对铁路和城市轨道交通应用领域，组织电力电子、电气传动、自动控制和微电子的专门人才进行联合开发，开展从硬件电路到系统控制等有关牵引变流器系统的研发，开发出了高压大电流高功率密度的系列牵引变流器。目前在世界重载和高速牵引领域，主要有以下三种系列牵引变流器：

（1）庞巴迪公司 MITRACTC3000 系列牵引变流器。

（2）西门子公司 SIBAC 系列牵引变流器。

(3) 阿尔斯通公司 ONIX 系列牵引变流器。

这些牵引变流器在我国引进、合作生产的机车/动车上都有应用。

3.2.2 两电平式逆变器

逆变器与整流器工作过程相反,它是将直流电变换为交流电的装置。逆变器可分为无源逆变器和有源逆变器,若交流侧接负载则为无源逆变器,若交流侧接电网则为有源逆变器。

交-直-交变流器由交-直变换和直-交变换两部分组成。直-交变换就是逆变器,如干电池、蓄电池和太阳能电池等直流电源向交流负载供电时,需要依靠逆变器进行变换。交流异步电动机调速、不间断电源、感应加热电源等电力电子装置的核心部分,就是逆变电路。

牵引逆变器的作用是把中间直流电压变换成三相交流电压,为异步牵引电动机提供频率和幅值可调的三相交流电源,同时通过调节三相输出电压波形控制牵引电动机的磁通和转矩。因此,异步牵引电动机的驱动性能主要取决于逆变器的控制。提高逆变器的开关频率,采用磁场定向矢量控制和直接转矩控制等高动态性能控制技术,有利于体现异步牵引电动机其优良的牵引性能。

牵引逆变器一般均采用电压型,按照输出特性,分为六阶波型和 PWM 型。PWM 型按输出电平数目的不同,可分为两电平(两点式)和三电平(三点式)两种。

3.2.2.1 三相电压型逆变器(六阶波型)

1. 逆变器电路结构

逆变器一般接成三相桥式电路,以便输出三相交流变频电压。三相逆变器电路由 6 个全控开关元件 $T_1 \sim T_6$ 和二极管 $D_1 \sim D_6$ 构成,组成三个半控整流桥,如图 3.34 所示。在每个周期中,控制各个器件轮流导通和关断,可在输出端得到三相交流电压。改变开关管导通和关断的时间,即可得到不同的输出频率。

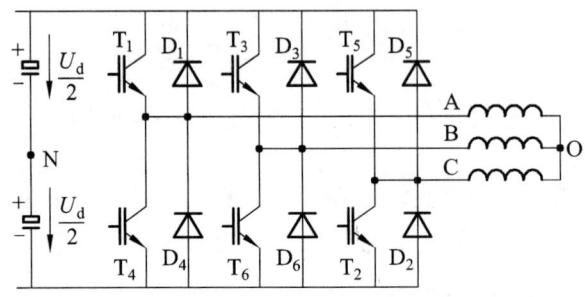

图 3.34 三相电压型六阶波输出逆变器电路原理图

2. 输出电压波形及等效电路

在同一相,上、下两元件之间互相换相,这时每个开关元件在一个周期中导通 180° 电角度,其他各相也是如此,只不过三相对应元件相差 120° 电角度轮流导通,使 $T_1 \sim T_6$ 各元件每隔 60° 电角度轮换导通,在每一时刻都有三个开关元件同时导通。可能是上面一个桥臂、下面两个桥臂,也可能是上面两个桥臂、下面一个桥臂,每次换流都是在同一相上下两个桥臂之间进行,即纵向换流。各开关元件的导通情况和电压波形如图 3.35 所示。

对于 A 相，当桥臂 1 导通时，$u_{AN}=U_d/2$；当桥臂 4 导通时，$u_{AN}=-U_d/2$，即 u_{AN} 的波形是幅值为 $U_d/2$ 的方波。B、C 相的情况与 A 相类似，其波形 u_{BN}、u_{CN} 与 u_{AN} 相同，只是在相位上依次相差 120°。

负载上承受的线电压、相电压可按下式计算：

假设负载中点 O 与直流电源假想中点 N 之间的电压为 u_{ON}，则各相负载的相电压分别为

$$u_{AO}=u_{AN}-u_{ON}$$
$$u_{BO}=u_{BN}-u_{ON} \quad (3.76)$$
$$u_{CO}=u_{CN}-u_{ON}$$

将上式各项相加，经整理可计算出 u_{ON} 为

$$\begin{aligned}u_{ON}&=(u_{AN}+u_{BN}+u_{CN})/3-(u_{AO}+u_{BO}+u_{CO})/3\\&=(u_{AN}+u_{BN}+u_{CN})/3\end{aligned} \quad (3.77)$$

u_{ON} 的波形也是方波，但其频率为 u_{AN} 频率的 3 倍，幅值为 u_{AN} 的 1/3，即为 $U_d/6$。其波形如图 3.35（g）所示。

利用上述关系，可做出各相负载上的相电压 u_{AO}、u_{BO}、u_{CO} 波形，如图 3.35（d）~（f）所示。

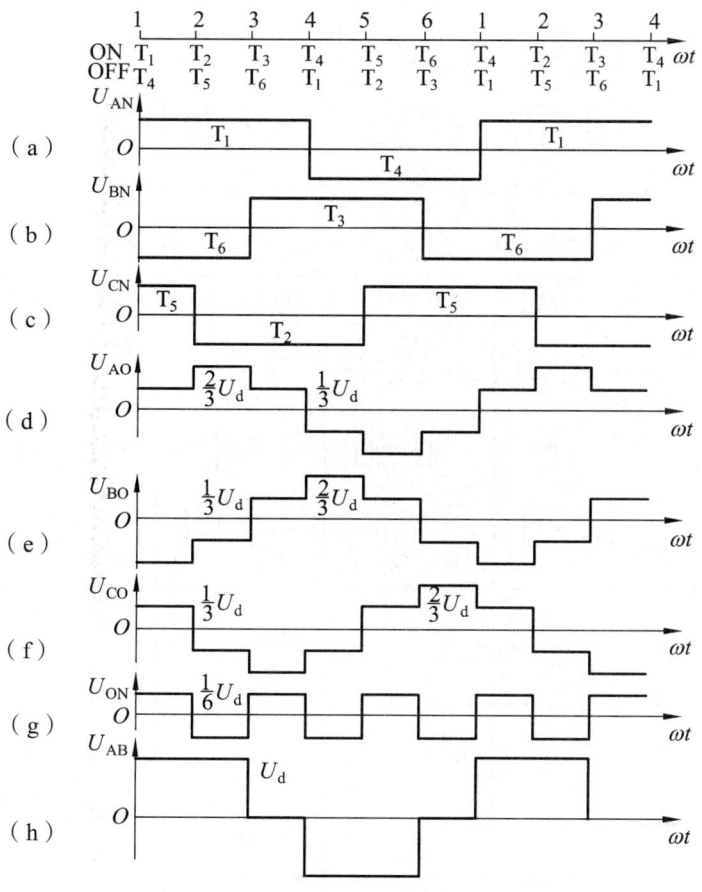

图 3.35 三相逆变器工作情况及电压波形

负载线电压可按下式计算：

$$u_{AB} = u_{AN} - u_{BN}$$
$$u_{BC} = u_{BN} - u_{CN}$$
$$u_{CA} = u_{CN} - u_{AN}$$

(3.78)

其中，U_{AB} 波形如图 3.55（h）所示，各线电压波形相同，只是在相位上依次互差 120°。

若将每一时刻逆变器各元件的开关情况以一等效（元件开通时认为短路，元件断开时认为断路）电路表示，也很容易得到任一时刻的相、线电压，从而绘出相、线电压波形。

三相异步牵引电动机作为逆变器的负载，其各相绕组等效阻抗总是对称的，则有 $Z_A = Z_B = Z_C = Z$。根据各开关元件在一个周期的导通情况，可做出相应的等效电路，如图 3.36 所示。180°导通型逆变器在各阶段的等效电路与输出电压的关系见表 3.6。

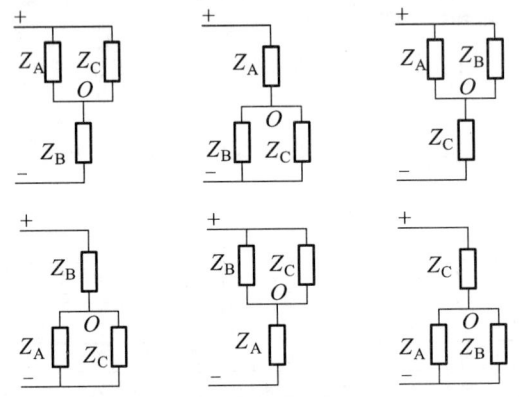

图 3.36 三相逆变器各阶段的等效电路（180°导通型）

表 3.6 180°导通型逆变器在各阶段的等效电路与输出电压

阶段		0°~60°	60°~120°	120°~180°	180°~240°	240°~300°	300°~360°
导通元件		T_1、T_5、T_6	T_1、T_6、T_2	T_1、T_3、T_2	T_3、T_4、T_2	T_3、T_5、T_4	T_5、T_4、T_6
等效电路							
相电压	u_{AO}	$U_d/3$	$2U_d/3$	$U_d/3$	$-U_d/3$	$-2U_d/3$	$-U_d/3$
	u_{BO}	$-2U_d/3$	$-U_d/3$	$U_d/3$	$-2U_d/3$	$U_d/3$	$-U_d/3$
	u_{CO}	$U_d/3$	$-U_d/3$	$-2U_d/3$	$-U_d/3$	$U_d/3$	$2U_d/3$
线电压	u_{AB}	U_d	U_d	0	$-U_d$	$-U_d$	0
	u_{BC}	$-U_d$	0	U_d	U_d	0	$-U_d$
	u_{CA}	0	$-U_d$	$-U_d$	0	U_d	U_d

例如，在 0°～60° 范围内，T_1、T_5、T_6 同时导通，T_2、T_3、T_4 同时关断，此时电动机绕组等效阻抗中的 Z_A 与 Z_C 并联，再与 Z_B 串联。阻抗 Z_A、Z_C 上的相电压应相等，即

$$u_{AO} = u_{CO} = \frac{Z_A // Z_C}{Z_A // Z_C + Z_B} U_d = \frac{Z/2}{Z/2 + Z} U_d = \frac{1}{3} U_d$$

相应阻抗 Z_B 上的相电压为

$$u_{BO} = -u_{OB} = -\frac{Z_B}{Z_A // Z_C + Z_B} U_d = -\frac{Z}{Z/2 + Z} U_d = -\frac{2}{3} U_d$$

由图 3.35 可见，在每个周期内，相电压波形由六个阶梯状波形组成（常称六阶波）。这种六阶波是在开关元件按 180° 导通角导通，使负载电位在正负两个 180° 宽的矩形波的条件下获得的。

当逆变器按照六阶波方式输出时，其相电压波形为六阶波、线电压为矩形波，都不是异步电动机工作所要求的正弦波，但从六阶波的变化趋势来看已基本上接近于正弦波，在一定条件下（频率较高时）可以向异步电动机供电。但需注意：采用开关型逆变器对异步电动机供电时，六阶波相电压对异步电动机的运行性能影响较大，使用时要特别关注这一点。

根据逆变器输出相电压的六阶波形和线电压的矩形波形，利用傅立叶级数对相电压和线电压进行谐波分析，可分别表示为

$$\begin{aligned} u_{AO} &= \frac{2}{\pi} U_d \left(\sin\omega_1 t + \frac{1}{5}\sin 5\omega_1 t + \frac{1}{7}\sin 7\omega_1 t + \frac{1}{11}\sin 11\omega_1 t + \cdots \right) \\ &= \frac{2U_d}{\pi} \left(\sin\omega t + \sum_n \frac{1}{n}\sin n\omega_1 t \right) \end{aligned} \quad (3.79)$$

$$\begin{aligned} u_{AB} &= \frac{2\sqrt{3}}{\pi} U_d \left(\sin\omega_1 t - \frac{1}{5}\sin 5\omega_1 t - \frac{1}{7}\sin 7\omega_1 t + \frac{1}{11}\sin 11\omega_1 t + \cdots \right) \\ &= \frac{2\sqrt{3} U_d}{\pi} \left[\sin\omega_1 t + \sum_n \frac{1}{n}(-1)^k \sin n\omega_1 t \right] \end{aligned} \quad (3.80)$$

式中，$n = 6k \pm 1$，k 为自然数。

输出相电压、线电压对应的有效值为

$$\begin{aligned} U_{AO} &= \sqrt{\frac{1}{2\pi} \int_0^{2\pi} u_{AO}^2 dt} = \sqrt{\frac{1}{2\pi} \left[\left(\frac{U_d}{3}\right)^2 \frac{4\pi}{3} + \left(\frac{2U_d}{3}\right)^2 \frac{2\pi}{3} \right]} \\ &= \frac{\sqrt{2}}{3} U_d = 0.471 U_d \end{aligned} \quad (3.81)$$

$$\begin{aligned} U_{AB} &= \sqrt{\frac{1}{2\pi} \int_0^{2\pi} u_{AB}^2 dt} = \sqrt{\frac{1}{2\pi} \left[\left(\frac{U_d}{3}\right)^2 \frac{4\pi}{3} + (-U_d)^2 \frac{2\pi}{3} \right]} \\ &= \sqrt{\frac{2}{3}} U_d = 0.816 U_d \end{aligned} \quad (3.82)$$

其中相应的基波电压幅值和基波电压有效值分别为

$$\left.\begin{aligned}U_{\text{AO-1m}} &= \frac{2U_d}{\pi} = 0.637U_d \\ U_{\text{AO-1}} &= \frac{U_{\text{AO-1m}}}{\sqrt{2}} = 0.45U_d \\ U_{\text{AB-1m}} &= \frac{2\sqrt{3}U_d}{\pi} = 1.1U_d \\ U_{\text{AB-1}} &= \frac{U_{\text{AB-1m}}}{\sqrt{2}} = \frac{\sqrt{6}}{\pi}U_d = 0.78U_d\end{aligned}\right\} \qquad (3.83)$$

通过谐波分析，可见逆变器的输出中，不论相电压还是线电压，除基波外还包含了许多高次谐波，这些高次谐波电压将对异步牵引电动机的稳定运行产生不良影响。

在180°导通型逆变器中，为了防止同一相上下两桥臂的开关元件同时导通而引起直流侧电源短路，要求采取"先断后通"的原则，在关与开的元件之间留有一个短暂的时间间隔，形成一个死区时段，即先给应关断的元件施加关断信号，待其关断后流出一定的时间裕量，然后再给相应准备导通的元件施加开通信号。死区时段的长短应按照元件的开关速度具体确定，元件的开关速度越快，所留的死区时段将越短。

3. 输出电流波形

逆变器的负载是异步牵引电动机，属于电感性负载。当逆变器以六阶波电压对牵引电动机供电时，其电流波形在负载电感的作用下将趋于平滑，其平滑程度将与六阶波电压的频率有关。

当电压频率较高时，异步牵引电动机定子绕组电感对电流的滞后作用相对突出，因此将获得接近正弦形的电流波形，如图3.37（a）所示。这样便可大大消除阶梯状电压波形带来的不利影响，可使异步牵引电动机正常运行。

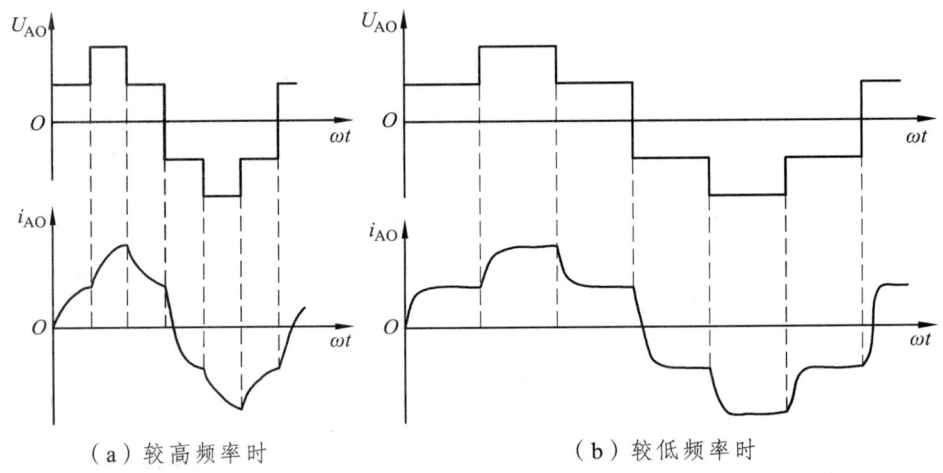

（a）较高频率时　　　　　　　（b）较低频率时

图3.37　六阶波电压在不同频率下的电流波形

当电压频率较低时，六阶波电压波形延续时间相对变长，绕组电感只能在电压阶跃变化的一个较短暂时间内对电流起滞后作用，电流波形将与电压波形接近，如图3.37（b）所示。频率越低，电流波形也越接近六阶波，其中的高次谐波电流成分也越多，必将增大异步牵引电动机的附加转矩和损耗，恶化异步电动机的运转性能，并对通信信号系统产生干扰。

在超低频状态下，按六阶波对异步牵引电动机供电时，它不能满足电动机的拖动要求，需要采用其他的供电方式来解决。

3.2.2.2 电压型两电平式三相PWM逆变器

电压型两电平式三相逆变器主电路由六个带无功反馈二极管的全控型开关元件 $T_1 \sim T_6$ 组成，可以认为它是由三个单相半控桥逆变器电路组合而成，如图3.38所示。为了分析方便，将直流电源 U_d 看成是由两个 $U_d/2$ 电源串联而成的，这样可产生一个假想的中点"N"。

逆变器电路采用双极性调制方式，a、b、c 三相的PWM控制共用一个三角形载波 u_c，调制信号 u_{ra}、u_{rb}、u_{rc} 依次相差三分之一周期。三相控制规律相同，以a相为例进行分析：

当 $u_{ra} > u_c$ 时，给上桥臂开关元件 T_1 以导通信号、下桥臂开关元件 T_4 以关断信号，则 a 相相对于直流电源假想中点 N 的输出电压 $u_{aN} = U_d/2$。

当 $u_{ra} < u_c$ 时，给 T_4 以导通信号，给 T_1 以关断信号，则有 $u_{aN} = -U_d/2$。

T_1 和 T_4 的驱动信号始终是互补的，当给 T_1（T_4）施加导通信号时，可能是 T_1（T_4）导通，也可能是二极管 D_1（D_4）续流导通，这要由感性负载中电流的方向来决定。

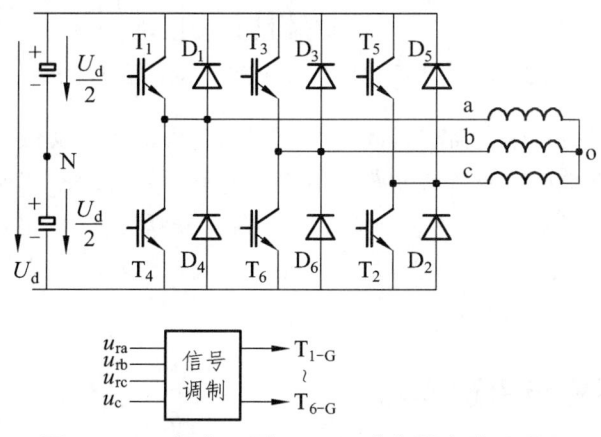

图3.38 三相电压型SPWM逆变器电路原理图

三相逆变器输出波形如图3.39所示。

根据输出波形图可以看出：相对直流电源假想中点 N 的各相电压波形，都只有两种电平，即 $U_d/2$、$-U_d/2$。线电压 $u_{ab} = u_{aN} - u_{bN}$，线电压有三种电平，即 U_d、$-U_d$、0。当开关元件 T_1 和 T_6 导通时，$u_{ab} = U_d$；当 T_3 和 T_4 导通时，$u_{ab} = -U_d$；当开关元件 T_1 和 T_3 或 T_4 和 T_6 导通时，$u_{ab} = 0$。

负载相电压可按下式计算得到

$$u_{ao} = u_{aN} - u_{ON} = u_{aN} - \frac{1}{3}(u_{aN} + u_{bN} + u_{cN})$$

其中

$$u_{ON} = (u_{aN} + u_{bN} + u_{cN})/3 - (u_{ao} + u_{bo} + u_{co})/3 = (u_{aN} + u_{bN} + u_{cN})/3$$

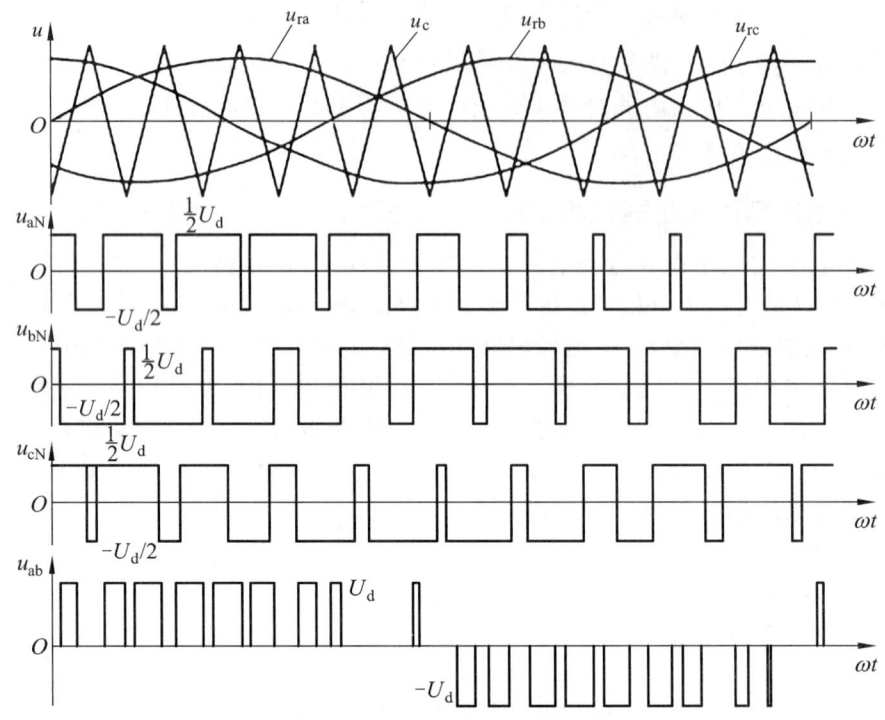

图 3.39 两电平电压型 SPWM 逆变器输出波形

在电压型 PWM 控制的逆变器中，同一相上下两个桥臂的驱动信号都是互补的，但实际上为了防止上下两个桥臂直通而造成短路，需要在上下两桥臂通断切换时留一小段上下桥臂同时施加关断信号的时间区域，即死区时段，以确保"先断后通"。死区时段的长短主要由开关元件的关断时间来决定。死区时段的存在将会给输出波形带来一定的影响，使波形可能稍微偏离正弦波形，产生一定的谐波。

3.2.3 三电平式牵引逆变器

三电平式牵引逆变器的电路原理图如图 3.40 所示。其主电路采用两主管串联与中点带钳位二极管的方案，可使主管耐压值降低一半。主管一般采用 IGBT 或 IPM 等新型全控元件。

由图 3.40 可见，每相桥臂的四个主管有三种不同的通断组合，对应三种不同的输出电位。以 A 相为例，T_{A1} 与 T_{A2} 导通为模式 1，接通正端，输出电压为 $U_d/2$；T_{A2} 与 T_{A3} 导通为模式 2，接通中点 N，输出电压为 0；T_{A3} 与 T_{A4} 导通为模式 3，接通负端，输出电压为 $-U_d/2$。三电平式逆变器要求主管 T_{A1} 与 T_{A4} 不能同时导通，并且 T_{A1} 和 T_{A3}、T_{A2} 和 T_{A4} 控制脉冲是互反的。此外，为了防止同一相上下两桥臂的开关元件同时导通而引起直流侧电源短路，电压型逆变器中上述主管通断转换必须遵循先断后通的原则，即先给应关断的元件关断信号，待其关断后留一定的时间裕量，然后再给应导通的元件发出导通信号，在两者之间留出一个短暂的死区时间，死区时间的长短根据开关元件的开关速度来定。

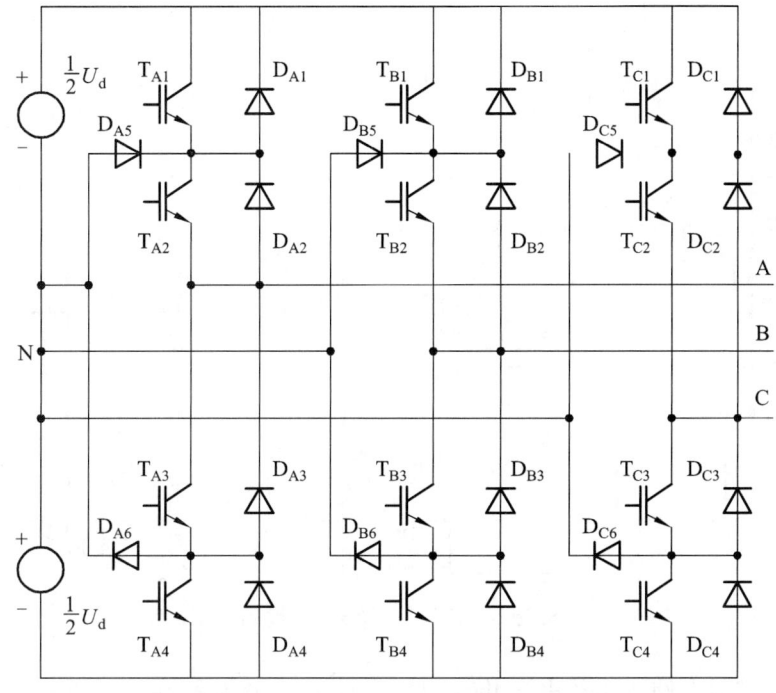

图 3.40 三电平式牵引逆变器电路原理图

从一相的输出波形来看,它有两种工作方式:一种可随控制角调节的矩形脉冲波,称为单脉冲方式,如图 3.41(a)所示;另一种是由多个不同宽度的脉冲波组成,称为脉宽调制 PWM 方式,如图 3.41(b)所示。这两种输出电压波形的基波分量,前者可通过改变控制角来调节,而后者采用脉宽调制 PWM 方式来改变。

(a) 矩形脉冲波　　　　　　　　　(b) 单脉冲波

图 3.41　四象限逆变器在不同控制方式下的输出波形

对于三相对称负载,采用单脉冲方式改变控制角时,按逆变器原理分析,可以得到与控制角 α 有关的每相(如 A 相)输出电压波形,如图 3.42 所示。相电压输出波形是以中间回路电压 U_d 为单位,由 9 种不同电压取值而组成的阶梯波,其可能的电压取值为 $\pm\frac{2}{3}U_d$, $\pm\frac{1}{2}U_d$, $\pm\frac{1}{3}U_d$, $\pm\frac{1}{6}U_d$, 0。然而当控制角 α 大于 60°时,波形就变为不连续的脉冲波。

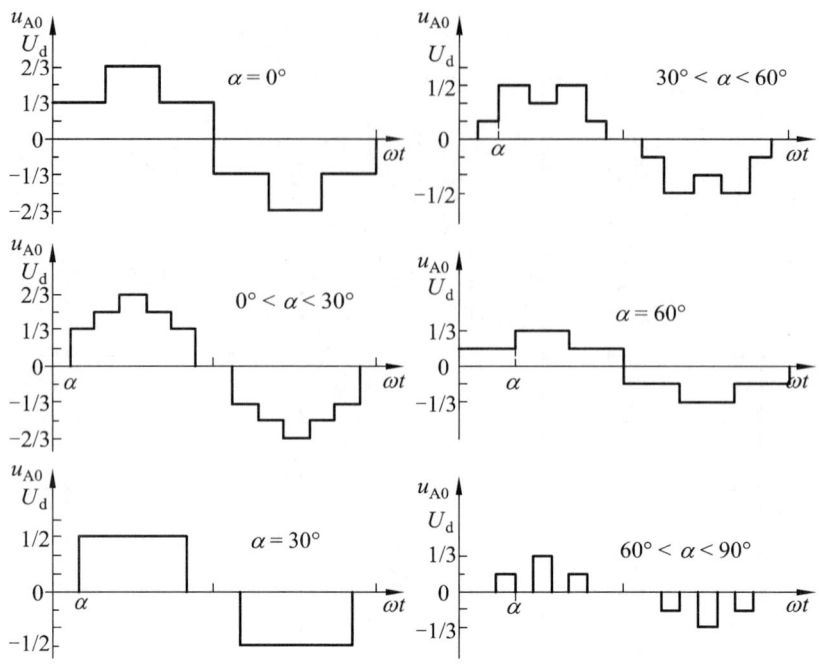

图 3.42　单脉冲控制方式下逆变器输出相电压波形图

三电平式逆变器电路输出线电压共有 $\pm U_d$，$\pm \frac{1}{2} U_d$，0 五种电平。

三电平式逆变器续流二极管的作用是：当逆变开关由导通状态变为截止时，虽然电压突变降为零，但由于牵引电动机线圈的电感作用，储存在线圈中的电能开始释放，续流二极管提供通道，维持电流继续在线圈中流动。另外，当牵引电动机制动时，续流二极管为再生电流提供通道，使其回流到直流电源。

在方波输出的逆变器中，续流二极管每一个周波中只流过一次，电流的有效值较小，因此二极管的电流容量按电流有效值来表示，其电流定额在方波输出的逆变器中约为主管容量的 20%。

在 PWM 逆变器中，续流二极管轮流导通，其电流有效值与主管接近，但二极管电流定额的定义是正弦半波电流的平均值，因此，续流二极管的电流额定是主管电流定额的 1/3。

逆变器将直流电逆变成频率可调的矩形波交流电，其输出电压中谐波更小，电流波形更接近于正弦波。相电压在正/负半波为等幅不等宽的一组脉冲列。

3.2.4　CRH$_1$ 型动车组牵引逆变器及其控制

3.2.4.1　CRH$_1$ 型动车组牵引逆变器模块（MCM）的结构

牵引逆变器模块（MCM）与四象限脉冲整流器模块（LCM）的外形结构相似，也包含功率源部件和安装在电源部件右侧的电子箱两大部件。

牵引逆变器模块（MCM）的电路结构如图 3.43 所示，主要包括三相桥式逆变器，DC（直流）电容器和过电压斩波器。MCM 由驱动控制单元（DCU/M）进行监督和控制。

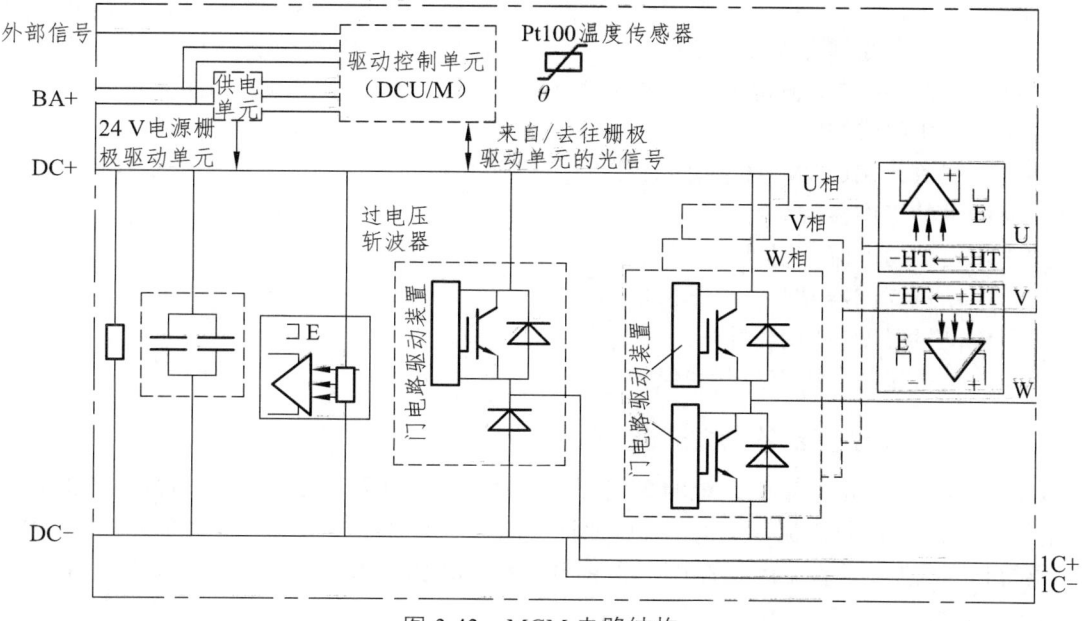

图 3.43 MCM 电路结构

CM 也是采用 IGBT 功率器件，其 U 相电路如图 3.44 所示，栅极驱动单元（GDU）根据 DCU/M 的指令开通或关断 IGBT。

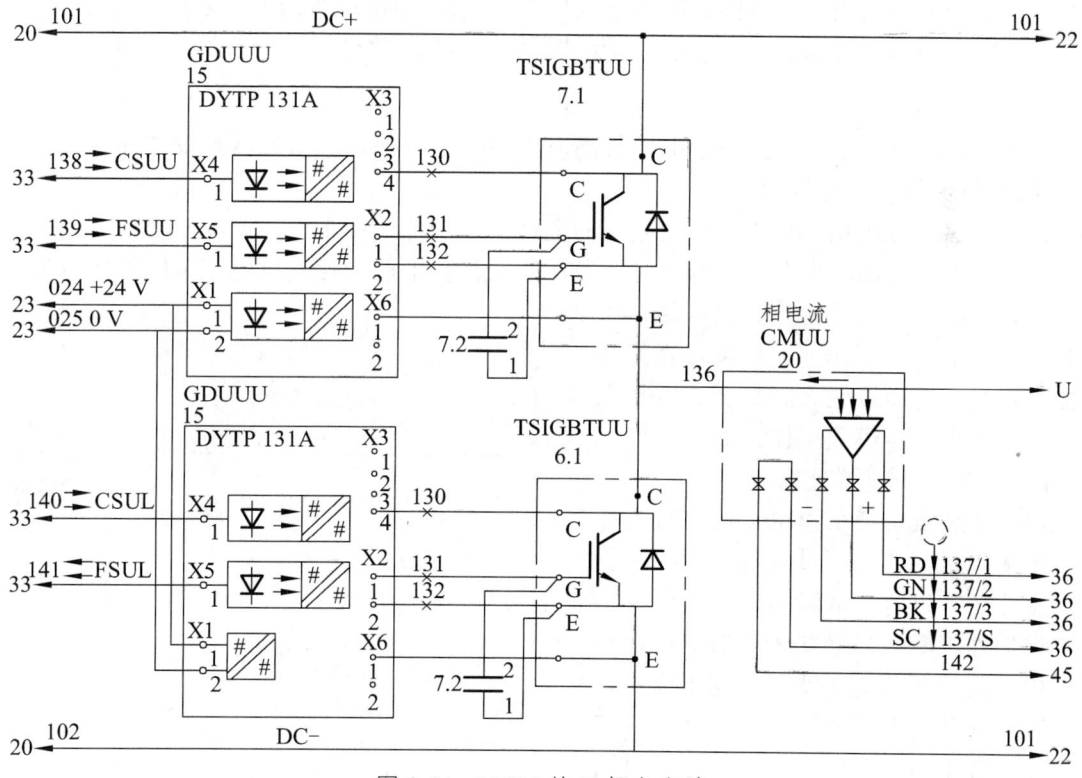

图 3.44 MCM 的 U 相主电路

GDU 由低压 24 V 供电，尽量靠近 IGBT 放置，使栅极电路尽可能短；DCU/M 的开关指令通过光纤传输和光耦合连接到 GDU 上，实现高低压系统的电气隔离；GDU 具有信息反馈功能，可将 IGBT 的电流值检出，并送到 DCU/M，快速响应短路故障，也可作为计算牵引电动机的定子电压的依据。

驱动控制单元 DCU/M 对牵引逆变器进行全面和独立的控制与监视，为实现这一功能，需要实时测量的工作参数有：

（1）输出的相电流，用于控制和保护；

（2）电动机变流器温度，用于保护；

（3）电动机温度，用于保护；

（4）电动机转速，用于控制和保护。

3.2.4.2 牵引逆变器的 DC 环节

DC 环节是交流电力牵引系统的中间环节，额定值为 DC 1 650 V。直流环节滤波器是一个能量缓冲器，可稳定直流环节电压，以保证直流环节的电压波动维持在允许的限度以内，使变流器得到准确控制。直流环节的电器元件有电容器和放电电阻器，其放电时间常数为 10 min。

1. 电容器

两个并联的薄膜电容器包在同一个壳体中构成滤波稳压电容，其电容量为 4 mF。

2. 放电电阻器

与电容器并联，当发生故障，控制系统要求阻塞或关闭 LCM 时，要求直流环节放电，这时放电电阻器对电容器放电，使电容器电压低于 50 V。放电电阻的阻值为 33 kΩ。

3. 过电压斩波器

过电压斩波器用于在直流环节电压过高时进行过电压保护，斩波器与安装在电动机变流器模块之外的过电压电阻器相连。

过电压保护可防止 MCM 受瞬变电压的危害，该功能可在牵引、制动及电动制动取消等各种工作模式下启动。当发生过电压时，激活斩波器，电能消耗在过电压电阻中，直流环节电压开始下降；当电压值达到过电压下限值时，斩波器停止工作。这样可将直流环节保持在高低电压限制之间。斩波器根据过电压情况按起停模式工作，而不是像逆变器的 PWM 控制那样连续地工作。

如果斩波器持续工作也无法使直流环节电压下降，其值仍超过过电压值时，将显示直流环节过电压故障信息，并命令变流器保护性阻断。如果在斩波器工作运行过程中，直流环节电压低于欠电压值，则显示直流环节欠电压故障信息，并命令变流器保护性阻断。直流环节电压监控可用图 3.45 表示。

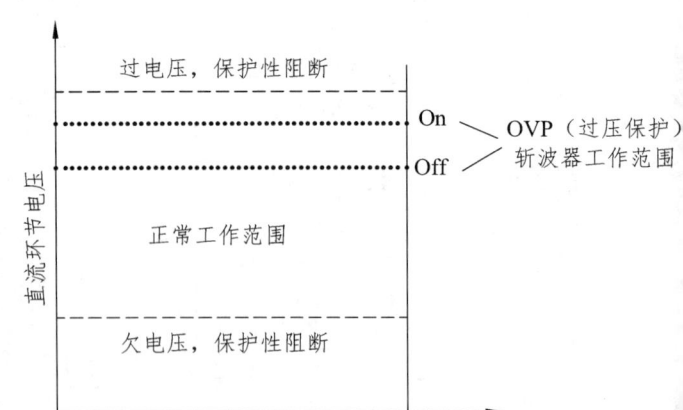

图 3.45 直流环节电压监控

3.2.4.3 MCM 的驱动控制单元 DCU/M

MCM 的驱动控制单元 DCU/M 监督和控制 MCM 中的大部分功能。该驱动控制单元是车辆分布式控制系统的一部分,通过多功能车辆总线（MVB）连接到牵引控制单元。

DCU/M 对牵引逆变器的控制功能可用图 3.46 表达,输入给定的牵引/制动力基准,在考虑各种限制因素的条件下,最终得以在牵引电动机上实现。

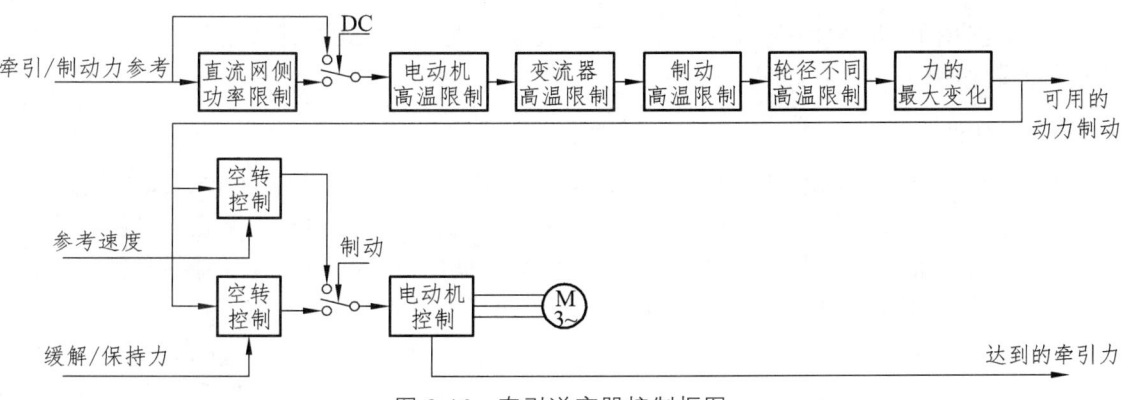

图 3.46 牵引逆变器控制框图

DCU/M 控制和监视的功能如下:

1. 转矩控制

DCU/M 控制和监视牵引电动机的转矩,列车计算机通过 MVB 给 DCU/M 提供转矩基准的载重补偿和颠簸（Jerk）限制,DCU/M 按照轮径值和空转/滑行控制要求来调节转矩基准。DCU/M 对转矩基准的限制考虑以下因素:

① 高的电动机或 MCM 温度;
② 高（或低）的 DC 环节电压;
③ 大的网侧电流;
④ 大的转矩。

利用 PWM 方法进行转矩控制,控制依据的是（两个）相电流、DC 环节电压的测量值和每分钟转速计算值,通过控制电压基准（即相电压的幅值、频率和相位角）就可以实现所需转矩。利用 PWM 方法可以充分利用 DC 环节电压,得到最大可能的转矩。

2. 防空转/滑行控制

防空转/滑行控制可使列车运行（牵引或制动）能够利用最大轮轨黏着力限制,DCU/M 检测所有动力轴转速,以探测空转/滑行,当发生空转/滑行时,迅速减小转矩给定值。

3. 过分相区时维持 DC 环节电压

当列车运行中探测到供电中断(例如过分相区)时,转矩基准暂时被微制动所取代,MCM 将电能反送回网侧滤波电容。一旦供电恢复,MCM 不需要重新启动就能获得所需的转矩值。供电中断期间,辅助供电系统也不会发生电源功率下降的情况。

4. 过电流保护

MCM 有两个基于霍尔元件的电流传感器，测量 U 相和 V 相的电流（图 3.42），按三相电流之和为零，可在 DCU/M 中连续计算出 W 相电流。DCU/M 持续监视相电流，当相电流超过最大限制值时（如相短路时），通过计算机硬件的方式快速响应，立即减小电动机转矩。当相电流中的直流成分太大时，电动机的转矩波动太大，此时 DCU/M 控制 MCM 停止工作。

GDU 检测 IGBT 模块的集射电流，当发生短路时快速可靠关断 IGBT。这种保护非常迅速，无论是功率电路中的短路还是对地短路，无论是发生在 IGBT 开通之前，还是在导通过程中都能起作用。

5. 过热保护

在 MCM 电源部件的散热器上安装有 Pt100（0 ℃ 时为 100）温度传感器，如果温度太高，MCM 的输出功率会受限（见图 3.47）。图中，A 点高温值 A 可通过程序调整，当温度达到该值时，显示高温信息；当温度持续在 A 与 $A+5$ ℃ 之间超过 15 min 以上，显示故障，变流器阻断；只有温度下降到 $A-10$ ℃ 以下时，变流器才会重新启动。

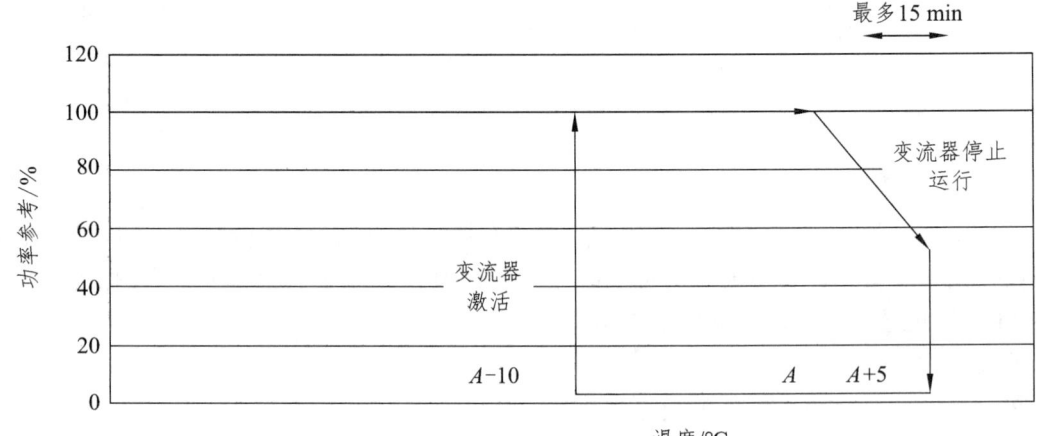

图 3.47　散热器温度太高时 MCM 输出功率减小

6. 故障诊断

DCU/M 有自测功能，可对 MCM 进行故障诊断和追踪，这些在线功能可以保护系统、减小维护和停机时间。故障信息被发送到列车计算机，有些严重故障会造成 MCM 关断。

DCU/M 由硬件和软件构成，大部分控制功能固化在微控制器（MCU）和数字信号处理器（DSP）中。程序按功能块组态，大部分是标准化的功能块，小部分根据项目确定。部分响应时间非常敏感的功能由可编程硬件[即现场可编程门阵列（FPGA）]实现。控制系统的特点是：尺寸小、质量小、组态灵活。

DCU/M 负责 MCM 与外部控制系统的通信，与牵引计算机之间通过 MVB 传输输入/输出信号，最重要的信息包括：① 起动（激活）指令（输入）；② 车辆的运行方向（输入）；③ 转矩给定值（输入）；④ 实际输出转矩（输出）；⑤ 每分钟转速（输出）；⑥ 状态（输出）；⑦ 故障指示（输入/输出）；⑧ Dc 环节电压（输出）。

在 MCM 内部，DCU/M 与 GDU 之间的信号通过光缆传输，在 DCU/M 上安装了一块光缆电路板，板上电压信号被转换成光信号（光脉冲）与光缆相连。在光缆的另一端，光信号又转换成电压信号。光介质把电力回路与计算机隔离，减小了电磁干扰。

通过 RS-232 接口，DCU/M 可连接到基于个人计算机（PC）的便携式检测试验装置，通过 PC 软件进行诊断和故障追踪，该装置由 PC 和 8 通道记录板组成。PC 可读出 DCU/M 的状态和参数值，利用故障指示和信号做进一步的分析诊断。此外，还有用于检修的试验架，如果需要可以把 MCM 从动车组底架上拆下来放在试验架上，然后通过 PC 软件进行故障追踪。

MCM 的主要参数见表 3.7。

表 3.7 MCM 的主要参数

类型		数值
输入数据	直流环节额定电流	DC 1 650 V
	频率/Hz	50
	电池额定电压/V	DC 110
输出数据	过电压保护激活值/V	DC 1 900
	过电压保护解除值/V	DC 1 840
	直流环节欠电压激活值（保护性阻断）/V	200
	相电压（基础驱动时）/V	0~1 287
	输出相位电压，基础制动/V	0~1 287
	输出相电流最大有效值/A	800
	输出频率/Hz	0~152
尺寸和质量	高度×长度×深度/（mm×mm×mm）	350×616×829
	质量/kg	123
温度	环境温度/°C	-40~+40
	换热箱工作激活温度/°C	+76
	换热箱的最高温度/°C	+80
绝缘试验	1 500 V 系统的输入到接地之间	5 500 V（RMS），50 Hz，60 s
制动/牵引力限制	电动机高温转矩降低	50%
	电动机变流器高温转矩降低	50%
开关频率	开关频率/kHz	1
部件	薄膜电容/mF	4
	放电电阻/kΩ	33
	DC 环节放电时间/min	10

3.2.5 CRH$_2$型动车组牵引逆变器及其控制

3.2.5.1 CRH$_2$型动车组牵引逆变器的工作原理及参数

1. 逆变器的工作原理

逆变器部分以支撑电容器电压为输入,牵引控制装置控制IGBT或IPM(智能功率模块)的开通或关断。牵引时,逆变器输出电压和频率可调的三相交流电,控制4台并联牵引电动机的转速和转矩。再生制动时,以牵引电动机输出的两相交流电源为输入,向支撑电容器侧输出直流电压。

逆变器主电路采用与脉冲整流器相同的三电平结构。因为中间直流回路没有二次滤波电路,应在逆变器的脉宽调制方式中采用一定的控制策略来抑制脉动直流电压对电动机转矩产生的影响。

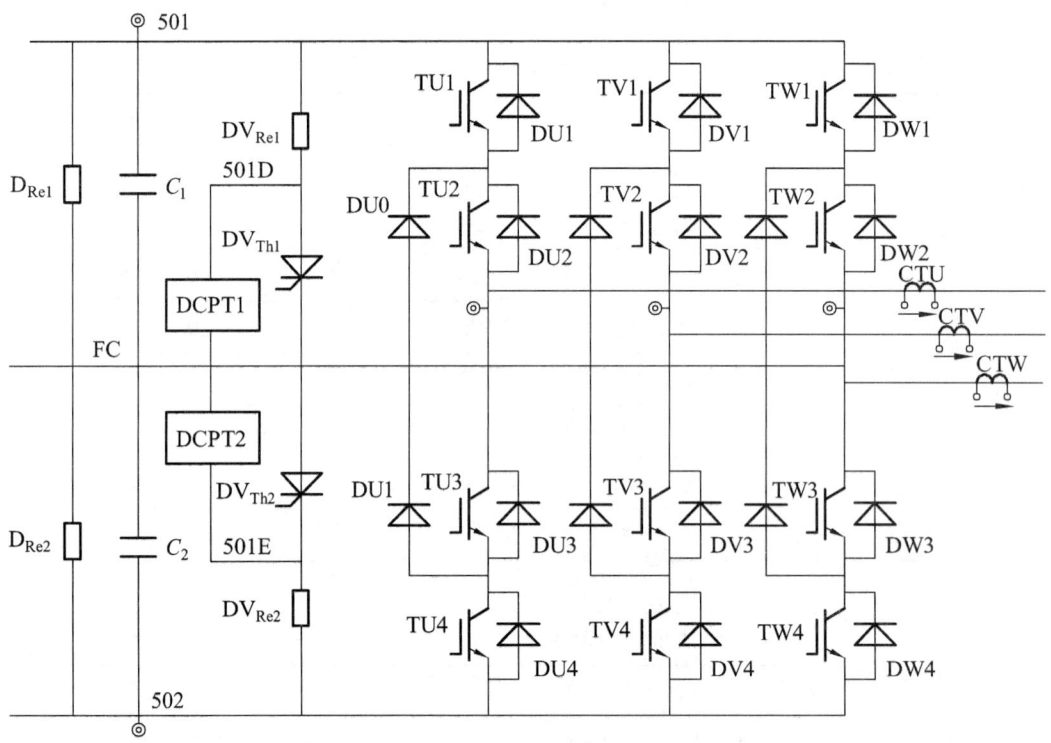

图3.48 三电平逆变器主电路原理图[①]

三电平逆变器主电路采用两主管串联与中点带钳位二极管的方案,如图3.48所示。这种主电路方案可使主管耐压值降低一半。图3.48中一相桥臂的4个主管有3种不同的通断组合,对应着3种不同的输出电位,见表3.8。

---

① 本图引自:　　　　　(此图直接引用国外文献,为便于读者参考,故未做改动)

表 3.8　主管开关状态与输出电压

模　式	TU1	TU2	TU3	TU4	输出相电压
P	通	通	断	断	$+U_d/2$
O	断	通	通	断	0
N	断	断	通	通	$-U_d/2$

由表 3.8 可看出，主管 TU1 和 TU3 栅极上控制脉冲是互反的，主管 TU2 和 TU4 也是如此。同时规定输出电压变化只能是由正到零、零到负或相反的变换，不允许正负之间直接变换。此外，电压型逆变器中各主管通断转换中必须遵循先断后通的原则，如表中输出相电压从 $+U_d/2$ 到零变换时，先断 TU1 后通 TU3，其余类推。逆变器对异步电动机实行变频调速时，在基本转速范围内应保持电动机主磁通恒定。

2．逆变器的技术参数

1）逆变器性能参数

控制方式　　　　　三相电压型三电平 PWM 逆变器
输入　　　　　　　1 296 kW（直流 3 000 V，432 A）
输出　　　　　　　1 475 kV·A（三相交流 2 300 V，424 A，0～220 Hz）
效率　　　　　　　97.5% 以上（牵引电动机额定）
功率因数　　　　　0.97 以上（在额定负载条件下，除辅助电路和控制电路外）
载波频率　　　　　1 250 Hz
载波相位差设定　　单元间载波相位控制

2）逆变器构成设备

尺寸（$W \times L \times H$）　660 mm × 550 mm × 610 mm
质量　　　　　　　130 kg
装备零部件
主控制器件　　　　高耐压 IPM/IGBT　3 300 V，1 200 A，1S1P4A
钳位二极管　　　　高耐压二极管　3 300 V，1 200 A，1S1P2A
支撑电容器　　　　1 250×(1±10%) μF
其他　　　　　　　缓冲电路 1 套
　　　　　　　　　闸控接口电路 1 套
　　　　　　　　　主电路接线盘 1 套
　　　　　　　　　冷却器温度继电器 1 个
　　　　　　　　　冷却器 1 套
　　　　　　　　　密封部位温度继电器 1 个

3.2.5.2　牵引逆变器的空间电压矢量控制

1．控制原理

当电动机供以三相对称电压 u_U、u_V 与 u_W 时，按照空间矢量理论，其空间电压矢量 U_r，可表示为

$$U_r = 2(u_U + \lambda u_V + \lambda^2 u_W)/3 \tag{3.84}$$

式中，$\lambda = e^{j2\pi/3}$。当三相对称电压为正弦变化时，空间电压矢量 U_r 的运动轨迹为圆形。当三电平逆变器输入恒定直流电压，且 $U_{c1} = U_{c2}$ 时，其可能的空间电压矢量组合共有 $3^3 = 27$ 种，如图 3.50 所示。其中，零矢量（幅值为 0）有三个：R_{OOC}、R_{PPP} 与 R_{NNN}。内正六边形的每个顶点有两种可能的组合，如图 3.50 中所示的 R_{ONN} 矢量与 R_{POC} 矢量处于同一点。除去上述 8 种重复的矢量，三电平逆变器共有 19 种独立的空间电压矢量。

2. 空间电压矢量合成计算

如图 3.49 所示，外正六边形各顶点的电压矢量将电压矢量图分成六个大的对称正三角形区域（每个区域为 60°）；再把各相邻电压矢量两两相连，则可将三电平逆变器空间电压矢量图分成 4 个小的正三角形（其中每个大三角形区域包含 4 个小三角形）。对每个大三角形区域进行分析，可得到整个 360°范围内的工作情况（图 3.50 是中间大三角形区域放大图）。在不同的供电频率下，电动机定子电压合成的空间电压矢量的幅值不同，则合成的电压矢量端点轨迹分别落在图 3.50 的内正六边形、内外正六边形之间或内外正六边形中（对应图 3.50 分别在①、②、③区域，④、⑤、⑥、⑦区域或②、③、④、⑤区域）。

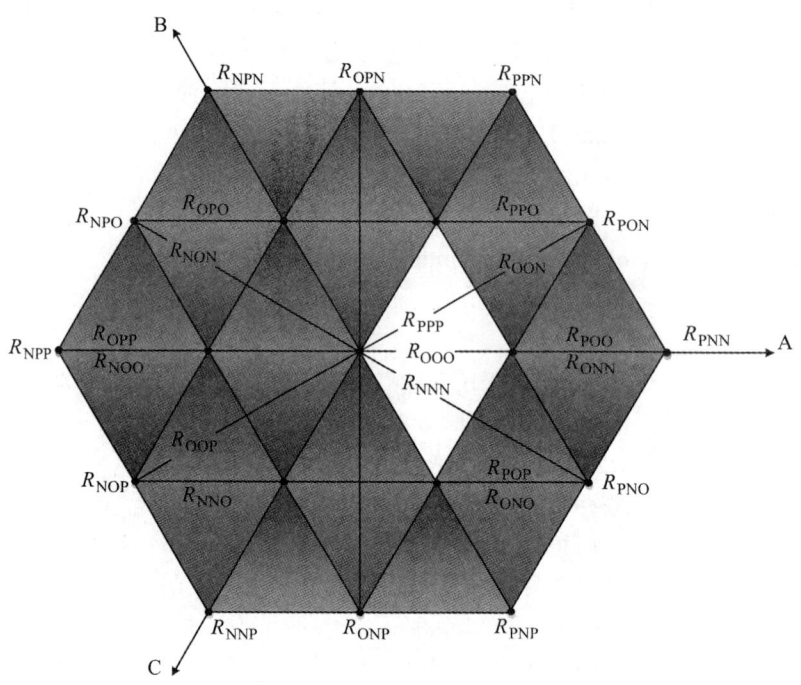

图 3.49　三电平逆变器空间电压矢量图

3. 空间电压矢量施加顺序的选择原则

在选择空间电压矢量时，为了减少逆变器开关器件的开关损耗，三电平逆变器仅有一条支路的开关器件产生通断动作，并且每条支路状态只能由 P 变到 O、N 变到 O，不允许 P 与 N 之间直接互变。同时还要考虑到矢量图中各小正三角形之间过渡的平滑性等问题。

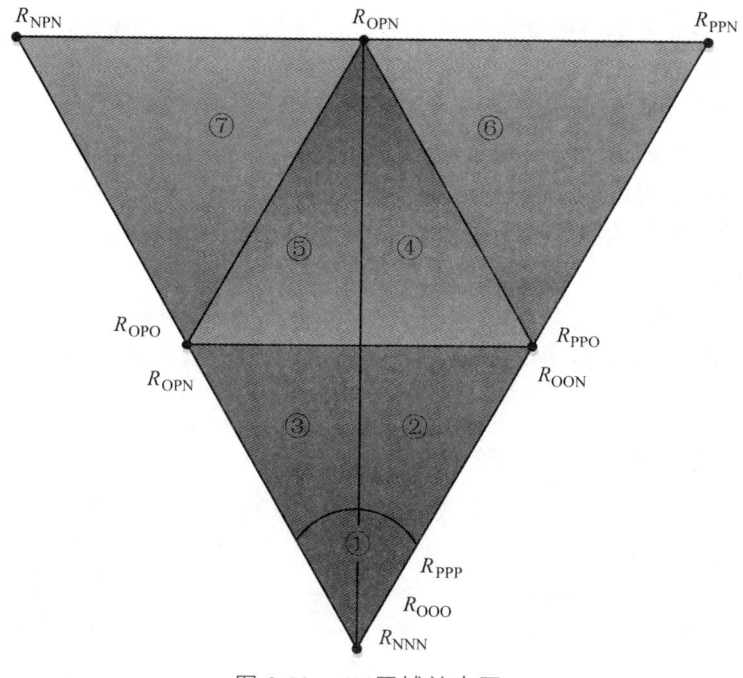

图 3.50 60°区域放大图

3.2.5.3 改善中点电位偏移的 PWM 控制方式

三电平逆变器的中点电位是由两个相等且电容量较大的支撑电容器分压而得到的。在变频调速过程中，尤其在低频或低转速情况下，由于支撑电容器电容量不可能无限大，中点电位难以维持零电位而发生偏移。这将提高对主管耐压的要求，影响输出电压的对称性，不利于整个系统工作。为此，要采取措施抑制或控制中点电位的偏移。

抑制中点电位偏离的空间电压矢量 PWM 控制方法是根据每个脉冲周期内合成空间电压矢量幅值相等的原则。由上述可知，三电平逆变器电压矢量有 3 个零矢量 R_{OOO}、R_{PPP}、R_{NNN}，内正六边形顶点的矢量幅值为外正六边形顶点矢量幅值的一半，每顶点有两种可能的组合，如图 3.50 中 R_{POP} 与 R_{ONO} 处于同一顶点。除去上述 8 种重复的矢量，三电平逆变器共有 19 种独立的电压矢量。然而通过对这些冗余的电压矢量的选择，可以抑制中点电位的变化。

把内六边形顶点的 12 个电压矢量分成两类：一类为 R_{POO}、R_{OPO}、R_{OOP} 与 R_{PPO}、R_{OOP}、R_{POP}，这类电压矢量接通时，中点的上部电容器参与工作。另一类为 R_{ONN}、R_{NON}、R_{NNO} 与 R_{OON}、R_{NOO}、R_{ONO}，它们接通时下部电容器参加工作。所以这些矢量参与工作时会影响中点电位的稳定性。

为了抑制中点电位偏移，应在某个短的调制周期内成对选取上述的电压矢量，使中点的上部电容器与下部电容器参与工作的机会均等（或说经由中点流出与流入的总电荷量为零）。

3.2.6 牵引逆变器测试系统

3.2.6.1 概 述

牵引逆变器在运行几年后，电路中的滤波元件、开关器件、驱动电路等的参数有可能发生变化，这将严重影响到牵引逆变器的安全运行，因此需对逆变器的开关电路、滤波电路、驱动电路的性能参数进行综合测试，以保证牵引逆变器的可靠运行。

牵引逆变器的测试项目主要有：

（1）储能电容器的测试。主要测量电容器的电容量、耐压值和漏电流等参数，根据这些参数可以判断电容器是否可能失效。

（2）逆变器输出参数的测试。主要测量逆变器输出电压的谐波含量、输出频率的范围和三相电压的对称度。

（3）IGBT 开关特性的测试。主要测量 IGBT 的导通和关断时间。

（4）IGBT 驱动电路性能的测试。主要测量驱动电路输出脉冲的参数和保护功能。

为了满足测试的要求，测试系统应能为逆变器提供直流电源和负载。

3.2.6.2　牵引逆变器测试系统的构成

测试系统主要由直流电源、模拟负载、传感器、控制器、数据采集器、计算机系统组成，系统的原理框图如图 3.51 所示。

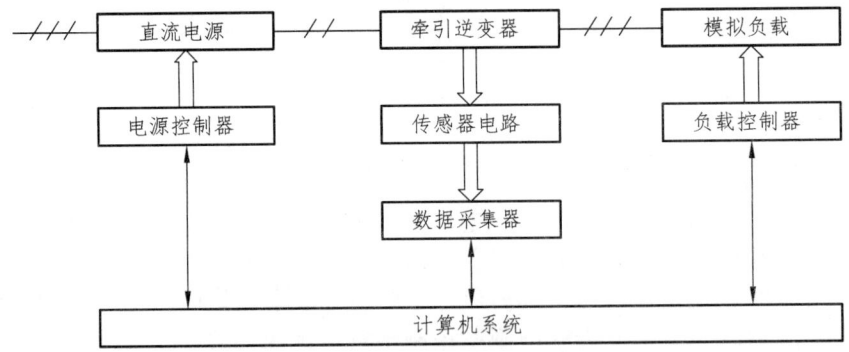

图 3.51　牵引逆变器测试系统原理框图

1. 直流电源

直流电源由整流变压器、三相可控晶闸管整流电路、输出滤波电路和触发控制电路等组成，可为被测试牵引逆变器提供所需的直流电压。

2. 模拟负载

模拟负载由电阻器、电感器、接触器、控制器等组成，通过控制接触器的投切来改变负载的大小。

3. 数据采集器

数据采集器由信号处理电路、信号放大电路、AD 转换电路、单片机、通信接口等组成。数据采集器将通过传感器获得的测量值进行处理、转换成数字量后，再通过通信接口传给上位计算机。

4. 计算机系统

计算机系统由工控机、显示器、通信接口卡和测控软件等组成。测控软件可以实现数据的自动检测和处理，并具有友好的显示界面。

3.2.6.3 测试原理

1. 电容参数的测量

1）电容参数的测量方法

（1）电源法。按照规定的时间长度用特定的电流源对待测电容器充电，然后测量该电容器两端的电压。

（2）振荡法。用待测的电容器构成一个 RC 振荡器，然后测量时间常数、频率或周期。

（3）电桥法。使用四线制连接到电容器，使用比例测量方法，能达到一定准确度，但实际应用较为不便。

（4）交流阻抗法。用一个正弦波信号源激励该电容器，然后测量该电容器的电流和电压。

2）电容参数的测试电路

采用电源法测量电容参数的测量电路框图如图 3.52 所示。它主要由测试电源、信号调理电路、数据采集器、计算机系统组成。测试电源可以是电压源，也可以是电流源。数据采集器可以检测经调理后的电容器电流和电压信号，然后传输给计算机系统。计算机系统根据电容器的电流和电压信号计算出电容参数。

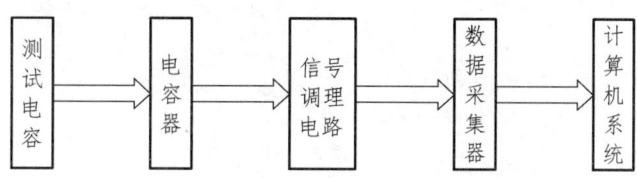

图 3.52　电容参数的测量电路框图

2. 逆变器输出参数的测试

逆变器的输出参数主要有输出电压、输出电流和输出频率。通过测试这些参数，可以计算出逆变器输出电压的谐波含量和三相电压的平衡度。其测量方法是：由数据采集器对经电压互感器、电流互感器变换后的电压、电流信号进行采样，计算机系统对采集到的数据进行分析，得到逆变器输出的性能指标。

3. IGBT 开关特性的测试

IGBT 的开关特性参数主要有：

① 导通时间、关断时间和死区时间；

② 电压上升率和最高电压。

其测量方法是：

由数据采集器对 IGBT 的集射极电压和集电极电流驱动进行高速采样，由计算机系统对采样数据进行处理。

4. IGBT 驱动电路性能的测试

驱动电路的性能指标主要有：

① 输出驱动脉冲的幅值、上升沿和宽度；

② 过电流保护的动作时间和动作门槛值。

其测量方法是：

① 由数据采集器对驱动脉冲进行高速采样,由计算机系统对采样数据进行处理;
② 使逆变器处于过电流状态,测量驱动电路的保护响应时间。

3.3 几种动车组用牵引变流器

3.3.1 CRH380BL 型动车组牵引变流器

CRH380BL 型动车组有 8 台牵引变流器,每台牵引变流器中有两组四象限斩波器(4QC)横块、一个 PWM 逆变器模块、一组牵引控制单元、冷却系统及中间直流环节。每一组逆变器控制 4 台牵引电机。变流器的主要功能是将牵引变压器输出的 AC 1 850 V/50 Hz,经四象限整流得到 3 200 ~ 3 600 V 的中间直流电压,在经逆变器输出电压、频率可调的三相交流电压为牵引电机供电。牵引变流器外形如图 3.53 所示。

图 3.53 牵引变流器箱

牵引变流器(TC)位于 EC01/VC03/IC06/IC08/BC09/IC11/IC14/EC16 车底架下的设备舱中,牵引变流器冷却装置(CLT)在每个牵引箱的旁边。牵引控制单元集成在牵引变流器(TC)箱体中。

本装置吊挂在车辆地板上,牵引变流器的功能是进行电制转换,以满足牵引列车及牵引控制对电能形式的需要。CRH380BL 型动车组是交-直-交电传动电动车组,牵引变流器首先将来自受电弓的单相交流电转换成直流电,这一功能由网侧变流器模块(4QC)实现,该直流电又被电机变流器模块(PWMI)转换成三相交流电供给三相交流异步牵引电动机,通过对 4QC 和 PWMI 的控制实现列车的牵引、调速和制动。

图 3.54 给出了一个牵引变流器模块构成框图,牵引变流器的功率器件为 IGBT(绝缘栅双极晶体管),控制装置以微处理器为核心,可方便灵活地实现功率转换与保护,也可实现再生电气制动。每个牵引变流器基本上包括两个四象限斩波器(4QC)、一个带串联谐振电路的中间电压电路、一个过压限制器(MUB)和一个脉宽调制逆变器(PWMI)。

变流器内部主要组成如下:

(1)2 个四象限整流器(4QC)并联,给 1 个牵引逆变器供电。

(2)1 个三相电压型两电平逆变器,给 4 台异步牵引电动机供电。

(3)1 个牵引控制单元(TCU),控制四象限斩波器、牵引逆变器的 IGBT 开关,以获得满足车辆牵引/制动性能要求的控制。

(4)装置分通气部分和密封部分,把需要散热的冷却系统安装在通气部分,把有必要进行绝缘防止污损的部分安装在密封部分。

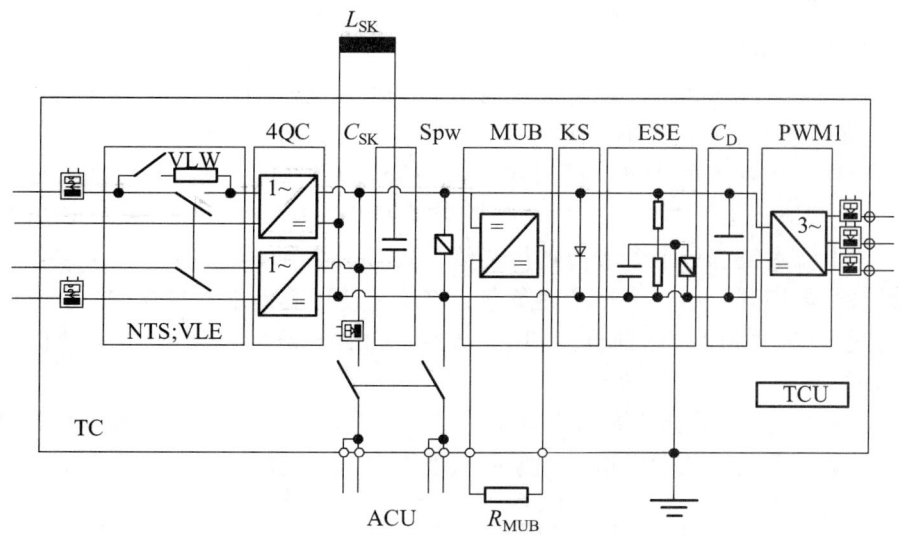

C_D—直流侧电容器；R_{MUB}—限压电阻器；C_{SK}—电容器（串联谐振电路）；S_{PW}—电压转换器；
ESE—接地故障检测模块；TC—牵引变流器；KS—短路断路器；TCU—牵引控制单元；
L_{SK}—电感器（串联谐振电路）；VLE—预充电装置；MUB—过压限制器；
VLW—预充电电阻器；NTS—线路接触器；4QC—四象限斩波器；
PWMI—脉宽调制逆变器。

图 3.54 牵引变流器框图

（5）冷却系统布置在变流箱的旁边。

（6）具有完善的故障保护功能。

3.3.1.1 四象限斩波器工作原理和技术参数

4QC 从电气上可分为两个子系统，由两个完全相同的 AC-DC 变流器构成。这两个子系统均由内部计算机监督控制，因此需要测量 4QC 内部的温度、电流和电压等参数。该斩波器在牵引工况可以将交流转化为直流，在实施再生制动时将直流转换为交流反馈回电网，四象限斩波器简图如图 3.55 所示。

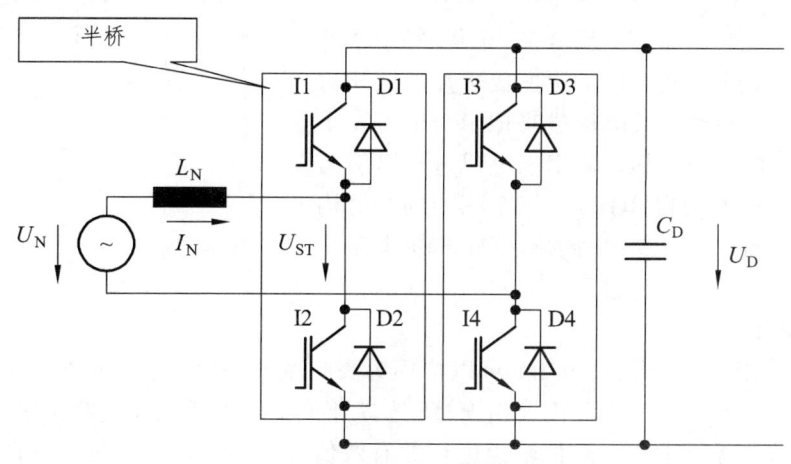

图 3.55 四象限斩波器简图

四象限斩波器的任务是通过将各种单相输入电压转变为 DC 链路的直流电压，控制主链路和 DC 链路之间的能量流。

为实现正半波运行期间牵引绕组等效漏感 L_N 回路导通，开关 I2 或 I3 中的一个（负半波为 I1 或 I4）将接通。此时，变压器次级线圈将短接。获得期望的电流值后，IGBT 将被阻塞。由于变压器感应的电流不能中断，通过单向二极管 D1 和 D4（正半个周期，负半个周期为 D2 或 D3），电流流入 DC 链路电容器并缓慢衰减（直到 $U_D>U_N$）。同时，DC 链路将充电。依据此原理，电流围绕着一个参考值进行调整，从而 $\cos\varphi$ 和 DC 链路电压可以保持在期望的范围内。另一个周期开始后，为平衡热负荷，将轮流使用其他半桥参与控制。

可以通过改变占空因数达到电流和电压之间的相位偏移，将电流的有效值、功率因数（$\cos\varphi$）及 DC 链路电压调整至期望值。

IGBT 开关频率决定了脉冲周期（例如，每半个周期为 5 个脉冲）。脉冲数量越高，电流值越精确，越能接近电流的参考值。四象限斩波器电流和电压波形如图 3.56 所示。

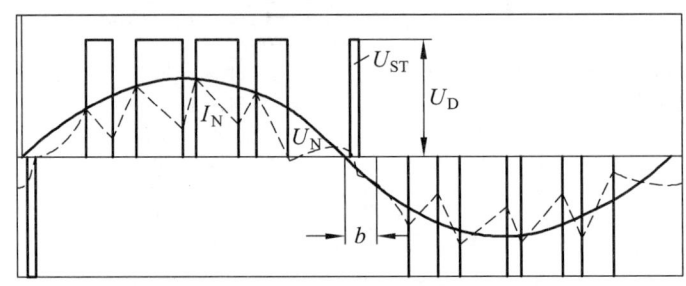

图 3.56　四象限斩波器电流和电压波形

技术参数如下：
4QC 输入频率：　　　　　50 Hz
4QC 输入功率：
　　牵引操作　　　　　约 2×1 462 kV·A
　　制动操作　　　　　约 2×900 kV·A

3.3.1.2　逆变器工作原理和技术参数

三相桥式逆变器的原理如图 3.57 所示，每个桥臂的构成如图 3.58 所示。将 DC 电源变成可控的三相对称交流电源，在电制动时又能反过来把牵引电机发出的三相交流电变成直流电压，对牵引电机进行牵引与制动控制，其功率模块为 IGBT。三个相同的桥臂构成一个三相速变器，图 3.58 中画出了 U 相主电路。门电路驱动单元驱动 IGBT 的开关，根据 TCU 的指令接通和断开 IGBT。

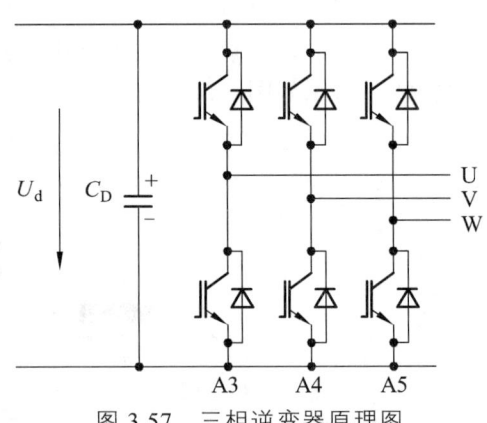

图 3.57　三相逆变器原理图

IGBT 模块如图 3.59 所示，IGBT 可以描述为高频率开关电源。这允许三个输出端子按照要求与 DC 链路电压的正极或者负极相连接，选择开关状态以便在电机绕组中获得正弦电流。可以通过时钟脉冲运行 IGBT 降低输出电压的有效值。在整块运行中的脉冲调制逆变器电压如图 3.60 所示，在时钟脉冲运行的 PWMI 电压如图 3.61 所示。

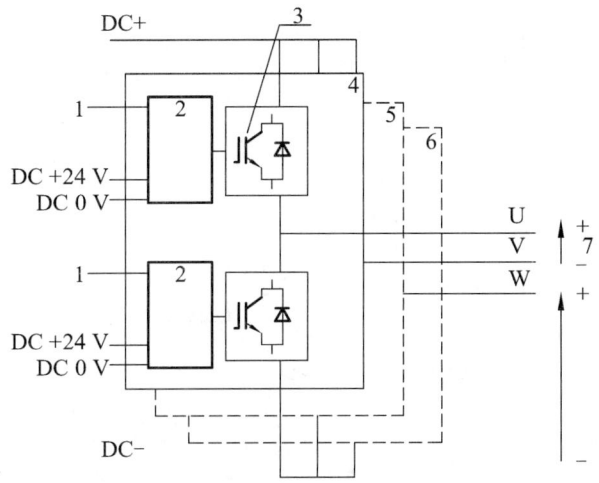

1—光纤信号来自/去往 MCM 计算机；2—门电路驱动装置；3—IGBT 模块；
4—U 相；5—V 相；6—W 相；7—相间电压。

图 3.58 U 相桥臂构成

图 3.59 IGBT 模块

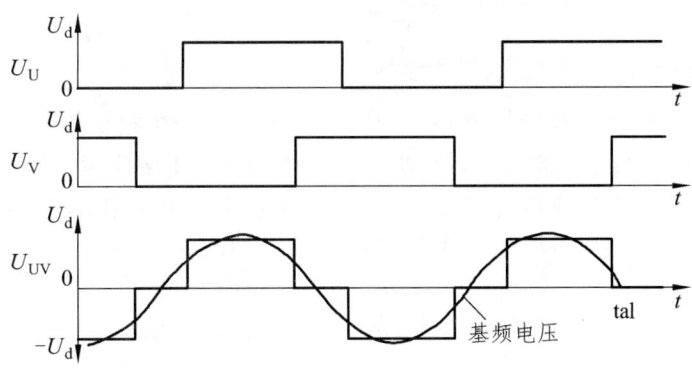

图 3.60 在方波运行中的脉宽调制逆变器

在制动运行期间，电机轴上的扭矩方向与旋转方向相反。电压和电流有较大的相偏移 φ。通过提供基本电压，脉冲逆变器能加强电压和电流之间的此相偏移。制动运行期间的电压和电流相位如图 3.62 所示。

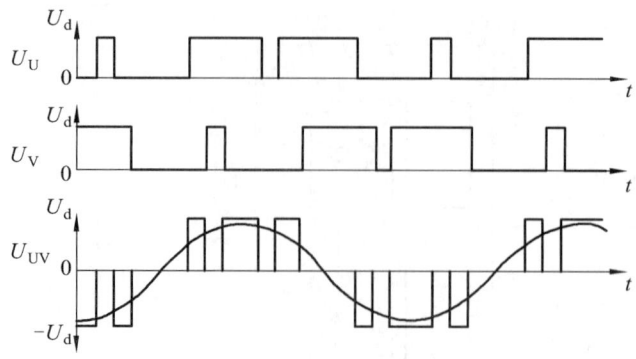

图 3.61 在时钟脉冲相运行的逆变器

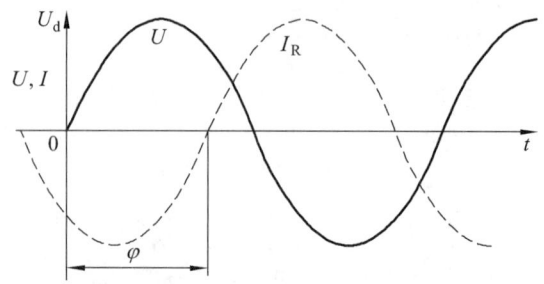

图 3.62 制动运行期间的电压和电流相位

为实现电机变流器的控制和监视,需要测量以下工作参数:
(1)变流器输出的相电流,用于控制和保护。
(2)直流环节电容器上的电压,用于保护。
(3)电机变流器温度,用于保护。
(4)电机温度,用于保护。
(5)电机的转速,用于控制和保护。

牵引安全功能能够减小在不需要的情况下产生牵引力的危险,PWMI 的输出功率:牵引操作约 2 500 kW,制动操作约 2 200 kW。

3.3.1.3 中间电路的特点和技术参数

中间电路包括一个带串联谐振电路的中间电压电路、一个过压限制器(MUB)、接地故障检测模块(ESE)、限压电阻器等。过压限制器(MUB)用于减少牵引中间电路的过压情况,防止对牵引电路的功率半导体造成损坏。每个变流器的 DC 链路电容电池由 4×0.75 mF 电容器构成,总共 3 mF。电池的 DC 链路电容器电路示意如图 3.63 所示。

谐波吸收器是谐振电路,如图 3.64 所示,由电容器和一个外部扼流圈构成(不在牵引变流器的内侧)。它分两次过滤由输入电压导致 DC 链路中波动。电容电池的谐波吸收器共有 $C_n = 4.5$ mF 的电容值。

谐振电路扼流圈的电感值和电容器的电容制造必须带有限定的精度。而且由于老化对电容值下降的影响很小。为此,必须最初运行确定的维护时间间隔(典型为 10 年)后调整谐振频率,以避免频率漂移。为充分调整谐波吸收器,电容电池配备固定值电容(C_{fix})和一个调谐电容器(C_{var1}, C_{var2}, C_{var3})。

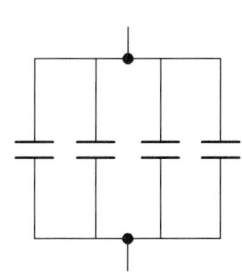

图 3.63　电池的 DC 链路电容器

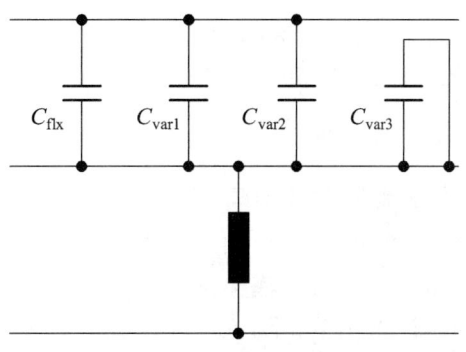

图 3.64　谐波吸收器

高欧姆电阻并联到变流器的 DC 链路电容中，在变流器由于不规则停止工作并且额定放电机构不能工作后，这些高欧姆电阻将负担起在限定的时间内给电容放电的任务。

接地故障检测由分压器、带准势绝缘和评估电路的差动放大器构成。电阻器的中央抽头接地，一个滤波电容器并联到下部部件中，监控此电容的电压。在出现接地故障时，通过测量电压的变化，TCU 可以检测到接地故障。

在额定运行期间，互感器的值显示为整体 DC 链路电压的 1/4，考虑 ±30% 的公差（由于部件公差导致的 DC 链路电压的 1/4）。在接地故障的情况下，由于电容值的充电反向，测量电压改变，图 3.65 为简化的电路图（接地故障记录）。

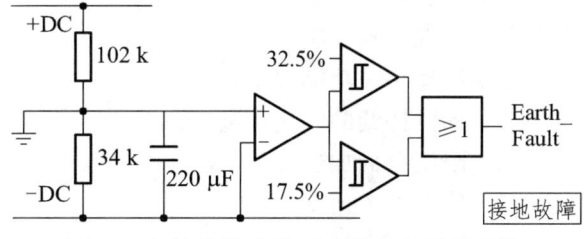

图 3.65　简化的电路图（接地故障记录）

每个牵引变流器（TC）输入端的线路接触器（NTS）由 TCU 控制，用于连接牵引变流器输入变压器（TF）的二次侧输出端。牵引变流器的中间电路必须在线路接触器接通之前预先充电。预先充电由预充电装置（VLE）执行，该装置包括预充电接触器和相应的电阻器。当牵引变流器出现故障时，可以先断开主断路器然后使用线路接触器（NTS）将它与主变压器隔离。

接地故障检测模块（ESE）对系统进行监测。若出现故障则断开牵引变流器。在这种情况下，如果主断路器断开并被阻止使用，动车组司机须将受影响的动力装置从地面移开，然后再次闭合主断路器，这样可以确保与该变压器连接的其他组件（如其他牵引变流器）及另一个牵引单元变压器上的组件可以继续操作。

电感器（LSK）装在牵引变流器的冷却系统中，电感器使用牵引变流器冷却系统的冷却风扇进行强制风冷。

DC 环节电容器是变流器的无功功率来源，起到稳定 DC 电压的作用，这对变流器的能量转换过程来讲是非常关键的。

动车组配有 8 个限压电阻器。每个限压电阻器分配给一个牵引变流器。限压电阻器位于 FC04/FC05/SC12/SC13 车的车顶。限压电阻器专用于保护牵引功率转换器，以防过压。功率转换器出现故障时，电阻器可以保证使中间电路以转换热能的方式安全放电。

中间电路电压参数如下：

牵引操作：约 3 200 ~ 3 600 V

制动操作：约 3 350 ~ 3 500 V

3.3.1.4 其 他

1. 牵引控制单元（TCU）

牵引控制单元（TCU）用于监控牵引变流器的操作。它们是位于 EC01/VC03/IC06/IC08/BC09/IC11/IC14/EC16 车底架下的牵引变流器的一部分。

TCU 的主要功能如下：

（1）调节指定的牵引或（电动）制动力，调节牵引变流器直流侧的电压，为牵引变流器生成控制信号；

（2）控制开关原件，如预充电接触器和线路断开开关；

（3）监控和保护牵引组件；

（4）车轮滑动保护。

车轮防滑系统软件持续监控车辆和从动轮的运动。若运动变量与容许值有偏差，牵引力会自动降低到一个级别。持续监控与车辆和车轮相关的运动变量，可以确保在所有轨道条件下牵引系统都受到控制。

车轮滑动保护功能包括：

（1）提供持续的车辆滑动控制；

（2）限制车辆加速度；

（3）确定参考速度；

（4）防止车轮制动（运行表面的平面区域）；

（5）防止出现不容许的高轮轨滑动值；

（6）规定牵引相关的诊断数据，有助维护和提高可用性；

（7）通过 MVB 与 CCU、BCU、司机 MMI 和辅助转换器装置进行数据交换。

2. 冷却系统

牵引变流器采用分体水冷式冷却系统。冷却单元安装于车下动力车牵引变流器的旁边，其外形如图 3.66 所示。

图 3.66　牵引变流器冷却单元外形图

牵引变流器冷却系统主要包括冷却液、入口过滤器、污垢粗过滤器、冷却模块、冷却风扇、离心管道水泵、精过滤器、膨胀水箱、入口和出口温度传感器和压力传感器、入口阀和出口阀、带法兰的不锈钢波纹管、通气管以及串联谐振电感。

冷却单元中填充的冷却液为水和防冻液的混合物，体积比为 56%∶44%，牵引变流器中冷却液溶剂大约为 30 L，冷却系统中大约为 58 L，冷却性能参数见表 3.9。

表 3.9　冷却单元冷却性能参数

固定散热量	约 67 kW
冷却液体积流量（冷却液温度为 50 ℃）	200×（1±3%）L/min
冷却液进口温度	62.4 ℃
冷却液出口温度	57 ℃

3. 限压电阻器

一列 CRH380BL 型动车组配有 4 个过电压限制电阻单元（MUB），分别位于 FC04/FC05/SC12/SC13 车的车顶，图 3.67 为限压电阻器，表 3.10 给出了限压电阻器的技术参数。

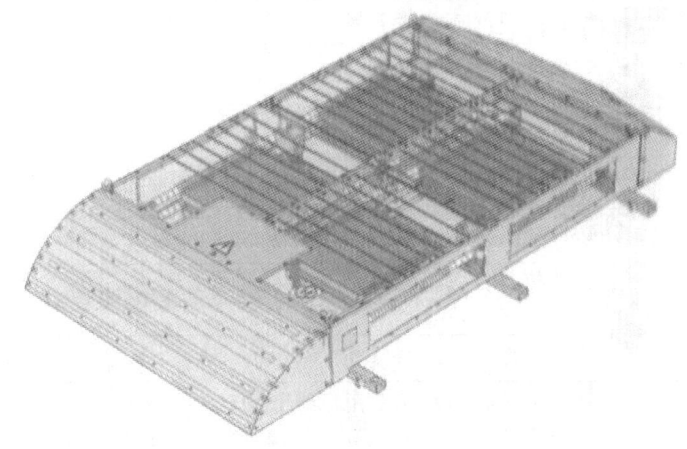

图 3.67　限压电阻器

表 3.10　限压电阻器的技术参数

R_N	3.3 Ω（允差为 −5%~+7%）
R_{max}	500 ℃ 时 4.5 Ω（R_N+7%+通过加热增加电阻）
R_{min}	3.0 Ω
U_N	4 100 ~ 4 500 V
U_{max}	4 500 V
U_{Nm}	4 000 V
绝缘隔离间隙	≥240 mm 外部绝缘隔离，≥120 mm 内部绝缘隔离
空气间隙	≥32 mm 每个绝缘隔离（OV2/PD4；EN 50124-1） ≥64 mm 从电阻材料到电阻器外壳的距离
能量消耗能力	3.08 MW·s（500 ℃）

限压电阻器专用于电制动时保护牵引变流器，以防过压。当牵引变流器出现故障时，电阻器可以保证使中间电路以规定方式安全放电。

3.3.1.5 运用与维护

牵引变流器在存储时,应防止会对其功能造成负面影响的温度、潮气和灰尘等环境,在安装之前需要检查牵引变流器是否有压痕和机械损坏,盖板及密封性是否良好,油漆状态、电源线连接、控制连接器及冷却介质连接管路配件是否正常。

必须对牵引变流器进行定期维护来检测并排除可能的故障,维护内容参见表 3.11。

表 3.11 维护内容与时间进度表

部件	检查与检修工作	运行距离
冷却单元	目视检查冷却单元有无泄漏,尤其是接头区域、螺旋塞等; 目视检查保护格栅上是否存在泄漏和灰尘	10×10^4 km
牵引变流器箱盖	检查箱盖密封处是否正确就位,是否未被压入或破裂	
冷却单元防护格栅	目视检查保护格栅上有无灰尘及清理	40×10^4 km
冷却液体连接管路配件	检查冷却液体连接管路处的密封性,保证无泄漏	
牵引变流器	检查冷却介质液体; 清洁设备箱内部区域; 检查冷凝水出口的密封; 检查断路器的触点是否腐蚀; 检查接触器的灭弧室是否有机械损坏或金属沉积; 检查辅助接触器的触点有无损坏	80×10^4 km
冷却单元	目视检查空气过滤器上有无灰尘及清理; 目视检查冷却器上有无灰尘及清理	
冷却单元冷却液	检查防冻剂的防冻特性	120×10^4 km
牵引变流器	更换牵引控制单元备用电池; 检查冷却系统内部区域和风扇电机轴承; 检查电源线是否有颜色变化/过热标记	240×10^4 km
冷却单元冷却液	检查防腐剂的防腐特性	
牵引变流器	检查涂漆表面是否有裂纹、油漆是否脱落、是否生锈; 测量 DC 链路电容器的电容	480×10^4 km
冷却单元	检查集尘器滤网,必要时进行更换; 根据规定对冷却液泵进行维护	
冷却单元	根据规定对冷却风扇进行维护; 膨胀水箱更换螺纹式阀门; 更换风机外壳缓冲器; 更换泵护圈缓冲器; 更换双法兰蝶形阀和密封件	720×10^4 km

3.3.2 CRH4000BF 型动车组牵引变流器

每个列车包含四个牵引变流器箱。每个变流器箱包含 2 个四象限斩波器、一个三相 PWM 逆变器,用它来驱动四个牵引电机及一个制动斩波器。变流器有一个用于为辅助变流器供电的中间直流环节输出。100 Hz 谐振电路的电容器也位于变流器内。

3.3.2.1 相关参数

1. 电气数据

4QC-变流器

额定输入电压	$2×1\,900$ V,1AC
输入电压范围	$1\,085 \sim 1\,922$ V
输入频率	50 Hz
脉冲 4QC	7 步
IGBT 开关频率	350 Hz
牵引运行最大输入电流	$2×985$ A(最大有效基波电流)

逆变器(电机)

输出电压范围	$0 \sim 2\,800$ V
基波输出频率(驱动/制动)	$0 \sim 200$ Hz
IGBT 开关频率	最大 460 Hz
牵引运行时的最大输出电流	$1×1\,000$ A(有效值 3 相)

中间直流环节

牵引/制动运行的中间直流环节电压	最大 $3\,600$ V
中间直流环节电容	3 mF + 4% ~ 0%
谐波电路电容范围	$(3.04 \sim 4.56 ± 3\%)$ mF

控制电压

控制电压(车辆电池)	110 V
控制电压范围	$77 \sim 138$ V

接口

接口	电源连接
	控制信号连接
	冷却系统连接
	在列车底架下机械安装
运行模式	牵引运行
	制动运行(再生工况)

2. 绝缘等级

电路爬电距离 SK1 环境	按照 EN 50124-1 为 18 mm
电路爬电距离(设备箱内 PD2)	18.5 mm/26.3 mm/37 mm(绝缘材料组 I/II/IIIa)
过压等级	按照 EN 50124-1 为 OV2
电源模块 10S 的试验电压,	AC 50 Hz,$6\,900$ V,DC $9\,760$ V
控制单元 60S 的试验电压	AC 50 Hz,500/$1\,000$/$1\,500$ V
接地	欧姆

3. 冷　却

冷却类型	水冷却
冷却介质成分	水（56%）/防冻剂（44%）（TKD502A）
	水（44%）/防冻剂（56%）（TKD502B）
冷却水流速	200 L/min
最大冷却介质温度（全功率运行）	57 ℃
冷却剂的数量（仅牵引变流器）	约 20 L

4. 机械数据

尺寸（$L \times W \times H$）	3 068 mm × 2 900 mm × 722 mm
重量	（2 280 ± 50）kg
末道漆	RAL 7012
安装类型	悬挂在列车底架下
结构	Q345E、09CuPCrNi-A 热轧
盖的插销	锁、带矩形横截面的搭扣、六角螺栓 M8
接地连接	4 × M10 × 11 mm（内螺纹）
电源连接	带 14.5 mm 和 7 mm 直径的孔，镀锡的铜
控制连接（连接器）	Harting 24 针，(-X11，-X12，-X13)
	（4x12 针 + 2x4 针）(-X14)
	（1x2 + 1x3）针（-X17）

5. 运行的环境条件

按照 DIN EN 60721-3-5

气候环境条件：	5K2（雨：5K3）
环境温度	-25 ~ +40 ℃（TKD502A）
	-40 ~ +40 ℃（TKD502B）
相对湿度（该月月平均最低温度为 25 ℃）	≤95 %
最大风速	一般年份 15 m/s，偶 33 m/s
生物学环境条件	5B2
化学活性环境条件	5C2
机械活性环境条件	5S2
机械环境条件	5M1

6. 存储和运输的环境条件

按照 DIN EN 60721-3-5

气候环境条件：	2K5
例外，K 点	2Z1
例外，第 I 点	2Z6
例外，P 点	2Z9

生物环境条件	2B1
化学活性环境条件	2C2
机械活性环境条件	2S1
机械环境条件	2M1

7. 保　护

保护等级	1
保护程度	IP54
防火	等级 2

8. 其他数据

最高运行海拔	海平面以上 1 500 m
噪音发展	≤86 dB A 按照 IEC 61287-1
环境保护	按照 SN 36350 第 1 部分和 2 09/ 94 部分

3.3.2.2　牵引变流器的构成

经外部变压器将牵引变流器连接到单相 25 kV/50 Hz 供电线上。用单极断路器将变压器次级线圈与牵引变流器分离。通过预充电单元（在接通期间）和两个并联 4QC 模块（每个模块为一个半桥）给中间直流环节电压回路供电。中间直流环节电容器、谐波电路、接地故障登记和保护模块位于中间直流环节内。经脉冲变换器将中间直流环节电压能量传递至三相变频脉冲输出电压，给三相异步牵引电机供电。其原理框图如图 3.68 所示。

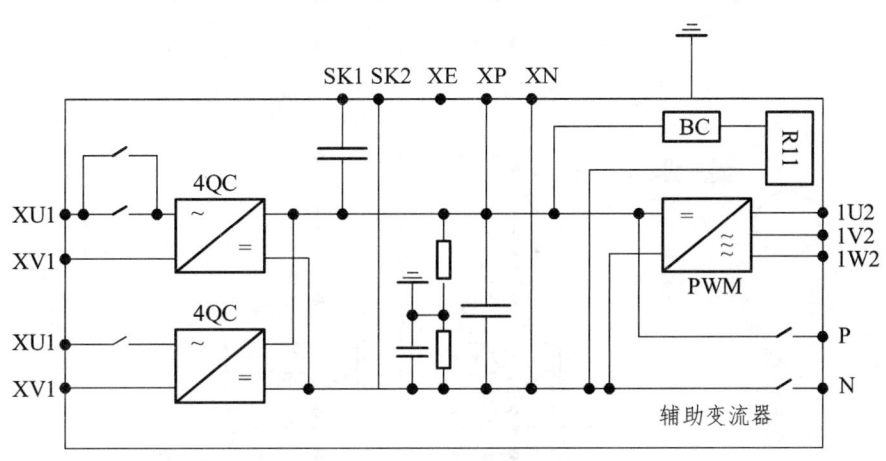

图 3.68　牵引变流器原理框图

一套牵引变流器主要包括两个四象限斩波器、带欧姆电容接地故障敏感元件的电压中间直流环节、PWM 逆变器、限压斩波器和限压电阻、用于外部辅助变流器的中间直流环节输出、谐波电路电容器和无感汇流排。

1. 线路断路器和预充电装置

输入电路（用于一个 4QC）如图 3.69 所示，断路器位于变压器和变压器每个牵引绕组的输入控制器之间。此断路器有两个极，以便每个变流器的两个四象限斩波器可以一起开关。

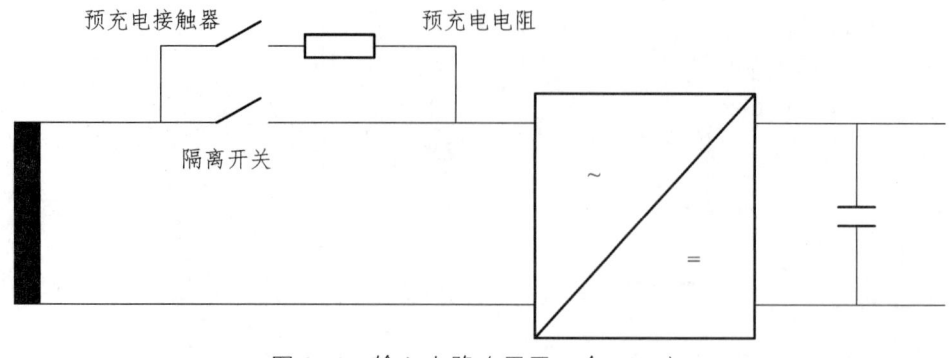

图 3.69 输入电路（用于一个 4QC）

预充电单元以并联的形式连接到断路器上。预充电单元由预充电接触器和电阻器构成。在变流器投入运行时，变流器的中间直流环节电容器先在预充电单元上充电，然后断路器闭合。如果输入电压突然接到空的电容器上，此设置可降低其导致的较大瞬间峰值电流。在中间直流环节电压达到理论终值（$\sqrt{2}U_{变压器次边}$）的 95% 以上后，断路器闭合。当它处于无电流条件下（例如主断路器打开）时，断路器才能断开。

2. 四象限斩波器（4QC）

整流器包含两个并联的四象限变流器。每个四象限斩波器都包含两个整体半桥臂的相位模块，如图 3.70 所示。

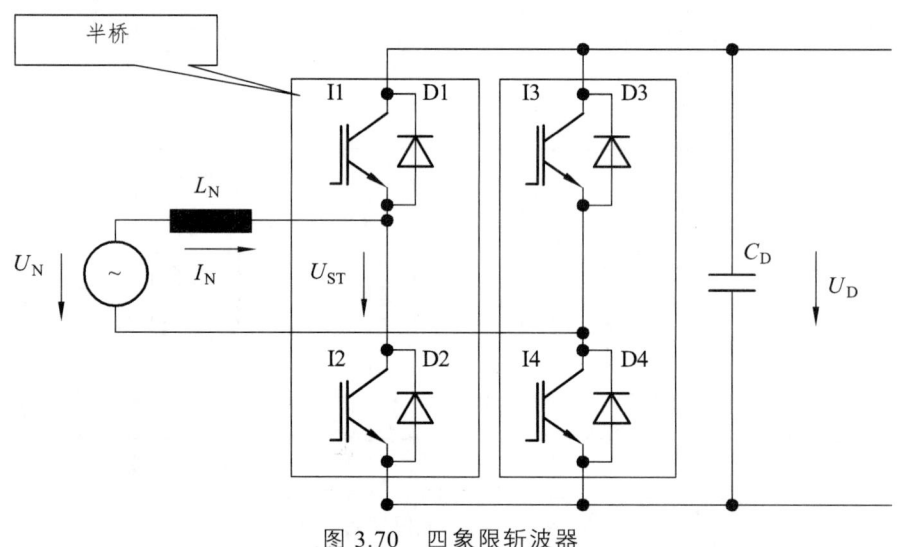

图 3.70 四象限斩波器

四象限斩波器的任务是通过将各种单相输入电压转变为中间直流环节的直流电压，控制主链路和中间直流环节之间的能量流。术语四象限斩波器表示在牵引及制动时，电压 U_{ST} 和电流 I_N 之间的相角是可以自由调整的。通过电压和电流之间相角的控制，可以获得四个运行象限。

为实现将变压器中的电流偏离正半波运行期间的电感 L_N，两个开关中的一个 T_2 或 T_3（正半波，T_1 或 T_4 用于负半波）将接通。这样，变压器次级线圈将短接。一获得期望的电流值，将阻塞 IGBT。

由于变压器不能中断电流,通过单向二极管 D1 和 D4(正半个周期,负半个周期为 D2 或 D3),电流流入中间直流环节电容器并缓慢衰减(直到 $U_D > U_N$)。同时,中间直流环节将充电。通过此原则,电流可以在参考值附近驱动,并且由此 $\cos\varphi$ 和 DC 链路电压可以保持在期望的范围内。此后,此程序再次开始,但是将轮流使用半桥以平衡热负载。

可以通过改变占空因数达到电流和电压之间的相位偏移。通过这样,可以将电流的有效值、功率因数($\cos\varphi$)及中间直流环节电压调整至期望值。

3. 中间直流环节电容器

中间直流环节电容器作为一个平滑并缓冲中间直流环节线电压的储能电路。因为在短时间内能量的输入和输出是不相等的,因此这是必需的。为此,也可以说电容解耦来自负载的电源。每个变流器的中间直流环节电容电池由 4×0.75 mF 电容器构成,总共 3 mF。

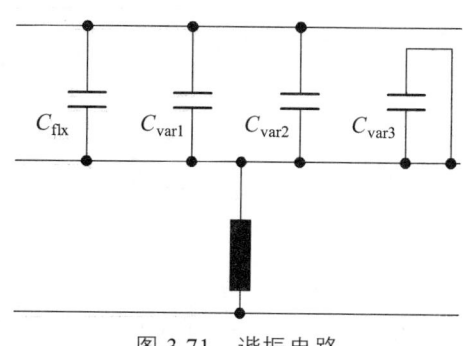

图 3.71 谐振电路

4. 谐波吸收器

谐波吸收器是谐振电路,由电容器和一个外部扼流圈构成(不在牵引变流器的内侧),如图 3.71 所示。

谐波吸收器共有 $C_n = 4.5$ mF 的电容值。谐振电路扼流圈的电感值和电容器的电容的制造必须带有限定的精度。为允许充分调整谐波吸收器,电容电池配备固定值电容(C_{fix})和一个调谐电容器(C_{var1}, C_{var2}, C_{var3})。

5. 链路中带接地故障探测的连续放电电阻

高欧姆电阻并联到变流器的中间直流环节电容中。在变流器由于不规则性停止运行并且额定放电机构不能工作后,这些高欧姆电阻有在限定的时间内给电容放电的任务。

6. PWM 逆变器

PWM 逆变器包括三个全桥,如图 3.72 所示。在三个输出端子处逆变器提供给四个牵引电机供电的三相电压系统,可以设定电压振幅和频率。三个输出端子按要求与中间直流环节电压的正极或负极相连接。选择开关状态以便在电机绕组中获得正弦电流。

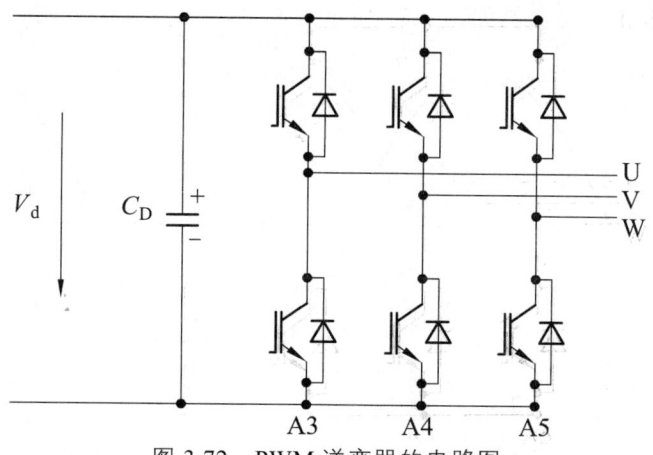

图 3.72 PWM 逆变器的电路图

在图 3.73 和图 3.74 中，两个端子之间的电压存在，相间输出电压的最大可能幅度由中间直流环节电压 U_d 的级别决定。

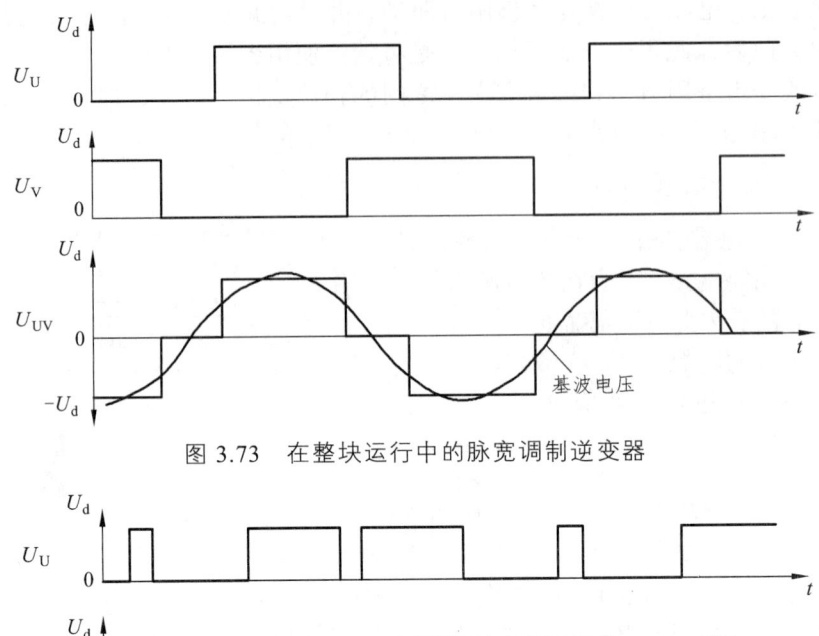

图 3.73　在整块运行中的脉宽调制逆变器

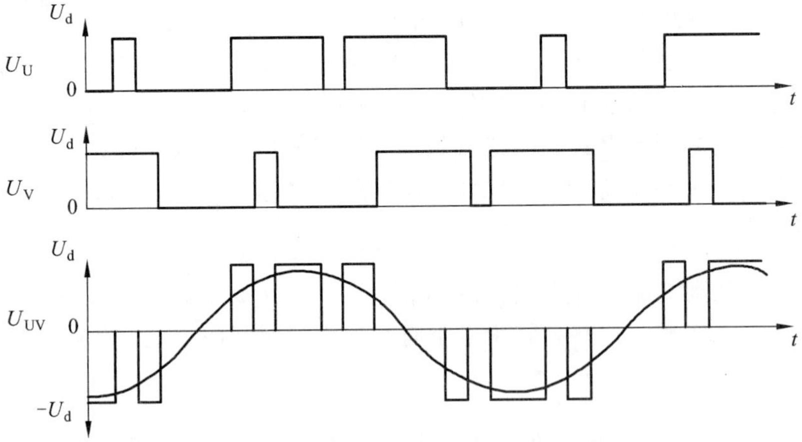

图 3.74　在时钟脉冲运行的 PWM 逆变器

在制动运行期间，电机轴上的扭矩方向与旋转方向相反，电压和电流有较大的相偏移。制动运行期间的电压和电流相位如图 3.75 所示。

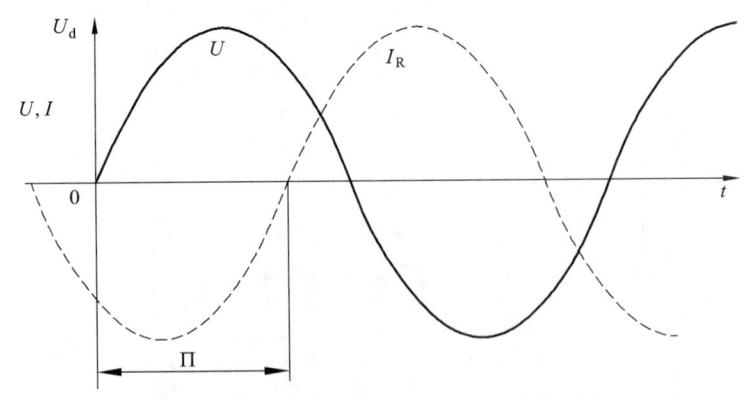

图 3.75　制动运行期间的电压和电流相位

7. 辅助变流器的电源

辅助变流器没有本身的四象限斩波器。因此牵引变流器给辅助变流器提供它的中间直流环节电压。为使牵引变流器独立于辅助变流器内侧的故障，在中间直流环节和输出之间应设置一个连接器。

8. 限压斩波器和限压电阻

限压斩波器和限压电阻构成过电压限制回路。限压电阻放置在牵引变流器内部。即使仅需要一个IGBT，也要使用整桥模块。因此在牵引变流器中仅安装一种类型的IGBT模块。

在再生制动时，来自电机的能量将提供给中间直流环节。过电压限制回路的电阻吸收来自中间电路不能反馈回接触网的能量。

9. 救援回送装置

当列车救援回送时，列车被拖拽行驶速度大于70 km/h时，救援回送装置被激活，将DC 110 V在短时内升高到DC 600 V，供给牵引电机励磁。同时逆变器和牵引电机进入再生发电工况，使中间回路电压升高，输出给辅助变流器，使其启动工作，从而实现给列车辅助系统供电。

10. 无感汇流排

无感汇流排是一个短接的半导体闸流管，其配有控制电子并将扼流圈并联到中间直流环节中。中间直流环节内侧的无感汇流排模块如图3.76所示，它的任务是给中间直流环节快速放电并在某一时间及时吸收来自干线和电机的能量以避免其他部件中的任何损坏。通过TCU软件触发无感汇流排，触发条件有来自IGBT门极驱动器的故障信号（TCU的过程监视）、缺少无感汇流排的24 V电源、中间直流环节中的dv/dt值太高或者是在4QC/电机中出现过流等。

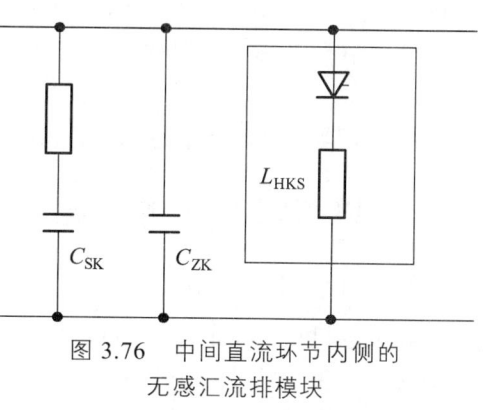

图3.76 中间直流环节内侧的无感汇流排模块

复习思考题

1. 请说明二电平脉冲整流电路和三电平脉冲整流电路的基本原理。
2. 请说明二电平逆变电路和三电平逆变电路的基本原理。
3. 请说明牵引变流器中间直流环节的工作原理。
4. 请说明CRH_1型动车组牵引传动系统的工作原理。
5. 请说明CRH_2型动车组主电路的基本工作原理。
6. 请说明CRH380BL型动车组主电路结构。

Part 4 牵引电机

异步电机是一种交流电机,它的转速和电网频率间不是同步电机那样严格不变的关系,而是随负载的变化而变化。

异步电机可以是单相的,也可以是三相的;可以是无换向器的,也可以是有换向器的。但是习惯上一般都将无换向器的异步电机简称为异步电机,本篇仅讨论这样的异步电机。

三相异步电动机主要是作为电动机而在工农业中得到广泛的应用。根据统计,在电网的总负载中,异步电机占总动力负载中的 85%,由此可见,异步电动机在工农业中的重要性。例如在铁路交通运输方面,由于变频技术及其控制的成熟,异步电动机被广泛应用于 CRH 系列动车组、HXN 系列内燃机车、HXD 系列电力机车上,它克服了原来使用在 DF 系列内燃机车、SS 系列电力机车上的直流电动机(脉流电动机)有换向火花、维修保养要求高、单位质量功率小等缺点,使铁路牵引技术跃上了交流传动的新时代。

4.1 异步牵引电机基本结构和原理

4.1.1 异步电机的分类、铭牌

4.1.1.1 异步电机的分类

异步电机从定子的相数可以分为单相、三相两类;按转子结构上的不同,可分为鼠笼式和绕线式两类,鼠笼转子又分为普通鼠笼、深槽鼠笼和双鼠笼三种;按照机壳的不同防护方式可分为:开启式、封闭式和防爆式等;按照电机的容量可分为:微型电机、小型电机、中型电机、大型电机;按安装结构型式不同可分为卧式和立式;此外还可分为有换向器式和无换向器式。

4.1.1.2 异步电动机的铭牌和额定值

每台电动机的机座上都有一个铭牌,上面标明的是电动机的型号和额定值,额定值规定了该电动机的正常运行状态和条件。它是选用、安装和维修电动机的依据。根据国家标准规定,异步电动机的额定值有:

(1)额定功率 P_N:指电动机在制作厂所规定的额定运行方式下运行时,轴上输出的机械功率,单位为 W 或 kW。

(2)定子额定电压:指电机在额定状态下运行时应加的线电压,单位为 V 或 kV。

(3)定子额定电流 I_N:指电机在额定电压下运行,输出额定功率时流入定子绕组的线电流,单位为 A。

（4）额定频率 f_N：直接由工频供电的异步电动机为 50 Hz，对变频供电的异步电动机有不同的频率。

（5）额定转速 n_N：指在额定状态下运行时，转子每分钟转数。单位为 r/min。

（6）定额：是电动机在定额运行时的持续时间，分连续、短时、断续三种。

此外，铭牌上还标有定子绕组相数、连接方法、功率因数、频率、温升（或绝缘等级）。有些铭牌上只标明电机的温升，而不标绝缘等级。

4.1.2 交流异步牵引电动机结构原理

交流牵引电动机基本采用三相交流异步笼式电动机。因此，其工作原理、结构与普通三相异步电动机基本相同，具有结构简单、运行可靠、单机功率大、特性硬等特点，是很有发展前途的一种交流牵引电动机。

4.1.2.1 交流异步牵引电动机的结构

交流牵引异步电动机的结构与普通三相异步笼式电动机基本相同，主要由定子、转子及气隙三部分组成，如图 4.1 所示。

图 4.1 交流异步牵引电动机结构

1. 定 子

定子包括定子机座、定子铁心、定子绕组三部分。

定子机座为定子铁心提供安装空间，是电动机的机械支撑部分，是否设置专门的安装机根据需要而定。列车用异步牵引电动机一般不采用专门机座，而采用全叠片焊接结构机座，这样既有利于散热又可减轻质量。全叠片焊接机座由定子冲片叠片和两个支撑磁路的铸钢压圈，通过拉板和吊挂焊接而成。焊接后根据产品需要确定是否进行去应力煅火处理，对焊接后不进行煺火处理的电机机座，在设计时就要考虑消除应力的方法。在制造中，对焊接工艺、人员资质都有严格要求。由于焊接机座要经过长时间高温去应力的煺火处理，可能引起硅钢片绝缘层的蒸发，所以硅钢片的绝缘层采用耐高温的有机或无机绝缘涂层，以控制煺火后电动机的铁耗（铁心损耗）。前后压圈和吊挂都采用相同的铸钢材料，保证具有一致的机械性能。

定子铁心是电动机主磁路的一部分，为减少励磁电流和铁心损耗，铁心由 0.5 mm 厚的低损耗冷轧硅钢片冲片叠成。定子冲片和前后压板都留有一圈轴向通风孔，增加定子的散热效果。定子冲片采用窄而深的开口式槽形，用以嵌放定子绕组。与普通异步电动机采用的半闭口形、半开口形和开口形槽形不同，全叠片式定子铁心结构如图 4.2 所示。

定子绕组是电动机的电路部分，其主要作用是感应电势，通过电流以实现能量转换。定子绕组由 AX、BY、CZ 三相对称绕组构成，采用短距分布式绕组，按照一定的规律对称地嵌放在定子铁心槽中。定子绕组一般采用成形绕组，线圈一致性好，系统可靠性及工艺制造稳定性好。引进的电动机定子绕组都为双层硬绕组，绕组与绕组间采用银钎焊焊接。定子绕组由熔敷薄膜导线绕制而成，嵌线后定子需要在温度可控的通风炉中进行干燥处理，然后定子整体进行 200 级绝缘漆真空压力浸渍（VPI）。

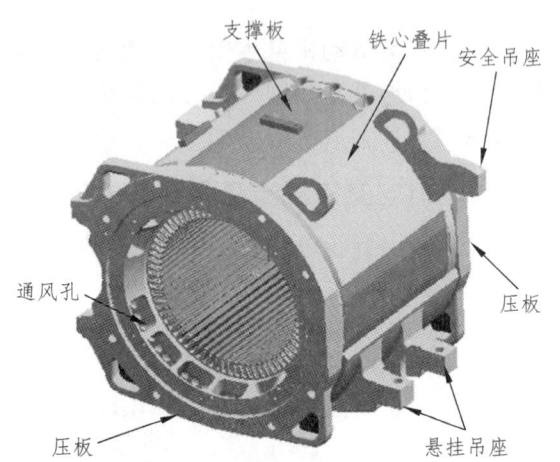

图 4.2　全叠片式定子铁心结构

2. 转　子

转子采用铜导条鼠笼式结构，由转子铁心、转轴和转子绕组组成，如图 4.3 所示。

图 4.3　异步牵引电动机转子结构

转子铁心也是主磁路的一部分，一般由 0.5 mm 厚的冷轧硅钢片和两个压板叠压而成，然后热套在转轴上，采用过盈配合传递扭矩。转轴采用优质合金锻造而成，具有较高的强度和抗冲击韧性性能。同时，为了增大叠片结构的过盈配合面积，满足传递较高的系统短路扭矩的要求，转轴的铁心应采用较大的直径。为了预防电流流过轴承，牵引电动机目前采用两种轴承形式：两端采用绝缘轴承、非传动端用两个接地电刷，两端轴承为普通轴承。转子前后压板和冲片上开有轴向通风孔，改善了转子的散热。转子前后压板采用球墨铸铁或较为精确的模锻制造。

牵引电动机的转子为笼形结构，笼形转子绕组是一个自行闭合的绕组，它由插入每个转子槽中的金属导条和两端的环形端环构成。笼式转子采用铜条插入转子槽内，再将两端与端环焊接的结构。导条和端环之间采用中频感应钎焊进行焊接，这可保证电动机性能参数的一致性，解决了导条与端环的焊接质量问题和转子电阻分散性问题。导条和端环需采用高强度专用合金材料，提高导条和端环的强度，以保证电动机在工作温度下能够抵抗高速旋转时产生的离心力，有效避免运行中因负载急剧变化所产生的断条现象。牵引电动机导条材料采用强度高、性能稳定的高电阻铜合金材料，采用拉制工艺生产。转子端环材料采用高强度的专用合金，通过整体锻造工艺生产，要求具有较小的电阻温度系数，在温度变化时仍有较稳定的电磁性能。若端环采用纯铜材料，在转子端环上必须要热套高强度无磁不锈钢护环，护环在电动机热态运行与冷态时不能有较大的变形。如果护环强度不够，在电动机运行过程中可能造成端环、护环严重变形，发生定、转子相碰故障。为防止导条在铁心槽内窜动，导条打入转子槽后，用胀紧工具在铁心几个部位将导条胀紧。转子组装完成后，需经动平衡检验。

转子上装配有较为复杂的油封组件，目的是防止电机运行时齿轮箱内润滑油进入电机。为了减轻质量，不承受力的油封组件全采用铸铝件。

整体铸铝转子由于国内外铸铝技术有限，导条、端环经常出现多种质量缺陷，同时铝的导电率较低，而且耐热能力也差，整体铸铝转子还不能满足机车牵引工况的要求，目前多用在运行环境较好的民用电动机和机车小型辅助异步电动机上。

3. 气　隙

交流异步牵引电动机在定子和转子之间必须有气隙，气隙很小，一般为 0.2～2 mm。气隙也是电动机主磁路的一部分，其大小对异步电动机的性能有很大的影响。为了降低电动机的空载电流，提高功率因数，气隙应尽可能小。若把异步电动机看作变压器，显然气隙越小则定子和转子之间的相互感应作用就越强，但气隙过小，将使装配困难和运行不可靠。因此，允许采用的最小气隙要以加工可能性及运行安全所能达到的最小值为限值。另一方面，若从限制磁场脉动所引起的附加损耗以及高次谐波磁场所引起的漏磁来看，则需要气隙稍大一点，利用其有利的一面。

为保证交流异步牵引电动机绝缘结构能承受变频器运行产生的实际电压冲击，电动机采用不低于 H 级绝缘结构，并对电枢绕组的首末匝进行加强，C（或200）级绝缘具有更高的耐温等级，能进一步发挥交流传动系统的优势，提高了温升裕度，延长了电动机的使用寿命。

4.1.2.2　交流异步牵引电动机的工作原理

异步（感应）电动机是利用电磁感应原理，在三相对称定子绕组中通入三相对称电流后将产生圆形旋转磁场，此旋转磁场切割转子绕组，在转子绕组中感应出电势，产生电流，进而在转子上形成电磁转矩，对外输出机械能拖动负载。旋转磁场是三相异步电动机实现机电能量转换的前提条件。

1. 旋转磁场产生机理

所谓旋转磁场，就是一种极性和大小不变，以某一种速度旋转的磁场。根据理论分析和实践证明，在三相对称绕组中通入三相对称电流必将产生一种旋转磁场。A-X、B-Y、C-Z三相绕组在空间彼此互差120°电角度，均匀地分布在定子铁心内圆周上，构成了三相对称绕组。当三相对称绕组接入三相对称电源时，则在绕组中产生三相对称电流。若三相电流的相序为A→B→C，则各相电流的表达式为

$$\left.\begin{array}{l} i_A = I_m \cos \omega t \\ i_B = I_m \cos(\omega t - 120°) \\ i_C = I_m \cos(\omega t - 240°) \end{array}\right\} \quad (4.1)$$

由于三相电流是随时间连续变化的，为了考察对称三相电流产生的磁效应，只能通过几个特殊的瞬间（时刻）来说明问题。这里选择0°、120°、240°、360°四个时刻，以两极磁场为例进行分析。

为分析方便，对电流的正方向做出规定：当电流从每相绕组的末端流入、首端流出时，此电流的方向记为正，反之则记为负，用符号⊙表示电流流出，⊗表示电流流入。

当$\omega t = 0$时，$i_A = I_m$，$i_B = i_C = -I_m/2$，按照设定的电流正方向，将各相电流的方向表示在各相线圈的剖面图上，如图4.4（a）所示。从图中可以看出，Y、A、Z三个线圈边中电流都从图面流出，且Y、Z边中的电流大小相等，根据右手螺旋定则，可知这三个线圈边中电流产生的合成磁场磁力线的分布必定是以A边为中心，左右反向对称，磁力线通过转子时，其方向为从下向上。同理，可确定出B、X、C三个线圈边中电流产生的合成磁场磁力线的分布。整个磁场的磁力线分布左右对称，因此，从磁力线的图像看，与一对磁极产生的磁力线一样。用同样的方法，可以作出$\omega t = 120°$、240°、360°这三个特定瞬间的电流方向与磁力线的分布情况，分别如图4.4（b）、（c）、（d）所示。依次观察图4.4所示的四个特定瞬间的磁力线分布情况，可看出对称三相电流通入对称的三相绕组后建立的合成磁场并不是静止不动的，而是犹如一对磁极旋转产生的磁场，其大小不变。

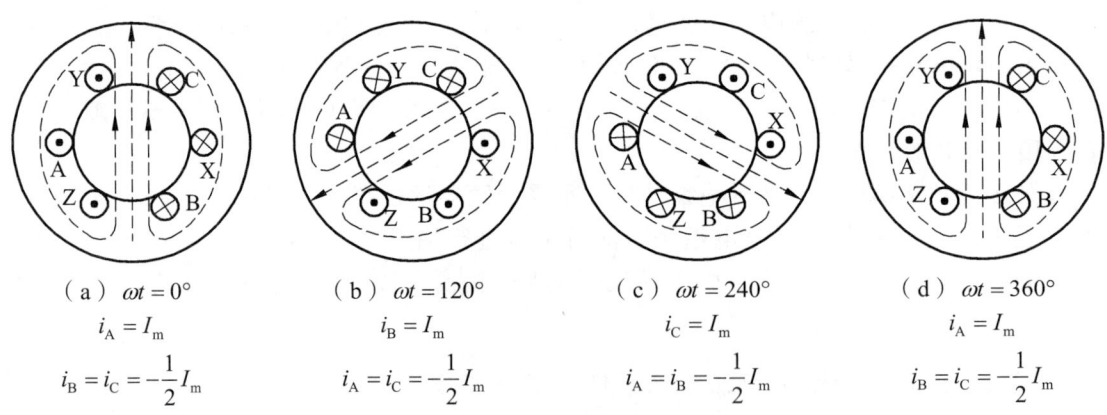

图4.4 两极旋转磁场形成示意图

从$\omega t = 0°$到$\omega t = 120°$、240°、360°的这几个瞬间，三相电流相应变化了一个周期，三相电流建立的合成磁场在空间也相应转过了120°、240°、360°电角度，即电流变化一次，旋转

磁场转过一转。因此，旋转磁场的转速 n_1（r/min）与电流变化频率 f_1 的关系为
$$n_1 = f_1 \tag{4.2}$$

旋转方向是从 A 相转向 B 相再转向 C 相，即按 A→B→C 顺序旋转（图中为逆时针方向），此转向与三相绕组中电流变化的相序相同。

如果 A、B、C 三相对称绕组的每一相分别由两个线圈串联组成，即 A-X、A′-X′、B-Y、B′-Y′、C-Z、C′-Z′，每个线圈的跨距为 1/4 圆周，用同样的方法可确定，对称三相电流所建立的合成磁场仍然是一个旋转磁场。这时磁场的磁极变为四个，即两对磁极，每对磁极占有的几何空间为 1/2 圆周。当电流变化一次时，旋转磁场只转过了 1/2 圆周，即旋转磁场的转速为 $n_1 = f_1/2$。若将绕组按一定的规律布置，可得到三对、四对或者 p 对磁极的旋转磁场，用相同的方法去观察旋转磁场的转速 n_1 与磁极对数 p 之间是一种反比例关系，即具有 p 对磁极的旋转磁场，电流每变化一次，磁场转过 $1/p$ 转。三相交流电源的频率为 f_1，极对数为 p 的旋转磁场的转速为

$$n_1 = \frac{f_1}{p} = \frac{60 f_1}{p} \text{（r/min）} \tag{4.3}$$

式中　n_1——旋转磁场的转速，也称同步转速。

由此可证实，当对称的三相电流通入对称的三相绕组时，必然会产生一个大小不变、转速一定、转向与三相对称电流变化相序相同的旋转磁场。

旋转磁场是基波和各次谐波磁势叠加的合成磁场，只有基波磁场参与能量转换，谐波磁场不参与能量转换。基波磁势可通过解析法求得。

若取 A 相绕组的轴线位置作为空间坐标的原点，以正相序的方向作为 x 的正方向，同时取 A 相电流达到最大值的时刻作为时间起点，则 A、B、C 三相的基波磁势的表达式为

$$\left. \begin{aligned} f_{A1} &= F_{\phi 1} \cos \frac{\pi}{\tau} x \cos \omega t \\ f_{B1} &= F_{\phi 1} \cos \left(\frac{\pi}{\tau} x - 120° \right) \cos(\omega t - 120°) \\ f_{C1} &= F_{\phi 1} \cos \left(\frac{\pi}{\tau} x - 240° \right) \cos(\omega t - 240°) \end{aligned} \right\} \tag{4.4}$$

式中　$F_{\phi 1}$——单相基波磁势的幅值，$F_{\phi 1} = 0.9 N k_{w1} I / p$。

对式（4.4）表示的三相基波磁势进行分解并整理，可计算出三相合成基波磁势 $f_1(x,t)$ 为

$$f_1(x,t) = f_{A1} + f_{B1} + f_{C1} = \frac{3}{2} F_{\phi 1} \cos \left(\omega t - \frac{\pi}{\tau} x \right) = F_1 \cos \left(\omega t - \frac{\pi}{\tau} x \right) \tag{4.5}$$

式中　F_1——三相基波合成磁势的幅值，$F_1 = 1.35 N k_{w1} I / p$。

由式（4.5）可知，三相基波合成磁势是沿空间作正弦分布的行波。因为定子内腔为圆形，所以 $f_1(x,t)$ 沿圆周的连续推移就形成了旋转磁场。三相合成磁场的分布规律如图 4.5 所示。

2. 三相异步电动机的工作原理

三相异步电动机的定子铁心上嵌有对称的三相绕组，转子绕组由均匀分布在转子铁心槽中的金属导条、导条两端的短路铜环组成，即转子绕组是一闭合（短路）绕组。当三相

对称电源接入三相对称绕组后，将在定子、转子之间的气隙中建立同步转速为 n_1 的旋转磁场。转子绕组被旋转磁场磁力线所切割（磁力线切割导体），根据电磁感应定律，在转子导条内会产生感应电势，形成电流。若旋转磁场按逆时针方向旋转，根据右手定则，可以判断出转子导体中感应电势的方向，如图 4.6 所示。如果不考虑导条中感应电势与电流的相位差，则电流的瞬时方向与感应电势的瞬时方向相同。根据电磁定律，转子导条在旋转磁场中将受到电磁力的作用，产生一个逆时针方向的电磁转矩，转子在该电磁转矩的作用下，也将会沿着逆时针方向旋转，其转速为 n（转子转速）。此时若转子与负载连接后，转子将克服负载的阻转矩带动负载运转，从而实现了机电能量的转换，这就是三相异步电动机的工作原理。

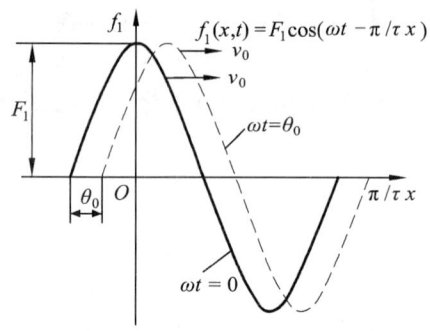

图 4.5 三相合成磁势 $f_1(x,t)$ 的分布规律   图 4.6 三相异步电动机的工作原理

三相异步电动机是利用电磁感应原理，通过定子中的三相对称电流产生旋转磁场，并与转子绕组中的感应电流相互作用产生电磁转矩，以进行能量转换。三相异步电动机的转子电流因感应而产生，所以也叫感应电动机。

正常情况下，三相异步电动机的转子转速总是略低或略高于旋转磁场的转速（同步转速 n_1），这是因为异步电动机转子导条上之所以能产生电磁转矩，关键是导条与旋转磁场之间存在着相对运动，这样才能发生电磁感应，产生电势形成电流，从而产生电磁力。如果异步电动机转子转速 n 等于同步转速 n_1，则旋转磁场与转子导条之间不再有相对运动，也就不可能在导条中感应电势，也不会产生电磁转矩来拖动负载运转。因此，异步电动机的转子与旋转磁场只能异步转动，异步电动机由此而得名。

旋转磁场的转速 n_1 与转子转速 n 的差值称为转差，用 Δn 表示。转差 Δn 与同步转速 n_1 的比值称为转差率，用 s 表示，即

$$s = \frac{n_1 - n}{n_1} \times 100\% \quad (4.6)$$

转差率是表征感应电动机运行状态的一个重要参数。一般情况下，异步电动机的转差率变化不大，空载时约为 0.5%，额定负载时约为 5%，异步牵引电动机的转差率一般小于 2%。

在交流传动系统中，有时将转差率换算为转差频率使用更方便。转差频率就是转差对应的频率，即

$$\left. \begin{array}{l} s = \dfrac{n_1 - n}{n_1} = \dfrac{f_1 - f}{f_1} = \dfrac{f_2}{f_1} \\ f_2 = sf_1 \end{array} \right\} \quad (4.7)$$

4.1.2.3 交流异步牵引电动机的等效电路

异步牵引电动机的等效电路由归算后的异步电动机的基本方程式（基本方程式是由电压、电势、电流或磁势平衡方程式组成的方程组）得到。等效电路是交流异步电动机分析计算的基本数学模型，真实地反映了电动机运行中的各种电磁过程与电磁现象，是电动机的模拟电路，如图4.7所示。

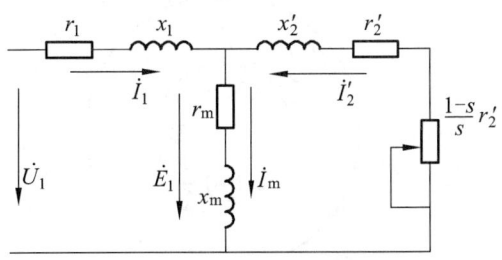

图 4.7　异步牵引电动机等效电路

$$\left. \begin{array}{l} \dot{U}_1 = -\dot{E}_1 + \dot{I}_1(r_1 + jx_1) = -\dot{E}_1 + \dot{I}_1 Z_1 \\ \dot{E}'_2 = \dot{I}'_2 \left(\dfrac{1-s}{s} \right) r'_2 + \dot{I}'(r'_2 + jx'_2) \\ \dot{E}_1 = \dot{E}'_2 = -\dot{I}_m Z_m \\ \dot{I}_1 + \dot{I}'_2 = \dot{I}_m \end{array} \right\} \quad (4.8)$$

4.1.3　交流异步牵引电动机的机械特性

交流异步牵引电动机的机械特性是指转差率与电磁转矩之间的关系 $T_{em} = f(s)$，可由等效电路导出，其机械特性如图4.8所示。

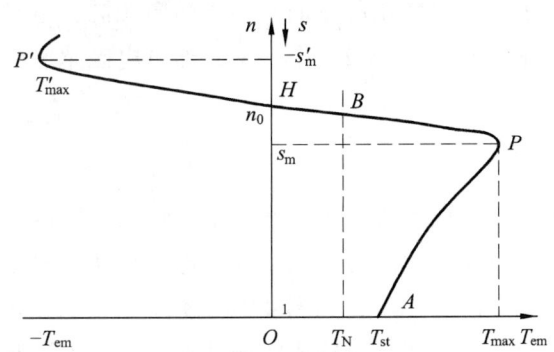

图 4.8　异步牵引电动机的机械特性

$$T_{em} = \dfrac{m_1 p U_1^2 \dfrac{r'_2}{s}}{2\pi f_1 \left[\left(r_1 + \dfrac{r'_2}{s} \right)^2 + (x_1 + x'_2)^2 \right]} \quad (4.9)$$

对于一台已知的电动机，当外加电压和频率一定时，电磁转矩是转差率的二次函数。在某一转差率 s_m 时，电磁转矩存在着一个最大值 T_{max}，称为异步电动机的最大转矩。

4.1.3.1　机械特性与运行状态分析

当异步电动机的负载发生变化时，转子的转速和转差率将随之而变化，使转子导体中的感应电势、电流和电磁转矩也要发生相应的变化，以适应负载的需要。按照转差率的取值情况，异步电动机可能出现电动机、发电机和电磁制动三种运行状态，如图4.9所示。

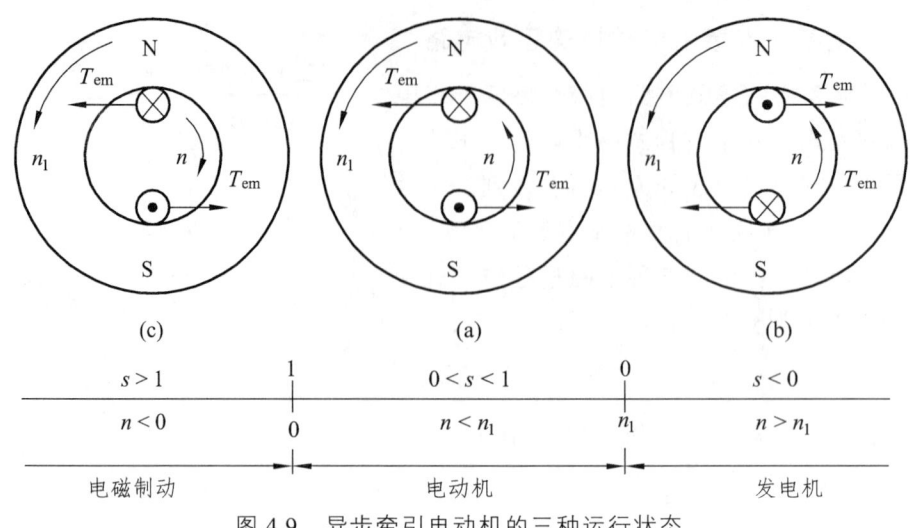

图 4.9 异步牵引电动机的三种运行状态

1. 电动机状态

电动机状态转子转速低于旋转磁场的转速，即 $n_1 > n > 0$，$0 < s < 1$。假定旋转磁场为逆时针方向，根据右手定则，转子导体切割气隙磁场后感应电势的方向如图 4.9（a）所示。由于转子绕组是短路的，故转子导体中有电流流过，转子电流与磁场相互作用，将产生电磁力，形成电磁转矩。按左手定则，电磁转矩的方向与转子转向相同，电磁转矩为拖动性转矩。这时电机处于电动机运行状态，即从电网吸收电功率，通过电磁感应将电能转化为机械能，从转子上输出。

2. 发电机状态

发电机状态由原动机拖动，使电机转子转速高于旋转磁场转速，即 $n > n_1$，转差率 $s < 0$。此时转子导体中的感应电势以及电流瞬时值的方向与电动机状态时相反，因此，电磁转矩的方向与旋转磁场和转子旋转方向都相反，如图 4.9（b）所示，电磁转矩是制动性的转矩。原动机必须要克服该电磁转矩，即从原动机输入机械功率，通过电磁感应将其转换为电功率并从定子输出，这时电机处于发电机运行状态。

3. 电磁制动状态

电磁制动状态由原动机或其他外力使转子逆着旋转磁场方向旋转，即 $n < 0$，$s > 1$。此时转子导体切割磁场的相对速度方向与电动机状态时相同，故转子导体中的感应电势和电流瞬时值的方向与电动机状态时相同，电磁转矩方向也相同，就像电动机一样在吸收电能，如图 4.9（c）所示。对转子来说，由于其转向的改变，此电磁转矩为制动性转矩，它与发电机一样需要吸收机械能去克服制动性的电磁转矩。此时电机处于电磁制动状态——成为一台双端输入能量的电机，即一方面从外界输入机械能，同时又从电网吸收电能，这两部分能量都被电机的绕组电阻所消耗，变成了热量。

异步牵引电动机的三种运行状态的工作特征汇总于表 4.1 中。

表 4.1　异步牵引电动机的运行状态

转差率	$s>1$	$s=1$	$0<s<1$	$s<0$
工作状态	电磁制动（反接制动）	启动点	电动机	发电机（再生制动）
特征	双端输入能量，全部能量消耗在转子回路中。转子转向与旋转磁场方向相反，$n<0$	转速等于零，开始启动	机械特性位于第一象限，磁场转向与转子转向相同，$n<n_1$	机械特性位于第二象限，旋转磁场与转子转向相同，$n>n_1$

4. 三相异步电动机的各种运行状态

三相异步电动机各种运行状态下的机械特性可在四个象限中表示，即所谓的通过控制可使电动机四象限运行其机械特性曲线如图 4.10 所示。从图中可见，在第Ⅰ象限，转速 n 与电磁转矩 T 均为正，为正向电动运行；在第Ⅲ象限，转速 n 与电磁转矩 T 均为负，为反向电动运行；第Ⅱ象限，转速 n 为正，电磁转矩 T 为负，第Ⅳ象限，转速 n 为负，电磁转矩 T 为正，所以第Ⅱ、第Ⅳ象限为制动运行状态。

实际的三相异步电动机根据生产机械的工艺需要，可通过控制运行在各种运行状态。

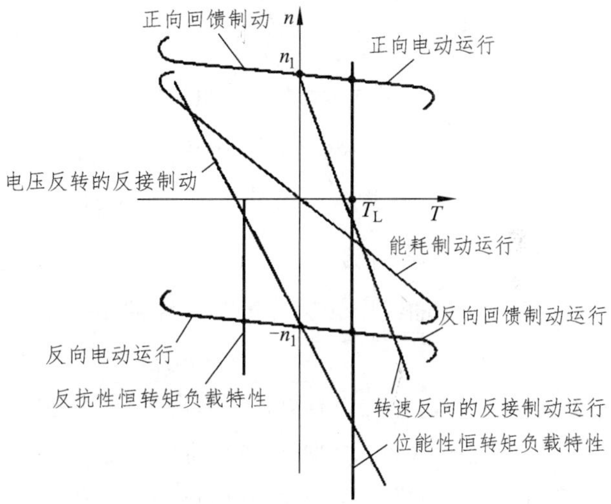

图 4.10　三相异步电动机各种运行状态示意图

4.1.3.2　最大转矩与临界转差率

式（4.9）表示的电磁转矩，对转差率求一阶导数并令其等于零，所求得的转矩即为最大转矩，最大转矩对应的转差率称为临界转差率，即

$$\left.\begin{array}{l} T_{\max}=\pm\dfrac{m_1 p U_1^2}{4\pi f_1[\pm r_1+\sqrt{r_1^2+(x_1+x_2')^2}]} \\ s_{\mathrm{m}}=\pm\dfrac{r_2'}{\sqrt{r_1^2+(x_1+x_2')^2}} \end{array}\right\} \quad (4.10)$$

由于 $r_1 \ll (x_1+x_2')$，故可忽略 r_1 的影响，从而得到近似表达式为

$$\left.\begin{array}{l} T_{\max}=\pm\dfrac{m_1 p U_1^2}{4\pi f_1(x_1+x_2')} \\ s_{\mathrm{m}}=\pm\dfrac{r_2'}{x_1+x_2'} \end{array}\right\} \quad (4.11)$$

电动机参数与电源参数已知时，最大转矩与定子绕组相电压的平方成正比，与定子绕组电流频率的平方成反比，与转子电阻无关；而临界转差率则与转子电阻成正比，与定子绕组相电压无关。

对于异步牵引电动机改变定子电压不会影响临界转差率，但对电动机的最大转矩影响较大，最大转矩与输入电压的平方成正比例关系变化。不同定子电压对应的人为机械特性如图 4.11 所示。不同转子电阻对应的人为机械特性如图 4.12 所示，其中，$r_2 < r_2' < r_2'' < r_{st}$。

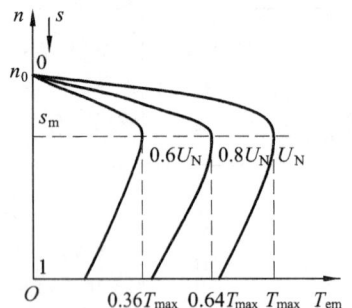

图 4.11　降低电压时的人为机械特性

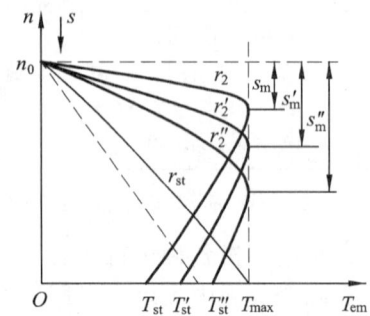

图 4.12　不同转子电阻时的人为机械特性

最大转矩与额定转矩之比称为过载能力，用 K_T 表示，即 $K_T = T_{max}/T_N$。普通异步电动机 $K_T = 1.6 \sim 2.5$，异步牵引电动机 $K_T = 1.1 \sim 5$。

4.1.3.3　启动转矩

机械特性曲线中转速等于零（转差率等于 1）时对应的电磁转矩称为启动转矩，即

$$T_{st} = \frac{m_1 p U_1^2 r_2'}{2\pi f_1 [(r_1 + r_2')^2 + (x_1 + x_2')^2]} \qquad (4.12)$$

当电动机参数及电源参数给定时，启动转矩与定子相电压的平方成正比，与转子电阻的大小成正比，而与定转子漏电抗 $(x_1 + x_2')^2$ 成反比。

增大转子回路电阻值，可以增大电动机的启动转矩，这一点对绕线式转子电动机非常有用，但对笼式转子电动机作用有限。适当增大转子导条电阻值，采用合理的铁心槽形有利于提高牵引电动机的启动能力。采用高电阻值的转子导条材料是改善牵引电动机启动能力最有效的方法之一。

对于异步牵引电动机，启动能力用启动转矩倍数考量，要求 $K_{st} = T_{st}/T_N > 1$。

4.2　交流异步牵引电动机的调速

根据异步电动机的转速公式

$$n = (1-s)\frac{60 f_1}{p} \qquad (4.13)$$

可知，可以通过三种方式对异步电动机进行调速，即改变电动机绕组的极对数、改变转差率和改变供电电源的频率进行调速。

改变电动机绕组的极对数调速，就是改变电动机绕组的接法，它为有级调速；改变转差率调速，也叫串级调速，是在转子回路中串入电阻或串入附加电势进行调速，适合绕线转子异步电动机。显然这两种调速方法不适合于牵引电动机的调速，唯有改变电源频率调速适合于牵引电动机的调速。

改变频率调速，就是连续改变施加到异步电动机上的供电电源的频率，改变旋转磁场的转速，达到平滑调节转速的目的。变频调速的首要条件是需要一套调节范围较大的变频电源，在一定频率范围内，能够连续改变输出频率供给牵引电动机，实现无级调速。

在列车电力传动系统中，无论是自备发电的内燃机车系统，还是从工业民用电网取用电能的电力机车/EMU，对其交流电源直接进行变频，都不能满足列车牵引调速要求，只能采用间接变通的方法，首先将交流电源整流成为直流电源，并通过滤波稳压，获得平直的直流电压（流），再将直流电逆变为三相变压变频的等效正弦波交流电，供给牵引电动机，即交-直-交的调速方法。这是一种先进而复杂的调速方法，能够在电压电流坐标平面内进行四象限运行，能够实现频繁的正、反转，启、制动运行，满足列车牵引需要。具有调速范围广、调速精度高等优点，能够获得与直流调速相同的效果，是最有发展前途的一种调速方法。

对于不同的负载，变频调速可分为恒磁通调速和恒功率调速两种。变频调速时为了使励磁电流和功率因数基本保持不变，希望磁通保持不变，电动机的过载能力也保持不变；当电压调到一定时只能保持限定值，开始进入磁场削弱状态，按照恒功率调速。

4.2.1 恒磁通调速

根据交流电动机定子绕组感应电势公式

$$U_1 \approx E_1 = 4.44 f_1 N_1 k_{w1} \Phi_m \tag{4.14}$$

当电源电压一定时，如果降低频率，则主磁通要增大，基频（额定频率）以下主磁通增加势必使主磁路过饱和，励磁电流增加，铁心损耗也相应增加，这是不允许的。为此调频时一定要调节电势，保持感应电势与频率的比值不变，即可保持主磁通不变。随着频率的降低，感应电势也要等比例相应下降，但是感应电势难以检测与控制。

若用电压代替感应电势进行控制，即保持 $U_1/f_1 = C$，对电动机的最大转矩将产生一定的误差。当频率较高时，$r_1 \ll (x_1 + x_2')$，根据最大电磁转矩表达式可知，定子绕组电阻可以忽略不计，由此所产生的误差较小，一般能够满足工程需要。从电动机负载能力来看，此时电动机的最大转矩及负载能力基本维持不变；当频率很低时，电压也下降到很低，这时电动机漏电抗相应减小了很多，在数值上与定子电阻相比差别不大，此时定子绕组电阻的影响不容忽略。若继续按照恒压频比控制，电动机的最大转矩将会急剧下降，甚至会出现拖不动负载的情况。为此在低频区要改变控制方式，改变原恒压频比，使电压下降速度低于频率下降速度，相应提高了恒压频比，相当于对电压降进行了补偿，这样可使控制接近于恒电势频率比控制，使牵引电动机仍保持一定的负载能力。

根据等效电路，电磁转矩可表示为

$$T_{em} = \frac{P_{em}}{\Omega_1} = \frac{m_1 I_2'^2 \frac{r_2'}{s}}{2\pi f_1/p} = \frac{m_1 p}{2\pi f_1} \cdot \frac{r_2'}{s} \cdot \frac{E_1^2}{\left(\frac{r_2'}{s}\right)^2 + x_2'^2}$$

$$= \frac{m_1 p f_1}{2\pi} \left(\frac{E_1}{f_1}\right)^2 \frac{1}{\frac{r_2'}{s} + s \frac{x_2'^2}{r_2'}} \tag{4.15}$$

在调速时,转差率很小,故有 $\dfrac{r_2'}{s} \gg \dfrac{sx_2'^2}{r_2'}$,即

$$T_{em} \approx \frac{m_1 p f_1}{2\pi}\left(\frac{E_1}{f_1}\right)^2 \frac{s}{r_2'} = \frac{m_1 p}{2\pi}\left(\frac{E_1}{f_1}\right)^2 \frac{f_2}{r_2'} \tag{4.16}$$

由此可见,当磁通不变时,即恒电势频率比控制,电磁转矩与供电频率无关,只与转差频率成正比关系。若采取措施保持转差频率不变,则电磁转矩将维持恒定,这种调速方法也叫恒转矩调速。恒转矩调速特别适合于列车的启动阶段,能够产生恒定的牵引力,启动过程平稳,可获得较大的启动加速度。

根据电磁转矩公式(4.15),对其进行变换处理,可得到以 f_2 表示的转矩公式。

$$T_{em} = \frac{m_1 p f_1}{2\pi}\left(\frac{E_1}{f_1}\right)^2 \frac{1}{\dfrac{r_2'}{s}+s\dfrac{x_2'^2}{r_2'}} = \frac{m_1 p}{2\pi}\left(\frac{E_1}{f_1}\right)^2 \frac{r_2' f_2}{r_2'^2+(2\pi f_2 L_{2\sigma})^2} \tag{4.17}$$

令 $\dfrac{dT_{em}}{df_2}=0$,可得到临界转差频率和最大转矩为

$$f_m = \frac{r_2'}{2\pi L_{2\sigma}} \tag{4.18}$$

$$T_{max} = \frac{m_1 p}{2\pi}\left(\frac{E_1}{f_1}\right)^2 \frac{1}{4\pi L_{2\sigma}} \tag{4.19}$$

若令式(4.17)除以式(4.19)并进行整理,可以得到恒磁通运行时的实用转矩表达式为

$$\frac{T_{em}}{T_{max}} = \frac{2}{\dfrac{f_2}{f_m}+\dfrac{f_m}{f_2}} \tag{4.20}$$

对于给定的电动机而言,在铭牌和技术资料中将给出:额定功率 P_N(kW)、额定转速 n_N(r/min)及过载能力 $K_T = T_{max}/T_N$。

在额定状态下,输出转矩 T_N 与电磁转矩 T_{em} 相差较小,即可忽略空载阻转矩 T_0 的影响,近似以输出转矩代替电磁转矩,故实用表达式为

$$\frac{T_N}{T_{max}} = \frac{2}{\dfrac{f_{2N}}{f_m}+\dfrac{f_m}{f_{2N}}} = \frac{1}{K_T} \tag{4.21}$$

式中 T_N—— 额定输出转矩,$T_N = 9550 P_N/n_N$;

f_{2N}—— 额定转差频率,$f_{2N} = s_N f_{1N}$;

K_T—— 过载能力,$K_T = T_{max}/T_N$。

由此可计算出

$$f_m = f_{2N}(K_T + \sqrt{K_T^2 - 1}) \tag{4.22}$$

将最大转矩 T_{max} 与电磁转矩 T_{em} 进行比较,都是正比于磁通(即 E_1/f_1)的平方,但是 T_{max} 的

大小却与转子电阻无关，而仅反比于转子漏感 $L_{2\sigma}$。对给定的电动机而言，$L_{2\sigma}$ 可视为常数。故按照恒定的 E_1/f_1 进行调节时，不同频率 f_1 下其最大转矩的数值保持不变，而最大转矩对应的临界转差频率 f_m 将与转子电阻成正比。若忽略趋肤效应的影响，转子电阻 r_2' 也为定值，临界转差频率 f_m 值是相同的，其机械特性曲线实际上是一簇平行的直线，如图 4.13 所示。这种调速方法与他励直流电动机调压调速特性类似，它可在调频范围内获得不变的过载倍数 $K_T = T_{max}/T_N$。同时由于其转差特性较硬，故效率较高。

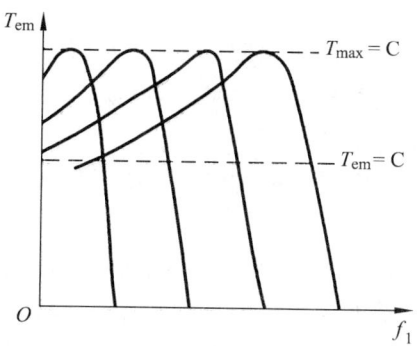

图 4.13 恒 E_1/f_1 控制时的特性曲线

注意：实际控制时，采取 $U_1/f_1 = C$ 的控制方式，将使得 $T_{max} \neq C$。当高频率输出时，由于 $r_1 \ll (x_1 + x_2')$，电阻压降相对较小，可忽略不计，故有 $U_1 \approx E_1$、$T_{max} \approx C$。

当牵引电动机恒磁通运行时，定子电流可根据等效电路图 4.14 求出

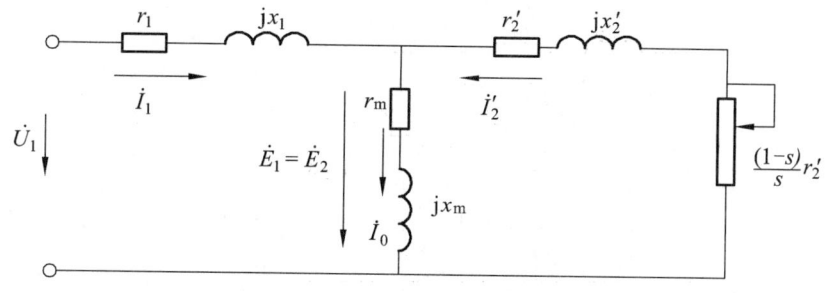

图 4.14 异步电动机等效电路图

$$\dot{I}_1 = \dot{I}_m - \dot{I}_2' = \frac{-\dot{E}_1}{jx_m} - \frac{\dot{E}_1}{r_2'/s + jx_2'}$$

$$= \left(\frac{-E_1}{f_1}\right)\left(\frac{1}{j2\pi L_m} + \frac{f_2}{r_2' + j2\pi L_{2\sigma} f_2}\right) \quad (4.23)$$

$$= \left(\frac{-E_1}{f_1}\right)\left(\frac{r_2' + j(2\pi L_2)f_2}{(2\pi L_m)^2 f_2 - (2\pi L_m)(2\pi L_2)f_2 + j(2\pi L_m)r_2'}\right)$$

式中　L_2——转子总电感，$L_2 = L_{2\sigma} + L_m$。

上式表明，由于 E_1/f_1 为常数，所以定子电流只与转差频率 f_2 有关，而与定子频率 f_1 无关。若调节时保持 f_2 不变，则在不同的 f_1 下，I_1 的大小及相位都是固定不变的。

当电动机按恒磁通运行时，电动机的端电压应如何变化？由等效电路图 4.14 可知，电动机输入端电压 $\dot{U}_1$ 为感应电势 $\dot{E}_1$ 和定子电压降的向量和，即

$$\dot{U}_1 = -\dot{E}_1 + (r_1 + jx_1)\dot{I}_1 = -\dot{E}_1 + (r_1 + j2\pi f_1 L_{1\sigma})\dot{I}_1 \quad (4.24)$$

恒磁通运行时，因 $\dot{E}_1$ 随频率 f_1 直线变化，由上式可见，$\dot{U}_1$ 仅与 $\dot{I}_1$ 和 f_1 有关。又从式（4.23）可知，$\dot{I}_1$ 只取决于转差频率 f_2，所以 $\dot{U}_1$ 最终即为 f_1 和 f_2 的函数。

对于给定的电动机，根据转矩的要求利用式（4.21）可求出相应的转差频率，由式（4.23）进而求得相应的电流 $\dot{I}_1$，最后代入式（4.24）确定电动机所需要的端电压。

对应于一定的转差频率 f_2，可以求出电动机端电压 U_1 与定子频率 f_1 的函数关系，如图 4.15 中的实线所示。图中虚线表示 $U_1/f_1 = C$，实线与虚线相比较，可以看出为保持在低频区电动机磁通一定时，需要对定子压降进行补偿，补偿量为实线与虚线间的电压差值，即增高的电压值。

随着频率的降低，特别是在低频段，漏电抗 $(x_1 + x_2')$ 变得较小，与定子电阻 r_1 很接近，这时电阻 r_1 的影响较大，其作用不可忽视，这将使得最大转矩 T_{max} 下降很快，降低了电动机的负载能力。为了保证电动机的负载能力基本不变，需要改变控制策略。图 4.16 表示了恒压频比控制时的机械特性，在高频段，随着输入频率的降低，电动机的转速也在相应降低，电动机最大转矩基本保持不变，而临界转差频率在增加。当频率下降到很低时，最大转矩也下降很快，如 f_{14} 时最大转矩已降低到了 T''_{max}，最大转矩已下降到有可能不足以拖动负载的程度。这时若使 U_1 与 f_1 不再按原高频段的比例变化，适当提高定子电压，对定子压降进行补偿，使 U_1 下降的速度小于 f_1 降低的速度，U_1/f_1 随着频率的下降而有所增大，电动机的最大转矩将会增大到 T'_{max}，这样将提高了低频输出时电动机的负载能力，满足在低速状态下牵引负载的需要。

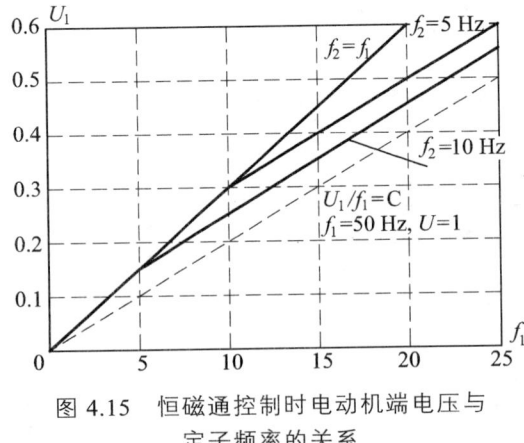

图 4.15　恒磁通控制时电动机端电压与定子频率的关系

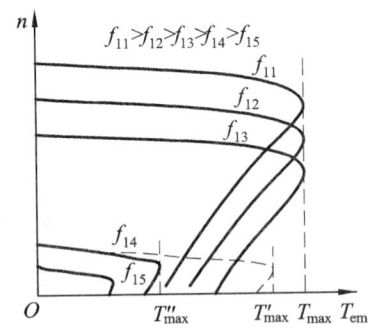

图 4.16　异步电动机恒压频比控制时的机械特性

4.2.2　恒功率调速

在恒磁通控制中，随着频率和转速的上升，电压 U_1 也相应提高，牵引电动机的输出功率增大，但电压的提高受到电动机功率或逆变器最大电压的限制。通常调节频率大于基准频率 $f_1 > f_{1N}$ 时，即当电压提高到一定数值后维持不变或将不再正比于 f_1 上升，此后电动机磁通开始减小，将进入恒功率控制方式。

根据等效电路，可导出电磁转矩的物理表达式为

$$P_{em} = m_1 E_2' I_2' \cos\varphi_2' = m_1 E_1 I_2' \cos\varphi_2' \\ T_{em} = \frac{P_{em}}{\Omega_1} = \frac{m_1 p}{2\pi f_1} E_2' I_2' \cos\varphi_2' \quad (4.25)$$

其中

$$I_2' = \frac{E_1}{\sqrt{(r_2'/s)^2 + x_2'^2}} \quad (4.26)$$

$$\cos\varphi_2' = \frac{r_2'/s}{\sqrt{(r_2'/s)^2 + x_2'^2}} \quad (4.27)$$

在闭环控制系统中，转差率 s 很小，$x_2' \ll r_2'/s$，x_2' 的影响可以忽略不计，$\cos\varphi_2' \approx 1$，电磁转矩公式可改写为

$$T_{em} \approx \frac{m_1 p}{2\pi r_2'} E_1^2 \frac{f_2}{f_1^2} \quad (4.28)$$

进入恒功率控制阶段，电压已较高且达到了一定的值，$U_1 \approx E_1$，故

$$T_{em} \approx \frac{m_1 p}{2\pi r_2'} U_1^2 \frac{f_2}{f_1^2} = K U_1^2 \frac{f_2}{f_1^2} \quad (4.29)$$

或

$$T_{em} f_1 = K \frac{U_1^2}{f_1} f_2 = K U_1^2 s \quad (4.30)$$

式中，$K = \frac{m_1 p}{2\pi r_2'}$ 为常数。

由此可看出，若使电动机按恒功率运行，电压与频率的调节可采用两种不同的方式，即 $U_1 = C$，$s = C$ 的调节方式和 $f_2 = C$，$U_1^2/f_1 = C$ 的调节方式。现分别予以讨论：

（1）$U_1 = C$，$s = C$（电压不变，转差率为定值）的调速方式。

在此调速方法下，由于转差率 $s = C$，定子输入频率 f_1 越高，相应的转差频率 f_2 和临界转差频率 f_m 越大。当输入频率较高时，与电抗相比可以忽略定子电阻 r_1 的影响，则最大转矩可表示为

$$T_{max} = \pm \frac{m_1 p U_1^2}{4\pi f_1 [\pm r_1 + \sqrt{r_1^2 + (x_1 + x_2')^2}]} \approx \frac{m_1 p}{8\pi^2 f_1^2} \cdot \frac{U_1^2}{(L_{1\sigma} + L_{2\sigma})} \quad (4.31)$$

上式说明，最大转矩近似与输入频率（定子频率）的平方成反比关系，即 $T_{max} \propto 1/f_1^2$。

不同输入频率时最大转矩的包络线如图 4.17（a）所示。

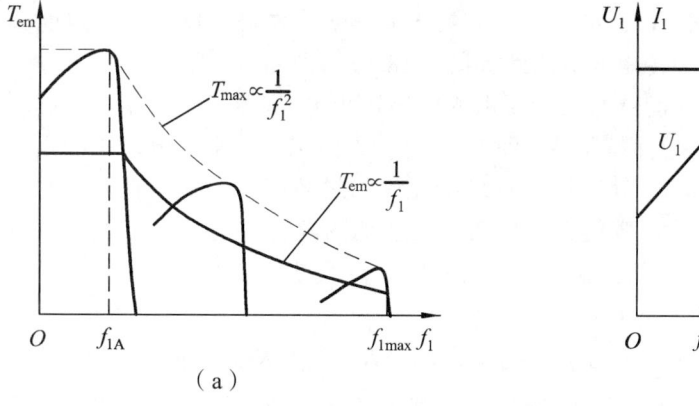
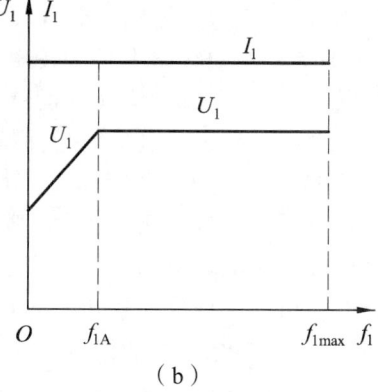

图 4.17 定子电压恒定时牵引电动机恒功率控制特性

根据式（4.30），恒功率运行时实际要求的电磁转矩 T_{em} 只是反比于 f_1 的变化，故 T_{max} 和 T_{em} 的比值，即电动机的过载能力是随 f_1 成反比例变化的。在最高频率点，过载能力最小，要求 $K_T > 1.1$。随着频率降低而过载能力在增大，当频率下降至基频附近时，过载能力达到最大，一般能达到 $K_T = 2 \sim 5$。

为了保证牵引电动机在全部恒功率范围内可以稳定运行，其系统的工作点只能这样选择：在最高输入频率（最高转速）时，保证牵引电动机具有最低的过载能力，而在低输入频率时，特别是在恒功率范围的持续转速以下，电动机的过载能力相对富余。为保证电动机在最高输入频率时达到恒功率运行必需的最低过载能力，电动机的设计尺寸和容量实际上只能由低频（低速）状态的过载能力来决定，只能选取较大的数值。因此，在这种恒功率控制方式下，就牵引电动机本身而言，功率并不能得到充分的利用。此时，电流将如何变化？

根据式（4.26），因为在恒功率控制时转差率较小，电压较高，故 $x_2' \ll r_2'/s$，$U_1 \approx E_1$，可将转子电流近似表示为

$$\dot{I}_2' \approx \frac{sU_1}{r_2'} = C \tag{4.32}$$

而励磁电流则为

$$\dot{I}_m = \frac{\dot{U}_1}{jx_m} = C \tag{4.33}$$

在相位上 I_m 滞后于转子电流 I_2' 接近 90°，且 $I_2' \gg I_m$。电动机电流将由 $\dot{I}_1 = \dot{I}_m + \dot{I}_2'$ 决定，若忽略 I_m 的影响，电动机的电流 $\dot{I}_1$ 可近似为常数。

通过上述分析可知，牵引电动机按照 $U_1 = C$，$s = C$ 的调速方法恒功率运行时，其电压、电流均保持恒定，即按照恒电压、恒电流供电即可。对于逆变器而言，按照恒电压、恒电流方式工作，其变化规律如图 4.17（b）所示。

$U_1 = C$，$s = C$，这种调节方式属于恒电压调节，牵引电动机的设计尺寸、容量较大，而逆变器工作在恒电压、恒电流条件下，其容量始终得到了充分的利用，具有较小的设计尺寸和容量。这种恒功率调节方式称为最大电动机与最小逆变器方案。目前在列车电力牵引传动领域，恒功率运行主要采用此方案。

（2）$f_2 = C$，$U_1^2 / f_1 = C$ 时的调速方式。

根据式（4.29），若 $U_1^2 / f_1 = C$，可以看出，最大转矩 T_{max} 与 f_1 成反比，呈双曲线变化，即 $T_{max} \propto 1/f_1$。不同频率下最大转矩的包络线如图 4.18（a）所示。

由式（4.28）可知，恒功率运行时实际要求的电磁转矩 T_{em} 只是反比于 f_1 的变化，故此调节方式下牵引电动机的过载能力保持不变，即 $K_T = T_{max}/T_{em} = C$。若牵引电动机的设计工作点选在恒功率范围内的最低转速 n_{min} 处时，则有最小允许的过载能力。这样在高速时牵引电动机仍然具有适度的过载能力，使系统能够在恒功率调速范围内稳定运行，过载能力保持不变，并能够充分利用电动机的功率。牵引电动机的功率由运行区域内最低转速（频率）点的参数决定，电动机的设计尺寸较小。

因为 $U_1^2/f_1 = C$，电动机端电压的调节规律为 $U_1 = K\sqrt{f_1}$（K 为比例系数）。若已知恒转矩与恒功率运行转换点的电压为 U_{1A}，频率为 f_{1A}，则有 $K = U_{1A}/\sqrt{f_{1A}}$。U_{1A} 和 f_{1A} 已知，可计算出不同输入频率 f_1 时的电压值 U_1，其关系曲线如图 4.18（b）所示。

电动机中各电流与频率之间的关系可通过式（4.32）和式（4.33）导出

$$\left.\begin{array}{l}\dot{I}'_2 = \dfrac{U_1}{r'_2}s = \dfrac{U_1}{r'_2}\cdot\dfrac{f_2}{f_1} = \dfrac{Kf_2}{r'_2}\cdot\dfrac{1}{\sqrt{f_1}} \\ \dot{I}_m = \dfrac{U_1}{2\pi f_1 L_m} = \dfrac{K}{2\pi L_m}\cdot\dfrac{1}{\sqrt{f_1}} \\ \dot{I}_1 = \dot{I}_m + \dot{I}'_2 \end{array}\right\} \quad (4.34)$$

由此可见，定子电流 I_1 仅与 $\sqrt{f_1}$ 成反比例关系变化，其变化曲线如图 4.18（b）所示。

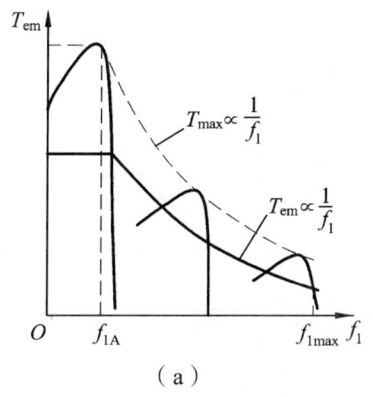
（a）

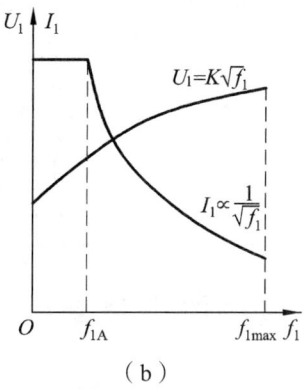
（b）

图 4.18　转差频率恒定时牵引电动机恒功率控制特性

$f_2 = C$，这种控制方式为输入恒转差频率调节，牵引电动机的设计尺寸与容量较小，电动机的功率在恒功率运行时得到了充分利用。而逆变器输出则需要满足最大电流和最高电压的要求，其容量由最大电流和最高电压来决定，开关元器件规格较大，必然使设计容量及尺寸较大，容量不能充分利用。因此，将此方式称为最小电动机与最大逆变器方式。

（3）恒功率调节方式比较。

比较恒功率控制的两种方式，各有优点。从可调节的恒功率范围而言，恒转差频率调节的恒功率范围要宽广一些。从性价比来看，恒电压调节具有更高的性价比。

$U_1 = C$，恒电压调节方案中，牵引电动机有较大的设计尺寸，但就电动机电源逆变器而言，它在恒电压和恒电流下工作，整个运行过程中开关元件的容量得到最充分的利用，因而逆变器本身有较小的设计尺寸。通常称为最大电动机和最小逆变器方案。

$f_2 = C$，恒转差频率的调节方案中，牵引电动机的设计尺寸较小，但逆变器需满足最高电压和最大电流输出的要求，尽管这两个参数值在整个运行过程中不会同时出现，但逆变器的设计容量应为最高电压与最大电流的乘积，由此确定的元器件规格偏大，设计尺寸较大，能力富余未能充分利用。通常称为最小电动机和最大逆变器方案。

在恒功率控制的两种方式中，若从牵引电动机和逆变器的角度来看，二者性能都不能同时达到最优，很难兼顾。若从传动系统的角度来看，需要将牵引电动机与逆变器作为一个整体来考量，对其性能进行优化，合理匹配以整体性能最优作为目标。为此，工程应用中都是以性价比最高为依据，采用恒电压控制方式，使逆变器工作状态最优，充分发挥其能力，以牵引电动机能力没有充分利用为代价，获得传动系统性能最优。目前，轨道列车交流传动系统都采用大电动机、小逆变器的匹配方案。

异步电动机各种调速方法性能见表4.2所示。

表4.2 异步电动机各种调速方法性能比较

调速方式			调速比	效果	效率	适应负载
变极调速		变换极对数	2∶1~4∶1	不平滑	高	恒转矩恒功率
变转差率调速	鼠笼式	调定子电压	1.5∶1~10∶1	不平滑	低	恒转矩
		转差离合器	3∶1~10∶1	平滑	低	恒转矩
	绕线式	调转子电阻	2∶1	不平滑	低	恒转矩
		机械式串级	2∶1	平滑	较高	恒转矩
		电气串级调速	2∶1~4∶1	平滑	较高	恒转矩
变频调速	鼠笼式	调定子频率	2∶1~10∶1	平滑	高	恒转矩恒功率
	绕线式	调转子频率	4∶1~20∶1	平滑	高	恒转矩恒功率

4.3 变频供电对牵引电动机的影响及设计对策

4.3.1 变频供电对牵引电动机的影响

电力机车/EMU、内燃机车、城轨列车用异步牵引电动机的工作条件，与工业用异步电动机不同，它通过弹性连接装置悬挂在转向架或车体上，经常受到振动和冲击的影响，容易造成转子和绕组绝缘损坏。此外，牵引电动机处在露天环境下工作，四季气候条件的变化和风霜雨雪的侵蚀，使电动机的可靠性和使用寿命受到严重威胁。由逆变器供电的牵引电动机，其电源中存在的高次谐波对电动机的性能影响较大；采用并联供电运行的电动机，速率特性差异及动轮直径偏差影响负载分配的均匀性。设计时须对高次谐波、供电方式和轮径差异等特殊运行条件加以考虑，满足、适应特殊的运行环境条件，使牵引电动机能够发挥更佳效能。

4.3.1.1 PWM逆变器供电对牵引电动机性能的影响

目前，交流传动电力机车、电动车组及内燃机车大都采用PWM电压型逆变器，为牵引电动机供电，将对牵引电动机性能将产生诸多影响。

1. 对绝缘结构的影响

交流牵引电动机运行于逆变器供电环境下，介电强度远高于正弦电压供电系统，绝缘系统不仅承受着运行电压，而且还要承受逆变器换向时产生的尖峰电压，其实际承受电压应为运行电压和逆变器换向尖峰电压的叠加值。换向尖峰值电压数值较高时，将导致线圈绝缘层发生局部放电，所产生的能量及生成物将逐渐腐蚀绝缘层。PWM电压波形中含有谐波分量，产生的附加损耗转化为热能后又加速了电动机绝缘结构的热老化，甚至产生电晕。因此，牵引电动机必须要提高介电强度，采用耐电晕绝缘系统，选择耐电晕性能优良的绝缘材料。

2. 对效率及功率因数的影响

由于采用逆变器供电，电源中存在着大量高次谐波，普通电动机在启动时才考虑的趋肤效应问题，在异步牵引电动机正常运行时就已经出现。趋肤效应使电动机转子电阻增加、漏电抗减小，相应增大了谐波电流的幅值，致使牵引电动机定子绕组电流增大，增加了电动机的损耗及温升，降低了电动机的效率和功率因数。

3. 对轴承的影响

电压型逆变器供电时，由于非正弦波电源供电和制造中电动机内部结构误差引起磁场的不对称，致使牵引电动机会同时产生轴电压和轴承电压，将有电流通过轴承产生轴承电流，对轴承滚道产生电腐蚀，损伤轴承。轴电压和轴承电压是产生轴承电流的根源，必须采取措施应对。

4. 调速对牵引电动机冷却能力的影响

对采用自通风的异步牵引电动机，转速低时通风量减小，冷却能力降低，需考虑电动机转速降低对冷却能力降低的影响。

4.3.1.2 逆变器电源高次谐波的影响

在列车电力传动系统中，牵引逆变器输出频率从 0 Hz 到基频，一般采用 PWM 控制，高于基频以后则转为方波控制。在 PWM 控制模式下，逆变器输出电压中的谐波含量与开关器件的控制频率有关，控制频率越高谐波含量越小，但开关器件的控制频率提高将使开关损耗增加。在方波控制模式下，逆变器的输出电压中也存在着一定的谐波成分。由电压谐波引起的电流谐波和磁通谐波，除对牵引电动机产生附加铜耗和附加铁耗外，还会产生附加脉动转矩、寄生振荡转矩和电磁噪声。

不论何种谐波类型，最终都以电流谐波的形式体现出来，对电动机的损耗、转矩产生影响。因此，首先需要对谐波电流进行分析。

ν 次谐波电压在牵引电动机绕组中产生的 ν 次谐波电流有效值为

$$I_\nu = \frac{U_\nu}{\nu(x_1 + x_2')} = \frac{U_1^2}{\nu^2(x_1 + x_2')} \tag{4.35a}$$

式中　x_1——定子基波漏电抗；

　　　x_2'——折算到定子的转子基波漏电抗。

牵引电动机绕组中总的相电流有效值为

$$I_\varphi = \sqrt{I_1^2 + \sum_{\nu=5,7\cdots} I_\nu^2} \tag{4.35b}$$

式中　I_φ——电动机绕组中总的相电流有效值。

对于谐波电流必须要加以限制，要结合变流器的输出方式，对附加损耗、脉动转矩和振荡转矩等影响电动机运行性能的主要因素，予以关注。

1. 附加损耗

由谐波引起的附加损耗可分为附加铜耗和附加铁耗。对于附加铜耗，因电流回路为线性关系，可以利用叠加原理计算。各次谐波都有对应的等效电路，处理方法与基波时的情况相似，可分别进行计算；对于附加铁耗，因为磁路的非线性关系，不适合用叠加原理计算。

在计算附加损耗时，需要已知各频率下的电阻和漏电抗。由于受趋肤效应的影响，定子与转子的电阻、漏电抗都将随频率的提高而增加。某台异步牵引电动机的电阻、漏电抗随频率变化的关系曲线如图4.19所示。

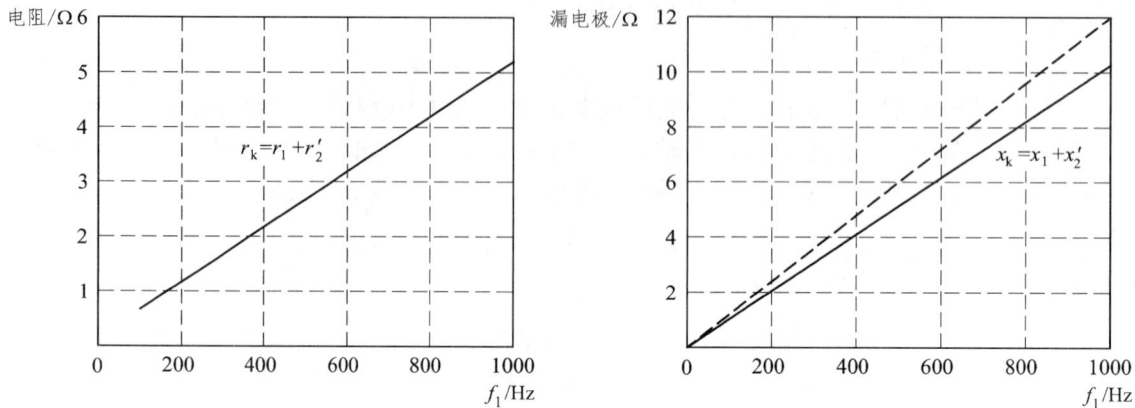

图 4.19 某台异步牵引电动机的电阻、漏电抗随输入频率的变化关系

2. 附加脉动转矩

相同次数的气隙磁通谐波与转子电流谐波相互作用，将产生附加脉动转矩。根据该次谐波的相序或旋转方向，所产生的脉动转矩可能起拖动作用，也可能起制动作用。

ν次谐波产生的脉动转矩为

$$T_{\text{em}\nu} = \pm \frac{pm_1}{\nu\omega_1} I_{2\nu}'^2 \frac{r_{2\nu}'}{s_\nu} \qquad (4.36)$$

式中 $I_{2\nu}'$、$r_{2\nu}'$——ν次谐波的转子电流和电阻的归算值；

s_ν——ν次谐波的转差率，近似取 $s_\nu = 1$；

p、m_1——牵引电动机的磁极对数与相数。

"+"对应于正序分量，产生拖动性转矩；"-"对应于负序分量，产生制动性转矩。

ν次与$\nu+1$次谐波产生的脉动转矩相互抵消掉一大部分，只是剩余部分对电动机产生影响，故影响较小。

牵引电动机的总电磁转矩应为基波转矩与各谐波转矩的代数和。谐波转矩本身数量很小，且正序转矩与负序转矩之间相互具有抵消作用，因此，谐波转矩对基波转矩的影响是非常有限的，一般不用考虑。

3. 寄生振荡转矩

两个不同次的磁场，或者不同次的电压或磁通谐波与转子电流谐波相互作用，则产生寄生振荡转矩。寄生振荡转矩对时间的平均值为零，无助于增加拖动性转矩。

对于n个谐波交互作用产生的（$n^2 - n$）个寄生振荡转矩中，影响较大且特别值得注意的是谐波电流与基波电压产生的转矩。如转子电流5次、7次谐波与基波电压产生的寄生振荡转矩分别为

$$T_{\text{em}(5-1)} = \frac{pm_1}{\omega_1} I'_{2(5)} E'_{2(1)} \cos(6\omega t + \pi - \varphi_2) \tag{4.37}$$

$$T_{\text{em}(7-1)} = \frac{pm_1}{\omega_1} I'_{2(7)} E'_{2(1)} \cos(6\omega t - \varphi_2) \tag{4.38}$$

式中，φ_2 —— $\omega t = 0$ 时，$I'_{2(v)}$ 和 $E'_{2(1)}$ 之间的相位移。

式（4.37）、（4.38）表明，由转子电流 5 次和 7 次谐波与转子基波电压产生的寄生振荡转矩都是时间函数，并具有相同的周期。但它们的相位不同，相差 π，两者彼此部分抵消。

对于三相异步牵引电动机而言，可能存在的谐波电流次数有 $v = 6k \pm 1$，$k = 1, 2, 3\cdots$，其中 $v = 6k + 1$ 次为正序谐波电流，其磁场旋转方向与基波磁场旋转方向相同；$v = 6k - 1$ 次为负序谐波电流，其磁场旋转方向与基波磁场旋转方向相反。所有正序谐波电流和负序谐波电流与基波电压相互作用所产生的寄生振荡转矩，都与 5 次谐波和 7 次谐波的情况相类似。11 次和 13 次转子谐波电流与基波电压将产生 12 次寄生振荡转矩。

异步牵引电动机在非正弦电源下运行时，除基波分量外，还包含有许多谐波分量（谐波电流和谐波磁通），这些谐波将在电动机中产生附加损耗（附加铜耗和附加铁耗），附加损耗为基本损耗的 20% 左右，致使电动机温升提高，且效率下降约 2%。与此同时，谐波分量在电动机中产生脉动转矩与寄生振荡转矩。脉动转矩间相互抵消，总量很小，其影响可以忽略。寄生振荡转矩一般为额定转矩的 5%~10%，主要影响电动机转矩产生脉动，特别在低速区，造成电动机转速出现振荡。因此，必须要对谐波电流进行限制，以减小对电动机运行性能的影响。适当增加牵引电动机的漏感抗，可有效减小谐波电流，将电动机的谐波电流限制在允许的范围之内。

上述分析是基于电压型逆变器按六阶波电压输出供电时的情况。若采用电流型逆变器供电时，基本情况相似，只是附加铜耗略有增加，寄生振荡转矩的大小将随负载电流的变化而变化。

4.3.1.3 集中供电时牵引电动机特性差异的影响

在内燃、电力机车，特别是电动车组中，一台逆变器可能同时给两台或若干台并联运行的牵引电动机供电。在动轮直径相同的情况下，并联工作的各台电动机应当具有相同的转矩-转速特性和转差率。若各电动机的特性或转差率不一致，将引起各电动机电流分配不均匀。特性方面存在的偏差越大，各电动机负载分配的不均匀状况将越严重，可能出现有的电动机电流很大，而有的电流很小。这不仅容易使个别电动机严重过载、过热甚至出现空转，还会使列车的平均输出功率显著减小，严重时将影响列车的正常运行。

从异步牵引电动机的等效电路来看，转子电阻影响电动机的电磁转矩，也是影响电动机特性的关键因素，所以要选择合适的、性能稳定的转子导条材料，其电阻率随温度变化越小越好。此外，还应保持各电动机转子材质的均匀性与同一性，同时提高牵引电动机的制造技术、工艺水平也是非常必要的。

4.3.1.4 动轮直径偏差的影响

对于由同一台逆变器集中供电的多台牵引电动机，并联运行时即使各电动机的转矩-转速特性完全相同，若动轮直径不同，仍将出现负荷分配不均匀的情况，各牵引电动机将以不同的转差率工作，按照动轮直径的大小分配负载，牵引工况与制动工况不同，如图 4.20 所示。

从图 4.20 可以看出，动轮直径偏差致使牵引电动机电流、转矩大小不一致，温升也不一样。列车在牵引工况运行时，所有轮缘的线速度都是相同的，转向架上轮径较大的轮对，其牵引电动机转速低、输出转矩大、电流大，温升也高，但转子电阻随温度升高而增大时，转矩-转速特性发生变化且转矩增大，使电动机在相同转差率下的电流减少，并延缓了温度的上升。所以，从热效应方面来看，这种相反的作用趋势有利于缓和因动轮直径偏差造成的影响。

此外，在选择牵引电动机的额定转差率时，一定要考虑动轮直径偏差引起的转矩不平衡、转子温升变化和效率变化等因素。

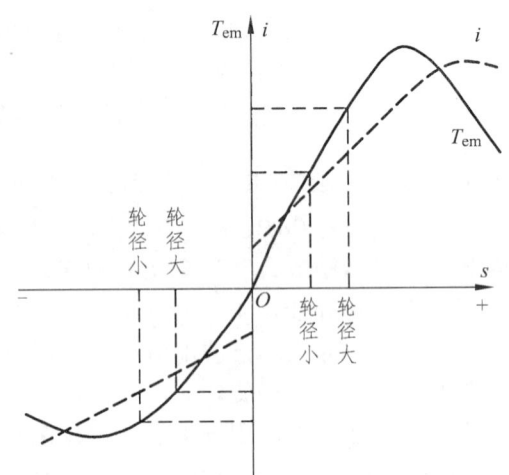

图 4.20 动轮直径偏差对牵引电动机

理论分析表明，动轮直径偏差对热效应的影响不明显，而在规定的动轮直径偏差下，额定转差率与转矩不平衡的关系可以表示为

$$\frac{\Delta T_{em}}{T_{em}} = \left(\frac{1}{s_N} - 1\right) \times \frac{\Delta D}{2D} \times 100\% \tag{4.39}$$

式中　ΔT_{em}——平均电磁转矩偏差；

　　　T_{em}——平均电磁转矩；

　　　s_N——额定转差率；

　　　D——动轮直径；

　　　ΔD——轮径偏差，一台转向架内允差取 2.5 ~ 5.0 mm。

4.3.2　变频供电异步牵引电动机的设计对策

目前，电力机车用异步牵引电动机的功率已达 1 600 ~ 1 800 kW。德国 12X 型电力机车的异步牵引电动机功率为 1 840 kW。

随着设计手段的不断提高，电磁计算、热计算和机械计算方法的优化与精确化，材料性能的改进，特别是高导磁、低损耗的磁性材料和 200 级绝缘材料的应用，使异步牵引电动机的经济、技术指标迅速提高。综合评价牵引电动机技术水平的指标，诸如单位功率质量（kg/kW）和单位质量转矩（kN/kg）已达到了很高的水平，高速动车组用异步牵引电动机的单位功率质量仅为 1 kg/kW。异步牵引电动机的启动转矩可达 12 ~ 13 kN·m。在变频供电的情况下，所需要的启动电流显著降低。BR120 电力机车的 BQG4843 电动机，启动转矩为 10.5 kN·m，启动电流为 600 A，约为额定电流的 1.3 倍；HX_N5 型内燃机车配属的六极电动机 5GEB32，启动转矩为 10.249 kN·m，最大启动电流为 851 A，为额定电流的 1.315 倍。

高速化是现代异步牵引电动机设计的又一个特点。电力机车牵引电动机的最高转速达 4 000 r/min 以上，而一些电动车组牵引电动机的转速更高，达到 5 000 ~ 6 000 r/min。

部分车型牵引电动机的技术指标见表 4.3。

表 4.3 部分牵引电动机技术水平指标

车型	牵引电动机	额定功率/kW	额定转矩/(N·m)	启动转矩/(N·m)	恒功率最高转速/(r/min)	质量/kg
HX_D1	1TB2624-0TD02	1 250	—	—	—	2 580
HX_D2	6FRA4567B/YJ90	1 275	8 124	11 389	2 768	2 660
HX_D3	SEA-107/YJ85A	1 250	8 806	11 852	2 662	2 600
HX_N3	A2938-5/YJ116A	650	—	10 135	3 490	2 076
HX_N5	5GEB32	693	7 606	10 249	—	2 450
CRH_1	MJA220-8	265	—	—	5 392	596
CRH_2	MT205	300	692	—	6 120	440
CRH_3	1TB2019	562	1 305	—	5 900	750
CRH_5	6FJA3257A/YJ87A	568	4 611	5 266	3 638	1 610

异步牵引电动机受供电方式、调速及列车总体设计等方面的制约，对其性能将产生一些影响，需要在设计、工艺中加以考虑、解决。

4.3.2.1 变频异步牵引电动机的运行特征

交流异步牵引电动机的运行条件与普通民用异步电动机的差别很大，主要体现在：

普通民用异步电动机一般是由恒频恒压的电源供电，拖动一定负载在额定点附近稳定运行；而异步牵引电动机是由变频变压的逆变电源供电，在一定负载下，需在一定范围内运行，转速、转矩变化较大。

普通异步电动机的性能仅与电动机自身参数有关，与供电电源无关，电源系统对普通异步电动机提供的仅是一个恒频恒压的电源。异步牵引电动机的性能不但与电动机本身的参数有关，也与电源的供电方式及参数密切相关，对异步牵引电动机提供的是一个按照运行性能要求控制的变频变压的电源，可通过对电源参数的控制实现牵引电动机的性能。

普通异步电动机是属于技术成熟的传统产品，运行中的各种要求基本上已被完全掌握了。异步牵引电动机是近年来发展的新型产品，对它的运行要求到现在还未完全清楚，还在不断成熟、完善过程中。

普通异步电动机的设计可以不依赖于电源及控制系统，而异步牵引电动机的设计必须要涉及控制策略与负载性质，需要将电动机与变频电源的控制作为一个整体系统来考虑，以该系统发挥最优效能为目标。

4.3.2.2 变频异步牵引电动机的设计特点

变频异步牵引电动机由于运行的特殊性，为满足运行性能及总体尺寸限制要求，在设计中采用高耐热等级的绝缘材料、高性能的硅钢片和高强度的转轴材料等。在制造中采用高精度的数控加工和真空压力浸漆等精细的工艺。在电磁参数的选择上与普通异步电动机不同，以选用高性能材料、追求高定额为代价，采用先进的工艺为保障，确保牵引电动机的运行性能及可靠性。

1. 采用高性能绝缘材料

普通民用异步电动机一般选用的绝缘材料耐热等级为 B 级，要求高一些的选 F 级，而目前国内牵引电动机所用的绝缘材料耐热等级至少为 H 级以上，已大量采用 200 级。据有关报道，国外已有采用 220 级耐热等级的绝缘材料。一般民用异步电动机设计寿命可达 30 年，异步牵引电动机的设计寿命一般为 10~20 年。异步牵引电动机就是依靠选用高性能的材料和短的寿命期限来换取有限时间、空间下的大功率和高性能，即以高定额、高成本换取有限时空下的高性能和高可靠性。

绝缘材料耐热等级有两项重要的性能指标，一项为耐电压指标，就是常说的绝缘介电能力，另一项就是耐热能力指标。按照国家标准规定，绝缘材料的耐热等级见表 4.4 所示。

表 4.4 中各耐热等级表明，民用电动机可以在此温度下长时间持续运行，对于牵引电动机而言，考核指标却有所不同，长期工作温度应改为允许工作温升。允许工作温升是指允许工作温度减去基准环境温度，我国规定基准环境温度为 +40 ℃。如某普通民用电动机耐热等级为 B 级，这就是说，该电机可在绕组温度为 130 ℃ 下长时运行。如某机车用牵引电动机耐热等级为 H 级，该牵引电动机绕组所允许的持续工作温度应是 220 ℃，而不是 180 ℃。

表 4.4 绝缘等级与工作温度的关系

绝缘等级	A	E	B	F	H	C（200）
长期工作温度/℃	105	120	130	155	180	200
允许工作温升/℃	105	120	130	155	180	200

2. 采用全叠片式无机座结构

异步电动机定子采用有机座式和无机座两种不同的结构形式。列车牵引电动机为满足重量及散热要求，在设计中均采用无专门机座的轻量化结构，定子铁心用铁心冲片和二端压圈通过中间拉板焊接而成，通过选择合适的极数来控制电动机的质量。

3. 采用高性能的转子材料

牵引电动机为满足更高的电磁参数要求，转子采用由专用铜合金导条和专用铜合金端环焊接而成的鼠笼，铜合金相对铝材具有导电率高、耐温高等特点，在有限的结构尺寸内可承载更大的转子电流。导磁材料都采用高牌号的冷轧硅钢片。

4. 提高低速转矩特性和扩大高速恒功率范围

变频异步电动机经常采用低频启动，如果系统用于恒转矩负载，则电动机在低速区要求有 100% 的输出转矩。另外，变频调速电动机调速范围很宽，为了在高速范围内使电动机恒功率运行，并保证运行的稳定性，则要求电动机在最高速度点应具有一定的过载能力。因此，从快速启动、低速恒转矩运行、高速恒功率运行等方面来看，变频电动机都要求有较高的转矩特性。

4.3.2.3 变频异步牵引电动机设计采用的措施

针对异步牵引电动机工作的特殊性，在设计中要与逆变器一起综合考虑，采取措施减小谐波分量，降低附加损耗，提高绝缘结构的抗电晕能力，以保障电动机性能的发挥。

（1）减少变频器输出电压的谐波分量，降低附加损耗。

为了减少变频器输出电压的谐波分量，需要对脉冲波形优化，增加平波电抗器，提高开关频率，但提高开关频率会增大变频器中的开关损耗。

（2）合理设计定、转子电阻与电抗等参数。

根据选用逆变器类型的不同，异步牵引电动机定转子参数的设计可采用不同的方案。

对于采用电压型逆变器供电的牵引电动机，为减少谐波电流，设计应选取较大的漏电抗。但增大漏电抗，电动机在高速时的过载能力将有所降低，因此，应合理地选择漏电抗值，在满足恒功率运行的前提下，尽可能增大定、转子漏抗。牵引电动机低频运行时，谐波转矩会产生剧烈的脉动，为了减小转矩脉动，在电动机设计时应适当增大转子漏电感和减小转子电阻。

对于采用电流型逆变器供电的牵引电动机，设计时应减小电动机的漏电抗，以抑制逆变器换流时产生的尖峰电压。

（3）合理选择定、转子槽形。

为增大定子漏电抗，定子槽形通常选用窄而深的矩形槽。异步牵引电动机按照恒电流控制，实现恒转矩启动，转子槽形结构设计与普通异步电动机不同，优化转子槽形开口，以减小趋肤效应的影响，一般采用如图4.21所示槽形，可适当增加不受挤流效应影响的槽口漏电抗。

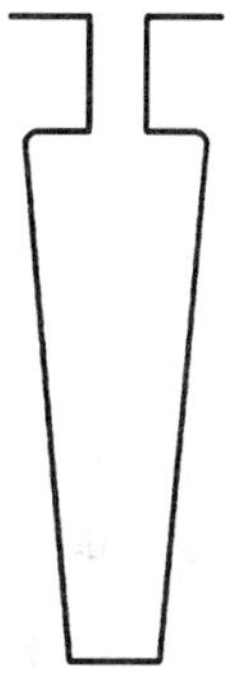

图 4.21　转子槽形结构

（4）优化电磁设计，采用耐电晕绝缘结构。

采用耐电晕性能好的绝缘结构，提高牵引电动机的介电强度。定子绕组采用具有良好的耐冲击电压性能、耐局部放电性能、耐热和耐老化性能、耐电晕性能的薄膜导线。

（5）采用绝缘轴承，防止轴承电流产生。

轴电压和轴承电压是轴承电流产生的根源，加强轴承的绝缘能力、采用优良的绝缘轴承，是防止轴承电流的主要措施。预防轴承电流的措施有：两端采用绝缘轴承；非传动端轴承绝缘，传动端用接地电刷；非传动端用两电刷接地，轴承不绝缘。

（6）改善铁心加工工艺，减小涡流损耗。

为防止高次谐波在转子铁心表面产生涡流损耗，铁心叠片采用冲制工艺，转子铁心表面不加工，可避免转子铁心叠片的片间短路。采用更薄的定、转子铁心叠片，以减少涡流损耗。

（7）采用合适的转差率。

设计合适的转差率，以减少因转向架集中供电、轮径差以及牵引电动机特性差异而产生的负荷分布不均的影响。转子电阻对转差率的影响很大，合理选择性能稳定的转子材料，对保证牵引电动机的运行性能具有重要意义。因此，转子导条应采用特定电阻率、具有优异高温机械性能的铜合金导条。

4.4　几种动车组用牵引电机

4.4.1　CRH380BL 型动车组牵引电机

CRH380BL 型动车组配有 32 台牵引电动机，为三相四极异步牵引电机，其外形如图 4.22

中所示。牵引电动机位于 EC01/VC03/IC06/IC08/BC09/IC11/IC14/EC16 车上，动力转向架的每个轮对都有牵引电动机驱动，牵引电动机安装在转向架上。电动机为强制风冷式，使用温度传感器进行电动机的温度监测，以防电机过热情况的出现。

4.4.1.1 牵引电机的特点和技术参数

1. 牵引电机的特点

该电机为三相四极异步牵引电机，牵引工况作为电动机运行，再生制动时作为发电机运行，电机安装有温度传感器和速度传感器，用于测量定子的温度和电机的转速，该电机采用风冷的方式进行冷却，额定电压值较高，约为 2 750 V，以适应电机宽调速范围、动车组高速运行的需要。

图 4.22 牵引电动机外形图

2. 电机接口

牵引电机安装在转向架上，使用轴向、径向弹性联轴器及齿轮箱，将牵引力从牵引电动机传递给轮对。联轴器可以抵消驱动部件与驱动轮间的相对运动位移，同时联轴器可以实施机械过载保护功能，以防出现不容许的高冲击力矩。轴驱动器的齿轮为螺旋齿。齿轮机构由车轴上的轮轴轴承支持，并使用转向架构架上的弹性支架（扭矩反作用支柱）悬挂。牵引电动机在车体转向架上的安装位置如图 4.23 中所示。

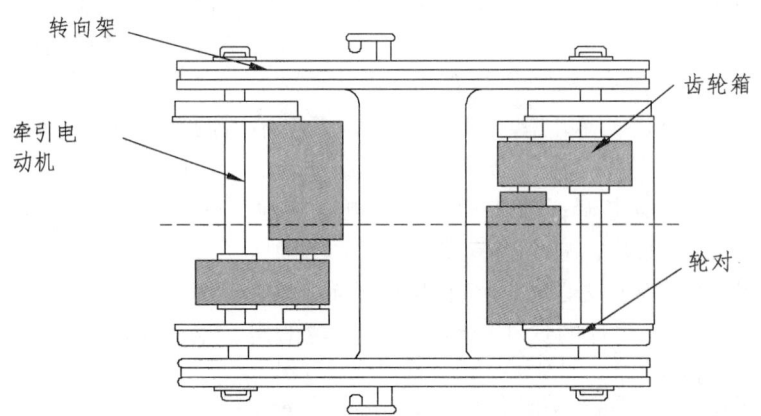

图 4.23 牵引电动机在车体转向架上的安装位置

电机的电力连接是通过三条电力直通电缆实现的，通过单独的防水型引线孔从电机输出。为把电机电缆连接到设备电缆上，要使用特殊的端子夹住电缆；为保护单独的电缆连接，要使用经过绝缘处理的支架。

温度传感器以及速度传感器的连接是通过快速连接线和密封环连接器实现的。

3. 电机技术数据

电机的主要技术参数见表 4.5 所示。

表 4.5 牵引电机主要技术参数

类型	四极、三相异步电动机	类型	四极、三相异步电动机
额定电压	2 750 V	热等级	200
额定电流	145 A	转子直径	311.4 mm
额定功率（正弦函数）	587 kW	定子内径	315 mm
额定转速	4 100 r/min	铁心的长度	295 mm
额定频率	138 Hz	空隙	1.8 mm
额定绝缘电压	3 600 V	整体电机（无齿轮箱、带电机侧的半个法兰接头）	约 750 kg
最大电压	2 800 V		
最大电流	220 A	整体转子（不带轴承的平衡装置）	200 kg
最大转速	5 900 r/min	整体定子（带线圈的铁心和框架）	445 kg
变位系数（余弦函数）	0.87	电机和齿轮箱联轴器（螺旋齿联轴器）	34 kg
单独通风、自然冷却	0.66 m³/s		
接线	Y		

4.4.1.2 牵引电机的结构

1. 概 述

该电机为三相四极异步牵引电机，由转子、定子、机壳及附件构成，定子内埋有温度传感器，用于过热保护和控制过程中的校准。同时也安装有速度传感器，用于电机转向和转速的检测。图 4.24 为电机实物图，图 4.25 为电机截面图。

图 4.24 电机实物图

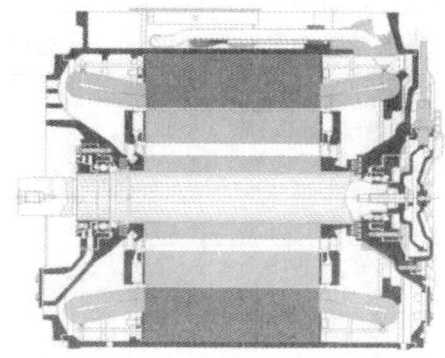

图 4.25 电机截面图

2. 定 子

定子框架为焊接结构，由高强度低损耗的硅钢片叠压而成，可以抑制定子内铁损。有多根拉板分布在定子冲片的四周，焊接到定子压圈上。

定子绕组线圈由扁铜导体绕成。导体外包绝缘薄膜。线圈嵌入定子槽内，定子槽进行了良好的绝缘。槽楔采用聚酰亚胺树脂浸润玻璃制成。嵌线完成后，通过高温铜点焊连接引线。

3. 转　子

转子由硅钢片叠压而成，硅钢片热套在一个套筒上，并在两个转子压圈之间进行叠压。转子笼由合金导条和端环通过高频钎焊焊接而成。电机在最高转速内都满足转子高精度的动平衡要求。电机轴由高强度合金钢制成，通过护环对端环进行保护。转子轴由轴承支撑，可以承受一定转矩产生的应力，所有轴承均使用油脂润滑，油脂可以通过端盖上的加油油嘴进行补充。

4. 外端盖

外端盖对电机部件起到保护、支撑的作用。

5. 轴承装配

轴承用于承担径向及轴向的作用力，在电机的驱动端采用的是圆柱滚动轴承、非驱动端采用的是球滚动轴承。

6. 通风系统

一台牵引电动机风机为转向架的两个牵引电动机提供所需的通风。牵引电动机风机位于动车组的地板下区域（靠近转向架），牵引电机内部设有风道并与外部风道相连，用于牵引电机内部的通风冷却。

7. 其　他

该电机安装有速度传感器和温度传感器，温度传感器埋设在定子中，速度传感器安装在非驱动端。该传感器由一个固定在轴上的齿轮和一个固定在传动端对面一侧外盖上的电磁信号采集器组成；该信号采集器能够检测到轮齿发出的电脉冲，其速度正比于转子轴的速度。

4.4.1.3　运用与维护

牵引电动机在运行时必须进行速度监测，以保证不超过技术数据中和铭牌上指定的最大值。牵引电动机必须在干燥、不易受振动影响的区域内存储，不能直接暴露在阳光或雨水下，而且应适当防尘、防沙等。在（-35～+85）℃的温度环境和小于50%的相对湿度下，在无任何附加措施的情况下，可以将电机存储最多6个月。

在可能出现严重损坏以前，定期维护是必要的，来检测并排除可能的故障，维护内容参见表4.6所示。

表4.6　维护内容与时间进度表

部件	检查与检修工作	运行距离
牵引电机	清洁牵引电机的外侧，检查牵引电机是否有外观损坏，检查螺钉连接； 外观检查：牵引电机上的安装零件，牵引电机上的螺栓，损坏的连接导线和连接器，连接螺钉，风道，将粗杂质（树叶、纸等）从排气口区域除去，检查电机是否有冷凝水	2×10^4 km
牵引电机轴承	给牵引电机轴承重新涂覆润滑脂：D端轴承，N端轴承	40×10^4 km
轴承和旧的润滑脂盒	给牵引电机D端、N端轴承重新涂覆润滑脂清洁旧的润滑脂盒	每120×10^4 km后
拆解并清洁的牵引电机	拆解并清洁的牵引电机的维护：替换轴承（D端），替换轴承（N端），定子、转子检查，检查定子线圈、线圈和机械构架之间的绝缘	每240×10^4 km后

4.4.2 CRH400BF 型动车组牵引电机

4.4.2.1 基本结构

YJ268A 牵引电机满足动车组多重单元的特殊要求，结构紧凑、体积小、功率大，具有重量最优化，高效及紧凑的特点。

电机为卧式、双轴承的鼠笼式三相异步牵引电动机，轴伸为 1∶50 锥度。电机为防护式强迫通风结构，冷却风从电机非传动端进风口进入，经由定子背部通风孔、气隙及转子铁心轴向通风孔，由传动端端盖出风孔排出。定子采用球墨铸铁铸造机座。定子装配与两端铝端盖过渡实现了电机轻量化。电机剖面图如图 4.26 所示。

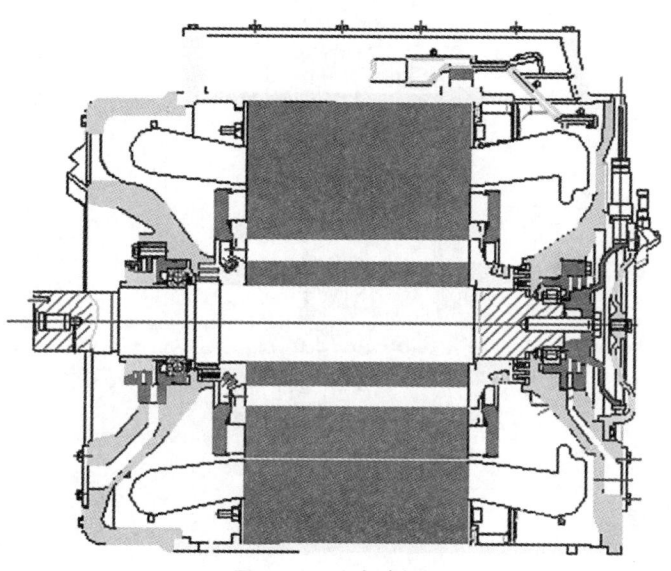

图 4.26 电机剖面

1. 定　子

电机定子由机座、定子铁心和定子线圈等部件组成。电机机座采用高质量的球墨铸铁制造，结构紧凑合理，具有非常高的强度、刚性和极高的抗震质量。定子铁心由绝缘冷轧硅钢板叠压，采用绝缘拉杆固定，使定子铁心成为一个圆形壳体。定子轭部有通风孔，冷却风从进风口进入，流经定子铁心和转子铁心的冷却风孔，并经传动端端面的风口罩板出风口流出。定子绕组为双层成型绕组，采用专用的拓扑原理涨形机制造，成型后嵌进定子槽中。为了得到足够的机械强度、良好的电气性能与优良的热稳定性，定子绕组用端箍固定，带绕组的定子铁心整体经真空压力浸漆（VPI）、旋转烘焙后热套进机座中，组成定子单元。整个电机的绕组绝缘为 200 级耐电晕绝缘系统。

2. 转　子

转子为鼠笼结构，由转轴、铁心、鼠笼绕组等部件组成。转轴由高强度的锻造合金钢制成。绝缘冷轧硅钢板叠压组成的转子铁心及压板热套安装到转轴上。铜导条插入转子铁心槽内，在传动端和非传动端分别与铜合金端环铜焊在一起，形成鼠笼绕组。每端转子压板有一个圆形槽，将平衡块放置并紧固以保证转子动平衡。

3. 轴承、端盖

两端端盖装入定子机座的两侧,支撑转子。两端轴承分别压入钢质轴承盖内,并在端盖内用螺栓固定。转子在传动端由深沟球轴承、非传动端由圆柱滚子轴承支撑。轴承用润滑脂润滑,可通过锥形注油嘴添加润滑脂,在两端盖底部均有注油孔和废油脂腔用于收集废油脂或过量的油脂。

4.4.2.2 基本数据

1. 技术参数

牵引功率	650 kW
额定电压	2 800 V
额定电流	170 A
额定转速	4 174.6 r/min
额定频率	140 Hz
额定效率	95%
最高转速	5 810 r/min
极　　数	4 极
定子绕组接法	Y
冷却风量	0.72 m^3/s
绝缘等级	200 级
工　作　制	S1
安装方式	转向架安装

2. 部分机械数据

质量

转子	186 kg
定子	465 kg
联轴器	17 kg
电机(不含电机侧联轴器)	约 715 kg

轴承

传动端	SKF:DIN625-6016M/P65HS0VG2211
	NTN:2TS2-7MC3-6016CS95PX1V10S17
	FAG:DIN625-6016-85/105/150°/STI
非传动端	SKF:DIN5412-NU210ECM/C3HVA3091
	NTN:2TS2-7MC3-NU210EHS P6V5S17V
	FAG:DIN5412-NU210-65/80/150°/STI
润滑脂	美孚 力富 SCH100
轴承(传动端)	100 g
轴承(非传动端)	60 g
轴承(传动端)	30 g(暂定)
轴承(非传动端)	15 g(暂定)

4.4.2.3 修程和维护级别

在可能出现严重损坏前,需要定期维护以检测和排除可能的故障。在电机出现电气或机械过载的故障情况或非正常运行状态下,应立即进行适当的维护和试验。电机遵循的修程如表 4.7 所示,维护级别如表 4.8 所示。

表 4.7 电机修程

修程		运行距离/时间间隔
一级修 I1		6 000 km 或 48 h
二级修	I2	2×10^4 km 或 20 d
	M1	10×10^4 km 或 90 d
	M2	40×10^4 km 或 360 d
	M3	80×10^4 km 或 2 a
三级修 R1		120×10^4 km 或 3 a
四级修 R2		240×10^4 km 或 6 a
五级修 R3		480×10^4 km 或 12 a

表 4.8 电机维修级别

维护级别	作业内容	运营里程/时间间隔
I1	外观检查: 具体内容参见 7.3.1 和 7.3.2	6 000 km 或 2 d
I2	I1 所有维护作业	2×10^4 km 或 20 d
M1	I2 所有维护作业	10×10^4 km 或 90 d
M2	给牵引电机轴承补充润滑脂: 传动端轴承, 非传动端轴承	每间隔 20×10^4 km
M3	M2 所有维护作业	每间隔 20×10^4 km
R1	电机拆解和清洗: 更换轴承(传动端), 更换轴承(非传动端), 检查定子绕组绝缘, 检查绕组电阻	120×10^4 km 或 3 a
R2	R1 所有维护作业	240×10^4 km 或 6 a
R3	R2 所有维护作业	480×10^4 km 或 12 a

复习思考题

1. 什么是异步电动机的固有机械特性？什么是异步电动机的人为机械特性？
2. 笼型异步电动机和绕线转子异步电动机各有哪些调速方法？这些方法的依据各是什么？各有何特点？
3. 三相异步电动机最大转矩的大小与定子电压有什么关系？与转子电阻有关吗？异步电动机可否在最大转矩下长期运行？为什么？
4. 试分析和比较三相绕线转子异步电动机在转子串接电阻和不串接电阻启动时的 φ_m、I_2、$\cos\varphi_2$、I_1 有何不同。转子串接电阻启动时，为什么堵转电流不大但堵转转矩却很大？是否串接的电阻越大，堵转转矩也越大？
5. 笼型异步电动机能否直接启动主要考虑哪些条件？不能直接启动时为什么可以采用减压启动？减压启动时对启动转矩有什么要求？
6. 为什么深槽及双笼转子异步电动机的堵转转矩大？
7. 异步电动机拖动恒转矩负载运行，采用降压调速方法，在低速下运行时会有什么问题？
8. 变频调速中，当变频器输出频率从额定频率降低时，其输出电压应如何变化？为什么？
9. 三相异步电动机基频以上变频调速，保持 $U_1 = U_N$ 不变时，电动机的最大转矩将如何变化？能否拖动恒转矩负载？为什么？

Part 5 牵引传动系统控制策略

列车交流传动调速系统是一个多变量、非线性和强耦合的系统，输入量通常为电压（或电流）和频率，是可控量，输出量则是转速、位置和转矩，它们彼此之间以及与气隙磁链、转子磁链、转子电流等内部量之间都是非线性耦合关系。由于系统模型相当复杂且运行中不可能十分精确测量，所以迄今为止，发展中的几种控制系统都是基于反馈控制环节来实现传动系统的控制，如电压频率协调控制系统、电流转差频率控制系统、恒磁通控制系统等。它们都是把电压频率的两个输入变量关联起来，转化成单变量系统，从而保证系统的静态性能。

现代控制理论的发展与应用促进了多种控制系统的诞生，在 PWM 控制、矢量控制、直接转矩控制和变结构控制等方面取得了突破，解决了传统反馈控制理论所不能解决的控制问题。目前已在矢量控制系统、直接转矩控制系统、变结构控制系统和自适应控制系统等方面取得了重要突破。

矢量控制系统采用参数重构和状态重构的现代控制概念，实现电动机定子电流的励磁分量与转矩分量之间的解耦，从而使交流电动机能像直流电动机一样分别对其励磁分量和转矩分量进行独立控制，这一控制思想为高性能的交流电动机调速技术奠定了理论基础。围绕矢量控制技术的进一步完善，还相继提出了许多提高矢量控制性能的方法。为了克服因电动机内部压降造成的耦合，系统加入了前馈控制器；为了克服模型运算产生的误差，系统在低速区与高速区采用不同的控制模型：在低速时采用电流模型，而在高速时采用电压模型；为了克服运行中转子电阻值的变化，采用了对系统参数修正的方法等。

继矢量控制技术之后，交流调速控制理论的另一个新突破是直接转矩控制方法，与矢量解耦控制方法不同，它无需进行两次坐标变换及复杂计算，不需要计算矢量的模与相位角，而是直接在定子坐标系上计算电动机磁链和转矩的实际值，并与磁链和转矩的给定值相比较，通过两电平式调节器进行转矩的直接调节，加快了转矩的快速响应，使响应时间控制在一拍之内，能使系统的静、动态性能得到很大的提高，是很有发展前景的一种控制方法。

为了克服矢量控制系统在运行时参数变化对系统的影响，采用滑模变结构控制系统，这种控制系统能使系统结构在动态过程中，根据系统当时的偏差及其导数，以跃变的方式按预先设定进行改变，使系统达到最优良的性能指标，并使系统具有对参数的不敏感性和抗干扰的稳定性，对系统的数学模型和参数的精确性要求不高。实际上它解决了非线性控制问题，但这种方法对状态观察要求很高。

模型参考自适应控制，能够使一个较复杂的交流传动系统，当其在运行中参数发生变化时，实时地在线确定系统的模型或参数，并及时调节，以达到高精度的控制目的。

为了解决系统的非线性问题，实现大范围的线性化，并同时实现解耦，近年来，一些学者又提出了一种非线性解耦控制，其基本思想是通过非线性坐标变换和非线性状态反馈量，使非线性控制对象完全线性化，同时实现解耦，然后将线性解耦控制的多变量系统化成单变量系统，这样，就可以按单变量系统进行综合，并可以借助于经典控制理论设计最合适的调节参数。这种方法是一种新的探索，在理论上和实践上还有待于做进一步的论证、验证。

列车交流传动系统的主要控制目标是依靠先进的控制策略与手段，对变流器实施控制，使牵引变流器充分发挥效能，保证系统具有优异的静态、动态性能。要求变流器网侧功率因数接近1，电流畸变小。在网压波动时，中间环节直流电压保持恒定。在负载或供电电压波动时，具有快速响应的动态性能，保持良好的稳态运行能力。启动平稳，谐波转矩小，启动力矩恒定。系统能在宽广的速度范围内，实现恒功率运行。

现代列车牵引变流器由网（电源）侧整流器和牵引电动机侧逆变器两部分组成，电路中开关元件的通断呈周期性，从而破坏了交流电压、电流的正弦波形和连续性，在电压、电流中产生了高次谐波，不仅对电网产生污染，而且使牵引电动机运行性能恶化，谐波电流产生的脉动转矩将使电动机产生振动与噪音，影响了稳定运行。减小谐波分量是解决电网污染、保证牵引电动机最良好运行性能的关键，牵引变流器采用PWM控制是减小谐波分量最为有效的方式。

对于列车牵引传动系统，负载突变或网压波动较为频繁，这就要求系统具有快速响应能力。采用闭环控制，保持精确稳定的运行，并保证系统的设备能力被充分利用。牵引传动系统要求在宽广的速度范围内，在每个速度点都能提供合适的转矩，因此，转矩和转速（速度）是被调节参量。

目前，在列车电力传动控制系统中，以计算机为基础的控制系统及控制策略得到了广泛应用，脉冲整流器主要采用瞬态直接电流控制，牵引逆变器-异步牵引电动机系统采用矢量控制或直接转矩控制。

5.1 异步牵引电动机与变流器的匹配

在变流器与异步牵引电动机组成的动车组交流传动系统中，如何对变流器和异步电动机进行合理匹配确定容量，关系到系统的运行性能与经济性。不同的运行要求，变流器和牵引电动机的容量可以有不同的匹配组合。功率较小的电动机可以和较大功率的变流器匹配，功率较大的电动机也可以和较小功率的变流器匹配。因此，在确定交流传动系统的性能参数和结构尺寸时，在保证运行性能的前提下对系统进行优化，以合理匹配变流器和异步牵引电动机的容量，使系统成本最低作为优化的基本目标。

5.1.1 牵引电动机与变流器的容量确定

牵引电动机作为变流器的负载，而变流器作为牵引电动机的电源，应满足对牵引电动机在各工况下的供电要求，两者只有合理地确定其容量，才有利于提高传动系统的效能。

在最高转速相同的情况下，牵引电动机容量主要由最大允许转矩和最大允许损耗决定。在确定交流异步牵引电动机的容量时，可暂不考虑电动机因电压等级不同在绕组绝缘结构上的差异。最大允许损耗在很大程度上受到运行方式、冷却方式以及绝缘材料寿命要求的影响，也暂不作考虑。所以，牵引电动机的功率及主要结构尺寸取决于最大允许转矩。

牵引电动机的最大转矩 T_{max} 与最大气隙磁通密度 B_{max} 和定子有功电流线负载最大值 A_{1max} 之积成正比关系，即

$$T_{max} \propto A_{1max} B_{max} \tag{5.1}$$

式（5.1）表明，提高定子有功电流线负荷、增大气隙磁密均有助于提高电动机的最大转矩。必须要指出，若进一步提高电流线负载可能引起传动系统颠覆，或降低系统防止颠覆的最低安全性。因此，为确保系统防止颠覆的最低安全性，定子电流线负荷与气隙磁通密度之比不允许超过规定的最大值。

对于变频调速异步牵引电动机具有较低的损耗，可获得的最大转矩为

$$T_{max} = CB^2 \approx C\left(\frac{U_1}{f_1}\right)^2 \tag{5.2}$$

变流器作为牵引电动机的电源，其输出要满足电动机运行中最大电流与最高电压的需求。变流器工作容量要按照最大电流与最高电压来考虑，应等于输出最大电流和最高电压的乘积，但最大电流主要受半导体器件允许的最高温度限制，最高电压受到半导体开关器件允许的电场强度所限制。按牵引电动机最大电流、电压要求所确定的容量只代表变流器的能力（极限），与实际使用中是否同时出现电流和电压的最大值无关。也就是说，变流器的容量、成本费用由电流和电压最大值的乘积所决定，变流器电流和电压的实际瞬时值之积或实际输出的有功功率也只是其能力的一部分。

5.1.2 逆变器与牵引电动机的匹配

根据牵引电动机运行特性，拖动负载在低速区要求具有足够的加速转矩，以保证系统快速而平稳的启动，尽快进入运行区段，发挥传动系统的效能。进入运行区段，速度达到额定速度以上，将运行在恒功率状态，输出转矩与转速成反比例关系变化。在恒功率运行时，牵引电动机与变流器之间有两种极端的调节方式，电动机与变流器二者只能有一个工作在最优状态，其能力得到了充分利用。无论选择哪个工作在最优状态，另一个的能力都得不到充分利用，这其实是牵引电动机与变流器二者中争夺最优运行方式的问题，也是一种综合性能、性价比的博弈。

在保证列车牵引性能的前提下，按照经济性原则权衡，变流器工作在最优状态，按照恒电压恒电流输出，使其能力得到充分利用，更有利于提高性价比。因此，列车电力传动系统基本都采用大电动机与小逆变器的匹配方式。

当列车速度为 v_{max} 时，牵引电动机以最大转矩输出，其电磁转矩等于最大转矩，电动机容量计算以此时的参数作为依据，其能力在此时被得到充分利用，且有适当的过载能力，一般要求此处的过载能力 $K_{Tmin} \geq 1.1$。

从 v_b 到 v_{max} 的速度区间内，逆变器的输出频率增加而输出电压保持恒定。从 v_{max} 开始随着速度（频率 f_1）的降低，牵引电动机最大转矩按照 $T_{max} \propto 1/f_1^2$ 增大，逐渐偏离恒功率（$T_{em} \propto 1/f_1$）所要求的转矩值，且比恒功率要求的转矩大得多，此时过载能力变为

$$K_T = T_{max}/T_{em} \propto 1/f_1 \tag{5.3}$$

由式（5.3）可知，随着变流器输出频率的降低，牵引电动机的过载能力逐渐增大。因此，

在 v_{max} 以下的各速度点上,电动机在转矩方面的设计能力都没有得到充分利用,只在最大速度 v_{max} 点得到了充分利用。

对逆变器来说,从启动开始到 v_b,电压随频率成正比提高,在 v_b 时电压达到最高,输出额定功率。在 v_b 到 v_{max} 之间,逆变器以恒功率方式运行,输出电压始终维持最高电压不变,即恒电压、恒电流方式输出,其能力得到充分利用。而这种匹配方式下,牵引电动机在工作区速度范围内,能力没有被充分利用,容量、体积尺寸较大。但逆变器在最有利的工作方式下运行,设计参数较小,所以将此方式称为小逆变器和大电动机的匹配,相对于其他匹配方式,这是一种最经济的匹配方式。其匹配方式如图 5.1 所示。

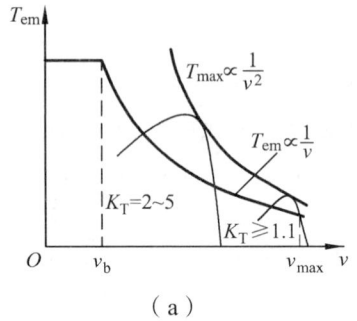
（a）

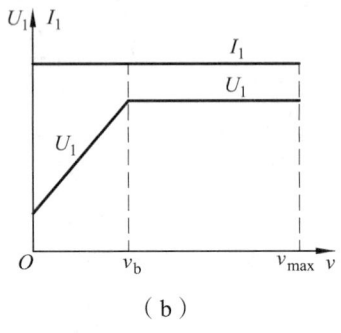
（b）

图 5.1 最大电动机与最小逆变器的匹配

不同车型、不同用途的列车,其牵引特性类似,只是在具体工作点的选择上有所差异,恒功率运行范围不同。尽管都是采用大电动机与小逆变器的匹配方式,采用合适的控制策略,可适当减小电动机的能力富余,降低电动机的热负荷,使得匹配更加合理、经济。随着恒功率区运行范围的扩大,逆变器、电动机不被充分利用的程度都会随之增加。所以,根据实际运用需要合理选择恒功率区的宽度,对于系统优化,特别是提高系统的经济性来说,是十分重要的。

对于交流牵引传动系统,尤其是高速列车牵引传动,如高速电力机车、高速动车组,其恒功率调速比(持续运行范围)可达到 $K_{PV} = V_{Pmax}/V_c = 2.5 \sim 3$。

5.1.3 大电动机小逆变器匹配方式下的运行控制特性

异步牵引电动机在进行 VVVF 调速时,总是希望每极磁通保持不变,以充分利用电动机的磁路能力。如果磁通太小,磁路铁心没有发挥出应有的能力,造成磁路资源的浪费;如果磁通太强,铁心将饱和,励磁电流激增,铁心损耗增大,导致电动机过热。异步牵引电动机是一种单端励磁的电机,其励磁电流作为定子电流的一部分,很难直接分离出来,磁通也不能直接控制,故保持磁通不变是很困难的。因此,异步电动机的变频调速必然要采用间接的方法,频率与电压协同控制,以充分发挥磁路的能力,获得良好的运行特性。

异步电动机变频调速时,必然要调节电压,根据电压的可调范围,可分为两个阶段：额定电压以下和额定电压。在额定电压以下,按照恒电势频率比调节,可保证磁通不变,电动机将以恒转矩特性输出;当电压升高到额定电压时,继续提高电压的可能性已很小,一般保持额定电压运行,此时提高频率将使磁通减小,处于磁削状态运行,类似于直流牵引电动机的磁削调速,电动机按照恒功率特性输出。

异步牵引电动机的运行区域可分为恒磁通运行区和磁削运行区，对应的输出特性分别为恒转矩特性和恒功率特性。恒转矩特性与恒功率特性的交接点，一般在额定频率（基频）处。因此，异步牵引电动机调速时的输出特性可用基频来分界，基频以下为恒磁通调速，基频以上为磁削调速。

由于设计理念的差异，对恒功率控制也有所不同，以额定频率为界，可滞后也可提前进入恒压区，这样可获得不同的恒压频比。

从启动到 f_{1N}，逆变器按照恒压频比输出，牵引电动机工作在恒转矩区。恒功率区为 $f_{1N} \sim f_{mc}$，在此区域有三种控制方式，即完全恒压恒功率、滞后恒压恒功率、提前恒压恒功率。

若上述三种控制方式的恒压频比分别定义为 k_N、k_a、k_b，则有

$$k_a = \frac{U_{1N}}{f_{1a}} < k_N = \frac{U_{1N}}{f_{1N}} < k_b = \frac{U_{1N}}{f_{1b}} \tag{5.4}$$

（1）完全恒压恒功率（在额定频率点电压恒定）。

完全恒压恒功率，即在 f_{1N} 点达到额定电压，如图 5.2 所示。

牵引电动机在整个恒功率范围内电压恒定，电流值相对较高。由于受磁路、效率、损耗的影响，电流在恒功率最低频率点（额定频率）达到最大，因此，牵引电动机的温升最高点将出现在额定频率点上，而不是持续点，HX_D2 型电力机车、CRH_5 型动车组采用的牵引电动机就属于该情况。

（2）滞后恒压恒功率（在 f_{1N} 之后进入恒压）。

滞后恒压恒功率是升压恒功率与恒压恒功率相结合，在 f_{1N} 时，电压低于额定电压，逆变器仍然以恒压频比输出，为升压恒功率；当电压在 f_{1a} 点进入

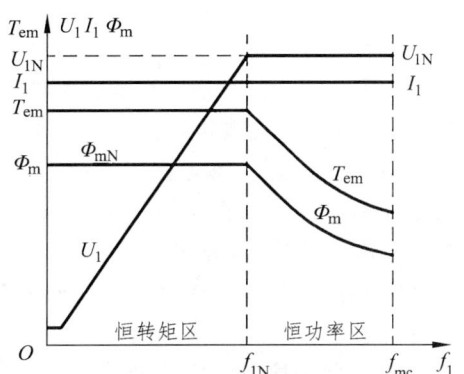

图 5.2 异步牵引电动机 VVVF 调速控制特性

恒压段后，变为恒压恒功率。此控制方式的恒压频比小于额定恒压频比，中途还可二次升压，这样牵引电动机的电流可相对减少，电动机的最高温升点出现在持续点，如图 5.2 中实线所示。HX_N3 型内燃机车采用的牵引电动机 EMD A2938-5 就属于此情况。

（3）提前恒压恒功率（在 f_{1b} 点提前进入恒压）。

提前恒压恒功率是在额定频率 f_{1N} 之前的 f_{1b} 点，电压达到额定电压，提前进入了恒压区，相应提高了恒压频比，其恒压频比大于额定恒压频比，即 $k_N < k_b$。增大了恒压频比，可减小启动电流，但牵引电动机的电流变化与完全恒压恒频控制相类似，电动机的最高温升点是额定频率点而不是持续点。提前恒压恒功率可增大恒压频比，其电压、电流变化关系如图 5.3 中虚线所示。HX_D3 型电力机车采用的东芝 SEA-107/YJ85A 电动机就属于这种情况。

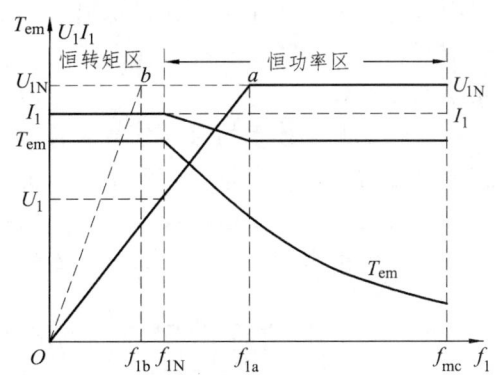

图 5.3 不同控制方式下的恒功率特性

无论采用哪种控制方式，在整个恒功率区，牵引电动机的电磁转矩随频率的增加都呈反比例下降，在不同频率下，牵引电动机具有不同的过载能力，但最低过载倍数 $K_{T\min} \geqslant 1.1$。

通过改变 VVVF 终点频率（速度）的位置，对牵引电动机温升及恒功率运行范围的影响较大，合理选择 VVVF 终点频率点位置，将使调速系统的匹配更经济合理。

5.2 SPWM 控制技术

在常规的交-直-交流变压变频调速系统中，变流器为了获得变频调速所要求的电压频率协调控制，交-直流变换的整流器必须是可控的，且在调速时需同时对整流器和逆变器进行控制，如此就带来了一系列的问题，主要表现为：变流器主电路有两个需要控制的功率环节，相对来说比较复杂；由于中间直流环节有滤波电容或电抗器等大惯性储能元件存在，使系统的动态响应缓慢；由于整流器为可控型，使供电电源的功率因数随变频装置输出频率的降低（电压也随之降低）而变差，并产生高次谐波电流；逆变器输出为六阶波交流电压（电流），在交流牵引电动机中形成较多的高次谐波，产生较大的脉动转矩，影响牵引电动机的稳定工作，在低速时情况尤为严重。因此，常规变流器已不能适应现代交流调速系统对变频电源的需要，全控型智能化电力电子器件的涌现以及微电子技术的发展，为现代变流器的发展提供了良好的物质条件。

1964 年，德国人率先提出了脉宽调制变频的思想，把通信领域中的调制技术推广应用于交流变频调速系统，将所期望的正弦波形作为基准的调制波（Modulation Wave），而受它调制的信号称为载波（Carrier Wave）。采用这种技术构成的 PWM 逆变器基本上解决了六阶波变频器中存在的问题。PWM 逆变器的功率开关器件按一定规律控制其导通或关断，使输出端获得一系列宽度不等的矩形脉冲电压波形。通过改变矩形脉冲电压波形的宽度，可以控制逆变器输出交流基波电压的幅值，改变调制周期（即载波周期）可以控制其输出频率，从而同时实现变压和变频。

脉宽调制（Pulse Width Modulation，PWM）控制就是对脉冲的宽度进行调制的技术，即通过对一系列脉冲的宽度进行调制，以等效地获得所需要的波形，包括形状和幅值。脉冲的宽度按照正弦规律变化，产生一组等幅而脉冲宽度正比于正弦函数值的矩形脉冲，并与正弦波等效，此 PWM 脉冲波形称为 SPWM 波形。

脉宽调制技术在现代变流控制系统中，特别是在逆变电路中的应用最为广泛，对逆变电路的影响也最为深刻，成功地解决了传统变流系统存在的不足与缺陷。PWM 技术在整流电路中也得到了广泛应用，并显示出了突出的优点。随着新型电力电子器件、计算机控制技术的不断发展，脉宽调制技术在现代列车电力传动领域发挥着重要作用，已成为现代电力传动系统的核心技术。

对脉宽调制技术的深入学习，有助于了解和掌握现代变流技术的内核，是打开现代变流技术奥秘的关键，也是国产列车电力传动系统能否自主研发的关键。加强对现代变流控制技术的研究与开发，是追踪技术潮流、构建自主技术平台的必经之路，没有任何捷径可走。核心技术是买不来的，只有突破它，才能为我所有。

5.2.1 正弦脉宽调制（SPWM）控制的基本原理

脉宽调制控制技术的理论基础就是冲量（面积）等效原理。

在采样控制理论中有一个重要的结论：大小、波形不相同的窄脉冲变量作用于惯性系统时，只要它们的冲量即变量对时间的积分相等，其作用效果就基本相同。冲量就是指窄脉冲的面积。效果基本相同是指惯性系统的输出响应波形基本相同。

根据冲量等效原理可知，在某一时间段的正弦电压与同一时间段的等幅脉冲电压作用于 L、R 电路时，只要这两个电压的冲量相等，则它们所形成的电流响应就相同。

形状不同而冲量相同的各种窄脉冲及响应波形，如图 5.4 所示。

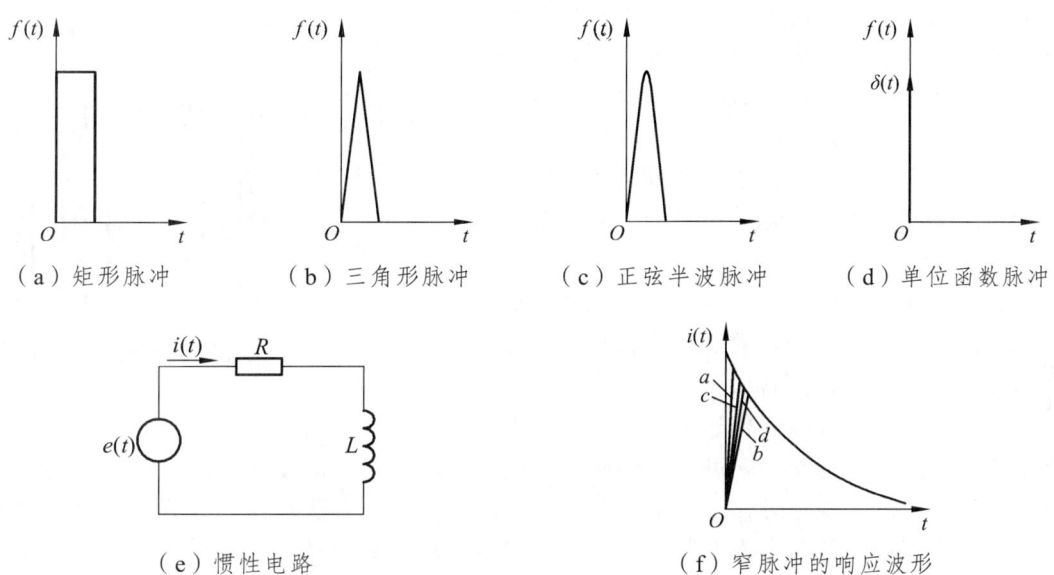

图 5.4 冲量相同形状不同的各种窄脉冲及其响应波形

图 5.4（a）～（d）所示的窄脉冲电压波，作为输入信号分别输入到图 5.4（e）所示的由 R、L 组成的惯性电路，其输出信号为电流 $i(t)$ 波形，如图 5.4（f）所示。从电流 $i(t)$ 的波形上可看到，在 $i(t)$ 的上升段，输入脉冲波形不同时输出波形 $i(t)$ 略有不同，在下降段则几乎完全相同。脉冲越窄，输出波形 $i(t)$ 的差异越小。若周期性地输入窄脉冲，则输出响应 $i(t)$ 也是周期性的。通过傅立叶变换分析，则其低频段特性非常接近，仅在高频段略有差异。若在每一时段都与该时段中正弦电压等效，除每一时间段的面积相等外，每个时间段的电压脉冲还必须很窄，这就要求脉冲数量很多。脉冲数越多，不连续地按正弦规律改变宽度的多脉冲电压就越等效于正弦电压。

5.2.1.1 PWM 控制的基本原理

由于期望逆变器可以变压、变频，而且逆变器的输出电压波形是正弦波。为此可以把一个正弦半波波形分成 n 等份，把正弦半波看成由 n 个彼此相连的脉冲所组成的波形。这些脉冲宽度相等，都等于 π/n，但幅值不等，且脉冲顶部不是水平直线而是曲线，各脉冲的幅值按正弦规律变化。

若把上述等宽曲顶脉冲序列用相同数量的等幅不等宽的矩形脉冲序列来代替，使矩形脉冲的中点与相应正弦波部分的曲顶脉冲的中点重合，并且使矩形脉冲和对应的曲顶脉冲的面积相等，就得到如图 5.5 所示的脉冲序列，即 PWM 波形。

可以看出，各脉冲的宽度是按正弦规律变化的。根据冲量相等效果相同的原理，PWM 波形和正弦半波是等效的。对于正弦波的负半周，也可以用同样的方法得到 PWM 波形。这种脉冲的宽度按正弦规律变化而和正弦波等效的 PWM 波形，也称为 SPWM（Sinusoidal PWM）波形。

由一系列等幅不等宽脉冲波形组成的 SPWM 波形，就是逆变器所期望的输出波形。因各脉冲幅值相等，逆变器由恒定的直流电源供电，其脉冲幅值就是逆变器的输出电压。当逆变器各开关元件在理想状态下工作时，驱动各开关元件的控制信号也应为与 SPWM 波形相似的一系列脉冲波形。

按照 PWM 控制的基本原理，在给出了正弦波频率、幅值和半个周期内的脉冲数以后，就可以准确计算出 PWM 波形各脉冲的宽度和间隔，作为控制逆变器中各开关元件通断的依据。控制

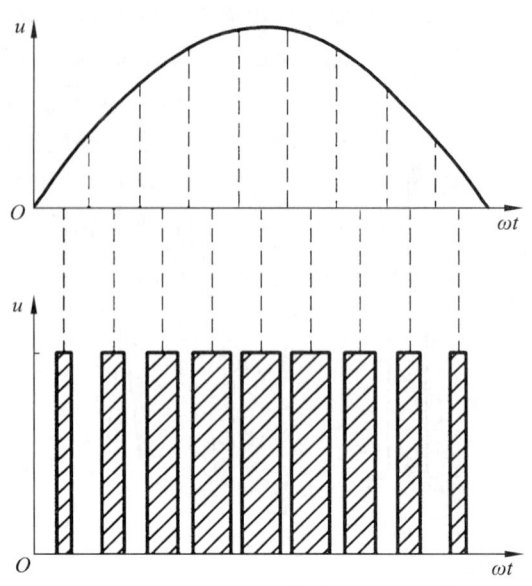

图 5.5　与正弦波等效的等幅不等宽矩形脉冲序列波

电路中各开关元件的通断，就可以得到所需要的 PWM 波形。但是这种计算是很烦琐的，正弦波的频率、幅值等变化时，其结果都要变化。较为实用的方法是采用通信技术中"调制"的概念，把所期望的波形作为调制波，即调制信号，把受它调制的信号作为载波，通过对载波进行调制得到所希望的 PWM 波形。通常采用等腰三角波作为载波，因为等腰三角波上下宽度与高度呈线性关系且左右对称变化，当它与任何一个平缓变化的调制信号波（连续曲线）相交时，在交点时刻控制电路中开关元件的通断，就可以得到一组等幅、脉冲宽度正比于调制信号波幅值（连续曲线函数值）的矩形脉冲，这就是脉宽调制技术，即简称 PWM。

当调制信号波为正弦波时，它与三角形载波进行比较，将得到一组宽度按正弦规律变化的等幅矩形脉冲，它就是 SPWM 波形。这种调制方式就是正弦脉宽调制。

根据输出电压波形的极性不同，又可分为单极性（不对称）SPWM 波和双极性（对称）SPWM 波。若在正弦调制波的半个周期内，三角载波只在一个（或两个）方向变化，所得到的 SPWM 波形也只在一个（或两个）方向变化的控制方式，称为单极性（或双极性）SPWM 控制。

5.2.1.2　SPWM 逆变器的工作原理

SPWM 逆变器的原理电路如图 5.6 所示。它是一个单相桥式逆变器，由恒定幅值的直流电压 U_d 供电，所带负载为感性负载。逆变器的功率开关器件采用全控型器件，目前主要采用 IGBT 或以 IGBT 为基础的集成智能化器件。控制驱动信号由正弦调制信号和载波信号经调制电路比较后输出，产生 SPWM 脉冲阵列波，作为逆变器功率开关器件的驱动控制信号。

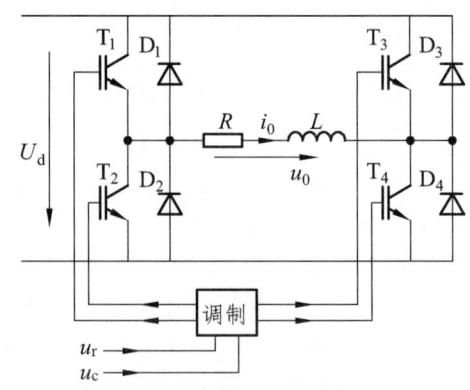

图 5.6　单相桥式 PWM 逆变器电路原理图

控制方式可采用单极性控制，也可采用双极性控制。

1. 单极性正弦脉宽调制

在正半周期，使 IGBT 开关管 T_1 一直保持导通，而让 T_4 交替通断。当 T_1 和 T_4 同时导通时，负载上所加的电压为直流电源电压。当 T_1 导通而 T_4 关断后，由于电感性负载中的电流不能突变，负载电流将通过二极管 D_3 续流，此时负载上所加电压为 0。如果负载电流较大，那么直到使 T_4 再一次导通之前，D_3 一直持续导通。如果负载电流较快地衰减到 0，在 T_4 再一次导通之前，负载电压也一直为 0。这样，负载上的输出电压 u_0 就可得到 0 和 U_d 交替的两种电平。

在负半周期，让 IGBT 开关管 T_2 始终保持导通。当 T_3 导通时，负载电压为 $-U_d$；当 T_3 关断时，D_4 续流，负载电压为 0，负载电压 u_0 可得到 $-U_d$ 和 0 两种电平。

这样，在一个周期内，逆变器输出的 PWM 波形就有 $\pm U_d$ 和 0 三种电平。

控制 T_3 或 T_4 通断的方法，如图 5.7 所示。载波 u_c 在调制波 u_r 的正半周为正极性的三角波，在负半周为负极性的三角波，调制信号 u_r 为正弦波。在 u_r 和 u_c 的交点时刻控制 T_3 或 T_4 的通断。

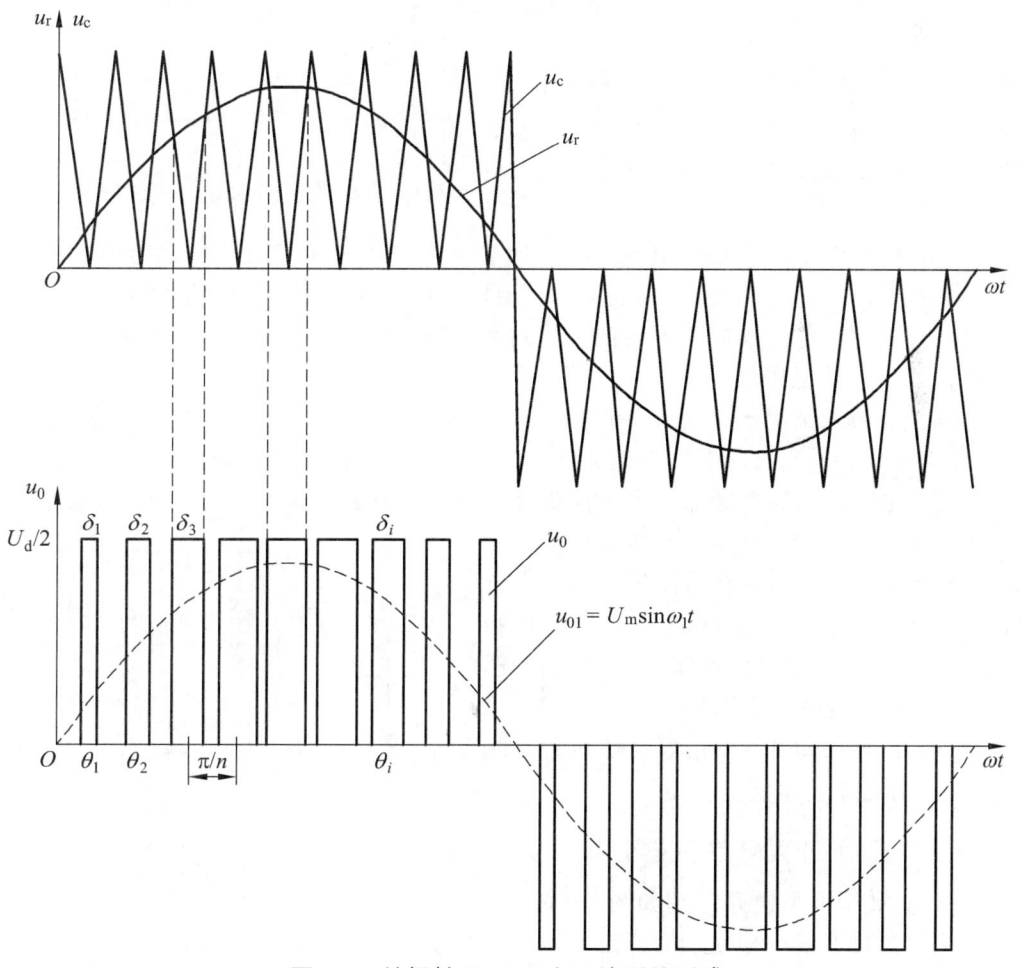

图 5.7 单极性 SPWM 电压波形的形成

在 u_r 的正半周，T_1 保持导通，当 $u_r > u_c$ 时使 T_4 导通，负载电压 $u_0 = U_d$；当 $u_r < u_c$ 时使 T_4 关断，$u_0 = 0$。

在 u_r 的负半周，T_1 关断，D_2 保持导通，当 $u_r < u_c$ 时使 T_3 导通，负载电压 $u_0 = -U_d$；当 $u_r > u_c$ 时使 T_3 关断，$u_0 = 0$。

这样就得到了 SPWM 波形 u_0。图 5.7 中虚线 u_{01} 表示 u_0 的基波分量。在半个周期内每相只有一个开关器件开通或关断。

2. 双极性正弦脉宽调制

图 5.6 所示的单相桥式逆变电路，也可以采用双极性控制方式。采用双极性控制方式时的波形如图 5.8 所示。

在双极性控制方式中的半个周期内，三角形载波是在正负两个方向变化的，所得到的 PWM 波形也是在两个方向变化的。在 u_r 的一周期内，输出的 PWM 波形只有 $\pm U_d$ 两种电平。仍然在调制信号 u_r 和载波信号 u_c 的交点时刻控制各开关器件的通断。在 u_r 的正、负半周，对各开关器件的控制规律相同。

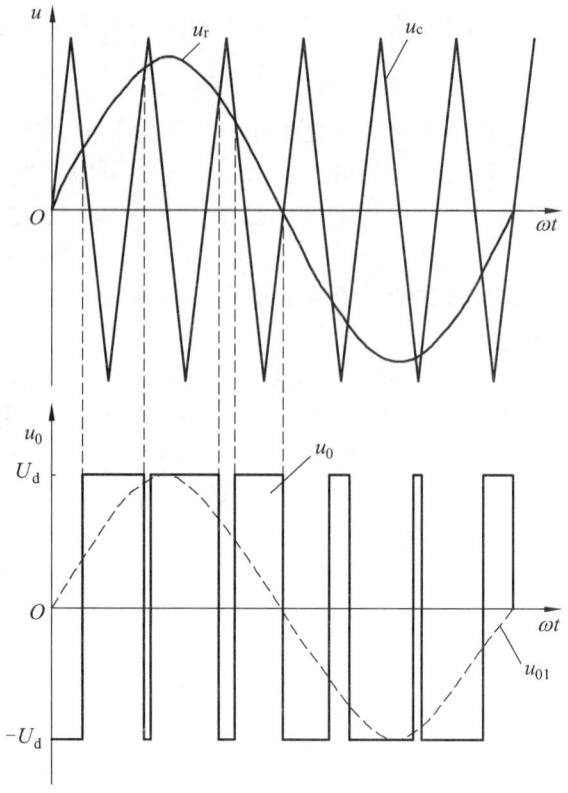

图 5.8 双极性 SPWM 电压波形的形成过程

当 $u_r > u_c$ 时，给 T_1、T_4 施加开通信号，给 T_2、T_3 施加关断信号，输出电压 $u_0 = U_d$。
当 $u_r < u_c$ 时，给 T_2、T_3 施加开通信号，给 T_1、T_4 施加关断信号，输出电压 $u_0 = -U_d$。

双极性控制时，逆变器同一半桥的上下两个桥臂 IGBT 的驱动信号极性相反，开关器件交替导通，处于互补工作方式。

在电感性负载的情况下，若 T_1 和 T_4 处于导通状态时，给 T_1 和 T_4 以关断信号，而给 T_2 和 T_3 以开通信号后，则 T_1 和 T_4 立即关断。因感性负载电流不能突变，T_2 和 T_3 并不能立即导通，二极管 D_2 和 D_3 导通续流。当感性负载电流较大时，直到下一次 T_1 和 T_4 重新导通前，负载电流方向始终未变，D_2 和 D_3 持续导通，而 T_2 和 T_3 始终未导通。当负载电流较小时，在负载电流下降到 0 之前，D_2 和 D_3 续流，之后 T_2 和 T_3 导通，负载电流反向。不论 D_2 和 D_3 导通，还是 T_2 和 T_3 导通，负载电压都是 $-U_d$。

从 T_2 和 T_3 导通向 T_1 和 T_4 导通切换时，D_1 和 D_4 的续流情况和上述情况相类似。

5.2.1.3 三相 SPWM 逆变器分析

三相 SPWM 逆变器电路原理如图 5.9 所示，开关元件采用 IGBT 或 IPM 元件。

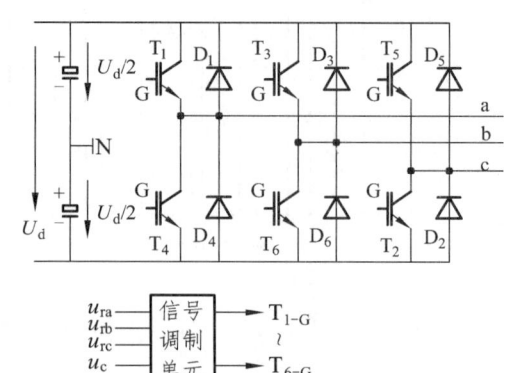

图 5.9 三相电压型 SPWM 逆变器电路原理图

三相逆变器可采用双极性 SPWM 的控制方式。在输出电压的每个周期中，各开关器件通、断转换多次，既可实现调节、控制输出电压的大小，又可消除低次谐波而改善输出电压波形。开关频率越高，脉冲波数越多，能消除的低次谐波就越多。

a、b、c 三相的 PWM 控制通常共用一个三角形载波 u_c，三相调制信号 u_{ra}、u_{rb} 和 u_{rc} 的相位依次相差 120°。a、b、c 各相功率开关器件的控制规律相同，现以 a 相为例进行说明：

当 $u_{ra} > u_c$ 时，给上桥臂 IGBT 管 T_1 施加导通信号，给下桥臂 IGBT 管 T_4 以关断信号，则 a 相相对于直流电源假想中点 N 的输出电压 $u_{aN} = U_d/2$。当 $u_{ra} < u_c$ 时，给 T_4 施加导通信号，给 T_1 以关断信号，则 $u_{aN} = -U_d/2$。T_1 和 T_4 的驱动信号始终是互补的。当给 T_1（T_4）施加导通信号时，可能是 T_1（T_4）导通，也可能是二极管 D_1（D_4）续流导通，这要由感性负载中原来电流的方向和大小来决定，与单相桥式逆变电路双极性 PWM 控制时的情况相同。b 相和 c 相的控制方式与 a 相相同。

三相电压 u_{aN}、u_{bN} 和 u_{cN} 波形的产生过程如图 5.10 所示。

可以看出，这些波形都只有 $\pm U_d/2$ 两种电平。三相桥式逆变电路无法实现单极性控制，相对 N 点的电压 u_{aN}、u_{bN}、u_{cN}，只能输出两种电平。图 5.10 中线电压 u_{ab} 的波形可由

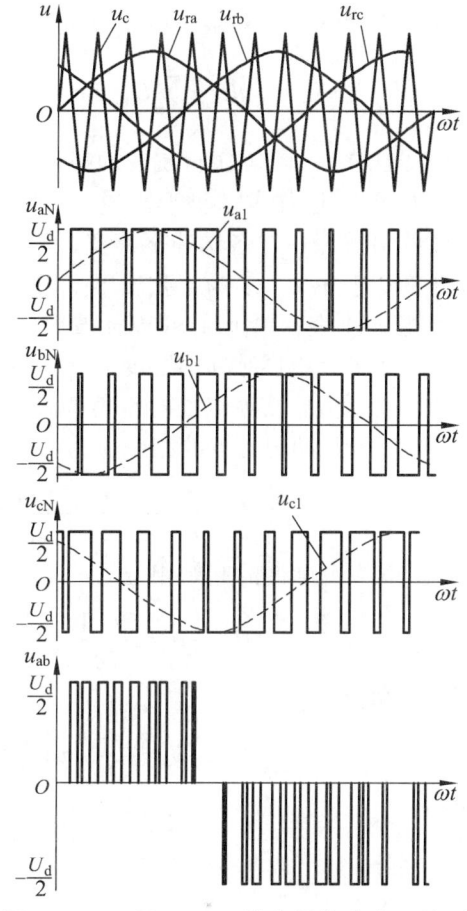

图 5.10 三相 SPWM 逆变器输出电压波形

$$u_{ab} = u_{aN} - u_{bN} \tag{5.5}$$

得出。可以看出，当桥臂 1 和 6 导通时，$u_{ab} = U_d$；当桥臂 3 和 4 导通时，$u_{ab} = -U_d$；当桥臂 1 和 3 或 4 和 6 导通时，$u_{ab} = 0$。因此，逆变器输出线电压由 $\pm U_d$ 和 0 三种电平构成。

在双极性 SPWM 控制方式中，同一相的上下两个臂的驱动信号都是互补的。但实际上为了防止上下两个桥臂直通而造成短路，在给一个桥臂施加关断信号后，再延迟一定的时间（亦即通常所说的死区时间），才给另一个桥臂施加导通信号。延迟时间长短主要由功率开关器件的关断时间决定。但需要注意，这个延迟时间将会给输出的 PWM 波形带来影响，使其偏离正弦波。

5.2.2 SPWM 逆变器输出电压与脉宽的关系

在异步电动机变压变频调速系统中，电动机接受逆变器输出的电压而运转。对电动机来说，有用的是电压的基波，希望 SPWM 波形中基波的成分越大越好。为了找出基波电压，须

将 SPWM 脉冲序列波展开成傅氏级数。由于各相电压正、负半波及其左、右均对称，因此它是一个不含常数项和余弦项的奇次正弦周期函数，其一般表达式为

$$u(t) = \sum_{k=1}^{\infty} U_{km} \sin k\omega_1 t \quad (k=1,2,3,\cdots) \tag{5.6}$$

式中　U_{km}——第 k 次正弦波的幅值。

对单极性 SPWM 波形来说，SPWM 脉冲序列波的幅值为 U_d，各脉冲不等宽，但中心间距相同，都等于 π/n，n 为正弦波半个周期内的脉冲数。图 5.11 表示单极性 SPWM 波形。

令第 i 个矩形脉冲的宽度为 δ_i，其中心点相位角为 θ_i，由于在原点处的三角载波只有半个波形，第 i 个脉冲中心点的相位应为

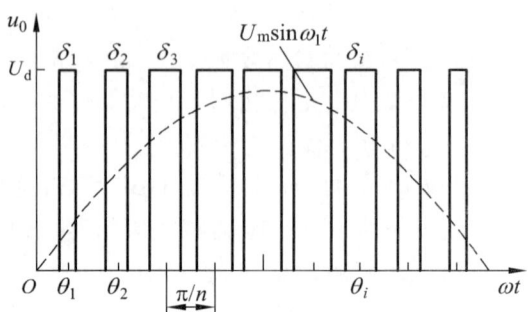

图 5.11　单极性 SPWM 电压波形

$$\theta_i = \frac{\pi}{n} i - \frac{1}{2}\cdot\frac{\pi}{n} = \frac{2i-1}{2n}\pi \tag{5.7}$$

于是，第 i 个脉冲的起始相位为

$$\theta_i - \frac{1}{2}\delta_i = \frac{2i-1}{2n}\pi - \frac{1}{2}\delta_i \tag{5.8}$$

其终止相位为

$$\theta_i + \frac{1}{2}\delta_i = \frac{2i-1}{2n}\pi + \frac{1}{2}\delta_i \tag{5.9}$$

$$\begin{aligned}
U_{km} &= \frac{2}{\pi}\sum_{i=1}^{n}\int_{\theta_i-\frac{1}{2}\delta_i}^{\theta_i+\frac{1}{2}\delta_i} U_d \sin k\omega_1 t \, d(\omega_1 t) \\
&= \frac{2}{\pi}\sum_{i=1}^{n}\frac{U_d}{k}\left[\cos k\left(\theta_i-\frac{1}{2}\delta_i\right) - \cos k\left(\theta_i+\frac{1}{2}\delta_i\right)\right] \\
&= \frac{4U_d}{k\pi}\sum_{i=1}^{n}\sin k\theta_i \sin\frac{k\delta_i}{2} = \frac{4U_d}{k\pi}\sum_{i=1}^{n}\sin\frac{(2i-1)k\pi}{2n}\sin\frac{k\delta_i}{2}
\end{aligned} \tag{5.10}$$

$$u(t) = \sum_{k=1}^{\infty}\frac{4U_d}{k\pi}\sum_{i=1}^{n}\left[\sin\frac{(2i-1)k\pi}{2n}\sin\frac{k\delta_i}{2}\right]\sin k\omega_1 t \tag{5.11}$$

以 $k=1$ 代入式（5.9），即可得到输出电压的基波幅值。当半个周期内的脉冲数 n 不太少时，各脉冲的宽度都不大，可近似地认为 $\sin\delta_i/2 \approx \delta_i/2$，因此

$$U_{1m} = \frac{4U_d}{\pi}\sum_{i=1}^{n}\left[\sin\frac{(2i-1)\pi}{2n}\right]\frac{\delta_i}{2} \tag{5.12}$$

可见输出基波电压幅值 U_{1m} 与各段脉宽 δ_i 有直接的关系。

当半个周期内脉冲数 n 与逆变器输入电压 U_d 一定时，逆变器输出的基波电压幅值 U_{1m} 与各段脉宽 δ_i 成正比关系。它说明在半个周期内调制脉冲数一定时，调节参考信号的幅值可使调制脉冲的宽度作相应变化，即实现了对逆变器输出电压基波幅值的平滑调节。

同样，对于图 5.11 的单极性 SPWM 波形，其等效正弦波为 $U_m \sin\omega_1 t$，根据面积相等的等效原则，可写成

$$\delta_i U_\mathrm{d} = U_\mathrm{m} \int_{\theta_i - \frac{\pi}{2n}}^{\theta_i + \frac{\pi}{2n}} \sin \omega_1 t \mathrm{d}(\omega_1 t) = U_\mathrm{m} \left[\cos\left(\theta_i - \frac{\pi}{2n}\right) - \cos\left(\theta_i + \frac{\pi}{2n}\right) \right]$$

$$= 2U_\mathrm{m} \sin \frac{\pi}{2n} \sin \theta_i \approx U_\mathrm{m} \frac{\pi}{n} \sin \theta_i$$

便有
$$\delta_i = \frac{\pi U_\mathrm{m}}{n U_\mathrm{d}} \sin \theta_i \tag{5.13}$$

也就是说，第 i 个脉冲的宽度与该处正弦值近似成正比。因此，与半个周期正弦波等效的 SPWM 波是两侧窄、中间宽、脉宽按正弦规律逐渐变化的序列脉冲波形。

将式（5.13）、式（5.7）代入式（5.12），得到

$$\begin{aligned} U_{1\mathrm{m}} &= \frac{4U_\mathrm{d}}{\pi} \sum_{i=1}^{n} \left[\sin \frac{(2i-1)\pi}{2n} \right] \cdot \frac{\pi U_\mathrm{m}}{2n U_\mathrm{d}} \sin \frac{(2i-1)\pi}{2n} \\ &= \frac{2U_\mathrm{m}}{n} \sum_{i=1}^{n} \sin^2 \left[\frac{(2i-1)\pi}{2n} \right] = \frac{2U_\mathrm{m}}{n} \sum_{i=1}^{n} \frac{1}{2} \left[1 - \cos \frac{(2i-1)\pi}{n} \right] \\ &= U_\mathrm{m} \left[1 - \frac{1}{n} \sum_{i=1}^{n} \frac{1}{2} \cos \frac{(2i-1)\pi}{n} \right] \end{aligned} \tag{5.14}$$

可以证明，除 $n=1$ 外，有限项三角级数 $\sum_{i=1}^{n} \cos \frac{(2i-1)\pi}{n} = 0$，而 $n=1$ 是没有意义的。因此由式（5.14）可得 $U_{1\mathrm{m}} = U_\mathrm{m}$。也就是说，SPWM 逆变器输出脉冲序列波的基波电压正是调制时所要求的等效正弦波幅值。当然，这个结论是在做出前述近似条件下得到的，即 n 不太小，$\sin \pi/2n \approx \pi/2n$ 且 $\sin \delta_i/2 \approx \delta_i/2$。当这些条件成立时，SPWM 逆变器能很好地满足异步电动机变压变频工作的要求。若从调节控制角度来看，SPWM 逆变器对交流调速系统是一种很适用的变频电源。

也可由式（5.12）与式（5.10）计算第 k 次谐波与基波电压幅值之比为

$$\frac{U_{k\mathrm{m}}}{U_{1\mathrm{m}}} = \frac{1}{k} \sum_{i=1}^{n} \frac{\sin \frac{(2i-1)k\pi}{2n} \sin k \frac{\delta_i}{2}}{\sin \left[\frac{(2i-1)\pi}{2n} \right] \frac{\delta_i}{2}} \tag{5.15}$$

计算结果表明，SPWM 逆变器能够有效抑制或消除 $k = 2n-1$ 次以下的低次谐波，但存在高次谐波。

需要注意，据有关资料介绍，SPWM 逆变器输出相电压的基波幅值和常规六阶波的逆变器相比，一般低 10%～14%，仅为 86%～90%，这会影响电动机额定电压的充分利用。

5.2.3 脉宽调制的制约条件

根据脉宽调制的工作过程，逆变器主电路的功率开关器件在其输出电压的半个周期内要开关 n 次。从上面的数学分析可知，把期望的正弦波分段越多，则 n 越大，脉冲序列波的脉宽 δ_i 越小，上述分析结论的准确性就越高，SPWM 波的基波更接近期望的正弦波。但是，功率开关器件本身的开关能力是有限的，与主电路结构及换流能力有关。因此，在应用脉宽调制技术时，必然会受到一定条件的制约，这主要表现在以下两个方面：

5.2.3.1 功率开关器件的频率限制

各种电力电子器件的开关频率受到其特有的开关时间和开关损耗的限制。普通晶闸管用于无源逆变器时须采用强迫换流电路，其开关频率一般不超过 300~500 Hz，现在 SPWM 逆变器中已很少应用，取而代之的是全控型器件，如电力晶体管（BJT 开关频率可达 1~5 kHz）、可关断晶闸管（GTO 开关频率为 1~2 kHz）、功率场效应管（P-MOSFET 开关频率可达 50 kHz）、绝缘栅双极晶体管（IGBT 开关频率可达 20 kHz）等。IGBT 是一种增强型场控（电压）复合器件，其通断由门极电压来控制，可用非常高的输入阻抗进行电压控制。目前生产的列车牵引用 SPWM 逆变器，开关元件以 IGBT 为主，并逐步向以 IGBT 为基础的集成化、智能化元件 IPM 发展。

定义载波频率 f_c 与参考调制波频率 f_r 之比为载波比（Carrier Ratio）N，即

$$N = \frac{f_c}{f_r} \tag{5.16}$$

相对于前述 SPWM 波形半个周期内的脉冲数 n 来说，应有 $N = 2n$。为了使逆变器的输出波形尽量接近正弦波，应尽可能增大载波比，但若从功率开关器件本身的允许开关频率来看，载波比又不能太大。N 值应受到下列条件的制约

$$N \leqslant \frac{功率器件允许的开关频率}{最高正弦调制信号频率} \tag{5.17}$$

式（5.17）中的最高正弦调制信号频率就是 SPWM 逆变器的最高输出频率。

5.2.3.2 最小间歇时间和调制度

为保证主电路开关器件的安全工作，必须使调制成的脉冲波具有最小脉宽与最小脉冲间歇的限制，以保证最小脉冲宽度大于开关器件的导通时间 t_{on}，而最小脉冲间歇大于器件的关断时间 t_{off}。在脉宽调制时，若 n 为偶数，调制信号的峰值 U_{rm} 与三角载波相交的地方恰好是一个脉冲的间歇。

为了保证最小脉冲间歇时间大于 t_{off}，必须使 U_{rm} 低于三角载波的峰值 U_{cm}，要求调制信号的幅值不能超过三角载波峰值的某一百分数（临界百分数）。为此定义 U_{rm} 与 U_{cm} 之比为调制度（Modulation Index）M，即

$$M = \frac{U_{rm}}{U_{cm}} \tag{5.18}$$

在理想情况下，M 值可在 0~1 之间变化，以调节逆变器输出电压的大小。实际上 M 总是小于 1 的，在 N 较大时，一般取最高值，即 $M = 0.8 \sim 0.9$。

当调制度超过最小脉宽的限制时，可以改为按固定的最小脉宽工作，而不再遵守正常的脉宽调制规律。但这样会使逆变器输出电压幅值不再是参考信号幅值的线性函数，而是其幅值偏低，并引起输出电压谐波增大。

现以图 5.12 所示 SPWM 型整流器为例，进一步讨论调制度对整流器输出电压的影响。

由图 5.12 所示整流器的等效电路及相量图可知

$$\dot{U}_N = (j\omega L_N + R)\dot{I}_N + \dot{U}_s \approx j\omega L_N \dot{I}_N + \dot{U}_s \tag{5.19}$$

$$U_s^2 = U_N^2 + (\omega L_N I_N)^2$$
$$kU_N = \omega L_N I_N \tag{5.20}$$
$$M = \sqrt{2}U_s/U_d$$

式中 k——变压器短路阻抗电压的标幺值,牵引变压器一般取 0.3~0.35;

M——整流器的调制度,一般取 0.8~0.9;

U_d——直流侧输出电压。

由式(5.20)计算可得到

$$U_d = U_N\sqrt{2(1+k^2)}/M \tag{5.21}$$

由此可见,整流器输出直流电压与变压器牵引绕组输出电压 U_N 成正比关系,与整流器的调制度 M 成反比关系。

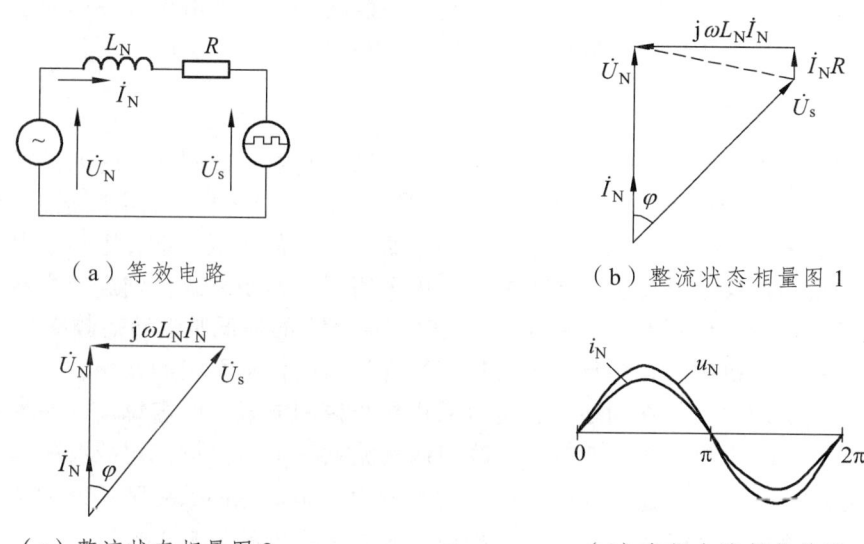

(a)等效电路 (b)整流状态相量图 1

(c)整流状态相量图 2 (d)电压电流相位关系

图 5.12 电压型 SPWM 整流器等效电路与相量图

由图 5.12 中相量图可知,在牵引工况,若保持交流电源电压 $\dot{U}_N$ 与电流方向相同,即相位相同,则整流器调制电压 $\dot{U}_s$ 将随负载电流而变化。

当电流 $\dot{I}_N = 0$ 时,$\dot{U}_{smin} = \dot{U}_N$,此时的调制度为最小,即

$$M_{min} = \sqrt{2}U_{smin}/U_d = \sqrt{2}U_N/U_d \tag{5.22}$$

最大调制度 M_{max} 主要受开关器件允许的开关频率和载波比 N 的限制。为保证调节控制系统的安全可靠性,适应电源的工作特性,一般按照 $M_{max} = 0.8~0.9$ 进行调制控制。

电压型 PWM 整流器电路是升压整流电路,其输出直流电压可以从交流电源电压峰值附近向高调节,若向低调节会使电路恶化,甚至不能工作。

5.2.4 SPWM 的调制方法

进行 SPWM 脉宽调制控制时,在一个调制信号周期内所包含的三角载波的个数称为载波

频率比 N（亦即载波比）。在调制信号周期变化过程中，载波比不变的调制称为同步调制，载波比相应变化的调制称为异步调制。

5.2.4.1 同步调制

同步调制就是 N 为常数，在改变调制波频率的同时成比例同步改变载波频率，使载波频率与调制波频率的比值保持不变，逆变器输出电压半波内的矩形脉冲数是固定不变的。

对于三相系统，为保证三相之间对称且互差 120° 相位角，通常取载波比为 3 的整数倍。为了保证双极性调制时逆变器输出的每相波形正、负半波对称，载波比必须是奇数，这样在调制波的 180° 处，载波的正、负半周恰好分布在 180° 的左右两侧，并能严格保证三相输出波形之间互差 120° 电角度。由于波形左右对称，就不会出现偶次谐波的问题。

当输出频率很低时，相邻两脉冲之间的间距增大，谐波会显著增加，使负载电动机产生较大的脉动转矩和较强的噪声，这是同步调制的主要缺点。另外由于载波周期随调制波周期连续变化，在进行数字化控制时带来了极大不便，难以实现。

5.2.4.2 异步调制

为获得牵引电动机低速（低频）运行的良好特性，必须要抑制低频时的最低次谐波。为了消除六倍频的谐波转矩，首先要消除 5、7 次谐波。假定变频器的输出频率为 50 Hz，已把 5、7 次谐波消除，这时只有 11 次以上的谐波存在。此时产生的最低脉动转矩频率为 12×50 Hz，它对牵引电动机的正常运行几乎没有影响。如果采用同步调制方式，则当逆变器输出频率为 3 Hz 时，由于也存在 11 次及以上的谐波，这时相应产生的最低脉动转矩频率为 12×3 Hz，此频率与一般被驱动机械的自振频率很接近，很容易引起传动系统的共振。

为了消除同步调制中存在的缺点，可以采用异步调制方式。顾名思义，在异步调制的整个变频范围内，载波比 N 不等于常数。在改变调制波频率 f_r 时保持三角载波频率 f_c 不变，因而提高了低频时的载波比。这样在输出电压的半波内，矩形脉冲数可随输出频率的降低而增加，相应可减少负载电动机的转矩脉动与噪声，改善了系统的低频工作性能。但是，异步调制方式在改善低频工作性能的同时，也失去同步调制的优点。当载波比 N 随着输出频率的降低而连续变化时，它不可能总是 3 的倍数，势必使输出电压波形及其相位都发生变化，难以保持三相输出电压间的对称关系，因而会引起牵引电动机工作不平稳。

5.2.4.3 分段同步调制

为了扬长避短，可将同步调制和异步调制结合起来，成为分段同步调制方式，实际应用的 SPWM 逆变器多采用此方式。图 5.13 所示为分段同步调制方式。

在一定频率范围内采用同步调制，以保持输出波形对称的优点。当频率降低较多时，如果仍采用保持载波比 N 不变的同步调制，输出电压将会增大。为了避免这个缺点，可使载波比分段有级地加大，以采纳异步调制的长处，这就是分段同步调制方式。具体地说，把整个变频范围划分成若干个频段，在每个频段内都维持载波比 N 恒定，而对不同的频段取不同的 N 值。在输出频率的高频段采用较低的载波比，以使载波频率不致过高，并控制在功率开关器件所允许的频率范围内。在输出频率的低频段采用较高的载波比，以使载波频率不致过低而对负载产生不利影响。各频段的载波比应该都取 3 的整数倍且为奇数。

图 5.13 给出了分段同步调制的一个例子,各频率段的载波比标在图中。为了防止载波频率在切换点附近来回跳动,在各频率切换点采用了滞后切换的方法。图中切换点处的实线表示输出频率增高时的切换频率,虚线表示输出频率降低时的切换频率,前者略高于后者而形成滞后切换。在不同的频率段内,载波频率 f_c 的变化范围基本一致,在 1.4~2 kHz 之间。

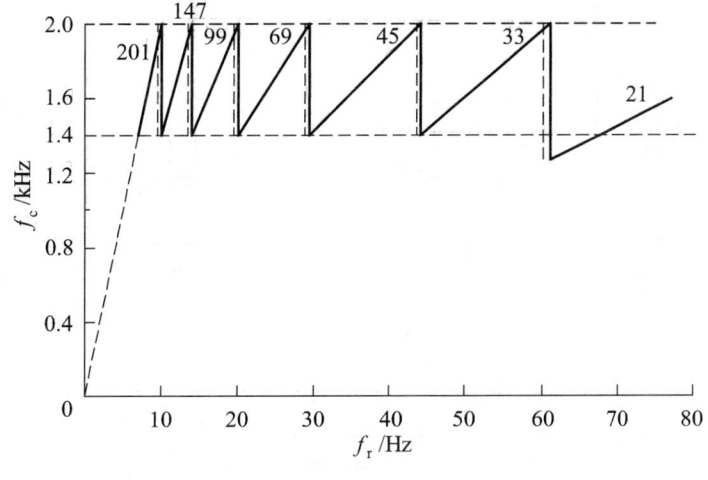

图 5.13 分段同步调制方式

提高载波频率可以使输出波形更接近正弦波,但载波频率的提高受到功率开关器件允许最高频率的限制。另外采用微机进行控制时,载波频率还受到微型计算机速度和控制算法计算量的限制,应注意使调制的最小脉冲宽度大于计算机的采样周期。

尽管采用分段同步调制方式比异步调制方式复杂一些,但采用计算机控制以后还是能够实现的。有一些装置在低频时采用异步调制方式,而在高频时切换到同步调制方式,这样可将两者的优点结合起来,能够达到和分段同步控制方式相近的效果。

5.2.5 脉宽调制逆变器的基本控制方法

SPWM 逆变器虽然以输出波形接近正弦波为目的,但其输出电压中仍然存在着谐波分量。究其产生谐波的主要原因是:在工程应用中,对 SPWM 波形的生成往往采用规则采样法或专用集成电路器件,这并不能保证脉宽调制序列波的波形面积与各段正弦波面积完全相等;在实现控制时,为了防止逆变器同一桥臂上、下两器件同时导通而导致直流侧短路,当同一桥臂内的上、下两器件互补工作时,设置了一个导通时滞环节,而不可避免地造成逆变器输出的波形失真。

尽管目前多数 SPWM 控制系统都采用数字或微处理器控制,模拟控制电路实现的 SPWM 已经很少应用,但控制原理基本相同,只是控制手段不同而已。对于掌握 SPWM 数字控制方法,模拟控制仍具有很好的借鉴作用。

5.2.5.1 SPWM 模拟控制

早期的 SPWM 是由模拟控制来实现的。图 5.14 是 SPWM 逆变器的模拟控制电路原理框图。三相对称的参考正弦电压调制信号 u_{ra}、u_{rb}、u_{rc} 由参考信号发生器提供，其频率和幅值都是可调的。三角载波信号 u_c 由三角波发生器提供，各相共用。它分别与每相调制信号在比较器上进行比较，给出"正"或"零"的输出，产生 SPWM 脉冲序列波 u_{da}、u_{db}、u_{dc}，作为逆变器功率开关器件的驱动信号。

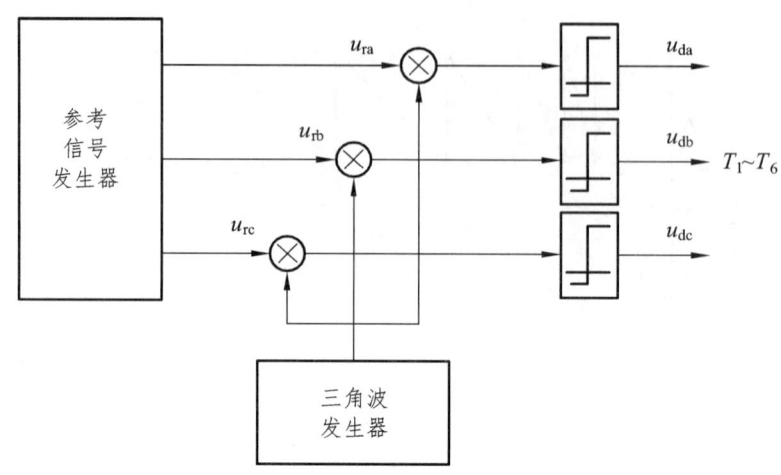

图 5.14　SPWM 控制电路框图

5.2.5.2　SPWM 的数字控制采样策略

数字控制是 SPWM 目前常用的控制方法。可以采用微机存储预先计算的 SPWM 数据表格，控制时根据指令调出，或者通过软件实时生成 SPWM 波形，也可以采用大规模集成电路专用芯片产生 SPWM 信号。常用的控制方法有等效面积算法、自然采样法、规则采样法和 SPWM 专用集成电路芯片等几种。

1. 等效面积算法

SPWM 的基本原理就是按面积相等的原则，构成与正弦波等效的一系列等幅不等宽的矩形脉冲波形。由脉宽计算公式 $\delta_i = \pi U_m \sin\theta_i /(nU_d)$，根据已知数据和正弦数值依次算出每个脉冲的宽度，用于查表或实时控制，这是一种最简单的算法。

2. 自然采样法

根据 SPWM 逆变器的工作原理，当载波比为 N 时，在逆变器输出的一个周期内，正弦参考波与三角载波的波形应有 $2N$ 个交点。也就是说，当三角载波变化一个周期时，它与正弦波相交两次，相对应逆变器的功率元件导通与关断各一次。这就将采样时刻的确定转化为在三角载波的一个周期内对输出脉冲宽度时间及间隔时间的计算。脉冲宽度时间就是开关元件导通工作的区间，间隔时间就是开关元件关断的区间。这些区间的大小在正弦波的不同波段下是不同的，随调制度而变化。对于计算机数字控制，时间的计算可由软件实现，时间的控制可通过定时器等完成。

依照模拟控制的方法，计算正弦调制波与三角载波的交点，从而求出相应的脉宽和脉冲间歇时间，生成 SPWM 波形，叫作自然采样法（Natural Sampling），如图 5.15 所示。

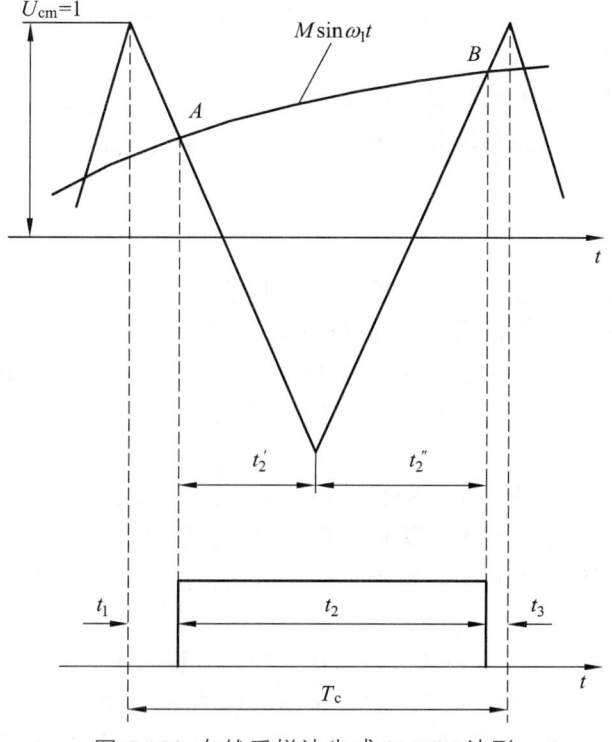

图 5.15 自然采样法生成 SPWM 波形

在图 5.15 中截取了任意一段正弦调制波与三角载波的相交情况。交点 A 是发生脉冲的时刻，B 点是结束脉冲的时刻。T_c 为三角载波的周期，t_1 为在时间 T_c 内脉冲发生以前（即 A 点以前）的间歇时间；t_2 为 AB 之间的脉宽时间；t_3 为在 T_c 以内 B 点以后的间歇时间。显然，$T_c = t_1 + t_2 + t_3$。

若三角载波的幅值 U_{cm} 以单位量 1 代表，则正弦调制波的幅值 U_{rm} 就是调制度 M，正弦调制波可写作

$$u_r = M\sin\omega_1 t \tag{5.23}$$

式中 ω_1 —— 调制波频率，即逆变器的输出角频率。

由于 A、B 两点对三角载波的中心线并不对称，需把脉宽时间 t_2 分成 t_2' 和 t_2'' 两部分。按相似直角三角形的几何关系，可知

$$\begin{aligned}\frac{2}{T_c/2} &= \frac{1+M\sin\omega_1 t_A}{t_2'} \\ \frac{2}{T_c/2} &= \frac{1+M\sin\omega_1 t_B}{t_2''}\end{aligned} \tag{5.24}$$

经整理得

$$t_2 = t_2' + t_2'' = \frac{T_c}{2}\left[1 + \frac{M}{2}(\sin\omega_1 t_A + \sin\omega_1 t_B)\right] \tag{5.25}$$

式（5.25）是一个超越方程，除 T_c、M、ω_1 为已知参数外，t_A、t_B 是未知参数，这是由于两波形相交的任意性所造成的。其中 t_A、t_B 与载波比 N 和调制度 M 都有关系，求解困难，

而且 $t_3 \neq t_1$，分别计算就更加困难。因此，自然采样法虽能确切反映脉冲产生与消失的时刻，但难以在实时控制中应用。

当然也可以将事先计算出的数据储存在计算机内存中，采用查表方式进行调用。当调速系统的频率变化范围较大、频率段数较多时，必将要占用大量的内存资源，但不适于微机实时控制。

3. 规则采样法

为解决自然采样法存在的不足，寻求适合于工程的采样法，力求采样效果与自然采样法接近，但又不占用过多的计算机资源与计算时间。应用较广泛的是规则采样法。规则采样法的出发点是设法得到一系列等间距的 SPWM 脉冲，使各个脉冲对三角载波的中心线对称。由于中心线两侧的时间间隔相等，即 $t_3 = t_1$。这样可对自然采样中的公式（5.25）进行简化，可减少大量的计算工作。

规则采样法的基本原则是：在三角载波每一周期内的固定时刻，找到参考正弦波上的对应电压值，并用此值对三角载波进行采样，来决定开关元件的导通与关断时刻，而不管在采样点上正弦波与三角载波是否相交。这种采样法虽然会产生一些误差，但在工程应用中仍是可行的。

图 5.16（a）所示为一种规则采样法，称其为规则采样法Ⅰ。它是在三角载波每一周期的正峰值时找到正弦调制波上的对应点，即图 5.16（a）中的 D 点，求得电压值 u_{rd}。用此电压值对三角波进行采样，得到 A、B 两点，并认为它们是 SPWM 波形中脉冲的生成时刻，A、B 区间就是脉宽时间 t_2。

规则采样法Ⅰ的计算显然比自然采样法简单，但从图 5.16（a）中可以看出，所得的脉冲宽度将明显地偏小，从而造成脉宽误差。这是由采样电压水平线与三角载波的交点都在正弦调制波的同一侧造成的。

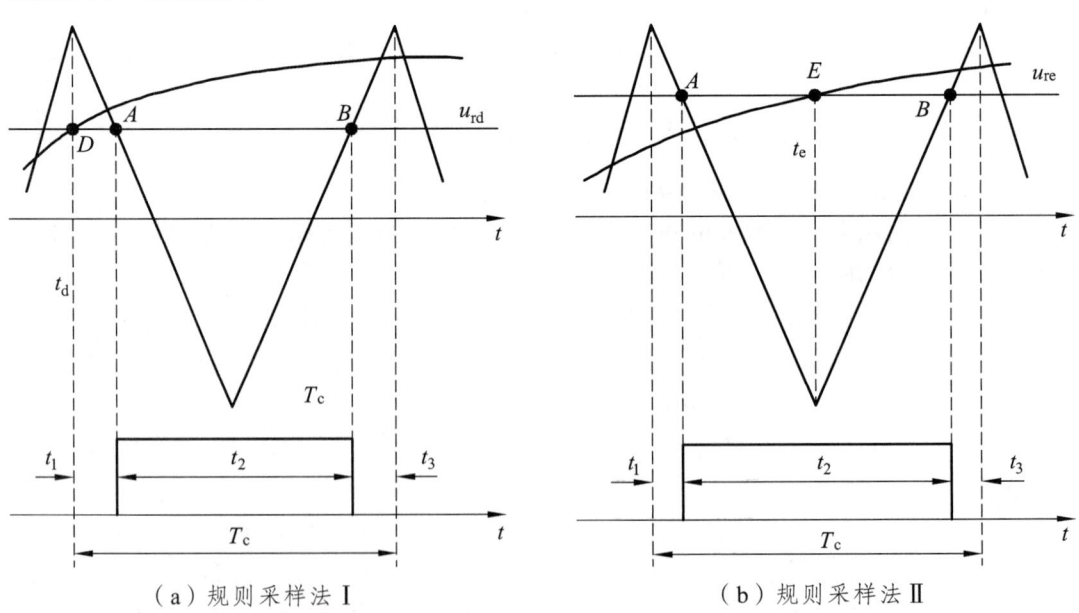

(a) 规则采样法Ⅰ   (b) 规则采样法Ⅱ

图 5.16 规则采样法生成 SPWM 波形

为了减小误差，可对采样时刻作另外的选择，这就是图 5.16（b）所示的规则采样法 Ⅱ。规则采样法 Ⅱ 仍在三角载波的固定时刻找到正弦调制波上的采样电压值，但所取的不是三角载波的正峰值，而是其负峰值，得图 5.16（b）中的 E 点，采样电压为 u_{re}。在三角载波上通过 u_{re} 水平线截得 A、B 两点，从而确定了脉宽时间 t_2。这时，由于 A、B 两点落在正弦调制波的内、外两侧，脉冲宽度有所增加，因此，脉宽误差小，所得的 SPWM 波形也就更准确了。

由图 5.16 可以看出，规则采样法的实质是用阶梯波来代替正弦波，从而简化了算法。只要载波比足够大，不同的阶梯波都很逼近正弦波，所造成的误差就可以忽略不计了。

在规则采样法中，三角载波每个周期的采样时刻都是确定的，都在正峰值或负峰值处，不必作图就可计算出相应时刻的正弦波值。例如，在规则采样法 Ⅱ 中，采样值依次为 $M\sin\omega_1 t_e$、$M\sin(\omega_1 t_e + T_c)$、$M\sin(\omega_1 t_e + 2T_c)$……因而，脉宽时间和间歇时间都可以很容易地计算出来。由图 5.16（b）可得规则采样法 Ⅱ 的计算公式：

脉宽时间

$$t_2 = \frac{T_c}{2}(1 + M\sin\omega_1 t_e) \tag{5.26}$$

间歇时间

$$t_1 = t_3 = \frac{1}{2}(T_c - t_2) \tag{5.27}$$

三相正弦调制波在时间上互差 $2\pi/3$，而三角载波是共用的，这样就可在同一个三角载波周期内获得如图 5.17 所示的三相 SPWM 脉冲波形。

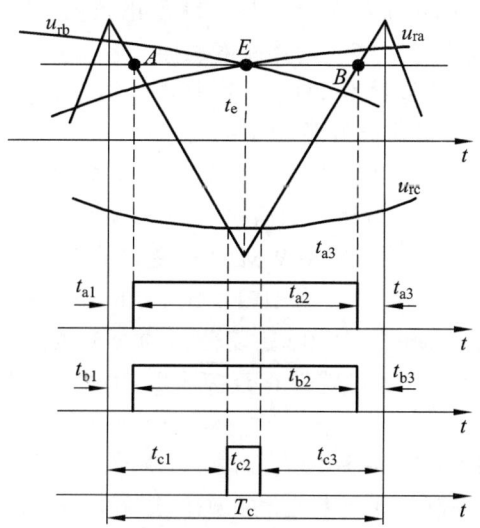

图 5.17　三相 SPWM 波形的生成过程

在图 5.17 中，各相脉宽时间 t_{a2}、t_{b2}、t_{c2} 都可用式（5.26）计算。求三相脉宽时间的总和时，等式右边第一项相同，加起来是其三倍，第二项之和则为 0。因此，$t_{a2} + t_{b2} + t_{c2} = \frac{3}{2}T_c$。

三相间歇时间总和为

$$t_{a1} + t_{b1} + t_{c1} + t_{a3} + t_{b3} + t_{c3} = 3T_c - (t_{a2} + t_{b2} + t_{c2}) = \frac{3}{2}T_c \tag{5.28}$$

脉冲两侧的间歇时间相等,所以

$$t_{a1} + t_{b1} + t_{c1} = t_{a3} + t_{b3} + t_{c3} = \frac{3}{4}T_c \tag{5.29}$$

式中,下脚标 a、b、c 分别表示 a、b、c 三相。

数字控制中用计算机实时产生 SPWM 波形正是基于上述的采样原理和计算公式。一般可以离线先在通用计算机上算出相应的脉宽 t_2 或 $(T_c/2) \cdot M\sin\omega_1 t_e$,并写入 EPROM,然后由调速系统的微机通过查表和加减运算求出各相脉宽时间和间歇时间,这就是查表法。也可以在内存中存储正弦函数和 $(T_c/2)$ 值,控制时先取出正弦值与调速系统所需的调制度 M 做乘法运算,再根据给定载波频率取出对应的 $(T_c/2)$,与 $M\sin\omega_1 t_e$ 作乘法运算,然后运用加、减、移位即可得出脉宽时间 t_2 和间歇时间 t_1、t_3,此即实时计算法。按查表法实时计算所得的脉冲数据都送入定时器,利用定时中断向接口电路送出相应的高、低电平,以实时产生 SPWM 波形的一系列脉冲。对于开环控制系统,在某一给定转速下其调制度 M 与频率 ω_1 都有确定值,所以宜采用查表法。对于闭环控制的调速系统,在系统运行中调制度 M、ω_1 值须随时被调节(因为有反馈控制的调节作用),所以用实时计算法更为适宜。

所讨论的 SPWM 生成方法可用单片微机实现。在闭环控制中,目前一般采用 16 位或 32 位 CPU,不仅可以保证精度,以充分发挥微机的功能,而且还可以将富余的资源加以利用,完成系统的一些其他控制任务。

4. SPWM 专用集成电路芯片

三相 SPWM 型逆变器控制系统的关键和核心就是正弦波脉宽调制信号的产生。应用微机产生 SPWM 波,其效果受到指令功能、运算速度、存储容量和兼顾其他算法功能的限制,有时难以有很好的实时性,特别是在高频电力电子器件被广泛应用后,完全依靠软件生成 SPWM 波的方法,实际上很难适应高开关频率的要求。

随着微电子技术的发展,开发出一些专门用于发生 SPWM 控制信号的大规模或超大规模集成电路芯片,应用这些专用芯片当然比用微机生成 SPWM 信号要方便得多,不仅可以降低系统成本,而且提高了系统可靠性,对 SPWM 型逆变器的发展提供了良好的技术保障。

已投入应用的专用 PWM 芯片主要有 HEF4752,Philips 公司的 MKII,Siemens 公司的 SLE4520,日本 Sanken 公司的 MB63H110,三菱公司的 M57962L,以及我国研制的 ZPS-101、THP-4752 等。有些单片微处理器本身就带有直接输出 SPWM 信号的端口,如 8XC196MC、TMS320F204 等。

Siemens 公司生产的 SLE4520 芯片,内部设计采用数字式正弦合成法,产生对称三相六路高频正弦脉宽调制波,以控制三相异步电动机的转矩和转速。芯片产生的高频脉宽调制波,可以直接驱动隔离控制电路和负载电路中的光电耦合器,即可直接控制三相逆变器中的六个功率开关控制极。SLE4520 芯片是一个可编程器件,内部时钟频率为 12 MHz,可方便地与单片机结合构成数字化控制器,控制各种功率等级的逆变器。这种控制器对逆变器的波形(正弦波、三角波)范围和相位基本没有限制,输出 SPWM 脉冲波的开关频率最高达到 23.4 kHz,借助可编程分频器可获得较低的开关频率。逆变器输出频率最高达 2 600 Hz。

三菱公司生产的驱动模块 M57962L,为混合集成电路,将 IGBT 的驱动和过流保护集于一体,能驱动电压为 600 V 和 1 200 V 系列、电流容量不大于 400 A 的 IGBT。当芯片输入电

压 U_i 为高电平时 IGBT 导通，为低电平时 IGBT 关断。IGBT 集电极通态饱和压降与集电极电流成正比，集电极电流越大，则通态饱和压降也越大，因此，根据通态饱和电压的大小可以确定流过 IGBT 的电流的大小。驱动模块一旦检测到集电极电压大于规定值，则认为过流故障发生，立即就地关断 IGBT，同时给出过流故障信号。IGBT 在关断时，由于线路存在分布电感，因此会产生开关浪涌电压。在开关过程中，如果电压变化过大，则会产生擎柱现象，使 IGBT 失控，引起上下桥臂导通。因此，必须采取措施抑制过电压和 dV/dt，采用 RC 缓冲电路可抑制过电压和 dV/dt。

5.3 转子磁场定向控制——矢量控制

直流电动机为双端励磁的电动机，具有很好的可控性，控制调节很方便，这是基于其原理、结构所决定的。主极磁场通过励磁电流控制，改变电枢电流可以改变转矩和转速，这两个电流可以各自独立控制；电枢电流通过电刷装置引入，电刷的位置相对于主磁极总是固定的，电刷处于几何中性线上。移动刷架，调整电刷位置，就是保证主极磁场与电枢电流产生的电枢磁场始终互相垂直（正交），以产生最大的转矩。

异步牵引电动机为单端励磁的电动机，电源只能从定子输入，在定子绕组中产生电流，建立旋转磁场，通过电磁感应将电能传递到转子并转换为机械能。转子电流是依赖感应作用而产生的，是定子电流的一个分量（有功分量）。异步电动机的电压、电流、转速、频率、磁通之间相互影响，是一个强耦合的多变量系统，其电流是由励磁电流和有功电流耦合而成的。若要能像直流电动机那样进行控制，就得想办法对定子电流进行解耦，将其分解为两部分，一部分专用于建立磁场，另一部分专用于产生电磁转矩。磁场定向控制，或者说矢量控制就是按这种思路发展而来的。矢量变换控制的基本思路是，磁通与有功电流解耦。通过坐标变换，将交流电动机三相各参量变换到旋转坐标系上的两相垂直量，从而可以按照直流电动机的控制规律来控制交流电动机，使系统具有良好的动态性能。

5.3.1 异步牵引电动机的数学模型

直流电动机是一种控制性能非常优越的电动机，其主磁通 Φ 与电枢磁势 F_a 在空间是互相垂直的，两者之间没有耦合关系，互不影响。若不考虑磁路饱和的影响，直流电动机的电磁转矩可表示为

$$T_{em} = C_T \Phi I_a \propto K I_f I_a \tag{5.30}$$

式中　I_f —— 励磁电流；

　　　I_a —— 电枢电流。

这里，I_f 和 I_a 是控制标量，可以看作为正交的或解耦的矢量。在正常运行条件下，励磁电流 I_f 是维持电动机工作磁场的电流，控制电枢电流 I_a 可改变电磁转矩。由于两者是相互解耦的，所以在静态和动态两种情况下，都能保持电磁转矩的调节具有很高的灵敏度，使系统具有优良的动态特性。

但是，异步电动机的电磁过程要比直流电动机复杂得多。在异步电动机中，定子电流由有功分量和无功分量两部分组成，它并不与电磁转矩成正比。其有功分量产生电磁转矩，无

功分量建立磁场。异步电动机的电磁转矩表示为 $T_{em} = C_T \Phi_m I_2' \cos\varphi_2$，它是由气隙磁通 Φ_m 和转子电流的有功分量 $I_2' \cos\varphi_2$ 相互作用而产生的。即使保持气隙磁场恒定，电动机的电磁转矩不仅与转子电流有关，还与转子功率因数有关。

电磁转矩是有功电流和磁通的乘积，磁通与转速的乘积是感应电势，它们都是同时变化的，系统中包含了两个变量的乘积，即使不考虑磁路饱和等因素，也是非线性的关系。

异步牵引电动机定子有三相绕组，转子也相应地为三相绕组，每相绕组都有各自的电磁惯性，加上运动系统的机电惯性，即使不考虑变频电源的滞后因素，它也是一个 7 阶系统。

因此，异步牵引电动机的数学模型是一个高阶、非线性、强耦合的多变量系统，在动态过程中要快速、精确地控制电动机的电磁转矩，就比较困难。

对于这种多变量、强耦合的高阶非线性系统，要分析和求解这组非线性方程显然是十分困难的。在实际应用中必须设法予以简化，简化的基本方法是进行坐标变换。

5.3.2 坐标变换的基本思路

采用坐标变换的方法对数学模型进行改造，经变换后数学模型有所简化，容易处理一些。坐标变换只是一种手段，应遵循等效原则，即不同坐标系下所产生的磁势完全相同。

对于三相异步电动机而言，其工作磁场为旋转磁场。产生旋转磁场的途径有三种：三相合成旋转磁场、两相合成旋转磁场和旋转直流磁场。若上述三种方法产生的旋转磁场完全相同，即磁极对数、磁场强度、转速均相等，则认为此时的三相磁场系统、两相磁场系统和旋转直流磁场系统是等效的，它们之间可以进行等效变换。

在异步电动机的三相对称静止（定子）绕组 A、B、C 中通以三相对称电流 i_A、i_B、i_C 时，所产生的合成磁势为旋转磁势 F，在空间呈正弦波分布，并以同步转速 ω_1 旋转，旋转方向沿电流相序 A-B-C 变化的方向。两相静止绕组 α 和 β，在空间互差 90°，通入时间上互差 90°的两相对称电流，也将产生旋转磁场，其磁势大小、旋转方向、转速与三相绕组磁势相同时，即可认为该两相绕组和三相绕组等效。

在两个匝数相等、互相垂直的绕组 d、q 中，分别通入直流电流 i_d、i_q，产生合成磁势 F，其位置相对于绕组来说总是固定的。如果让包含两个绕组在内的整个铁心以同步转速 ω_1 旋转，则其磁势 F 自然也随之旋转起来，成为旋转磁势。若控制此磁势的大小、旋转方向及转速与三相、两相静止绕组中的磁势相同，那么该旋转直流绕组也将和三相、两相静止绕组相等效。也就是说，直流电流 i_d、i_q 与三相电流 i_A、i_B、i_C 的作用彼此是等效的。

但是三相交流绕组产生的旋转磁场不能直接变换为旋转直流磁场，需要以两相交流绕组产生的旋转磁场为桥梁进行过渡，这是因为三相交流绕组中，任何一相电流所产生的磁通，必然通过另外两相，各相之间存在着磁耦合与互感关系。而在两相交流绕组中，两相绕组轴线正交，任意一相绕组中电流产生的磁通，并不穿过另一相绕组，不存在磁耦合关系。

三相交流绕组和两相交流绕组所产生的旋转磁场都属于多相对称交变磁场的合成磁场，相互间容易变换。将三相变换为两相称为 3/2 变换，将两相变换为三相称为 2/3 变换。若进行 3/2 变换，可将存在磁耦合关系的三相交流绕组变换为没有耦合关系的两相交流绕组，绕组间的磁耦合关系被解除，实现了解耦。

两相交流对称绕组产生的旋转磁场和直流旋转磁场都是由两个相互正交的磁场构成的，绕组间没有磁耦合关系，容易进行变换，称为交-直变换或直-交变换。

从两相静止坐标系变换到以同步转速旋转的两相旋转坐标系，称为两相静止-旋转变换（VR），简称 2s/2r 变换。相反，从以同步转速旋转的两相旋转坐标系变换到静止的两相坐标系，为两相旋转-静止坐标变换，即为 VR 变换的逆变换（VR^{-1}），简称 2r/2s 变换。

三相交流绕组的变换解耦过程可描述为 3s/2s、2s/2r 变换，即静止-静止变换、静止-旋转变换。

由此可见，以产生相同的旋转磁势为基准，图 5.13 中的三相交流绕组、两相交流绕组和整体旋转的直流绕组彼此等效，或者说，在三相静止坐标系下的电流 i_A、i_B、i_C，两相静止坐标系下的 i_α、i_β 和两相旋转坐标系下的电流 i_d、i_q 是等效的。这样通过坐标变换，可找到与异步牵引电动机等效的直流电动机模型。如何求出 i_A、i_B、i_C 与 i_α、i_β 和 i_d、i_q 之间准确的等效关系，这就是坐标变换的任务。

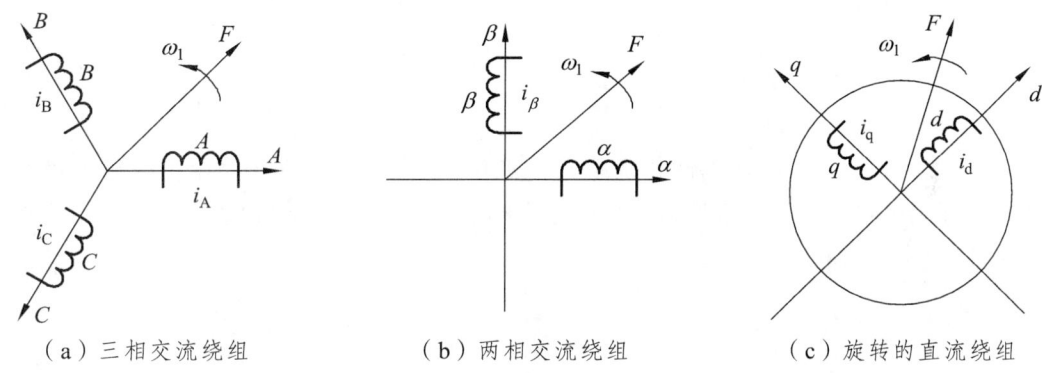

（a）三相交流绕组　　　　（b）两相交流绕组　　　　（c）旋转的直流绕组

图 5.18　等效的交流绕组和直流绕组

把上述等效关系用结构图的形式表示出来，便得到异步牵引电动机的变换结构图，如图 5.19 所示。从整体上看，输入为 A、B、C 三相对称交流电压，输出为转速 ω，是一台异步电动机。从内部看，经过 3/2 变换和同步旋转变换，变成一台输入为 i_d 和 i_q，输出为 ω 的直流电动机。φ 为 d 轴与 α 轴之间的夹角。

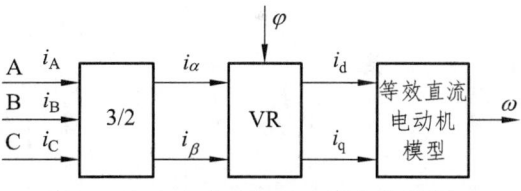

图 5.19　异步电动机的坐标变换结构图

5.3.3　坐标变换关系

5.3.3.1　三相/二相（3/2）坐标变换

在进行 3/2 坐标变换时，应保持功率不变，即三相坐标系中的功率要和变换后的两相坐标系中的功率相等。

图 5.20 给出了 A、B、C 和 α、β 两个坐标系，为分析方便，取 A 轴与 α 轴重合。假定三相绕组中每相绕组匝数为 N_3，两相绕组中每相绕组匝

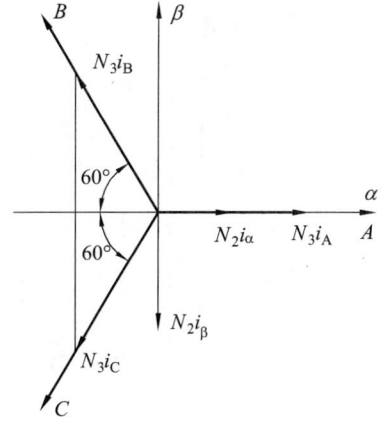

图 5.20　三相和二相绕组磁势矢量关系

数为 N_2，各相磁势均为有效匝数及其瞬时电流的乘积，其空间矢量均位于相关相的坐标轴上，交流电流产生的磁势随时间而变化。

若磁势波形按正弦分布，当三相总磁通与两相总磁通相等时，两套绕组瞬时磁势在 α、β 轴上的投影都应相等，即

$$\left. \begin{aligned} N_2 i_\alpha &= N_3 i_A - N_3 i_B \cos 60° - N_3 i_C \cos 60° \\ &= N_3 \left(i_A - \frac{1}{2} i_B - \frac{1}{2} i_C \right) \\ N_2 i_\beta &= N_3 i_B \sin 60° - N_3 i_C \sin 60° \\ &= \frac{\sqrt{3}}{2} N_3 (i_B - i_C) \end{aligned} \right\} \quad (5.31)$$

将其变换为矩阵且表示为可逆的方阵，经过矩阵运算，求得满足功率不变条件时的绕组匝数关系，即

$$\frac{N_3}{N_2} = \sqrt{\frac{2}{3}} \quad (5.32)$$

通过计算可验证，变换后的两相绕组电压和电流有效值均为三相绕组每相电压和电流有效值的 $\sqrt{3/2}$ 倍，故每相功率增加为三相绕组每相功率的 1.5 倍，但相数由三相变为两相，变换前后功率不变。实际的电流变换表达式为

$$\left. \begin{aligned} \begin{bmatrix} i_\alpha \\ i_\beta \end{bmatrix} &= \sqrt{\frac{2}{3}} \begin{bmatrix} 1 & -\frac{1}{2} & -\frac{1}{2} \\ 0 & \frac{\sqrt{3}}{2} & -\frac{\sqrt{3}}{2} \end{bmatrix} \begin{bmatrix} i_A \\ i_B \\ i_C \end{bmatrix} \\ \begin{bmatrix} i_A \\ i_B \\ i_C \end{bmatrix} &= \sqrt{\frac{2}{3}} \begin{bmatrix} 1 & 0 \\ -\frac{1}{2} & \frac{\sqrt{3}}{2} \\ -\frac{1}{2} & -\frac{\sqrt{3}}{2} \end{bmatrix} \begin{bmatrix} i_\alpha \\ i_\beta \end{bmatrix} \end{aligned} \right\} \quad (5.33)$$

如果三相绕组采用 Y 形不带中性线接法，则有 $i_A + i_B + i_C = 0$ 或 $i_C = -i_A - i_B$，将其代入式（5.33），经整理后可得

$$\left. \begin{aligned} \begin{bmatrix} i_\alpha \\ i_\beta \end{bmatrix} &= \begin{bmatrix} \sqrt{\frac{2}{3}} & 0 \\ \frac{1}{\sqrt{2}} & \sqrt{2} \end{bmatrix} \begin{bmatrix} i_A \\ i_B \end{bmatrix} \\ \begin{bmatrix} i_A \\ i_B \end{bmatrix} &= \begin{bmatrix} \sqrt{\frac{2}{3}} & 0 \\ -\frac{1}{\sqrt{6}} & \frac{1}{\sqrt{2}} \end{bmatrix} \begin{bmatrix} i_\alpha \\ i_\beta \end{bmatrix} \end{aligned} \right\} \quad (5.34)$$

5.3.3.2 两相/两相旋转变换(2s/2r 变换)

两相静止坐标系 α、β 和两相旋转坐标系 d、q 之间的变换称为两相/两相变换，简称 2s/2r 变换。将两个坐标系放在一起，如图 5.21 所示。

静止坐标系的两相交流电流 i_α、i_β 与旋转坐标系的两个直流电流 i_d、i_q 产生相同的磁势 F，并以同步转速 ω_1 旋转。由于各绕组匝数都相等，可以消去磁势中的匝数，而直接用电流表示，但须注意，矢量电流 i_1 及其分量 i_α、i_β、i_d、i_q 所表示的实际是空间磁势矢量，而不是电流的时间相量。

在图 5.21 中，d、q 轴和矢量 F（或 i_1）都以 ω_1 旋转，分量 i_d、i_q 的长度不变，相当于 d、q 绕组的直流磁势。但 α 轴和 β 轴是静止的，α 轴与 d 轴间的夹角 φ 随时间而变化，$\varphi = \int \omega_1 \mathrm{d}t$。因此在 α 轴和 β 轴上的分量 i_α 和 i_β 的大小也随时间变化，相当于 α、β 绕组交流磁势的瞬时值。

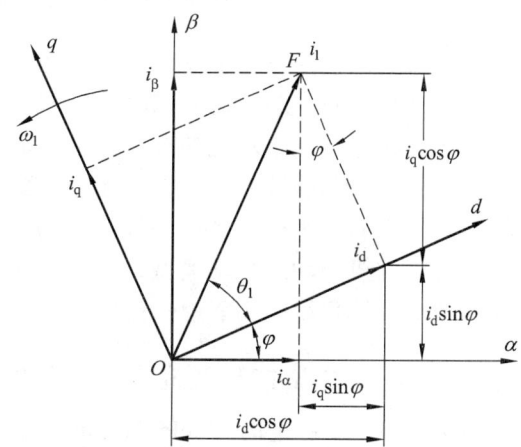

图 5.21 两相静止和旋转坐标系磁势空间矢量

从图 5.21 可得到 i_α、i_β 与 i_d、i_q 之间的关系

$$\left. \begin{array}{l} i_\alpha = i_d \cos\varphi - i_q \sin\varphi \\ i_\beta = i_d \sin\varphi + i_q \cos\varphi \end{array} \right\} \tag{5.35}$$

若用矩阵表示，则为

$$\begin{bmatrix} i_\alpha \\ i_\beta \end{bmatrix} = \begin{bmatrix} \cos\varphi & -\sin\varphi \\ \sin\varphi & \cos\varphi \end{bmatrix} \begin{bmatrix} i_d \\ i_q \end{bmatrix} \tag{5.36}$$

$$\begin{bmatrix} i_d \\ i_q \end{bmatrix} = \begin{bmatrix} \cos\varphi & -\sin\varphi \\ \sin\varphi & \cos\varphi \end{bmatrix}^{-1} \begin{bmatrix} i_\alpha \\ i_\beta \end{bmatrix} = \begin{bmatrix} \cos\varphi & \sin\varphi \\ -\sin\varphi & \cos\varphi \end{bmatrix} \begin{bmatrix} i_\alpha \\ i_\beta \end{bmatrix} \tag{5.37}$$

5.3.3.3 直角坐标/极坐标变换（K/P 变换）

在图 5.21 中，令 i_1 和 d 轴之间的夹角为 θ_1，已知 i_d、i_q，求 i_1 和 θ_1，就是直角坐标/极坐标变换，变换关系为

$$i_1 = \sqrt{i_d^2 + i_q^2}, \quad \theta_1 = \arctan \frac{i_q}{i_d} \tag{5.38}$$

由于 θ_1 在 $0° \sim 90°$ 变化时，$\tan\theta_1$ 的变化范围为 $0 \sim \infty$，这个变化幅值太大，在数字变换器中容易溢出，因此可改用下列表达式表示 θ_1：

$$\tan\frac{\theta_1}{2} = \frac{\sin\dfrac{\theta_1}{2}}{\cos\dfrac{\theta_1}{2}} = \frac{\sin\theta_1}{1+\cos\theta_1} = \frac{i_q}{i_1 + i_d}$$

$$\theta_1 = 2\arctan\frac{i_q}{i_1 + i_d} \tag{5.39}$$

5.3.4 转子磁链定向的矢量控制

矢量变换包括三相/两相变换和同步旋转变换。在进行两相同步旋转坐标变换时,只规定了 d、q 两轴的相互垂直关系和与定子频率同步的旋转速度,并未规定 d、q 两轴与电动机旋转磁场的相对位置,对此是有选择余地的。

在矢量控制系统中,根据空间旋转磁场定向的不同,可分为定子磁场定向矢量控制系统、转子磁场定向矢量控制系统和气隙磁场定向矢量控制系统。由于转子磁场定向的矢量控制基于交流电动机的动态数学模型,动态性能好,转矩响应速度快,磁链模型比较简单,可增强列车防滑和抗负载扰动能力,已被大量应用于高速动车组牵引领域。

5.3.4.1 矢量控制系统的基本思想

按照转子磁链定向(Field Orientation),使 d 轴沿着转子总磁链矢量 Ψ_2 的方向,并称之为 M(Magnetization)轴,而 q 轴再逆时针旋转 90°,即垂直于转子总磁链矢量,称之为 T(Torque)轴。这样两相同步旋转坐标系就被规定为 M、T 坐标系,即按转子磁链定向的坐标系,如图 5.22 所示。

M-T 坐标系的同步旋转就可保证,当三相坐标系中的电压、电流都是交流正弦波时,变换到 M-T 坐标系上就成为直流。因为 Ψ_2 本身就是以同步转速旋转的矢量,同时 M-T 坐标系按照磁链 Ψ_2 定向还可以减少同步旋转坐标系数学模型多变量之间的耦合,使数学模型进一步得到简化。

当观察者也站到铁心上和绕组一起旋转时,在他看来,M 和 T 是两个通以直流电而相互垂直的静止绕组。

如果控制磁通的位置在 M 轴上,就和直流电动机物理模型没有本质的区别了。这时,绕组 M 相当于励磁绕组,绕组 T 相当于伪静止的电枢绕组。i_M 相当于励磁电流,i_T 相当于与转矩成正比的电枢电流。

由于励磁电流和转子电流矢量关系已经解耦,在调速时若保持定子电流的磁化分量 i_M 恒定,控制转子电流 i_T(转矩分量),像直流电动机一样能够获得较好的动态特性。

如图 5.23 所示,从异步牵引电动机内部电磁关系来看,转子磁链 Ψ_2 和转子电流 I_2' 在相位上互相垂直,且 $\Psi_2 = \Psi_m \cos\varphi_2 = \Psi_m \cos\theta_1$。此时电磁转矩关系可改写为 $T_{em} = C_T \Psi_2 I_2'$,此式在形式上与直流电动机的电磁转矩关系十分相似。

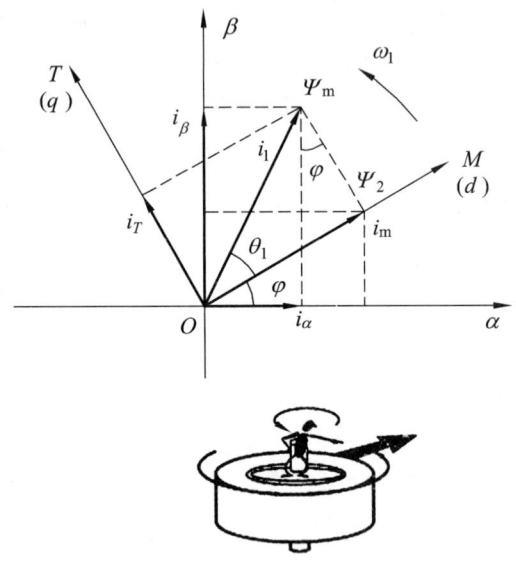

图 5.22 M-T 坐标系中的空间矢量图

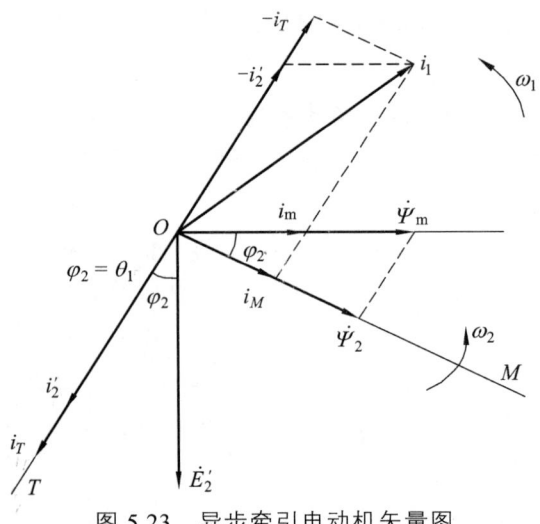

图 5.23 异步牵引电动机矢量图

综上所述，三相异步电动机只要在转子磁场定向系统中建立 M、T 同步坐标系，并使励磁 M 轴定向在转子磁链 Ψ_2 方向，就可实现励磁电流 i_M 和转子电流 i_T 的独立控制，使非线性耦合系统解耦。这就是转子磁链矢量定向控制的基本思想。

矢量控制系统的基本结构如图 5.24 所示。

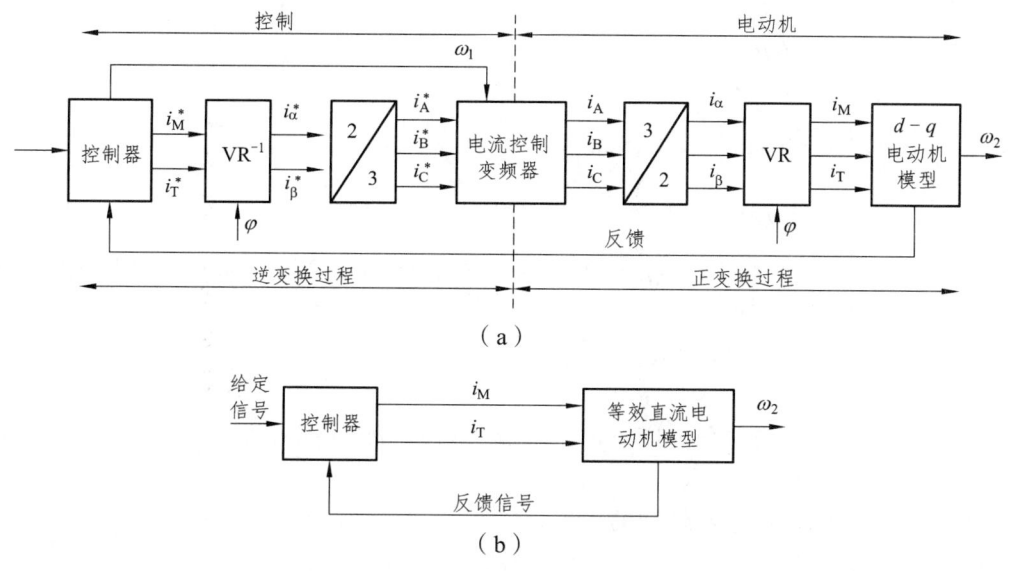

图 5.24 异步电动机矢量控制系统基本结构

由图 5.24 可知，系统中的控制器综合了给定信号和反馈信号后，将产生励磁电流的给定信号 i_M^* 和转矩电流的给定信号 i_T^*，经过 M-T 坐标系到 α-β 静止坐标系的逆向旋转变换，得到 i_α^*、i_β^* 的给定值，再经过两相/三相变换，得到三相电流 i_A^*、i_B^*、i_C^* 给定值。将三相电流给定信号和来自控制器的频率控制信号 ω_1 一起加到变频器上，便可输出异步电动机调速所需的三相变频电流 i_A、i_B、i_C。变频器的右边是检测变换电路和电动机的模型。相电流 i_A、i_B、i_C 通过三相/两相变换，再经过旋转矢量变换 VR，便得到 i_M、i_T。变频器构成了变换与反变换的两极，以便使控制参量 i_M^* 和 i_T^* 分别与变量 i_M 和 i_T 相对应。

在设计矢量变换控制系统时，可以认为，控制器与变频器之间的逆变换和变频器与电动机模型之间的正变换可以相互抵消，若再忽略变换器中可能产生的滞后，则 i_M^*、i_T^* 到 i_M、i_T 的动态响应是瞬时的，如图 5.24（b）所示。这样异步电动机的控制模型就变成了直流控制系统。

因此，矢量控制系统的静态、动态性能应该完全能够与直流调速系统媲美。

5.3.4.2 矢量控制基本方程

通过坐标变换，以转子磁链矢量定向，把异步牵引电动机定子/转子的电压、电流和磁链等变换到 M-T 坐标系，如图 5.25 所示。通过计算可得到电动机在 M-T 坐标中的各参量：

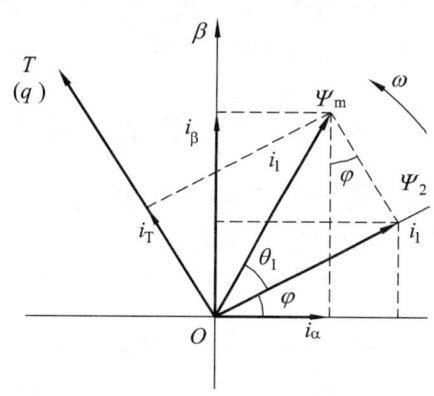

图 5.25 异步电动机电磁参数在 M-T 坐标系中的关系

$$\left.\begin{aligned}
i_T &= i_1 \sin\theta_1 \\
i_M &= i_1 \cos\theta_1 \\
T_{em} &= N_p \frac{L_m}{L_2} \Psi_2 i_T \\
\Psi_2 &= \frac{L_m}{t_2 p + 1} i_M \\
\omega_2 &= \omega_1 - \omega = L_m i_T/(t_2 \Psi_2) \\
\theta_1 &= \arctan \frac{i_T}{i_M} = 2\arctan \frac{i_T}{i_1 + i_M} \\
\varphi &= \int \omega_1 \mathrm{d}t
\end{aligned}\right\} \tag{5.40}$$

式中　　L_2——转子电感，$L_2 = L_m + L_{2\sigma}$，L_m 为 d-q 坐标系中定子/转子同轴等效绕组间的互感，$L_{2\sigma}$ 为转子漏电感；

t_2——转子的电磁时间常数，$t_2 = L_2/r_2$；

p——微分算子，$p = \mathrm{d}/\mathrm{d}t$；

ω_2、ω_1、ω——转差角速度、定子电流角频率和转子角速度；

φ——转子磁链的相位移；

θ_1——定子电流矢量与 M 轴的夹角；

N_p——磁极对数。

由图 5.25 可知，i_T 是定子电流的转矩分量，i_M 是定子电流的励磁分量。从电磁转矩公式可看出，当 i_M 不变时，即 Ψ_2 不变，若 i_T 变化，电磁转矩即刻成正比关系变化，且没有任何滞后。

总之，由于 M-T 坐标按照转子磁场定向，在定子电流的两个分量之间实现了解耦，i_M 唯一决定磁链 Ψ_2，i_T 只影响电磁转矩，这与直流电动机中的励磁电流和电枢电流相对应，将大大简化了多变量强耦合的交流变频调速控制问题，使之可按照直流电动机的模式进行控制。

从转差角速度表达式：

$$\omega_2 = \omega_1 - \omega = \frac{L_m i_T}{t_2 \Psi_2} \tag{5.41}$$

可得到频率控制与电流控制之间的协调关系，转差角频率与转矩电流成正比关系、与转子磁链及转子电磁惯性大小均成反比关系。

5.3.5　转子磁链矢量的检测

在转子磁场定向的矢量控制中，关键是要获得转子磁链 Ψ_2 的信号。矢量控制总是以转子磁链 Ψ_2 定向，需要获取 Ψ_2 的大小以及在静止 α-β 坐标系中的相位，是矢量控制的前提。根据获得磁链矢量所采用的方法不同，一般分为两类。

5.3.5.1　直接检测法

在提出矢量控制系统时，曾尝试过直接检测磁链法。直接检测法是在电动机铁心槽内或定子内表面相差 90°电角度的两点，埋设探测线圈或粘贴霍尔元件，直接测量电动机气隙中的磁场，然后通过计算得出转子的总磁链。从理论上讲，直接检测法应比较准确，但实际上会遇到不少工艺和技术问题,而且由于齿槽影响,气隙中存在着谐波磁场的影响,使得检测信号中含有较大的脉动分量,影响测量精度。转速越低,误差越大,因此很少使用。

5.3.5.2 磁链计算法

现代实用的矢量控制系统中,大多采用间接计算法。利用电压、电流或转速信号,通过转子磁链模型,实时计算出转子磁链 Ψ_2 的幅值、相位。转子磁链模型是建立在异步牵引电动机动态数学模型的基础上,分为电压模型和电流模型。

1. 转子磁链计算的电压模型

电压模型就是根据电压方程中电动势等于磁链变化率的关系,对电动机的电动势进行积分即可得到磁链。经推导可以得出

$$\left.\begin{aligned}\Psi_{2\alpha} &= \frac{L_2}{L_m}\left[\int(u_{1\alpha} - r_1 i_{1\alpha})\mathrm{d}t - \sigma L_1 i_{1\alpha}\right] \\ \Psi_{2\beta} &= \frac{L_2}{L_m}\left[\int(u_{1\beta} - r_1 i_{1\beta})\mathrm{d}t - \sigma L_1 i_{1\beta}\right]\end{aligned}\right\} \quad (5.42)$$

式中 L_m —— $d\text{-}q$ 坐标系定子与转子同轴等效绕组间的互感;

L_1—— $d\text{-}q$ 坐标系定子等效两绕组的自感;

L_2—— $d\text{-}q$ 坐标系转子等效两绕组的自感;

σ—— 漏磁系数,$\sigma = 1 - \dfrac{L_m^2}{L_1 L_2}$。

由公式(5.42)可知,磁链计算只需要实测的电压、电流信号,不需要转速信号,计算过程只与定子电阻 r_1 有关,与转子电阻 r_2 无关,定子电阻 r_1 容易测取。$u_{1\alpha}$、$u_{1\beta}$、$i_{1\alpha}$、$i_{1\beta}$ 很容易由测量得到的电动机定子三相电压、电流经过 3/2 变换得到。

电压模型受电动机参数变化的影响较小,算法简单便于应用。但由于含有积分运算,积分的初始值和累计误差会对结果产生影响。在低速时,定子电阻压降的变化较大,因此电压模型计算法在低速时测量精度可能不高,更适合于中、高速范围。

2. 计算转子磁链的电流模型

电流模型根据定子电流和转子转速信号求得。根据实测物理量的不同组合,可得到众多的转子磁链计算电流模型。

(1)在两相静止坐标系 $\alpha\text{-}\beta$ 上的转子磁链模型:

由实测的三相定子电流通过 3/2 变换,很容易得到两相静止坐标系上的电流 $i_{1\alpha}$ 和 $i_{1\beta}$,可导出转子磁链在 α、β 轴上的分量为

$$\left.\begin{aligned}\Psi_{2\alpha} &= L_m i_{1\alpha} + L_2 i_{2\alpha} \\ \Psi_{2\beta} &= L_m i_{1\beta} + L_2 i_{2\beta} \\ i_{2\alpha} &= (\Psi_{2\alpha} - L_m i_{1\alpha})/L_2 \\ i_{2\beta} &= (\Psi_{2\beta} - L_m i_{1\beta})/L_2\end{aligned}\right\} \quad (5.43)$$

还可以推导出转子磁链模型

$$\left.\begin{aligned}\Psi_{2\alpha} &= \frac{1}{t_2 p+1}(L_m i_{1\alpha} - \omega t_2 \Psi_{2\beta}) \\ \Psi_{2\beta} &= \frac{1}{t_2 p+1}(L_m i_{1\beta} - \omega t_2 \Psi_{2\alpha})\end{aligned}\right\} \quad (5.44)$$

式中 t_2 ——电动机转子电磁时间常数，$t_2 = L_2/r_2$；

p ——微分算子，$p = \mathrm{d}/\mathrm{d}t$；

ω ——转子角速度。

在两相静止坐标系上，得到了 $\Psi_{2\alpha}$ 和 $\Psi_{2\beta}$，要计算 Ψ_2 的幅值和相位就方便多了。由式(5.44)构成的转子磁链模型的运算框图，如图 5.26 所示。

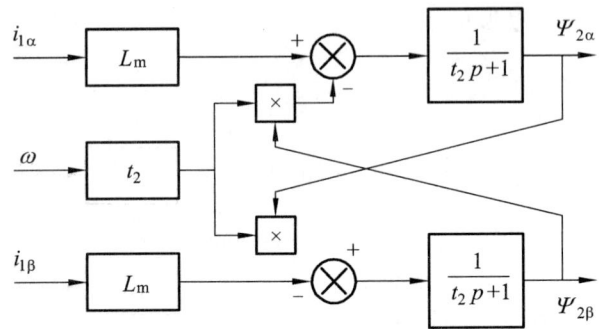

图 5.26 两相静止坐标系中计算转子磁链的电流模型

建立在两相静止坐标系上的转子磁链模型适合于模拟控制，可通过运算放大器和乘法器即可实现。若采用计算机数字控制时，$\Psi_{2\alpha}$ 和 $\Psi_{2\beta}$ 之间存在交叉反馈关系，计算时可能会发生不收敛现象。

（2）两相旋转坐标系 M-T 上的转子磁链模型：

在两相旋转坐标系 M-T 上，三相定子电流 i_A、i_B、i_C 经 3/2 变换后，变成两相静止坐标系电流 $i_{1\alpha}$、$i_{1\beta}$，然后经同步旋转变换并按转子磁链定向，得到 M-T 坐标系上的电流 i_M、i_T，利用矢量控制方程式获得转子磁链 Ψ_2 和转差角频率 ω_2 信号，通过 $\omega_2 + \omega = \omega_1$ 获得定子频率，经积分计算出转子磁链的相位角 φ_2，即同步旋转变换的旋转相位角。

这种模型与前一种模型比较，它更适合于微机实时运算，计算收敛速度快，计算精度较高。按转子磁链定向两相旋转坐标系上的电流模型如图 5.27 所示。

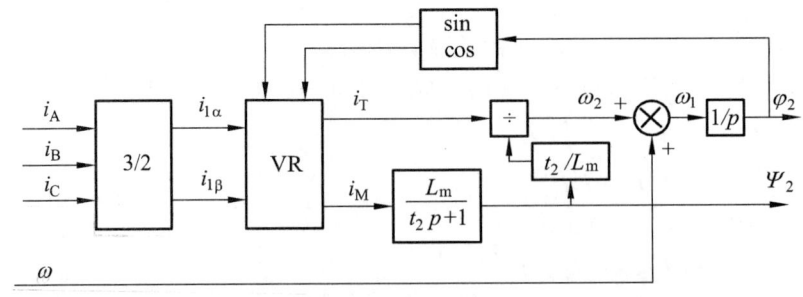

图 5.27 按转子磁链定向两相坐标系上的电流模型

上述两种转子磁链电流模型的应用比较广泛，都需要实测的电流和转速信号，这些参数都受电动机参数变化的影响,如电动机温升、频率变化都会影响转子电阻 r_2,进而影响时间常数 t_2;磁饱和程度将影响电感 L_m 和 L_2,也将影响 t_2。这些影响都将导致磁链幅值和相位信号失真。对于磁链闭环系统,反馈信号的失真必然使磁链闭环控制系统的性能降低,这是电流模型最大的不足之处。尤其是当转子频率变化时,转子集肤效应将影响其电感 L_2 和电阻 r_2 朝着相反方向变化,转子频率升高、电阻 r_2 增大、电感 L_2 减小, t_2 变化较大,为弥补这一缺陷,可采用参数实时在线辨识的方法,对 t_2 进行实时测量,实时对参数加以校正。还可以将转子磁链的电压模型和电流模型组合,在低速段采用电流模型,在中、高速段采用电压模型,这样可提高整个运行速度范围内计算转子磁链的准确度。

5.3.6 异步电动机的矢量控制系统

对于矢量控制系统,现主要采用转子磁链定向的矢量控制。根据有无磁链的闭环控制,可分为直接矢量控制系统和间接矢量控制系统;根据是否有速度传感器又可分为有速度传感器的矢量控制系统和无速度传感器的矢量控制系统。

5.3.6.1 直接、间接矢量控制

直接矢量控制,也称磁场反馈控制,在系统中有磁链闭环,需要获得磁链反馈信号才能实现。利用定子电压、电流或定子磁链 Ψ_1 的实际值进行解算实现矢量控制,因此转速、磁链闭环控制的矢量系统称为直接矢量控制系统。转子磁链反馈信号由磁链模型获得,其幅值和相位要受到电动机参数 t_2 和 L_m 变化的影响,进而影响控制系统的精度。

间接矢量控制,也称转差频率矢量控制或磁场前馈控制,系统中无磁链闭环,属于开环控制系统。转矩和磁链的幅值、相位角通过控制系统给定值计算出来,由矢量控制方程保证。它既保持了稳态模型转差频率控制系统的优点,又利用基于动态模型的矢量控制规律,克服了其大部分不足。目前,高速列车一般采用间接矢量控制策略。

直接、间接矢量控制二者本质的区别在于转子磁链 Ψ_2 相对于 d 轴的相位角 φ_2 是如何产生的。直接矢量控制的 φ_2 角是通过磁链反馈信号 Ψ_{2d}、Ψ_{2q} 计算得到的。间接矢量控制除了 φ_2 角以前馈方式产生外,与直接矢量控制没有本质区别。

5.3.6.2 矢量控制系统的特点

在矢量控制系统中,定子三相绕组和转子三相绕组都得变换到等效的两相绕组上去。等效的两相模型之所以简单,主要是由于两相绕组轴线互相垂直,它们之间没有互感的耦合关系,不像三相绕组那样,在任意两相之间都有互感关系。等效两相模型可以建立在静止坐标系上,也可以建立在旋转坐标系上。建立在两相同步旋转坐标系上的模型有一个最大优点,当原来三相绕组变量是正弦函数时,等效后的两相变量则是直流。在此基础上,若将两相同步旋转坐标系按照转子磁场定向,即采用 M-T 坐标系,沿着转子总磁链 Ψ_2 方向为 M 轴,逆时针转过 90°度与 Ψ_2 垂直的方向为 T 轴。简化后的电磁转矩方程与直流电动机的转矩方程非常相似。

在按转子磁链定向的 d-q 同步旋转坐标系(两相旋转坐标按转子磁链定向)上,使定子电流的转矩分量与磁链分量解耦,把定子电流分解为励磁分量和转矩分量两部分,类似于直流电动机的动态模型。

经解耦构成独立的转速子系统和转子磁链子系统，可分别采用 PI 调节器实施连续控制。

系统若采用高性能的 DSP 和高精度的光电码盘或磁电式速度传感器，可使系统的调速范围达到 1∶1 000，还可获得很好的动态性能，调速范围广，可与直流调速媲美。

矢量控制系统的不足：矢量控制注重转矩与磁链的解耦，这有利于分别设计转速和磁链调节器，可获得较宽的调速范围。但按转子磁链定向容易受电动机参数（如转子电阻）变化的影响而失真，将降低系统的调速性能，并且旋转坐标变换复杂。

通过提高参数辨识的准确度，采用智能控制方法可基本解决矢量控制系统存在的不足。

5.4 直接转矩控制（DTC）

直接转矩控制，简称 DTC（Direct Torque Control），1985 年由德国人首先提出了直接转矩控制法，是继矢量控制系统之后发展起来的另一种高动态性能的交流电动机变压变频调速系统。在其转速环中，利用转矩反馈直接控制电动机的电磁转矩，因而得名。

DTC 是在矢量控制和电流跟踪型 PWM 控制的基础上发展而来的一种新的控制方法，它与矢量控制采用的解耦方法不同，通过快速改变电动机磁场对转子的瞬时转差速度，直接控制电动机的转矩和转矩增率。在直接转矩控制系统中，用电动机定子侧参数计算出磁通和转矩，并用两点式调节器产生 PWM 信号，直接控制逆变器的开关状态，对电动机磁通和转矩直接进行自调整控制，它不仅能够获得快速的动态响应，而且具有最佳的开关频率和最小的开关损耗。与矢量控制相比，它控制的是定子磁链而不是转子磁链，不受转子参数变化的影响，解决了矢量控制中复杂的坐标变换和控制性能易受电动机转子参数变化影响的问题，不需要进行复杂的坐标变换，也不需要将定子电流解耦为励磁分量和转矩分量，使控制电路变得简单。但存在着容易产生转矩脉动、低速区性能较差、调速范围较小等缺点。

直接转矩控制就是将逆变器的控制模式和电动机运行特性作为一个整体来考虑，它包含两重意思：其一是保持定子总磁链基本恒定，其二是对电动机转矩进行直接控制。通过对逆变器的开关控制，既可实现磁链的幅值控制，又能实现电动机的转矩控制，这两者可通过闭环控制实现。

目前，电动机与逆变器控制功能包括电动机闭环控制和逆变器的 PWM 控制两部分。在列车牵引领域采用的电动机闭环控制策略，主要有转差电流控制、磁场定向控制和直接转矩控制。在转差电流控制和磁场定向控制中，电动机闭环控制和 PWM 控制任务是独立的，而在直接转矩控制中，逆变器的开关动作是直接由磁链和转矩控制器产生的，无需另外的 PWM 控制器。

异步电动机定子磁链的控制是通过控制电动机的输入电压来实现的。当在三相对称定子绕组上施加三相对称正弦波电压时，将在电动机气隙中产生圆形轨迹的旋转磁场。若牵引电动机通过三相逆变器供电时利用空间矢量概念，建立逆变器开关模式及其输出电压与电动机磁链之间的关系。根据要跟踪的磁链空间矢量的运动轨迹，选择逆变器的开关模式，使逆变器输出适当波形的电压。空间矢量 PWM 是通过对电压矢量进行适当的切换控制，就可以用尽可能多的多边形磁通轨迹来接近理想的磁通圆形轨迹。在空间矢量 PWM 控制下，电动机的输入电压完全取决于逆变器的开关动作模式，而电动机的磁通仅取决于电压模式。直接转矩控制的目标之一就是建立磁链和逆变器开关模式之间的关系，通过逆变器开关的电压空间矢量脉宽调制控制，或称磁链跟踪控制技术，使电动机获得一个准圆形的气隙旋转磁场。磁通轨迹越接近于圆，引起的电流、转矩波动越小，谐波损耗也会下降，牵引电动机运行性能也越好。

5.4.1 电压空间矢量和定子磁链轨迹

异步牵引电动机由两电平式 PWM 型逆变器供电的原理图，如图 5.28 所示。

5.4.1.1 电压空间矢量

异步牵引电动机输入电压由三个理想电子开关 S_A、S_B 和 S_C 以不同的方式接入电源来实现。当电子开关 $S_{A/B/C}=1$ 时，逆变器上桥臂接通，开关接入正电源；当电子开关 $S_{A/B/C}=0$ 时，逆变器下桥臂接通，开关接入负电源。根据电子开关的不同导通模式，可产生 8 种开关状态。

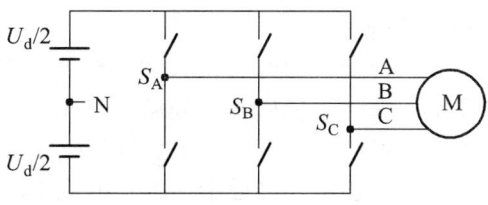

图 5.28　PWM 逆变器供电的异步牵引电动机

根据三个开关的不同接通模式，牵引电动机输入相电压的综合矢量可表示为

$$U_1(S_A,S_B,S_C)=\sqrt{\frac{2}{3}}U_d\left(S_A+S_Be^{j\frac{2\pi}{3}}+S_Ce^{j\frac{4\pi}{3}}\right) \tag{5.45}$$

式中　$e^{j\frac{2\pi}{3}}$——矢量按逆时针旋转的相位移。

开关 S_A、S_B 和 S_C 有 8 种不同的配置模式，即 $U_0(000)$，$U_1(001)$，$U_2(010)$，$U_4(100)$，$U_5(101)$，$U_6(110)$，$U_7(111)$，其中 $U_0(000)$ 表示同时接通下桥臂，$U_7(111)$ 表示同时接通上桥臂。在这两种情况下，电动机的输入电压实际为零，称为零电压矢量。其余为非零电压矢量，所以系统只有 6 种非零电压模式。

对于每一个有效的工作状态，相电压都可用一个合成空间矢量表示，其幅值相等，只是相位不同而已。8 种综合电压矢量如图 5.29 所示。两个零电压矢量位于坐标原点，$U_0(000)=U_7(111)=0$，6 个非零电压矢量依次相隔 60° 电角度。除开关瞬间外，6 个非零电压矢量均为恒定值，定子空间相电压方程可表示为

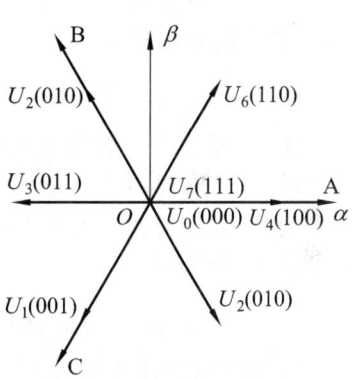

图 5.29　输入相电压矢量图

$$u_1=r_1i_1+\frac{d\Psi_1}{dt} \tag{5.46}$$

定子绕组磁链和端电压的关系为

$$\Psi_1=\int(u_1-r_1i_1)dt \tag{5.47}$$

若忽略定子电阻压降，则上式可表示

$$\Psi_1=\int_{t_0}^t u_1 dt+\Psi_{1(t_0)} \tag{5.48}$$

$\Psi_{1(t_0)}$ 为 Ψ_1 在 t_0 时刻的矢量。

式（5.43）表明，当输入电压为一个非零电压的综合矢量时，定子磁链的矢量将沿着输入电压综合矢量的方向，以正比于输入电压的速度移动，磁链变化量 $|\Delta\varPsi_1|=U_1\Delta t$。

如图 5.30 所示，当电动机上施加输入电压 $U_5(101)$ 时，则电动机的定子磁链矢量 $\varPsi_1$ 的顶端就从开关切换瞬间的初始位置 $\varPsi_{1(t_0)}$，逐渐沿着输入电压所指的方向移动，并改变矢量 $\varPsi_1$ 的大小和旋转速度。

如果逆变器的开关模式为零电压状态 $U_0(000)$ 或 $U_7(111)$，则磁链的综合矢量 $\varPsi_1$ 在空间就停止不动。因此，控制逆变器的开关模式就能够实现以一定速度运动的正多边形磁链轨迹，并且使运动轨迹纳入接近于一个圆的范围内。

若保持定子磁链 $\varPsi_1$ 基本恒定不变，可通过适当选择各段时间内的电压矢量，使磁链矢量的幅值限定在给定值的允许偏差范围内，并使其平均值不变，其转速可通过改变施加非零电压矢量和零电压矢量的时间比例进行控制。

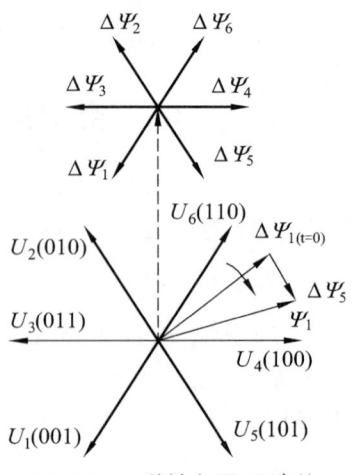

图 5.30 磁链矢量顶端的运动轨迹

通过交替使用上述 8 种电压空间矢量，使磁链空间矢量的端点沿着圆轨迹运动。更形象地说，就是用这些电压空间矢量构成一个圆。但由于电压空间矢量的种类有限，在实际操作时，由其构成的轨迹只能是近似于圆的正 N 边形。通过跟踪磁链轨迹，依次确定 N 个三角形中所需的、将加到电动机上去的是哪个有效电压和零电压、次序和持续时间，从而也就确定了逆变器的开关模式和开关器件的通、断时刻，实现 PWM 控制。

5.4.1.2 定子磁链轨迹

DTC 系统中，根据定子磁链给定和反馈信号进行 Band-Band 控制，按控制程序选取电压空间矢量的作用顺序和持续时间。

逆变器开关器件的开关状态，决定了磁链轨迹的变化。定子磁链轨迹主要有正六边形和准圆形两种情况。

1. 正六边形的磁链轨迹

六边形磁链轨迹控制是在 1/6 周期中，只采用一个工作电压矢量，即一个开关工作状态，逆变器开关次数少，开关频率低。逆变器的控制程序简单，不需要实时计算磁链矢量的幅值与相位角，只需借助 2/3 坐标变换即可，将两相静止坐标系中的磁链模型输出 $\varPsi_{1\alpha}$、$\varPsi_{1\beta}$ 变换为三相坐标系的磁链 $\varPsi_{1A}$、$\varPsi_{1B}$、$\varPsi_{1C}$，变换关系为

$$\left.\begin{array}{l}\varPsi_{1A}=\varPsi_{1\alpha}\\ \varPsi_{1B}=-\dfrac{1}{2}\varPsi_{1\alpha}+\dfrac{\sqrt{3}}{2}\varPsi_{1\beta}\\ \varPsi_{1C}=-\dfrac{1}{2}\varPsi_{1\alpha}-\dfrac{\sqrt{3}}{2}\varPsi_{1\beta}\end{array}\right\} \quad (5.49)$$

然后利用三个环宽为 2 倍磁链给定值的滞环比较器，即可实现六边形磁链控制。

如果只要求正六边形的磁链轨迹，则逆变器的控制程序简单，主电路开关频率低，但定子磁链偏差较大。

2. 准圆形磁链轨迹

近似圆形磁链控制是在1/6周期中交替采用两个电压矢量，即使用两个开关状态，控制系统需要适时计算磁链矢量的幅值和相位角，计算工作量较大，但磁链脉动量较小。近似圆形磁链运动轨迹取决于相应电压矢量的作用时间，也就是说，取决于相应电压矢量的采样周期。电压矢量的作用时间可通过几何生成法或定子磁链差值滞后比较法得到，以确定逆变器开关元件的切换规则。几何生成就是通过理论计算得到采样时间的数学模型，根据模型再确定开关元件的切换；定子磁链差值滞后比较是根据实际测得的定子磁链与给定磁链进行滞后比较，当差值超过限定值时即可进行开关元件的切换。

如果要逼近圆形磁链轨迹，则控制程序较复杂，主电路开关频率高，定子磁链接近恒定。该系统也可用于弱磁升速，这时要设计好函数 $\Psi_1^* = f(\omega^*)$ 发生程序，以确定不同转速时的磁链给定值。

5.4.2 直接转矩控制系统工作原理

DTC系统分别控制异步电动机的转速和磁链。采用转速双闭环控制，转速调节器ASR的输出作为电磁转矩的给定信号 T_{em}^*，在 T_{em}^* 的后面设置了转矩控制内环，它可以抑制磁链变化对转速子系统的影响，从而使转速和磁链子系统实现了近似解耦。

DTC系统采用转矩和磁链的控制器，用滞环控制器取代通常的PI调节器。DTC系统组成如图5.31所示。

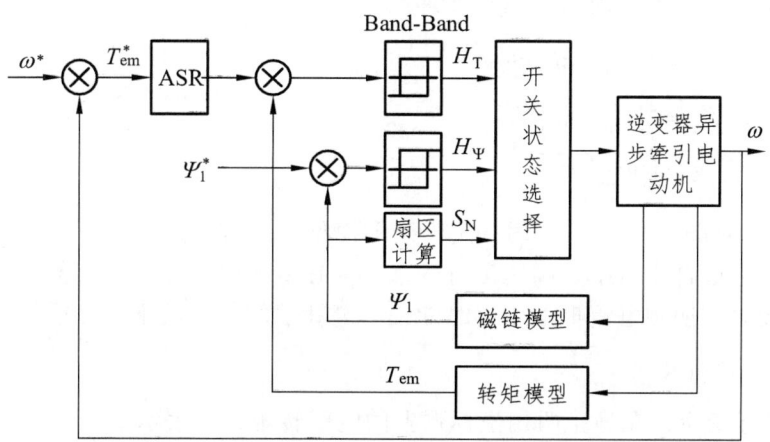

图5.31 按定子磁链控制的直接转矩控制系统

5.4.2.1 基本工作原理

将逆变器输出的三相电压输入到异步电动机，从异步电动机上可检测出定子电流 i_A、i_B、i_C，通过3/2变换得到 $i_{1\alpha}$、$i_{1\beta}$；由逆变器输出电压 u_A、u_B、u_C，也可计算出两相静止坐标系中的电压 $u_{1\alpha}$、$u_{1\beta}$。然后由定子磁链模型计算出 $\Psi_{1\alpha}$、$\Psi_{1\beta}$，进行数学运算得到定子磁链的幅值，并与给定值进行比较，为磁链调节器提供输入信号，经磁链调节器的Band-Band控制，输出状态量 H_Ψ；将检测到的 $i_{1\alpha}$、$i_{1\beta}$、$\Psi_{1\alpha}$、$\Psi_{1\beta}$ 送入转矩模型，得到实际电磁转矩 T_{em}，与给定转矩进行比较，将比较结果送入转矩调节器，经转矩调节器的Band-Band控制，输出状

态量 H_T；扇区计算是根据两相坐标定子磁链 $\Psi_{1\alpha}$、$\Psi_{1\beta}$ 在三相坐标系的投影 Ψ_A、Ψ_B、Ψ_C，计算出磁链所在的扇区 S_N。最后由 H_Ψ、H_T、S_N 作为输入量，通过开关状态选择，采用查表方式，查找电压矢量表即可为逆变器产生适当的控制电压矢量，控制开关器件的开关状态，最终得到逆变器所需要的 SVPWM 波形，实现对异步电动机的直接转矩控制。

直接转矩控制系统的转矩和磁链采用了两个独立的闭环比较系统，直接控制电动机的转矩和转矩增加率，使转矩的瞬态跟踪能力很强。当系统给定的转矩发生变化时，电动机的输出转矩能够很快跟随，而磁链基本不受影响，仍按照原来规律变化。这种自适应控制性能优于矢量控制，实现了电动机转矩与磁链的动态解耦控制。

5.4.2.2 DTC 系统的反馈模型

DTC 系统除转矩和磁链 Band-Band 控制外，其核心问题就是转矩和定子磁链反馈信号的计算模型；如何根据两个 Band-Band 控制器的输出信号来选择电压空间矢量和逆变器的开关状态。

1. 定子磁链反馈计算模型

DTC 系统采用的是两相静止坐标（α-β 坐标），为了简化数学模型，由三相坐标变换到两相坐标是必要的，所避开的仅仅是旋转变换。根据 3/2 变换可以推导出

$$u_{1\alpha} = r_1 i_{1\alpha} + L_1 p i_{1\alpha} + L_m p i_{2\alpha} = r_1 i_{1\alpha} + p\Psi_{1\alpha}$$
$$u_{1\beta} = r_1 i_{1\beta} + L_1 p i_{1\beta} + L_m p i_{2\beta} = r_1 i_{1\beta} + p\Psi_{1\beta} \tag{5.50}$$

对上式移项并积分后，可得到定子磁链计算式

$$\left.\begin{array}{l} \Psi_{1\alpha} = \int (u_{1\alpha} - r_1 i_{1\alpha}) \mathrm{d}t \\ \Psi_{1\beta} = \int (u_{1\beta} - r_1 i_{1\beta}) \mathrm{d}t \\ |\Psi_1| = \sqrt{\Psi_{1\alpha}^2 + \Psi_{1\beta}^2} \end{array}\right\} \tag{5.51}$$

式（5.51）就是图 5.31 中所采用的定子磁链模型，其结构框图如图 5.32 所示，显然这是一个电压模型。它适合于以中、高速运行的系统，在低速时误差较大，甚至无法应用，必要时，只好在低速时切换到电流模型，这时能提高健壮性的优点就不存在了。

2. 转矩反馈计算模型

通过 3/2 坐标变换，在静止两相坐标系上的电磁转矩，可表示为

$$T_{em} = N_p L_m (i_{1\beta} i_{2\alpha} - i_{1\alpha} i_{2\beta})$$
$$i_{2\alpha} = \frac{\Psi_{1\alpha} - L_1 i_{1\alpha}}{L_m} \tag{5.52}$$
$$i_{2\beta} = \frac{\Psi_{1\beta} - L_1 i_{1\beta}}{L_m}$$

代入经整理，可得到转矩计算表达式

$$T_{em} = N_p (i_{1\beta} \Psi_{1\alpha} - i_{1\alpha} \Psi_{1\beta}) \tag{5.53}$$

这就是 DTC 系统所用的转矩模型，其结构框图如图 5.33 所示。

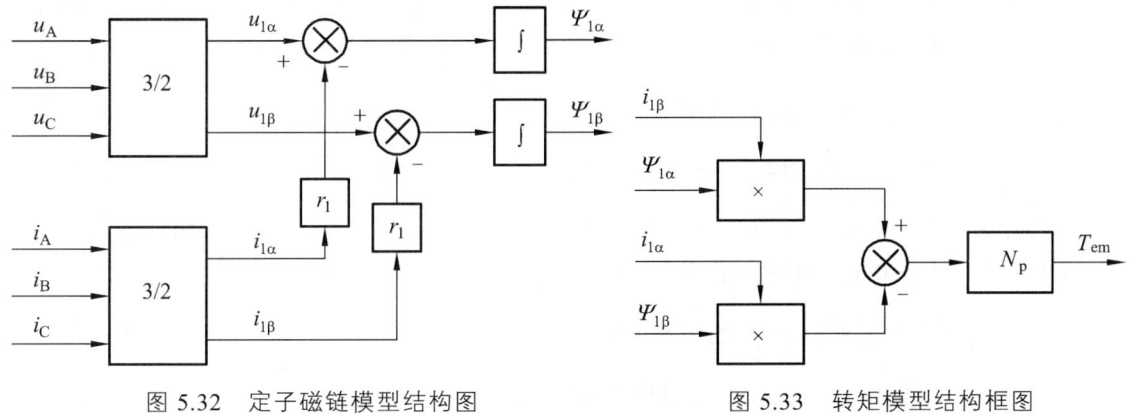

图 5.32　定子磁链模型结构图　　　　图 5.33　转矩模型结构框图

5.4.3　DTC 系统的控制模式

DTC 控制主要由两电平式磁链控制和转矩控制组成。

5.4.3.1　磁链两电平式 Band-Band 控制

磁链轨迹准圆形控制的基本构思是：实际定子磁链空间矢量 Ψ_1 的端点轨迹不允许超出限定范围，即以给定磁链幅值为半径的圆形偏差带，应满足不等式

$$|\Psi_1^* - \Psi_1| \leqslant \varepsilon_\Psi \tag{5.54}$$

在磁链任意旋转过程中，对每一个区域内电压矢量的选择，不仅要考虑磁链偏差的大小，同时还要考虑磁链的方向。因为逆变器的输出电压矢量彼此相差 60°，在选择电压矢量时将空间分为 6 个区域，每个区域的范围应为

$$(2N-3)\frac{\pi}{6} \leqslant S_N \leqslant (2N-1)\frac{\pi}{6} \tag{5.55}$$

式中，N 为空间等分数，取值为 1~6。根据不同的区域，可事先选定合适的电压矢量。

选择合适的电压空间矢量来减小或增大磁链，通过选择和切换合适的电压空间矢量输出，就可以构成 Ψ_1 的二维偏差带控制。实现这一控制的装置称为滞环比较器，也叫 Band-Band 调节器。

对于旋转速度的调节，需要在非零电压矢量控制的基础上，适当插入一些零电压矢量来加以控制。磁链控制规则如表 5.1 所示。

表 5.1　磁链控制规则

磁链偏差情况	H_Ψ 取值	输出电压矢量性质
$\Psi_1^* - \Psi_1 \geqslant \varepsilon_\Psi$	1	使磁链模增大的电压矢量
$\Psi_1^* - \Psi_1 \leqslant -\varepsilon_\Psi$	-1	使磁链模减小的电压矢量
$|\Psi_1^* - \Psi_1| < \varepsilon_\Psi$	保持不变	维持原状态不变

注：Ψ_1、Ψ_1^*——实测、给定磁链幅值；ε_Ψ——磁链幅值允许偏差，$\varepsilon_\Psi = \Delta\Psi_1/2$；$H_\Psi$——描述磁链调节器输出状态而设置的状态量。

若 Ψ_1 在 S_1 区域（$-\pi/6 \sim \pi/6$）内需要逆时针旋转，可选择 $U_6(110)$、$U_2(010)$，$U_6(110)$ 使磁链幅值增大，$U_2(010)$ 使磁链幅值减小，此时开关元件的切换规则为

$\Psi_1^* - \Psi_1 \geqslant \varepsilon_\Psi$，选用 $U_6(110)$

$\Psi_1^* - \Psi_1 \leqslant -\varepsilon_\Psi$，选用 $U_2(010)$

若 Ψ_1 在 S_1 区域（$-\pi/6 \sim \pi/6$）内需要顺时针旋转，可选择 $U_1(001)$、$U_5(101)$，$U_1(001)$ 使磁链幅值减小，$U_5(101)$ 使磁链幅值增大，此时开关元件的切换规则为

$\Psi_1^* - \Psi_1 \geqslant \varepsilon_\Psi$，选用 $U_5(101)$

$\Psi_1^* - \Psi_1 \leqslant -\varepsilon_\Psi$，选用 $U_1(001)$

适当选择各段时间内的电压空间矢量，使磁链空间矢量的 Ψ_1 幅值变化限定在给定值和允许偏差 $\pm\varepsilon_\Psi$ 的范围内，以保证其平均值不变，从而实现 Ψ_1 的准圆形旋转磁场，如图 5.34 所示。

5.4.3.2 转矩两电平式 Band-Band 控制

对牵引电动机输出转矩直接控制，是调速系统获得高动态性能的关键。矢量控制系统是对牵引电动机定子电流进行解耦，通过控制转矩电流而间接实施转矩控制。在直接转矩控制系统中，不需要考虑对定子电流解耦，而是直接对牵引电动机转矩实施控制。

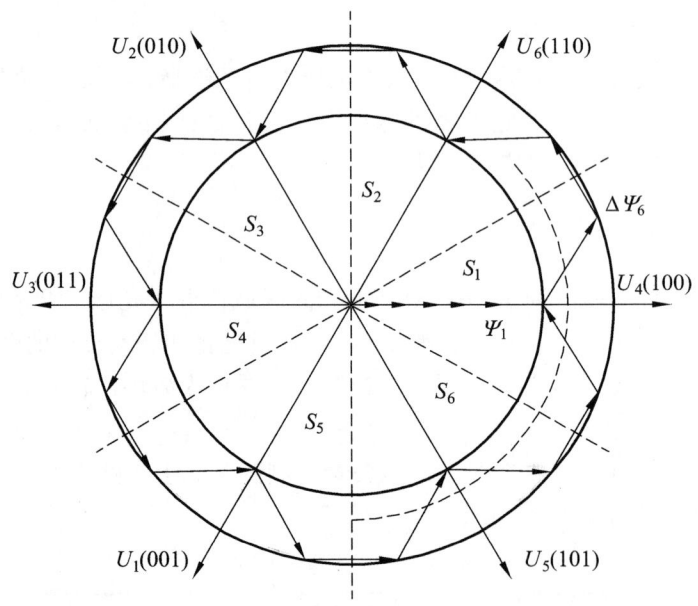

图 5.34　DTC 控制时定子磁链 Ψ_1 的轨迹

根据电压空间矢量 PWM 控制原理，当磁链闭环时，定子磁链 Ψ_1 的顶端轨迹为正多边形或准圆形。若不加入零电压矢量，定子磁链将以同步角速度 ω_1 旋转，且在 $t=t_0$ 时刻，转子旋转角速度为 ω，则对异步电动机而言，相当于有一个 $(\omega_1-\omega)$ 的转差变化，切割磁链使转矩增加。此时若不适时改变转矩变化规律，即 $(\omega_1-\omega)$ 变化规律，将导致转矩严重偏离给定值。因

此，必须要引入闭环控制来修正磁链闭环对电压空间矢量的控制。

在定子磁链圆周空间区域内，由磁链控制所输出的各电压矢量加到异步牵引电动机上时，都将使电动机输出转矩增加。

当实际转矩 T_{em} 达到给定转矩 T_{em}^* 允许偏差上限时，即 $T_{em} = T_{em}^* + \varepsilon_T$，不论磁链如何，应立即切换到零电压矢量来调整转矩，使定子磁链暂时静止不动，电动机进入回馈制动状态，转矩开始衰减而下降。

当实际转矩 T_{em} 低于给定转矩 T_{em}^* 的允许偏差下限时，即 $T_{em} = T_{em}^* - \varepsilon_T$，需要选用一个使定子磁链 Ψ_1 以最大角速度旋转的电压矢量，使定子磁链向前旋转、转矩上升。

稳态时，不断重复上述过程，使转矩波动量被控制在允许范围之内。这样，在加、减速或负载变化的过程中，可以获得快速的转矩响应，提高转矩控制的动态性能。

零电压矢量 $U_0(000)$、$U_7(111)$ 的选择，按照功率开关器件状态变化次数最少原则来确定。因此，在电压空间矢量按照磁链控制的同时，也要接受转矩的 Band-Band 控制，如图 5.35 所示。

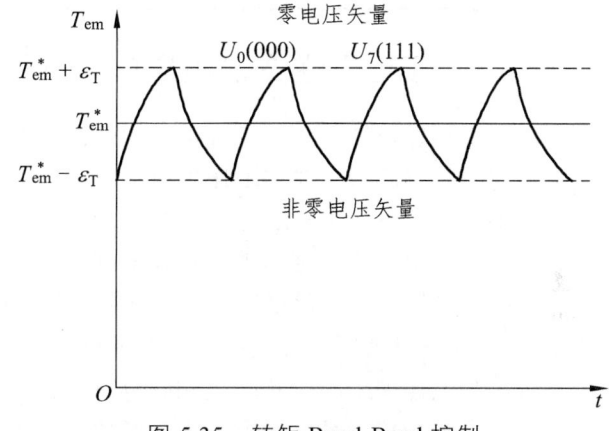

图 5.35 转矩 Band-Band 控制

在具体选择控制定子输入电压矢量 $U_1(S_A, S_B, S_C)$ 时，要注意同时兼顾保持电磁转矩 T_{em} 在偏差 $\pm\varepsilon_T$ 之内，并保持磁链在偏差 $\pm\varepsilon_\Psi$ 之内。当给定转矩 T_{em}^* 与实际测得转矩 T_{em} 之差大于允许偏差 ε_T 时，让逆变器由磁链闭环来控制其输出状态；当两者偏差小于负的允许偏差 $-\varepsilon_T$ 时，让逆变器输出零电压矢量；当偏差在允许偏差范围内时，维持控制原状态不变。转矩控制规则如表 5.2 所示。

表 5.2 两电平转矩控制规则

转矩偏差情况	H_T 取值	输出电压矢量性质
$T_{em}^* - T_{em} \geq \varepsilon_T$	1	由磁链环控制，磁链矢量获得最大切向速度
$T_{em}^* - T_{em} \leq -\varepsilon_T$	−1	输出零电压矢量
$|T_{em}^* - T_{em}| < \varepsilon_T$	保持不变	维持原状态不变

注：T_{em}、T_{em}^*——给定与实测电磁转矩；ε_T——转矩允许偏差；H_T——描述转矩调节器输出状态设置的状态量。

因此，将磁链调节器和转矩调节器结合起来，共同控制逆变器的开关状态，既保证了牵引异步电动机的磁链空间矢量轨迹近似为一个旋转的圆，又能使电动机的输出转矩快速地跟随给定值而变化，使调速系统获得很优良的动态性能。

近年来，经过不断研究与工程实践，产生了三电平转矩控制闭环系统，控制规则如表5.3所示。

表5.3 三电平转矩控制规则

转矩偏差情况	H_T 取值	输出电压矢量性质
$T_{em}^* - T_{em} \geq \varepsilon_T$	1	由磁链环控制
$T_{em}^* - T_{em} \leq -\varepsilon_T$	-1	输出零电压矢量
$\|T_{em}^* - T_{em}\| < -\varepsilon_T$	0	需要零电压矢量改变转矩方向

4.3.3 三电平逆变器电压矢量的选择

在三电平转矩控制闭环系统中，定子电压和定子磁链的关系与两电平系统相同。定子磁链矢量与逆变器的六个非零电压矢量之间存在一定的对应关系，其增量等于电压矢量与时间增量的乘积，参见式（5.42）、（5.43）。

异步牵引电动机刚通电时，电动机的磁链将沿着图5.34中扇区 S_1 中多个箭头所指的轨迹，逐步建立起来并达到额定磁链。当额定磁链被建立起来后，控制系统发出给定转矩命令，给定磁链 Ψ_1^* 将沿着图中虚线圆的半径旋转，而实际磁链 Ψ_1 可通过选择适当的电压矢量作用于系统，其电压矢量同时对转矩和磁链进行控制。

三电平转矩控制系统的电压矢量开关表如表5.4所示。

表5.4 三电平逆变器转矩控制电压矢量开关表

H_Ψ	H_T	S_1	S_2	S_3	S_4	S_5	S_6
1	1	$U_6(110)$	$U_2(010)$	$U_3(011)$	$U_1(001)$	$U_5(101)$	$U_4(100)$
	0	$U_7(111)$	$U_0(000)$	$U_7(111)$	$U_0(000)$	$U_7(111)$	$U_0(000)$
	-1	$U_5(101)$	$U_4(100)$	$U_6(110)$	$U_2(010)$	$U_3(011)$	$U_1(001)$
-1	1	$U_2(010)$	$U_3(011)$	$U_1(001)$	$U_5(101)$	$U_4(100)$	$U_6(110)$
	0	$U_0(000)$	$U_7(111)$	$U_0(000)$	$U_7(111)$	$U_0(000)$	$U_7(111)$
	-1	$U_1(001)$	$U_5(101)$	$U_4(100)$	$U_6(110)$	$U_2(010)$	$U_3(011)$

确定了 H_Ψ、H_T 之后，在进行开关状态选择之前，还必须进行扇区计算，确定当前定子磁链 Ψ_1 所在扇区。可将磁链 $\Psi_{1\alpha}$、$\Psi_{1\beta}$ 进行2/3变换，求出在三相坐标系的 Ψ_A、Ψ_B、Ψ_C，根据它们的正负号来确定子磁链 Ψ_1 所在的扇区，并计算出扇区编号 S_N，最终由 H_Ψ、H_T、S_N 三个输入量，通过查找电压矢量开关表，为逆变器产生适当的控制电压矢量。

此外，零电压矢量 $U_0(000)$、$U_7(111)$ 的选择应以开关损耗最小为原则，即每个小区间虽有多次开关状态的切换，但每次切换只涉及一个功率开关器件，使得开关损耗较小。零电压矢量将使电动机终端短路，此时磁链和转矩保持不变，但由于存在一定的定子电阻 r_1 压降损耗，转矩和磁链在电动机终端短路时，略有减小。

5.4.4　直接转矩控制系统的特点

5.4.4.1　直接转矩控制的优点

直接转矩控制无需坐标变换，控制结构简单，容易实现。它是直接在定子坐标系中分析异步电动机的数学模型，控制电动机的磁链和转矩。直接转矩控制采用定子磁场定向，方便计算。按照定子磁链控制，避免了转子参数变化的影响。直接转矩控制对电动机转矩直接进行控制，采用离散的电压状态、六边形轨迹或近似圆形磁链轨迹的概念，将转矩直接作为被控制参量，并不极力获得理想的正弦波形，也不刻意追求磁场的圆形轨迹。

直接转矩控制系统中，转矩和磁链的控制一般采用两电平的Band-Band控制器，并在PWM逆变器中直接用这两个控制信号产生电压的SVPWM波形，从而避开了将定子电流分解成转矩和磁链分量，省去了旋转变换和电流控制，简化了控制器的结构。在采用Band-Band控制转矩的同时，又直接形成了PWM信号，可充分利用开关频率。Band-Band控制属于P控制，可获得比PI控制更快的动态转矩响应。

定子磁链的计算要受电动机定子电阻的影响，在实际应用中，定子参数容易测量、修正。

在恒功率弱磁工况下，采用"动态弱磁控制"，简单易行，且动态响应与恒磁通工况一样快速。

直接转矩控制为完全的瞬态控制，反馈信号处理相当简便，无需特殊处理，可直接用于控制系统各环节的计算。

直接转矩控制在加、减速或负载变化的动态过程中，可以获得快速的转矩响应，但必须要注意限制过大的冲击电流，以免损坏功率开关器件，因此，实际转矩响应的快速性也是有限的。

在启动或低速区域，由于受开关器件最小导通时间的限制，若只通过转矩的Band-Band控制来变换有效电压矢量和零电压矢量，不可能得到所希望的较小的平均输出电压；另外，由于受电动机定子电阻的影响，六边形定子磁链轨迹将产生较为严重的畸变，因此只能采用不同的控制方案——以圆形磁链定向的"间接定子参量控制"。

随着电子技术的发展，高电压大功率开关器件的开关速度将越来越快，控制系统微处理器速度有限，若在充分利用开关频率的前提下，仍采用转矩Band-Band控制，将会影响控制精度。目前的处理方法是采用"间接定子参量控制"，这显示出直接转矩控制的多样性。

直接转矩控制系统结构简单，可实现全数字化。

5.4.4.2　直接转矩控制系统的不足

Band-Band控制会引起转矩在上下限之间脉动，并非完全恒定。

带有积分环节的电压型磁链模型在低速时误差较大，积分初始值、累积误差和定子电阻的变化都会影响磁链计算的准确度，这两个问题的影响在低速时尤为显著，使DTC系统的调速范围受到限制。

在实际应用中，为了提高系统的调速性能，将电压型磁链模型与电流型磁链模型结合起来使用，在一定速度时进行切换。低速时采用电流型磁链模型计算定子磁链，要比电压型磁链模型准确，精度不受转速降低的影响，可减小磁链误差，但又会受转子参数变化的影响。

5.4.4.3 直接转矩控制与矢量控制的比较

从总体控制结构上看,直接转矩控制(DTC)系统与矢量控制(VC)系统一样,数学模型本质相同,也是分别对异步电动机的转速和磁链进行控制,都能获得较高的静、动态性能。但在具体控制方法以及状态变量方面,DTC 系统与 VC 系统存在一定的差异。

DTC 系统与 VC 系统数学模型本质相同,仅是所突出的状态变量不完全相同。DTC 采用定子磁链、定子电流与转速作为状态变量,而 VC 采用转子磁链、定子电流与转速作为状态变量。DTC 选择定子磁链作为被控量,而不像 VC 选择转子磁链,这样计算磁链的模型可以不受转子参数变化的影响,提高了控制系统的健壮性。如果从数学模型来推导,按定子磁链控制的规律,显然要比按转子磁链定向时复杂,但由于采用了 Band-Band 控制,这种复杂性对控制器并没有影响。

矢量控制和直接转矩控制都采用对输出转速、磁链分别控制,都需要解耦。矢量控制采用两相旋转坐标按转子磁链定向,使定子电流的转矩分量与励磁分量解耦;直接转矩控制为双闭环控制系统,其转矩控制环作为内环,转速控制环作为外环,这可抑制磁链变化对转速子系统的影响,使转速和磁链子系统近似解耦。

这两种方案都适用于高性能异步电动机的调速控制,都可用于现代列车电力传动控制系统。矢量控制更适合于宽范围调速系统和伺服系统,直接转矩控制更适合于需要快速转矩响应的大惯性运动控制系统。

表 5.5 直接转矩控制与矢量控制的比较

性能与特点	直接转矩控制系统	矢量控制系统
磁链控制	定子磁链	转子磁链
转矩控制	Band-Band 控制,有转矩脉动	连续控制,比较平滑
坐标变换	静止坐标变换,较简单	旋转坐标变换,较复杂
转子参数变化影响	无[①]	有
调速范围	不够宽	比较宽

注:① 有时为了提高调速范围,在低速时改用电流模型计算磁链,则转子参数变化对 DTC 系统也有影响。

直接转矩控制与矢量控制这两种控制策略都存在一些不足之处,研究和开发都朝着扬其长弃其短的方向发展。DTC 控制策略自问世以来,已成功应用于大功率交-直-交流传动领域,ABB 公司已将该技术应用在列车电力牵引传动系统中。DTC 在列车电力牵引领域所表现出的发展态势是其他控制方法无法比拟的,必将是列车交流传动系统发展的趋势,在现代列车电力传动控制系统的应用将日益广泛,同时在高性能、需要广调速的工业装备系统也有广阔的应用前景。

直接转矩控制与矢量控制在"和谐"系列机车、动车组关键技术的消化与吸收中,是一个核心问题,占有非常重要的地位,能否真正掌握其内核为我所用,实现技术创新,将有一段不平坦的道路,需要一步一个脚印地向前跋涉、探索,需要政策的支持,更需要广大同仁们共同发奋努力,向着交流传动技术的高峰攀登。

复习思考题

1. 何谓 SPWM 波形?
2. 何谓同步调制、异步调制?
3. SPWM 数字控制的常用方法有哪些?
4. 分析矢量控制的基本思想及实现方法。
5. 分析转子磁链的电压模型与电流模型的基本工作原理及优缺点。
6. 分析直接转矩控制的基本思想及控制方法。
7. DTC 与 VC 控制在控制方法上有何异同?各有何特点?

Part 6 网络控制系统

6.1 动车组网络控制系统

6.1.1 列车网络控制系统概述

6.1.1.1 概 述

列车控制系统已从单台机车的集中控制向整列车的分布式网络控制方向发展,网络控制已成为高速列车和高速动车组的必备技术之一。列车网络控制系统集测、控、管为一体,是列车运行控制的中枢神经和指挥中心,是保证列车正常运行的关键设备之一。

列车网络控制系统的主要任务有:

① 通过贯穿列车的总线来传送信息,简化连线,减轻列车的质量,降低安装和连线的费用;

② 实现整列车同步、协调、可靠的牵引与制动控制功能;

③ 实现整列车的状态监测、故障诊断、故障决策、安全防护以及旅客信息管理等功能、及时将信息显示在信息显示屏上,使乘务员及时了解列车的运行状态;

④ 提供更多的信息流,实现全列车所有智能设备的联网通信和资源共享;

⑤ 实现全列车的自动门控制和空调控制等功能;

⑥ 提供列车车载试验功能;

⑦ 集中管理列车及其车载设备运行的相关数据,提高列车的保养能力和降低维护强度。

列车网络控制系统涉及网络、控制和计算机等技术领域。在实时性、安全性、可靠性和运行环境等方面有特殊要求,原则上无法照搬某种成熟的网络体系。列车通信网络的选择必须综合考虑如下多种因素:

① 列车运行环境及其可靠性要求;

② 具有列车初运行功能,满足非固定编组列车和列车重联的需求;

③ 低层具有防止电介质的接触处氧化等功能;

④ 传输介质;

⑤ 传输速率及传输距离;

⑥ 最大节点数;

⑦ 发送的基本周期;

⑧ 介质访问方式:实时性要求高、具有确定的传送时间;

⑨ 传输信号编码和校验方式;

⑩ 拓扑结构。

目前典型的列车网络控制系统基本上采用列车总线、车辆总线和设备总线的三级分层网络结构，如图 6.1 所示。

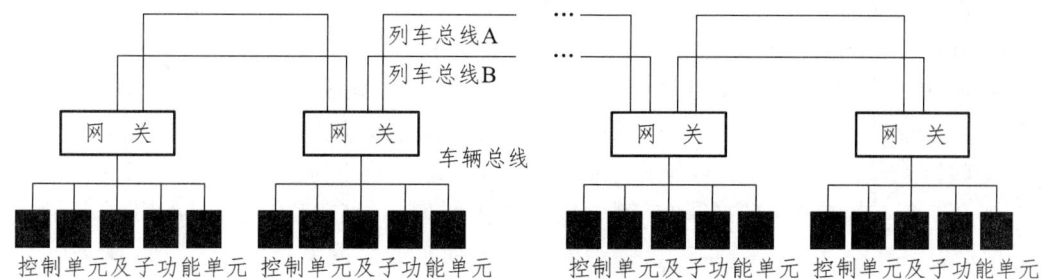

图 6.1 列车通信网络

列车总线用于连接列车各个车辆单元（一节车辆或车辆组）的节点（网关）；车辆总线用以连接列车总线节点（网关）和连接在该车辆总线的设备；设备的内部总线称为设备总线，由各设备制造厂商自主选择。

列车总线与车辆总线之间通过路由器或网关通信。路由器实现车辆总线节点接入列车总线的路由，用于网络隔离，为不同网络的节点转发报文，无控制功能；网关是将两个或多个不同体系结构、不同协议的网络在高层协议上互连时所用的设备或节点，位于 ISO 的第七层，列车总线的网络设备就是网关。它的主要作用是实现不同网络传输协议的翻译和转换工作，因此又叫做网间协议转换器。网关的硬件用来提供不同网络的接口，软件则实现不同网络协议之间的转换。在列车网络控制系统中网关是连接列车网络和车辆网络的设备。控制单元及子功能单元统称设备，是车辆总线上用于实现功能的节点；总线控制器管理列车总线或车辆总线，也可以直接参与控制。在列车总线上设有主节点（又称强节点），用于实现列车网络的监控、管理、维护和功能调度，一个列车网络内可设多个主节点作为冗余，但任何时刻只能有一个主节点实施主控。

图 6.2 是常见的总线形、星形、环形和树形网络拓扑。由于列车的特殊性，列车级网络基本上都采用总线形或者环形拓扑；车辆级网络既可以是总线形拓扑，也可以是星形或环形等拓扑。

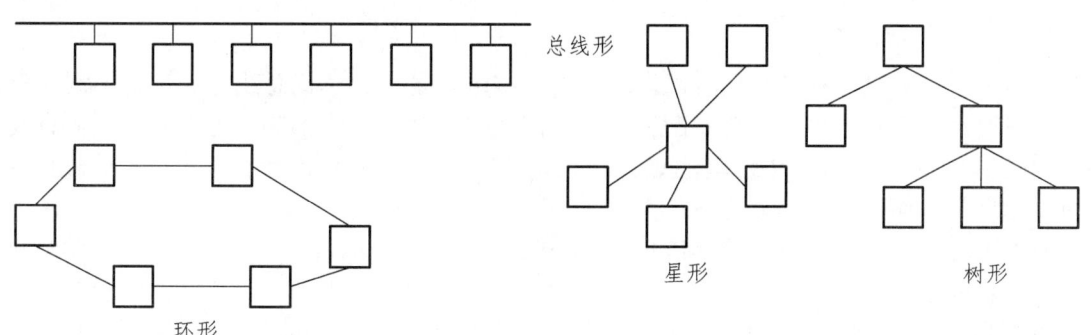

图 6.2 常见的网络拓扑

20 世纪 70 年代末到 80 年代初，用于传动控制的车载微机雏形分别在西门子和 ABB 公司出现。随着车载微机系统的迅速发展，列车通信网络在初期的串行通信总线基础上应运而生。先后尝试过的列车通信网络有 LonWorks、WorldFIP、ARCNET、WTB、MVB、FSK、CAN 等，经过近 30 年的应用研究和实践积累，目前较成熟的开放式列车网络主要是 TCN 标准。

国际电工委员会（IEC）和国际铁路联盟（UIC）在各种列车通信网络基础上，联合制定了 TCN（Train Communication Network）列车通信网络标准 IEC61375-1，和 TCN 网络一致性测试标准 IEC61375-2。TCN 将整个列车连成一个整体，司机通过 TCN 实现对每个车辆单元的控制，也通过 TCN 了解每个车辆单元的工作状态及故障信息，保证整列车安全运行。TCN 是专门针对轨道车辆制定的开放标准，没有知识产权的限制，所以应用在轨道车辆上有明显优势，逐渐在世界各国的各种车辆（包括高速列车、EMU 动车组、DMU 动车组、有轨电车、地铁、客车等）上普及推广，是当前国际上列车通信网络技术的主流。国外除一些大公司如 Adtranz（已被 Bombardier 收购）、Siemens 等有成熟的 TCN 网络产品和技术外，一些中小公司如芬兰的 EKE、意大利的 Far-system、捷克的 Unicontrol 等也开发出比较完整的 TCN 网络通信产品。中国铁路根据现阶段的具体国情，采用与国际标准接轨的方法，也把国际标准 IEC61375-1 等效采纳为铁路行业标准（TB/T 3037-2002）之一，并在铁标 TB/T 中推荐使用 TCN 网络。TCN 为两级分层网络，包含连接各车辆单元的列车总线 WTB 和连接一个车辆单元各设备的车辆总线 MVB。

TCN 列车网络在系统的开放性、可操作性与互用性、智能化与功能自治性、系统结构的高度分散性及其对列车环境的适应性等方面具有显著优势，标准完善，具备较为完整的功能实现模块和开发应用平台。

列车网络通信标准的制定和良好的列车网络开发环境，为列车网络控制系统相关产品的设计、开发、生产、维护和应用打下了坚实的基础。有利于车载装置的智能化和增强车载设备的功能；方便制造厂完成部件装配和预测试；方便设备供应商与不同的装配商接口，减少开发费用；简化子系统的装配与调试，减少运用部门的备件，方便维护和简化零部件替换。

动车组由多个动车和多个拖车组成，每个车辆单元各设 1 个网关，各网关通过列车总线连接，列车总线主节点设在头车上。列车总线具有动态冗余。当系统上电运行或每次车辆摘挂时，列车总线重新组态，即初运行。初运行完成后，网关进入正常操作状态。

车辆单元的网络系统采用以功能为单元的分布式系统。各功能单元通过车辆总线进行通信。车辆总线可采用光纤、同轴电缆和双绞线等作为传输介质。

6.1.1.2 车辆总线技术

车辆总线上的设备是各种信息的源端设备和宿端设备。因车辆总线上的设备不需要经常变动，只要在生产和维护时，静态配置即可。因此多种现场总线都基本可以满足车辆总线的要求。但 TCN 标准中的 MVB 车辆总线在列车环境的适应性、规范性、配套开发平台和一致性测试标准等方面，具有明显优势。

TCN 标准的多功能车辆总线 MVB（Multifunction Vehicle Bus），是车辆单元内部有限个控制设备之间通信的数据总线，是一种主要用于（但也并非专用于）对互操作性和互换性有要求的互联设备之间的串行数据通信总线。它来源于 ADtranz 公司的 MICAS 总线，在 IEC61375-1 列车通信网络 TCN 标准中规定为车辆总线。瑞士的 Duagon 等公司开发出了基于 FPGA 的系列 MVB 网卡和 I/O 设备，用户可通过购买或自主开发这些网络部件进行 TCN 网络控制系统的应用和集成。MVB 只能静态配置，单元地址固定，不能变更，最多编址 4 096

个单元，如果需要变更 MVB 的设备，主节点必须重新下载新的软件。MVB 由专用的总线管理器管理，其中有 256 个单元可以用来发送和接受消息数据，传输速率 1.5 Mb/s。

6.1.1.3 列车网络信息传输协议

列车网络通信的应用数据分为过程数据和消息数据。下面结合 TCN 标准具体阐述。

TCN 网络中 WTB 和 MVB 均采用实时通信协议（Real Time Protocol，RTP），能够提供两种信息传输服务，一种是从一个数据源上周期性地将过程数据传送到其他单元，另一种是请求从一个数据源上将消息数据传送到指定的宿设备。

6.1.1.4 列车网络控制系统的总线设备

不同的列车网络控制系统，设备需求不同，TCN 网络设备分为 5 类：

一类设备：不带处理器，能对 I/O 设备做简单连接，只能发送过程数据和状态信息，由总线控制器直接控制输入和输出（如 DX，AX 单元）。

二类设备：有微处理器的总线单元，可以配置，但用户无法重新编程；能够发送过程数据、状态信息和消息数据。

三类设备：与二类设备相同，但是允许用户对其进行编程。

四类设备：与三类设备相同，但附加了总线管理器的功能。

五类设备：与四类设备相同，但是可以作为 TCN 的网关。

TCN 网关能够支持强、弱主机的概念，也能在列车编组改变时自动标识、配置列车总线上的有效节点。网关中含有每个动车组项目特别指定的应用软件。

网关硬件包括冗余的双重列车总线接口。冗余的双重车辆总线接口。用于开发和管理的通信接口、状态指示界面、多种方式的复位管理功能模块。网关也有 MVB 地址，但地址的设定方式不同，网关地址由连接器中的接线片设置。

6.1.2 列车牵引网络控制系统结构

列车牵引网络控制系统是列车网络控制系统的子集，负责完成列车牵引和传动控制，是在车载微机控制系统基础上发展起来的。目前典型的有西门子的 SIBAS16 和 SIBAS32，Adtranz 公司的 MICAS-S、MICAS-S2 和 MITRAC 以及 ALSTOM 公司的 AGATE 系统。其中 SIBAS16、SIBAS32、MICAS-S 建立在早期自行定义的列车通信网络协议基础上，MICAS-S2、MITRAC 则基于 TCN 标准。MICAS-S2 将网络分成列车总线和车厢总线，列车总线采用 FSK，车厢总线采用 MVB。而 MITRAC 是完全符合 TCN 标准的分布式列车控制系统。AGATE 则是以 WORLDFIP 总线协议为基础建立的。三者皆可根据需要建立主从式的分级列车牵引网络控制系统。

6.1.2.1 列车牵引网络控制系统基本组成

采用交流传动的高速动车组，列车牵引由分散在多个车辆单元的牵引控制单元和驱动单元构成。列车牵引网络控制系统划分列车级、车辆级和传动级。

列车级完成列车的综合信息管理和控制决策，给出与整个列车有关的给定目标和控制策略。从主司机室采集的司机控制指令、ATP 运行控制指令和重联信号，通过列车级处理后，完成列车运行速度、加速度牵引/制动力等运行目标优化，生产列车牵引控制指令，经列车总线传送到车辆级控制单元，实现列车的统一指挥。列车级控制由列车网络层主司机室的列车控制单元担当。

车辆级的主要任务是监测和管理车辆单元内的设备，接收列车级发来的牵引指令。决策车辆单元的控制策略、优化控制目标、协调控制行为、运行监控和性能评估等，实施主体是车辆控制单元。

传动级由牵引控制单元具体实施完成传动过程各种物理量和状态开关值的数据采集、数据处理、逻辑控制、调节控制、状态监测与诊断、故障保护、数据通信等功能，具体控制网侧高压回路、网侧变流器、电机侧逆变器和辅助电源。

6.1.2.2 列车牵引网络控制系统结构方案

采用不同的列车网络、设备和控制策略，可以演化出多种高速动车组列车牵引网络控制系统的结构方案。

1. 集中式方案

牵引控制单元物理上处于车辆级，直接挂在车辆总线上。牵引控制单元集成了车辆控制和驱动控制的全部功能。

2. 分布式方案

牵引控制单元、数字IO单元、模拟IO单元、电池充电器单元、驱动控制单元、辅助控制单元物理上都处于车辆级，但逻辑上数字IO单元、模拟IO单元、电池充电器单元、驱动控制单元、辅助控制单元等部分或全部属于牵引控制单元的下一级总线。

6.1.3 列车牵引网络控制系统功能

列车牵引网络控制系统通过列车网络，实现动车组的分布式实时控制，其工作过程为：列车控制单元通过列车网络获得各车辆单元设备的状态数据，然后根据这些数据，按预先设想的策略向各车辆控制单元发出转矩指令值等控制命令，经车辆控制单元处理后，最后由传动控制单元控制驱动装置实现列车牵引力与动力制动等功能。

6.1.3.1 控制功能

1. 动力车重联控制

对动车组的动力设备包括其他设备进行远程自动控制及故障检测，信息通道为列车总线、车辆总线及贯穿全列车的少许硬连线。主要包括：一是动车组操作权的选取，即列车总线主节点的产生及中央控制单元的确立；二是牵引运行时判断全列车的状态是否解锁牵引逻辑；三是判断全列车的动力系统状态，进行全列车的牵引力计算与分配；四是传送操作车控制指令及反馈各车的状态信息，如控制主断路器、受电弓等远端设备。

2. 牵引特性和制动特性控制

它是控制系统要实现的主要功能之一。牵引时根据司机设定的速度，制动时根据司机设定的制动力，由主司机室的中央控制单元根据牵引/制动特性进行计算，然后动态分配给牵引单元,当某一牵引单元因故障丧失牵引/制动力时,在其他牵引单元电机功率富裕、黏着允许的情况下均分丧失的牵引/制动力。

3. 驱动控制

根据给定的控制指令,利用磁场定向矢量控制、直接转矩控制方法,控制牵引逆变器,实现列车牵引的控制目标。

4. 定速控制

在保证列车运行平稳的前提下,根据当前实际运行速度、线路条件和载质量对牵引力进行调整,实现列车恒速运行。

5. 辅助系统控制

一是根据辅助变流器的状态进行负载配置控制;二是向辅助变流器发送启停命令和变频指令;三是根据设备温度综合评判设置辅助系统变频控制等级;四是当辅助变流器故障时施行切换控制及启停控制;五是实现辅助系统库内带供测试,包括变频试验、单台辅助电机的转向试验、通风量试验和压缩机试验等,同时也为库内空气制动系统的试验提供了动力。

6. 过分相控制

高速动车组的过分相控制应能够适应目前我国自动过分相、半自动过分相、手动过分相3 种模式并存的现状。自动过分相模式不需要任何操作,IDU 提示分相区,司机手柄可以不回零,如在定速状态下控制系统将锁定当前状态,过分相后将回到过分相前的状态。在半自动过分相模式时,当列车接近分相标志点.司机按一下过分相按钮,封锁变流器控制脉冲。断开主断路器,分相后自动闭合主断路器,恢复到过分相前的状态。

7. 列车控制与监测

列车控制与监测主要包括车门控制、照明控制、逆变器控制、空调控制、客车制动系统的信息交换与控制、烟火报警处理、客车信息的集中显示与智能故障诊断等。

8. 空电联合制动

联合空气制动与电制动。根据空气制动系统的指令及相应逻辑投入电制动,同时根据制动指令的级位产生相应的电制动力,并将电制动力的大小及电制动状态反馈给空气制动系统。

6.1.3.2 故障检测与故障处理

故障检测与故障处理根据各传感器的检测信号进行综合判断,尽可能确定故障点,达到隔离故障和故障导向安全的目的,主要分为信息采集、信息处理、综合判断、故障安全恢复及导向、故障存储这 5 个方面。

设备故障按严重程度划分等级:如一级故障定义为严重影响列车运行功能,多数情况下需要司机立即采取措施,或控制系统导向安全后才能维持列车运行的故障;二级故障不会严重地影响列车运行,但是仍要在进行下个操作之前清除故障或隔离故障;三级故障不会影响列车运行,可以等到下个操作之后再清除。

1. 信息显示与信息设定

信息显示单元（IDU）是列车网络控制系统的人机交互设备，通过 IDU 完成命令发送（通过显示器）、参数设置，IDU 的显示内容主要包括车载设备的状况信息、故障信息、查询信息、维护信息和记录信息等。

2. 数据存储

存储的内容包括操作记录、关键点的状态数据和故障信息等．故障信息应包括：故障等级、故障发生的起始时间（如故障消除后还包括故障的结束时间）、故障类型、故障的简单描述等。

3. 列车牵引网络控制系统功能实现的实例分析

下面以 CRH_1 型为例，分析列车牵引网络控制系统功能实现。图 6.3 为 CRH_1 型动车车辆总线 MVB 上的设备，CRH_1 型为车辆控制模式，一个牵引控制单元控制一节动车，列车牵引网络控制系统采用 MITRAC，列车级和车辆级主要由车辆控制单元（VCU）、分布在车内的各 IO 输入输出单元、模拟输入输出单元、保护（AMP）单元和信息显示单元（IDU）等构成，实现列车的特性控制、逻辑控制、冗余控制、防滑控制、定速控制、重联控制和故障诊断等功能，各功能单元之间经 MVB 通信。传动级由驱动控制单元（DCU）完成，分别控制四象限脉冲整流器和电机测逆变器，DCU 与 VCU 之间通过 MVB 交换数据。

列车牵引网络控制系统的主要功能软件包括列车控制软件（TC CCU），用于存储诊断信息并与信息显示单元（IDU）通信的列车诊断软件（TDS CCU），用于与 ATP 子系统串行通信（RS485）的 ATP 通信软件（ATP CCU）（ATP CCU 也作末端 MVB 段的冗余管理），用于动车的牵引控制软件（PCU CCU）。这四个 VCU 虽然都在 MVB 总线上的，但逻辑上它们不是并列关系，TC CCU 是上一级的控制功能，其余则是由 TCU 控制和监视的下一级相对独立的、具有某一控制功能的总线功能单元。

牵引控制单元（PCU）是列车牵引网络控制系统中相对独立的子系统，其主要任务包括：命令处理和控制协调，主变流器控制，辅助变流器控制，电机变流器控制，电池充电器控制，变流器冷却控制，辅助负载接触器控制、保护，等。

CRH_1 型列车牵引网络控制系统的工作过程是：当司机钥匙激活后，主司机室的中央控制单元（CCU）设定为列车控制单元（TCU），运行列车控制软件，它通过车辆总线接收司机操作台的 IO 信息，并传递到其他需要该信息的功能单元，由各功能单元对司机操作意图进行分析，TCU 计算出牵引/制动基准并分配给各动车，接着将每个动车的基准值通过 WTB 传给动车的 VCU；动车的 VCU，根据该基准值计算出转矩基准，本地的转矩基准通过 MVB 传输到本车的 PCU；PCU 对列车控制指令的有效性进行检查，结合车辆的状态，根据牵引/制动力限制条件，重新计算转矩基准并传给驱动控制单元 DCU，网侧变流控制单元 DCU/L 和电机测变流控制单元 DCU/M 根据控制指令，完成所需扭矩的控制，实现司机操纵列车的意图。

牵引控制应综合考虑：设备状态、牵引/制动力限制条件、安全联锁等因素。

牵引系统保护有两个方面：一是在没有做好牵引准备或停车制动或紧急制动时，安全联锁保证了此时无法实施列车牵引；二是在设备或电器等发生不正常状况时迅速使其进入安全状态（联锁、阻断、关闭、隔离或跳闸等）。

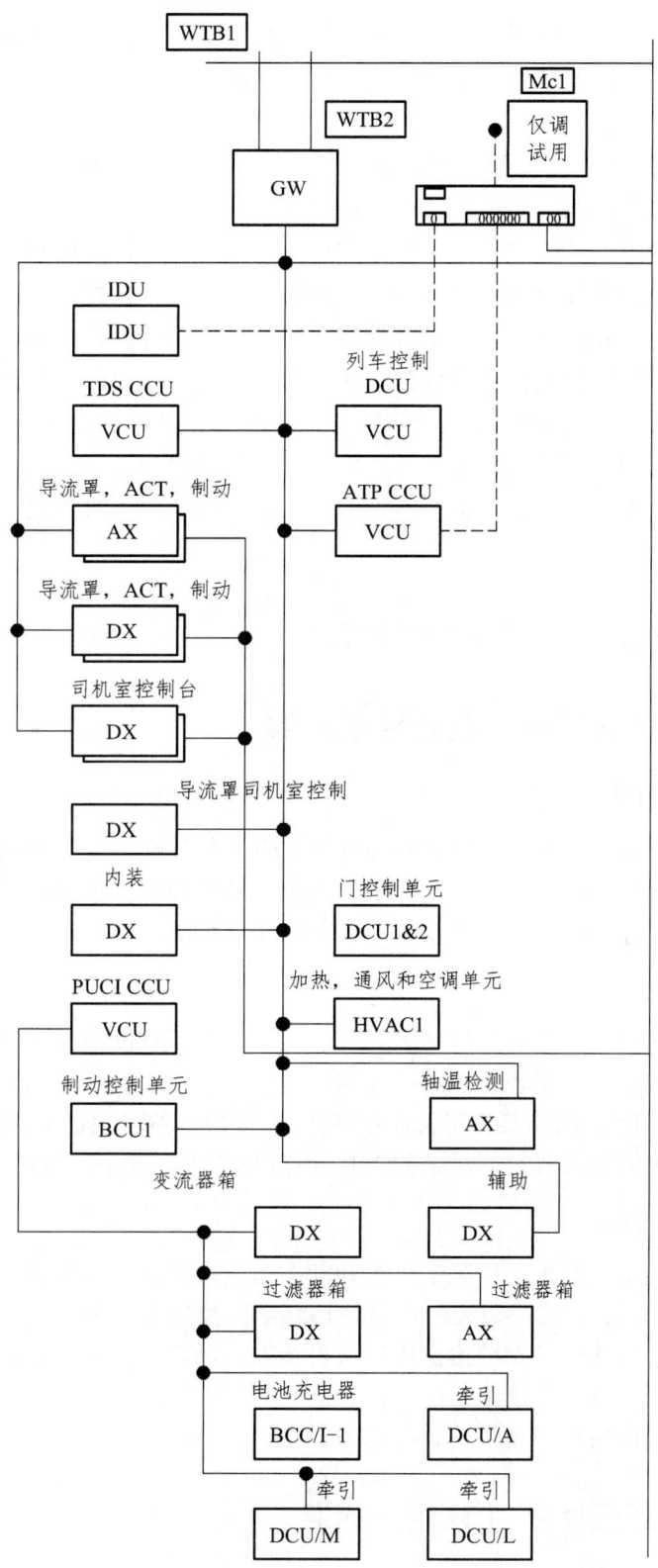

图 6.3 CRH$_1$ 型动车车辆总线 MVB 上所接的设备

调节列车速度和实施列车制动时，优先使用动力车转向架的电气制动，空气制动作为电气制动的后备和补充。根据车速、载重和每个制动器的可用制动力来分配和调整电气制动和空气制动。

CRH_1型列车牵引网络控制系统通过包括列车总线冗余、车辆控制单元主计算机冗余、IO 单元冗余等硬软件冗余措施，来保证系统的可靠性。

车辆控制单元 3 个 VCU 按功能划分为主控计算机、诊断计算机和冗余计算机。正常工作时，主控计算机是整个控制系统的核心，实现诸如机车的特性控制、逻辑控制、定速控制等一系列控制功能。而冗余计算机，则接受指令并进行控制计算，但不输出控制信号。在系统启动时，通过程序设置使主控计算机首先获得对系统的控制权，冗余计算机处于冗余工作方式。在系统工作期间，主控计算机和冗余计算机通过 MVB 交换生命信号及其他相关信号。一旦主控计算机监听到冗余计算机工作不正常，主控计算机将发送故障信息到信息显示单元；而冗余计算机一旦发现主控计算机工作不正常，冗余计算机将获得控制权，担负起系统的控制任务。

6.2 国内外列车信息控制网络

6.2.1 国外列车信息控制网络的发展

6.2.1.1 初期阶段

计算机在轨道交通工具上的应用随着 20 世纪 70 年代后期微处理器技术的普及而迅速发展。开始阶段，微处理器主要应用于机车车辆单个设备的控制，如西门子和 BBC 于 20 世纪 80 年代初把 8086 微处理器应用于机车或动车的传动控制等。

6.2.1.2 发展阶段

随着微处理器控制、服务对象的增多，人们逐渐引入了铁路控制系统层次划分的思想，产生了基于串行通信的、用于较为独立的控制设备或层次间信息交换的总线与企业标准。这方面的例子之一，如 BBC 的连接机车控制层与传动控制层的串行控制器总线，该总线后来发展成为用于连接机车内的所有智能设备的 MICAS 车辆总线，简称 MVB。

6.2.1.3 成熟阶段

20 世纪 90 年代初，产生了以满足机车和动车组重联控制需要的列车总线，如西门子的 DIN43322 列车总线。至此，一些大的铁路公司以牵引控制系统为基础，列车通信系统为纽带，新器件和新工艺为载体，相继推出广泛覆盖牵引、制动、辅助系统、旅客舒适设备控制和显示、诊断等的列车通信与控制系统，它们在欧洲一般被简称为 TCC。而在北美，类似的系统被称为基于通信的列车控制系统，简称 CBTC。

6.2.2 列车通信网络（TCN）标准

1999 年 6 月，经过长达 11 年的摸索与实践，IEC/TC9/WG22 在 ABB 的 MVB、西门子

的 DIN43322 和意大利的 CD450 等运行经验的基础上，制订了列车通信网络（TCN）的标准 IEC61375，并正式成为国际标准。

在北美，由一家美国公司（Echelon）于 20 世纪 90 年代初开发的主要用于建筑自动化和工业控制系统的现场总线 LonWorks 被部件供应商和铁路公司所接受。它紧跟在 IEC61375 之后也正式成为国际标准。美国电器和电子工程师协会（IEEE）于 1999 年制定了 IEEE1473 列车通信协议，该协议包含 IEC61375 规定的 TCN（14732T）和 78 kb/s 数据速率的 LonWorks（14732L）。

TCN 的核心技术由西门子、Fireman、AEG 和 ABB 组成的联合开发组开发，使之能用于各自的 TCC 系统。TCN 的芯片可以在市场上自由购买。一些中、小公司提供 MVB 电路板、WTB 节点、组态和监控工具、实时协议栈或文件等。

TCN 得到了在制动、车门、黏着、厕所、仪表、显示、自动控制等方面的许多部件供应商（如 Knorr Electronics、Westinghouse Brakes、IFE、Deuta、Faiveley、Secheron、Selectron Lyss、Holec 等）的支持。在 IEC/TC9/WG22 的工作完成之后，2001 年又成立了主要来处理一致性测试的工作组——WG38（最近又改名为项目组 PT6137522）。

TCN 技术在各种铁道机车车辆上得到广泛应用，表 6.1 和表 6.2 仅列出几家装备有 TCN 产品的部分的大公司车型。

表 6.1 Adtranz 的 TCN 项目

车型	国家或地区	数量	总线类型	交付日期
SBB Lok460-1/2/3	瑞士	119	MVB	1991—1995
NSB IC 70 EMU	挪威	12	MVB	1992
ESL（海峡隧道）	法国/英国	37	MVB	1992
BR Class 92	英国	46	MVB	1993
VR Sr2	芬兰	20	MVB	1994
QR-SMU	澳大利亚	12	MVB	1994
ERR I-TCN 试验	欧洲	1	WTB + MVB	1994
LRV Mannheim	德国	69	WTB + MVB	1994
IR WAG 和 WAP	印度	33	MVB	1995
BR101	德国	145	WTB + MVB	1996
ET423	德国	100	WTB + MVB	1997
Gardemoen	挪威	6 + 33 + 9	WTB + MVB	1996—1998
IC2000	瑞士	250	WTB + MVB	1997—1998
斯德哥尔摩地铁列车	瑞典	75×3	WTB + MVB	1997
NSB EMU	挪威	16×3	WTB + MVB	1997
丹麦 DMU	丹麦	13×2	MVB	1997
马尼拉地铁列车	菲律宾	7×4	WTB + MVB	1998

表 6.2 西门子的 TCN 项目

项目	种类	数目	铁路	国家
Prag	地铁列车	22	布拉格地铁	捷克
Tren Urbano	地铁列车	—	San Juan, Puerto Rico	美国
BR152	机车	119	德国铁路 DB	德国
ICT（7辆编组）	摆式动车组	32	德国铁路 DB	德国
ICT（5辆编组）	摆式动车组	11	德国铁路 DB	德国
DJI	机车	20	中国铁路	中国
ICE3	高速 EMU	50	德国铁路 DB	德国
ICE3	高速 EMU	6	NS	荷兰
ICE-ET	摆式 DMU	20	德国铁路 DB	德国
VT605	摆式 EMU	—	德国铁路 DB	德国
CP Pendoluso	摆式 EMU	10	保加利亚铁路	保加利亚
EM G312	摆式 EMU	—	斯洛文尼亚铁路	斯洛文尼亚
San Paulo CPTM	摆式 EMU	—	巴西 CPTM	巴西
马来西亚机场	摆式 EMU	—	马来西亚 Kuala Lumpur	马来西亚
双层车	控制车	10	OeBB	奥地利
双层车	拖车	50	OeBB	奥地利
ET424、425、426	摆式 EMU	—	德国铁路 DB	德国

6.2.3 国内列车信息控制网络的发展

我国列车通信网络的发展可以追溯到 1991 年：株洲电力机车研究所在其购买的 ABB 公司牵引控制系统开发工具，特别是软件开发工具的基础上，联合国内高校开发出了我国第一套电力机车微机控制装置，并安装于 $SS_4 0038$ 号电力机车。在该装置中，系统被明确划分为人机界面显示级、机车控制级和传动控制级三级。级与级之间通过串行总线连接，形成了二级总线的雏形。其中，连接司机台显示器与机车控制级之间的显示总线，在"春城"号动力分散电动车组上扩展为贯穿全列车连接各动力车的机车控制级与司机台显示器的列车显示总线。连接机车控制级与传动控制级的进程控制器总线，在"先锋"号动力分散交流传动电动车组上扩展为连接动力车节点与传动控制单元和 ATP 的中程控制器总线。

20 世纪 90 年代中期，随着动车组技术在我国越来越被重视，对列车通信网络特别是机车的重联控制通信的需求十分迫切。一方面，铁道部开展了列车通信网络课题研究；另一方面，路内外许多单位也先后自发地开展了自我开发、联合开发或技术引进工作。这些工作主要在局域网、现场总线、TCN、通信介质、基于 RS485 的通信协议等领域展开。如，当时的上海铁道大学与株洲电力机车研究所合作开发的基于 ARCent 的列车总线和基于 HDLC 的车辆总线的列车通信网络的研究；当时的上海铁道大学用 CAN 作为连接司机台和列车控制单元的局部总线的研究；国防科技大学用 CAN 作为磁悬浮列车的列车总线的研究；西南交通大学用 RS485 协议作为摆式列车倾摆控制总线的研究；北京交通大学对通信介质及其转换的研究；大同机车厂对列车通信网结构及其协议的研究和对 BITBUS 的研究；株洲电力机车研究所的基于 FSK 的列车通信的研究，基于 RS485 协议的局部总线的研究；基于 LonWorks 的列车总线和局部总线的研究，CAN 总线用于列车监控装置和摆式列车局部控制总线的研究，基于 ModBus 的 ISO 局部总线的研究，MVB、WTB 的研究以及国产化的 MVB 产品与其他公司的 MVB 产品的兼容性试验；四方机车车辆研究所、铁道科学研究院、西南交通大学、武进市剑湖铁路客车配件厂、武汉正远公司等对 LonWorks、MVB、WTB 进行的研究以及购买了或准备购买 LonWorks、MVB、WTB 的开发工具。

以上这些研究，有一些成果得到了应用，见表 6.3。

表 6.3 采用了列车通信技术的国产机车/动车组

车型	编组	列车总线	车辆总线	子系统总线	总线供应商	出厂日期
TM1 出口伊朗 EMU	2 动 10 拖	FSK 动车重联	MVB 连接显示器和牵引控制	RS485 连接机车级和传动级	Adtranz 株洲所	1997
"庐山"号双层 DMU	2 动 2 拖	RS485	—	—	西门子	1998
"春城"号 EMU	3 动 3 拖	远程 RS485 连接 MMI 和 3 个动车		RS485 连接机车级和传动级	株洲所	1998
液力传动 DMU	2 动 4 拖	高速 RS485			日本新泻铁工所	1999
"新曙光"号 DMU	2 动 9 拖	LonWorks 动车重联	—	—	株洲所	1999
"大白鲨"号 EMU	1 动 + 5 拖 + 1 控制车	FSK 连接动车和控制车	MVB 连接显示器和牵引控制	RS485 连接机车级和传动级	Adtranz 株洲所	1999
"蓝箭"号交流传动 EMU	1 动 + 5 拖 + 1 控制车	WTB 连接全列车每一节车辆	MVB 连接本动车或拖车内所有智能设备		Adtranz	2000
"神州"号 DMU	2 动 10 拖	LonWorks 动车重联			株洲所	2000
"神州"号 DMU	2 动 10 拖	CAN 动车重联			武汉正远	2000
"先锋"号动车分散交流传动 EMU	4 动 2 拖	FSK 连接全列车每一节车辆	MVB 连接制动控制、辅助系统控制、车辆设备控制、显示器	远程 RS485 连接牵引控制、ATP	株洲所	2001
哈尔滨铁路局 EMU	2 动 5 拖	RS45 动车重联	—	—	长春客车厂	2001
"中原之星"号动力分散交流传动 EMU	4 动 2 拖	FSK 连接 2 个各由 2 动 1 拖三节车组成的车组单元	MVB 连接一个车组单元内所有智能设备		株洲所	2001
"奥星"号交流传动	机车		MVB 连接机车内所有智能设备		株洲所	2001
集速 DMU	2 动 2 拖	LonWorks 动车重联	—	—	株洲所	2001

"新曙光"号是首列采用 LonWorks 列车总线技术的内燃动车组。在该项目中,LonWorks 列车总线网卡插在成熟的内燃机车微机控制装置—EXP 机箱中。首尾动力车的重联通信通过 LonWorks 列车总线以显示报文的方式实现,而 EXP 机箱内的主 CPU 通过机箱背部的并行 FE 总线访问网卡上的双口 RAM 实现信息交换。"神州"号的 LonWorks 列车重联通信与此类似,但采用了二路方式,即设置了一路 LonWorks 冗余通道。

"先锋"号是首例采用株洲电力机车研究所的 TCE 列车通信与控制系统的动力分散交流传动电动车组。在该项目中,每节动车或拖车上都有一个列车总线节点,列车总线贯穿全列车连接的各个节点。在每节动车或拖车内,各智能控制设备通过 MVB 或控制器总线与节点交换信息,在司机台显示器上可以选择查看全列车各个设备的状态。

"中原之星"号是第二列采用 TEC 技术的动力分散交流传动电动车组。该项目与"先锋"号项目的主要区别是采用了 MVB 光缆连接一个车组单元内三节车的所有智能控制设备(大部分布置在车辆的地板底下),而整列车仅设置了两个列车总线节点,即每个车组单元只设置 1 个列车总线节点。从而从列车总线往下看,好像整个列车是由两个基本运转单元构成,简化了控制信号在列车总线上的传递。另外,"中原之星"号的车辆总线、列车总线、列车控制单元、某些重要设备控制用的数字输入/输出通道(如继电器)等采取了冗余措施。

"新曙光"号、"神州"号列车重联通信的成功,特别是"先锋"号、"中远之星"号的较为完备的列车通信与控制系统的成功,标志着我国列车通信与控制系统的发展已经进入实用化的新阶段。

6.3 多功能车辆总线(MVB)

6.3.1 多功能车辆总线(MVB)概述

多功能车辆总线(MVB)是特定用于连接同一车厢或不同车厢(这些车厢在运行过程中是一个固定不变的编组)的设备到列车通信网络的总线。它既提供了可编程设备之间的互联,也提供可编程设备与其传感器和执行机构之间的互联。MVB 支持最多 4095 个设备,其中有 256 个是能参与消息传送的站。图 6.4 显示了在机车内的 MVB 的应用,图 6.5 显示了在旅客车厢内的 MVB 的应用。

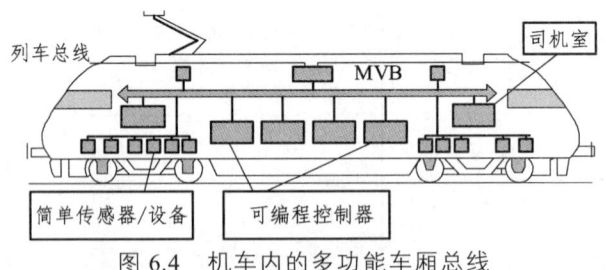

图 6.4 机车内的多功能车厢总线

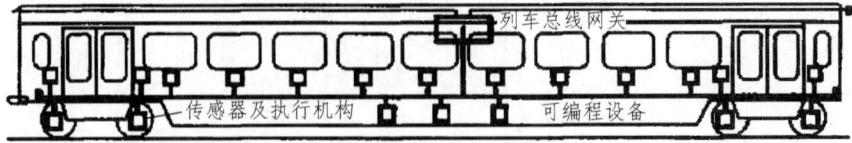

图 6.5 旅客车厢内的多功能车厢总线

对于运行时不解挂的列车，MVB 也可作为列车总线使用。

MVB 传送有三类数据：

（1）过程数据：周期小于 1 ms 的源寻址数据的周期性广播。

（2）消息数据：按需求、目标寻址的单播或广播。

（3）监督数据：传输事件分解、主设备权传送、设备状态等数据。

6.3.2　多功能车辆总线（MVB）物理层

多功能车辆总线（MVB）允许采用电短距离、电中距离和光纤三种不同的物理介质：

（1）电短距离介质传送距离≤20 m，使用标准的 RS-485 收发器，每段最多支持 32 个设备。这种介质基于采用 RS-485 用于传送的差动收发器，在发送器和接收器之间无需电气隔离，并且具有附加的偏置电压；

（2）电中距离介质传送距离≤200 m，每段最多支持 32 个设备，屏蔽双绞线，变压器隔离；

（3）光学玻璃纤维介质，星型连接或点到点方式下最大距离 2 km。

三种介质均以相同速率运行。

6.3.3　MVB 设备

6.3.3.1　总线控制器（图 6.6）

总线访问每个设备由专用的总线通信控制器控制。总线通信控制器通过发送器和接收器附挂到两个冗余的线路上。MVB 总线通信控制器包含编码器和译码器，以及控制通信存储器的控制逻辑。总线通信控制器对达到的帧进行译码并寻址相应的通信存储器，也能读设备状态寄存器。

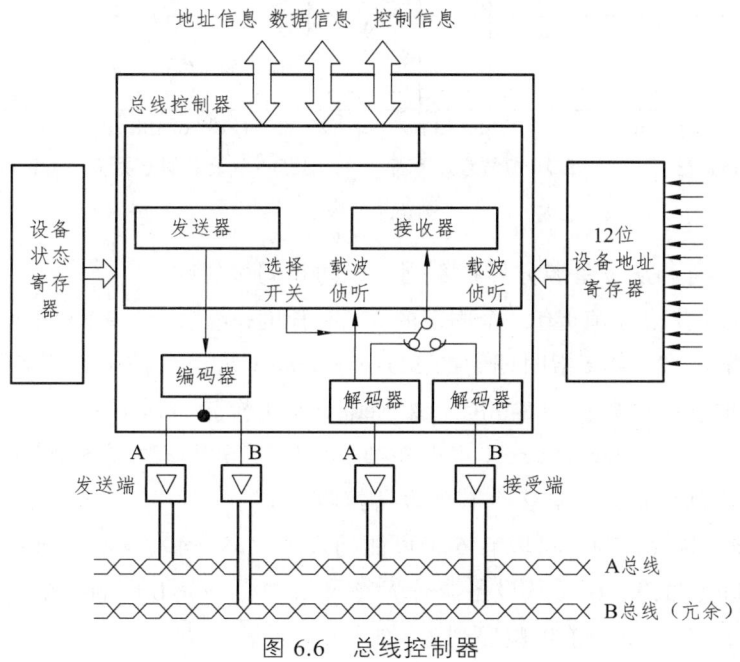

图 6.6　总线控制器

6.3.3.2 MVB 设备分类

MVB 总线上的识别，根据其控制与通信能力分为 5 类：

（1）0 类设备不参与通信。中继器和星型光耦合器属于这一类。

（2）1 类设备连接简单的传感器或执行机构，不可远程配置，无应用处理器。不参与消息通信。

（3）2 类设备自带应用处理器。可配置，能预处理信息，但处理程序固定。参与消息通信。

（4）3 类设备是可编程逻辑控制器 PLC 的完全站，3 类设备有许多端口，典型是 256 个。

（5）4 类设备与 2/3 类设备相同，但提供更多服务。参与总线的管理与控制，典型 4 类设备有：① 控制总线的总线管理器；② 网络管理器；③ 连接车厢总线和列车总线的网关。

6.3.4 MVB 帧结构与报文

6.3.4.1 MVB 帧

MVB 帧有两种类型帧：

（1）主设备帧，只由主设备（总线管理器之一）生成。

（2）从设备帧，由从设备在响应主设备帧时发送。

一个主设备帧及相应从设备帧共同形成一个报文，如图 6.7 所示。

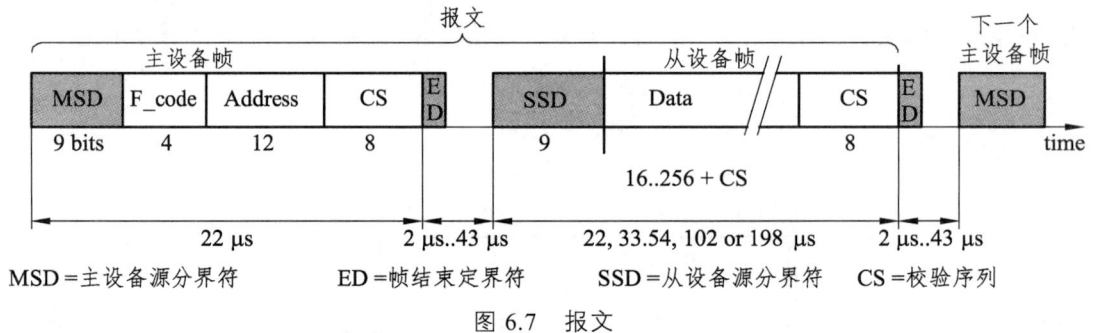

图 6.7 报文

主设备源分界符和从设备源分界符不同，以防止同步失败。

Master_Frame（主设备帧）有一个固定的 33 bit 长度，包括：① 9-bit Master_Start_Delimiter（主设备源分界符）；② 4-bit 指明期望的 Slave_Frame（从设备帧）类型和尺寸的 F_code；③ 12-bit 域用于地址或参数；④ 8-bit Check_Sequence（校验序列）。

所有的设备都对 Master_Frame（主设备帧）译码。被寻址源设备用其 Slave_Frame（从设备帧）回答，该从设备帧可被多个其他设备接收。

Slave_Frame（从设备帧）可以有 5 种可能的尺寸：33、49、81、153 或 297 bits，包括：① 9-bit Slaver_Start_Delimiter（从设备源分界符）；② 16 ~ 256 bits 的数据；③ 对应各 64 bits 序列的 8-bit Check_Sequence（校验序列），如图 6.8 所示。

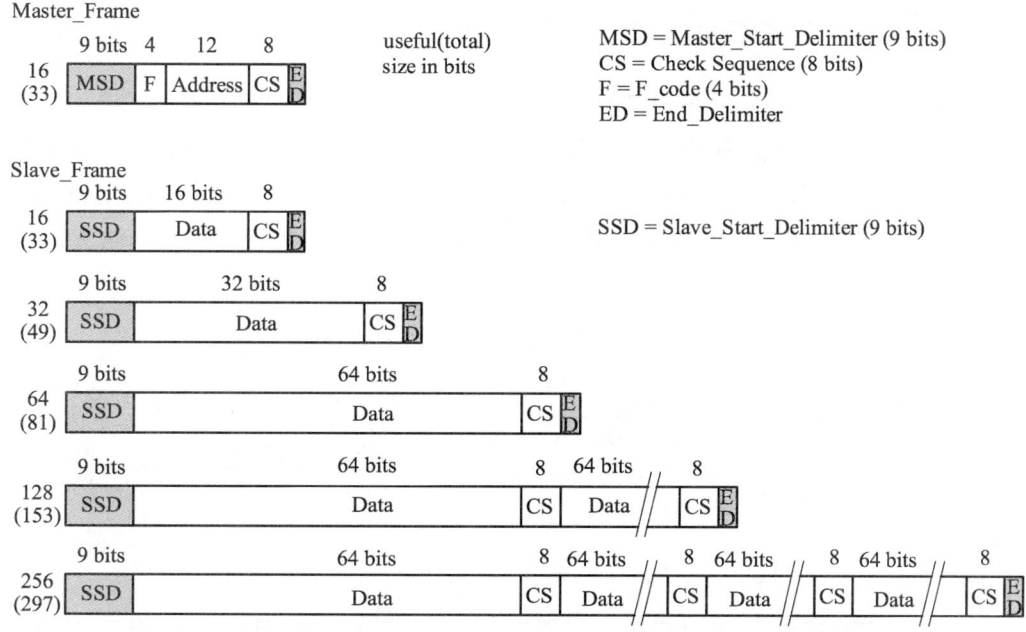

图 6.8 Master_Frame（主设备帧）和 Slave_Frame（从设备帧）格式

6.3.4.2 MVB 报文类型

MVB 的报文类型一共有 16 种，由 Master_Frame（主设备帧）中的 F_code 区分，见表 6.4。

表 6.4 MVB 的 F_codes【Master_Fram（主设备帧）类型】

F_code（F 功能码）	报文类型
0	16 位 Process_Data_Request（过程数据请求帧）
1	32 位 Process_Data_Request（过程数据请求帧）
2	64 位 Process_Data_Request（过程数据请求帧）
3	128 位 Process_Data_Request（过程数据请求帧）
4	256 位 Process_Data_Request（过程数据请求帧）
5	（保留）
6	（保留）
7	（保留）
8	Mastership_Transfer_Request（主设备权传送请求帧）
9	General_Event_Request（常规事件请求帧）
10	（保留）
11	（保留）
12	256 位 Message_Data_Request（消息数据请求帧）
13	Group_Event_Request（组事件请求帧）
14	Single_Event_Request（单事件请求帧）
15	Device_Status_Request（设备状态请求帧）

6.3.5 MVB 介质访问控制（介质分配）

MVB 由单个主设备控制，该设备是能发送 Master_Frames（主设备帧）的唯一设备，所有其他的设备都是从设备，他们不能自发发送。在持续几秒钟的一轮期间，几个设备——Bus_Administrator（总线管理器）——能够成为主设备，但一次只能一个成为主设备。主设备可位于总线的任意位置。主设备可以按照某种预定顺序对端口进行周期性的轮询，如图 6.9 所示。

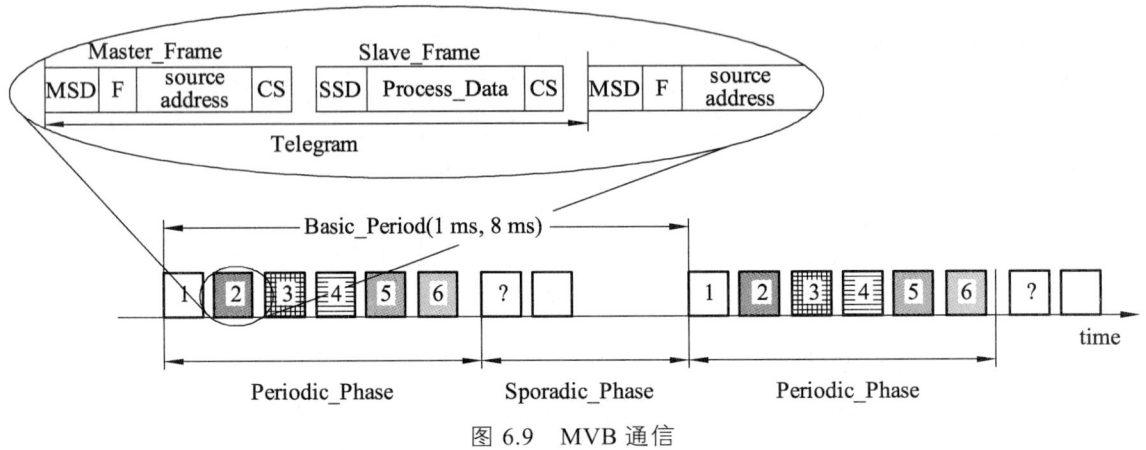

图 6.9　MVB 通信

常规运行前建立主设备读端口的顺序。应用定义每个端口的特征轮询周期。特征轮询周期总是 Basic_Period（基本周期）的 2^N 倍（其中 $N=1,2,\cdots,10$）。具有相同 Individual_Period（特征周期）的端口属于同一个循环。

在每个 Basic_Period（基本周期）内轮询 1 号循环一次，每个基本周期的第二拍轮询 2 号循环一次，每个基本周期的第四拍轮询 4 号循环一次等。大的循环可以分为许多子循环，覆盖多个周期，如图 6.10 所示。

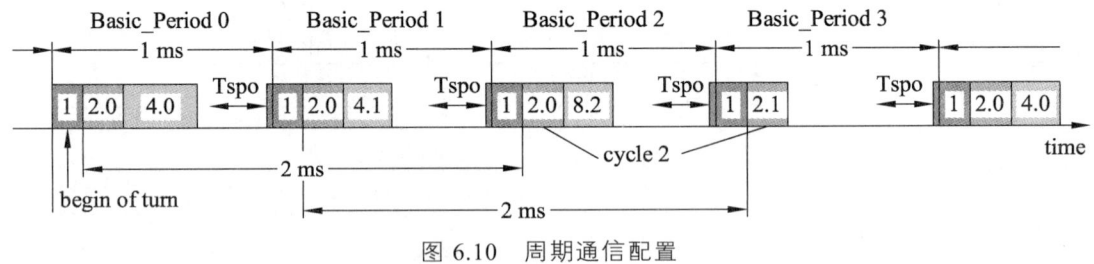

图 6.10　周期通信配置

为留给偶发通信充足的空间，应用配置主设备的 Period_List（周期列表）。

6.3.6　MVB 的实现

图 6.11 是一个动力分散（动车组）的列车通信网络原理框图。

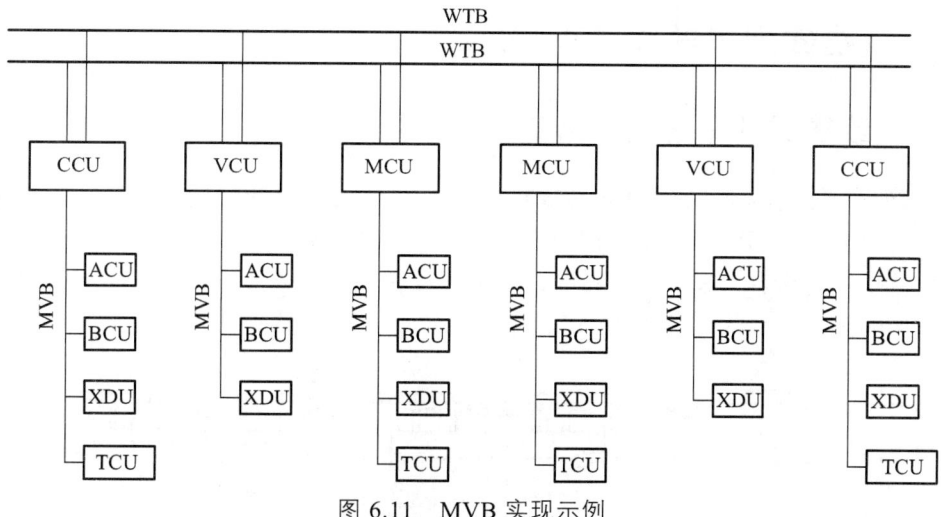

图 6.11 MVB 实现示例

该动车组的列车通信网络分为 WTB 和 MVB 两级。WTB 上的节点包括司机所在的动力车的中央控制单元 CCU、无司机动力车控制单元 MCU、拖车控制单元 VCU 共 3 类，每类各 2 个，共 6 个节点组成。每个 WTB 节点之下采用 MVB 车厢总线连接牵引控制单元 TCU（只有动车上才有）、辅助系统控制单元 ACU、制动控制单元 BCU、轴温及车门控制单元 XDU 等计算机控制检测设备。

其中各个车厢总线上传输的数据见表 6.5 和表 6.6。

表 6.5 车厢总线上 MCU、VCU 发送，BCU、ACU、XDU 接收的信息

序号	信号名	发送者		接收者		
		MCU	VCU	BCU	ACU	XDU
1	自检命令字	S	S	R	R	R
2	MCU 状态字	S	—	R	R	R
3	VCU 状态字	—	S	R	R	R
4	机车速度	S	S	R	R	R
5	隧道速度	S	S	—	—	R

表 6.6 车厢总线上 BCU、ACU、XDU 发送，MCU、VCU 接收的信息

序号	信号名	发送者			接收者	
		BCU	ACU	XDU	MCU	VCU
1	自检应答字	S	S	S	R	R
2	BCU 状态字	S	—	—	R	R
3	制动缸压力	S	—	—	R	R
4	ACU 状态字	—	S	—	R	R
5	总风缸压力	—	S（仅头车）	—	R（仅头车）	—
6	XDU 状态字	—	—	S	R	R

6.4 绞线式列车总线（WTB）

6.4.1 绞线式列车总线（WTB）概述

绞线式列车总线 Wire_Train_Bus（WTB）最初设计为串行数据通信总线，但非专用，日常运行中可以用于互连连接和未连接的车厢，如国际 UIC 列车。

WTB 被指定要符合 UIC556 的要求，该条款定义了最多含 22 个车厢的 UIC 列车的通信要求。WTB 的基本组成如图 6.12 所示。表 6.7 总结了 WTB 的特性。

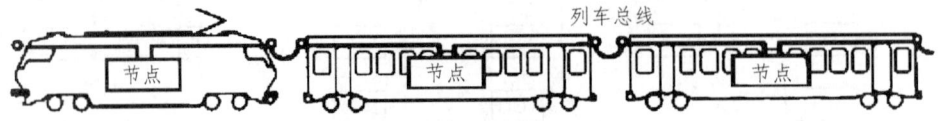

图 6.12 Wire_Train_Bus（绞线式列车总线）

表 6.7 WTB 特性总结

构形	形成总线的电缆节的链
介质	屏蔽双绞线，120
长度	长 860 m，带有 32 个节点的特定电缆 可以有更长的长度和更多的节点（最大节点数 62 个）
物理层冗余	双电缆物理层介质
信号	带有 16 到 32 bits 前同步的曼彻斯特编码
信号数据传输率	1.0 Mb/s
寻址	单播（初运行时分配 6 bits 地址） 广播
帧尺寸	有效数据：每个 HDLC_Frame（HDLC 帧）4~132 bits
完整性	每帧 16 bits 的帧检测序列，帧尺寸监督和曼彻斯特编码
介质分配	由一个主设备决定
通信	循环（周期 25 ms）（用于 Process_Data，过程数据） 偶发【用于 Message_Data（消息数据）和 Supervisory_Data（监督数据）】
主设备权	每个节点可以在初运行中通过应用命令或初始化时的争论或失效时，成为主设备
主设备冗余	初运行时主设备权传到其他节点
Link_Layer（路层）服务	Process_Data（过程数据）源寻址变量的广播 Message_Data（消息数据）报文 Supervisory（监督数据）总线监督
层管理	链路层管理接口
可选项	用于清理连接器的清除电路

6.4.2 绞线式列车总线（WTB）介质

6.4.2.1 WTB 介质的机械稳定性

WTB 运行在屏蔽双绞线上，该介质提供了连接分开的车厢所需的高机械稳定性。

6.4.2.2 WTB 长度

特定的电缆允许在 860 m 的距离上以 1 Mb/s 的速率传输，相当于 22 个 26 m 长的车厢的 UIC 组成，加上 50%用于弯曲处长度。

6.4.2.3 WTB 节点数

最多 32 个节点能附挂到该类双绞线上，因为每个车厢可有不止一个节点。

6.4.2.4 WTB 在车厢间的连接方式

为了连接不同的车厢，WTB 可以使用自动耦合器接触（如对市郊列车的）或手插电缆接触。

因为车厢的朝向不可预测，配电线（如空气管道）通常在车厢端接处分开并穿过两个连接器，连接器中至少一个是已插入的，UIC 线缆就是如此。

由于开放电缆残段（如果一个连接器已插入，而另一个在摇摆）或者两条电缆并联（如果两个连接器都被插入）将引起电气中断，因此 WTB 电缆不能分开穿过两个并行的连接器。

基于以上可知，两条跳线电缆均应插入，但是每一个连接不同的 WTB 电缆。这自然产生了如图 6.13 所示的冗余线路。

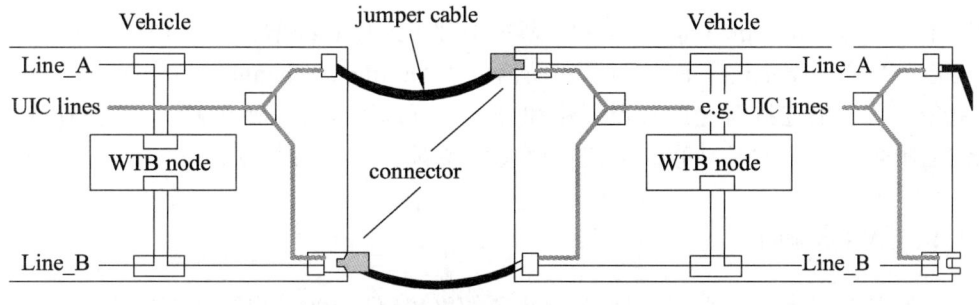

图 6.13　WTB 电缆安排（顶视图）

6.4.3 WTB 介质附挂单元（WTB Medium_Attachment_Unit）

介质附挂单元（Medium_Attachment_Unit）有两个收发器，每个方向上各一个。收发器使用变压器实现与外部导线的电隔离，并附挂到曼彻斯特编码/译码器上。

较长的总线上，信号的动态范围对于标准的零交叉监测器来说太大，基于统计数字信号处理器（SDSP）的曼彻斯特译码器允许的范围超过 30 dB。

每个收发器被附挂到能收发帧的信道上，连接的可能是主信道（Main_Channel）也可能是辅助信道（Auxiliary_Channel）。在构成上，两个收发器是相同的。

图 6.14 显示了端节点（End_Node）的开关位置。总线开关（Bus_Switch）打开时，断开

总线节间的连接。端接器开关（Terminator_Switches）关闭时，插入端接器。方向开关（Direction_Switch）的一个方向连接主信道（Main_Channel），而另一个方向连接辅助信道（Auxiliary_Channel）。

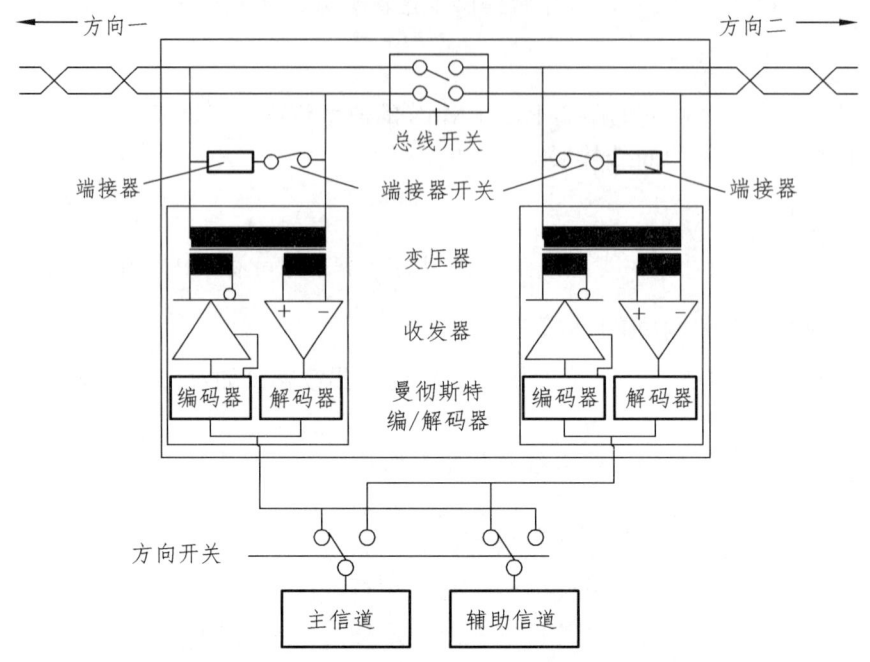

图 6.14　介质附挂单元（端节点）的开关显示

一个中间节点（Intermediate_Node）（列车中部）连接总线节，并去除端接器。该节点仅使用主信道（Main_Channel）而关闭了辅助信道（Auxiliary_Channel）。

为避免车厢间的连接器上的触点氧化和分叉，可选用加电清除电路。加电清除电路是利用在总线上附加一个大的脉冲直流电流，以此实现对连接器触点的清理功能。

6.4.4　WTB 帧格式

所有的帧都具有同样的编码，遵循 HDLC（ISO/IEC 3309）规范，如图 6.15 所示。

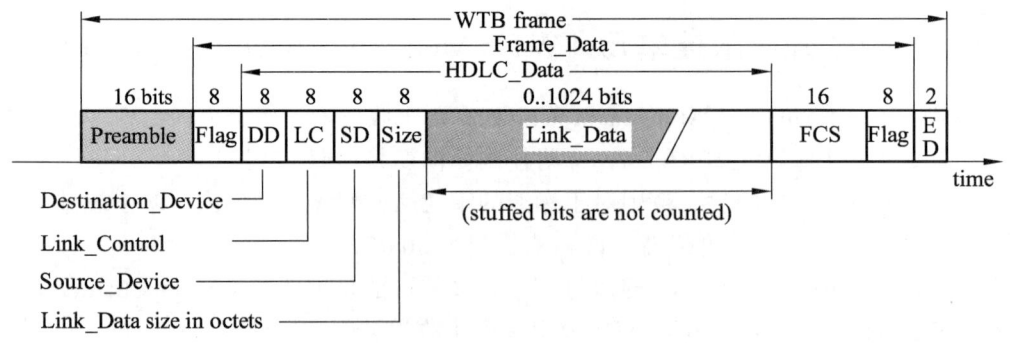

图 6.15　WTB 帧（扩展的 ISO/IEC 3309）

6.4.4.1 前同步码

帧的开始部分的前同步码由曼彻斯特编码器产生，并由曼彻斯特译码器去除。它不属于 Frame_Data（帧数据）部分。它的长度为 16～32 位，16 位是默认值。

注：可变长前同步码拓宽了商业曼彻斯特编码器/译码器的选择范围。

6.4.4.2 Frame_Data（帧数据）

Frame_Data（帧数据）以两个 8 bits 标志（01111110）作为分界符。

HDLC_Data（HDLC 数据）以 8 bits Destination_Device（目的设备）的地址开头，该地址也是目的节点的 Node_Address（节点地址）（或者是广播地址）并被 HDLC 控制器译码。

接下来的 8-bit Link_Control（链路控制）域专用于 WTB。

接下来的 8-bit Source_Device（源设备）是源节点的 Device_Address（设备地址）。

注：为避免与网络地址中的 Final_Node（宿节点）和 Origin_Node（源节点）混淆，这些域被称为 Destination_Device（目的设备）和 Source_Device（源设备）。

"size" 字节给出了其后的 Link_Data（链路数据）的字节数。

Link_Data（链路数据）后跟 16-bit Frame_Check_Sequence（帧检测序列），与 HDLC 一样也能检测多种类型数据。

6.4.4.3 End_Delimiter（结束分界符）

8-bit 关闭标志后跟 End_Delimiter（结束分界符），由曼彻斯特编码器产生，由译码器去除。

Frame_Data（帧数据）（标志之间）传送 134 个字节或 1 072 个二进制位。由于 HDLC 的位填充机制，最坏情况下 Frame_Data（帧数据）的持续时间是 1 289 个 bit 时间，还应该加上 34 个 bit 时间用于前同步码，标志和 End_Delimiter（结束分界符），共计 1 323 个 bit 时间。

6.4.5 WTB 报文

总线主设备通过发出 Master_Frame（主设备帧）在源从设备和一个或多个目的从设备之间建立通信。被选中的从设备发出 Slave_Frame（从设备帧）作为响应。Master_Frame（主设备帧）和 Slave_Frame（从设备帧）都进行广播，即被所有设备接收。

图 6.16 显示了报文的定时，该报文包括一个 Master_Frame（主设备帧）以及用来响应该主设备帧的 Slave_Frame（从设备帧）。

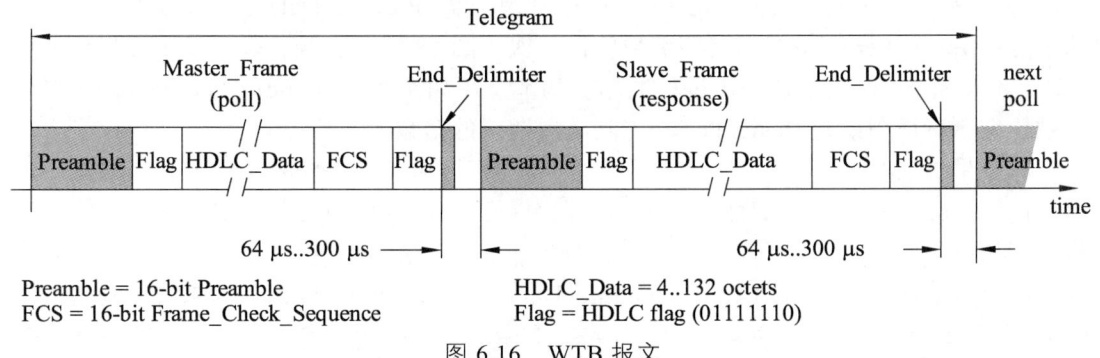

图 6.16 WTB 报文

存在三种报文：
（1）Process_Data（过程数据）报文。
（2）Message_Data（消息数据）报文。
（3）Supervisory_Data（监督数据）报文。
在收到主设备帧后，从设备总是答以同种类型的帧。

6.4.6　WTB 介质访问

主设备节点负责介质访问，其他所有节点都是从设备，只在被主设备轮询时响应。

常规操作中，主设备的操作循环进行。它把总线动作分配到若干 Basic_Periods（基本周期），基本周期由一个 Periodic_Phase（周期相）和一个 Sporadic_Phase（偶发相）组成，如图 6.17 所示。

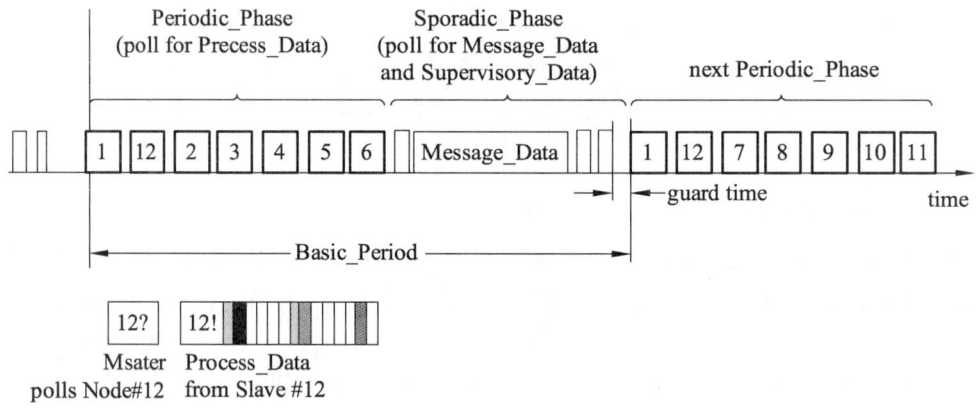

图 6.17　WTB 周期和偶发传输

为保证 Process_Data（过程数据）确定、及时的发送，主设备按事先定义的间隔（即节点的 Individual_Period（过程周期））轮询各节点以获取 Periodic_Data（周期数据）。在两个周期相之间的固定时间内，主设备轮询从设备以获取偶发性数据：Message_Data（消息数据）和 Supervisory_Data（监督数据）。

组成改变时，每个节点向主设备声明自己要求在哪个周期被轮询。主设备据此为节点建立轮询策略。

Basic_Period（基本周期）固定为 25 ms，带有紧急 Process_Data（过程数据）的节点可以请求每个 Basic_Period（基本周期）被轮询一次（图 6.17 中给出了牵引车厢的节点 1 和节点 12），不带紧急 Process_Data（过程数据）的节点（如车厢）以 Individual_Period（特征周期）被轮询，特征周期是 Basic_Period（基本周期）的倍数。

车厢数量增加时 Periodic_Phase（周期相）延长而 Sporadic_Phase（偶发相）缩短，这样做可以使 Periodic_Data（周期性数据）的发送时延与车厢的数目无关，Message_Data（消息数据）则相反。

应用负责确保足够的时间用于 Sporadic_Data（偶发数据）。例如，如果主设备每 25 ms 轮询 10 个节点，轮询一个设备的时间是 1 ms，剩余的 15 ms 用于 Sporadic_Data（偶发数据）。

如果节点的数量增加到 20 个，仅剩下 5 ms 用于偶发数据，这可能太短。

对于 Sporadic_Data（偶发数据），主设备只能顺序轮询从设备。为缩短搜索，从设备在被轮询时发出有 Sporadic_Data（偶发数据）要发送的信号。主设备接着在 Periodic_Phase（周期相）后再次轮询该从设备，获取 Sporadic_Data（偶发数据）。

注：只要节点的数量少，WTB 轮询节点偶发数据的方法是可行的。在支持最多 4 096 个设备的 MVB 上，这种方法被仲裁机制替代。

在每个 Basic_Period（基本周期）中，主设备为检测组成部分的完整性（列车缩短或失效）和附加节点（列车变长）轮询端节点之一。

如果端节点本身就是主设备，主设备仍然轮询自己并响应自己让其他节点检查到它的存在。

6.4.7 常规操作 WTB 帧（总结）

图 6.18 显示了常规操作中所有可能的 Master_Frames（主设备帧）和 Slave_Frames（从设备帧）。

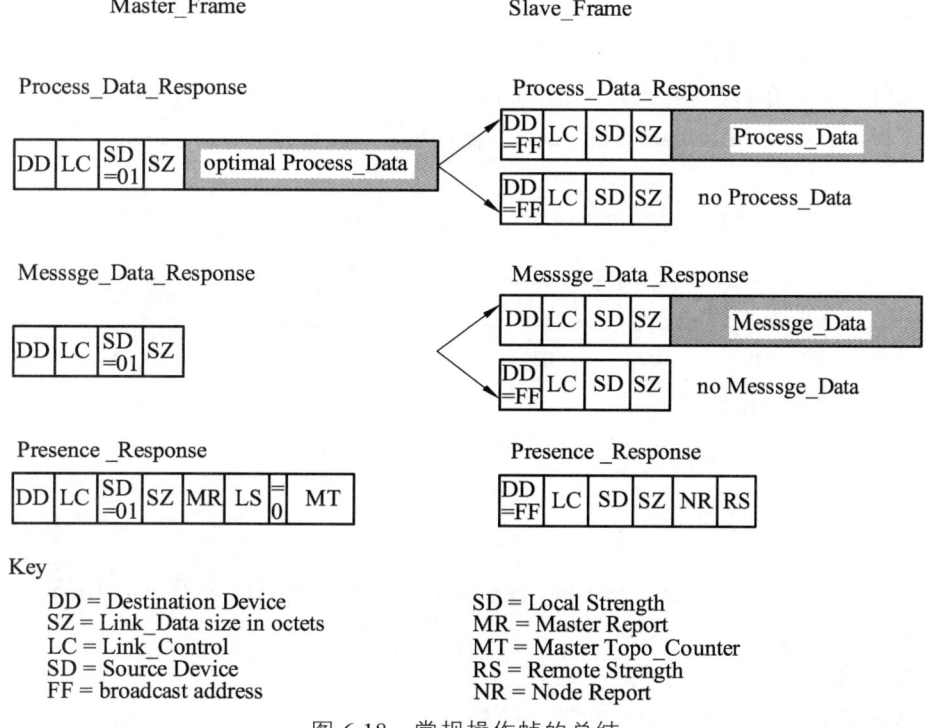

图 6.18 常规操作帧的总结

6.4.8 WTB 初运行

6.4.8.1 初运行目的

当列车的组成改变时，特别是车厢被连挂或解挂时，主设备重新配置总线。这个过程称为初运行。初运行中：

（1）节点连接电缆节形成一个两端带端接器的单段。

（2）每个节点接收一个标明其位置和相对于主设备的方向的唯一地址，并通知主设备它需要的 Individual_Period（特征周期）和 Node_Descriptor（节点描述符）。

（3）每个节点收到一个称为构形的描述符，该描述符显示其他节点的地址，位置和描述符。

6.4.8.2 节点地址分配

根据下面的惯例，初运行过程分配每个节点一个位置地址，如图 6.19 所示。

（1）主设备（执行初运行的主设备）收到地址 01。

（2）不管实际运行方向，主设备定义"底部"为 Direction_1（方向 1），"顶部"为 Direction_1（方向 1），"顶部"为 Direction_2（方向 2）。

（3）在 Direction_1（方向 1）上降序排列的主设备节点以地址 63 开始，该方向最后命名节点是底部节点。

（4）在 Direction_2（方向 2）上升序排列的主设备节点以地址 02 开始，该方向最后命名节点是顶部节点。

（5）主设备可以最多命名 62 个节点。

（6）未命名节点在自己的 Main_Channel（主信道）和 Auxiliary_Channel（辅助信道）（两种信道都可以被认为是 Auxiliary_Channels（辅助信道））上响应"unnamed"地址。

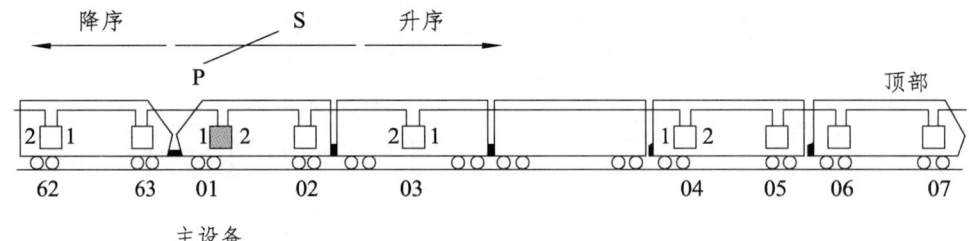

图 6.19 节点位置寻址方案

初运行时每个节点都知道：

（1）自己的地址。

（2）节点的 Line_A（线 A）和 Line_B（线 B）中哪一个对应主设备的 Line_A（线 A）。该线命名为"P"，另一条为"S"。

（3）节点的地址以升序还是降序命名。

（4）显示所有节点位置，地址和类型的构形。

这个方案要求所有车厢已经被线缆连接好，也就是，节点的 Direction_1（方向 1）应指向每个车厢的 1 端。

6.4.8.3 强节点和弱节点

应用可以指定仅一个节点为主设备。这个节点称为 Strong_Node（强节点）。如果没有其他 Strong_Node（强节点），它将控制总线。在这种组成中，不应有其他 Strong_Node（强节点）。

为允许 WTB 没有指定的主设备也能运行，应用也可以允许多个节点成为主设备：Weak_Nodes（弱节点）。一个 Weak_Node（弱节点）在一定时间内没有诊测到总线活动后，就成为 Weak_Master（弱主设备）并开始命名其相邻的节点。

在应用的控制下，作为主设备的节点可以改变。例如，在终点站可逆向（推-拉）列车改变运行方向时：司机从司机室中取下钥匙，走到列车的另一头，把钥匙插在反方向的司机室中。

在取下钥匙时，主设备还像以前一样控制列车，但这时作为 Weak_Master（弱主设备）。它仅仅通知其他的节点自己被降级。总线保持可运行状态，但是应用被告知强度改变，并采取行动，例如，禁止牵引。

在另一个节点插入钥匙后，这个设备便升为强节点。当 Weak_Master（弱主设备）检测到有一个节点已经升级时，它取消它所控制的所有节点的命名，并回到从设备状态。然后新的主设备重新命名所有的节点。

全部用 Weak_Nodes（弱节点）操作总线也是可能的。

Weak_Node（弱节点）机制也用于避免主设备失效。

6.4.8.4 初运行要求

初运行过程确保：

（1）在下面情况下，总线被且仅被一个主设备控制：

① 如果有多个弱节点，一个仲裁过程确保其中恰好有一个收到总线控制，而其他的弱节点成为它的从设备。

② 如果存在一个强节点，这个节点成为主设备并命名所有其他节点（从设备）。

③ 如果存在几个强节点，每个都成为总线不同段的主设备，主设备冲突被告知应用。

（2）初运行以下列条件开始：

① 以一个明确的应用命令（即使总线已经初运行过）开始；

② 当日常运行时，通过检测到增加的节点开始；然而，一个节点可以禁止取消命名或重命名它的段。

③ 通过在常规操作中将一个弱节点（从设备）提升为强节点开始，如果该弱节点还不是主设备。

④ 如果所有的节点都允许，那么通过节点再次插入自己启动初运行。

⑤ 一定时间内没有总线活动，则开始初运行。这可能是启动时的正常状态或者由于总线干扰（节点重入）、总线变短或主设备失效产生的异常状态。

（3）一个节点可以在任何时候作为从动设备参与初运行，除非它被置于睡眠或非激活状态，因为恢复操作取决于这种状态。

（4）对于 32 个节点，初运行过程在超过 25 ms 但少于 1.0 s 的时间内完成。需要最小时间确保日常运行开始前所有节点能向它们的应用报告初运行。

（5）除了偶尔无意中进入睡眠模式外，Intermediate_Node（中间节点）的失效仅影响节点本身。

（6）帧出现丢失时初运行宿。如果节点对三个连续的请求都不响应，主设备认为节点失效。

(7)节点重复尝试成为主设备(例如一个聋节点)的现象不会阻止正常运行,但可能引起偶然干扰。

(8)不管节点是按升序还是降序命名,所有节点收到它们的位置编号,相对主设备的方位和构形。

(9)每次任何已命名的节点的 Node_Descriptor(节点描述符)的改变或其强度的改变都使主设备发布构形。

6.4.8.5 初运行中的 MAU 单元

初运行的实现,与下面的 MAU 单元相关,如图 6.20 所示。

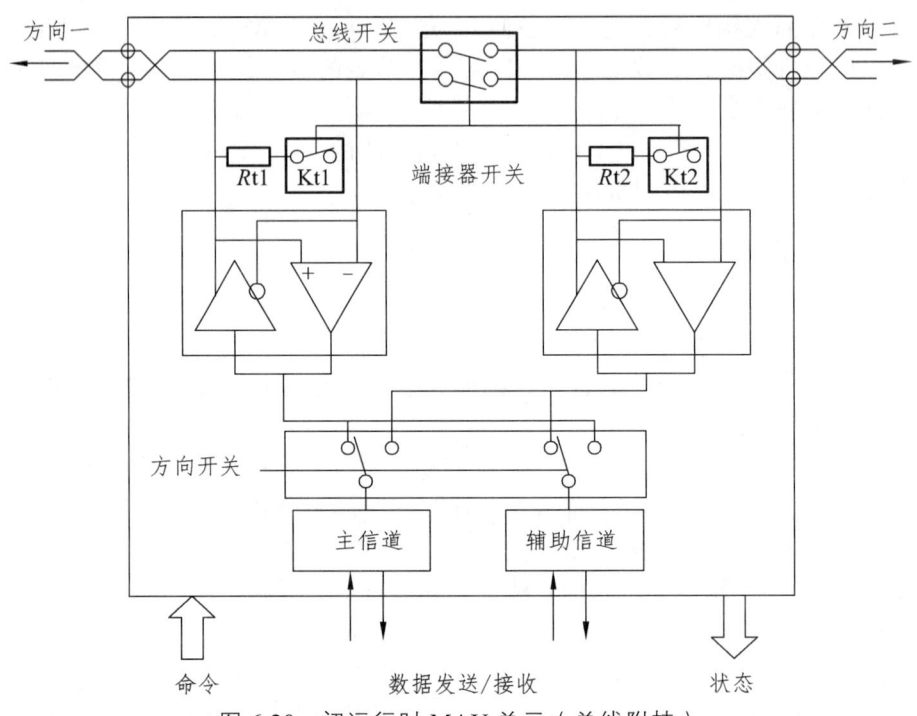

图 6.20 初运行时 MAU 单元(单线附挂)

每个节点采用两种设置之一:

(1)端设置。总线开关打开,两个端接器都被插入。Main_Channel(主信道)和 Auxiliary_Channels(辅助信道)被连到相反方向。

(2)中间设置。总线开关关闭,两个端接器都被去除。Auxiliary_Channel(辅助信道)关闭。

应用提供节点控制并接收节点状态。

6.4.8.6 常规运行中的已命名的组成

图 6.21 给出了一个典型的初运行总线:所有总线均被命名,节点 01 是主设备。主设备作为 End_Node(端节点)被画出,但是它也可以是一个 Intermediate_Node(中间节点)。

两个端节点(End_Node)处于端设置,总线开关打开,端接器被插入并且辅助信道(Auxiliary_Channels)被激活,而中间节点(Intermediate_Nodes)处于中间位置,总线开关关闭，端接器被去除，辅助信道被禁用（图 6.21 中的浅色三角形）。

它们的 Main_Channel（主信道）（图 6.21 中的深色三角形）指向主设备。

主设备在 Main_Channel（主信道）上为 Process_Data（过程数据）和 Message_Data（消息数据）轮询节点。

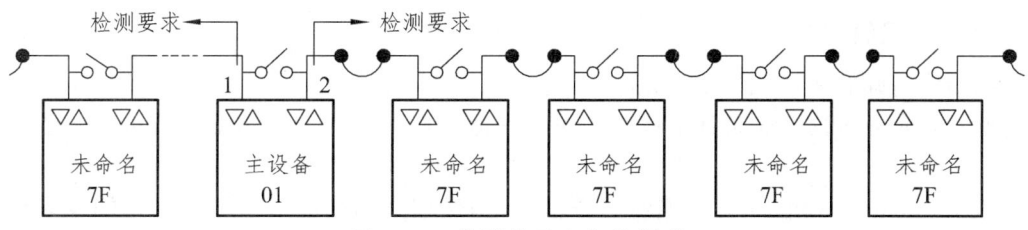

图 6.21　典型的已命名的组成

6.4.8.7　未命名节点的检测

主设备在每个 Basic_Period（基本周期）用存在请求帧（Presence_Request，存在请求）轮询一个 End_Node（端节点），End_Node（端节点）用存在应答帧（Presence_Response，存在应答）响应。另一个 End_Node（端节点）在下一个 Basic_Period（基本周期）被轮询。

如果主设备自身是 End_Node（端节点），仍发送 Presence_Request（存在请求）给自己，并以 Presence_Response（存在应答）响应，因此所有其他节点可以监控它的存在。

Presence_Request（存在请求）的接收引起 End_Node（端节点）在 Auxiliary_Channel（辅助信道）上发送一个 Detect_Request（检测请求）。

只要没有其他节点连接，一个 End_Node（端节点）接收不到检测应答帧（Detect_Response，检测应答）就在 Presence_Response（存在应答）中报告"none found"。

图 6.22 显示一个已命名的组成，对于该组成，一个附加的、未命名的节点 7F 被连接。

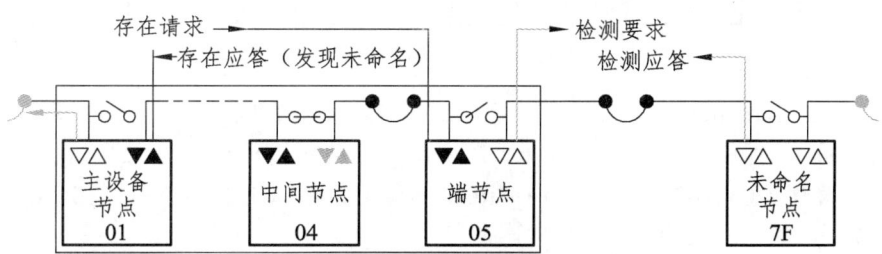

图 6.22　一个附加节点连接到已命名组成

为简化绘图，仅仅一个 Intermediate_Node（中间节点）（04）出现在已命名的组成中。

当两个 End_Node（端节点）实现电连接后，通信就被建立起来。

未命名的节点 7F 收到一个来自 End_Node（端节点）05 的 Detect_Request（检测请求），它以一个 Detect_Response（检测应答）回应表示它是一个未命名节点。

End_Node（端节点）05 接受这个 Detect_Response（检测应答），然后用 Presence_Response（存在应答）发送一个表明未命名节点出现的信号给主设备。

6.4.8.8　初运行的决定

端节点对主设备报告一个附加节点时，主设备决定初运行是否可能。

例如，列车速度高于 5 km/h 时，应用可能禁止初运行。

为此，所有节点被轮询 Process_Data（过程数据）时声明它们的应用的决定，只要一个节点不同意，初运行就被禁止。主设备在 Presence_Request（存在请求）中重发节点的决定。

如果所有节点都允许初运行，主设备停止日常运行，执行初运行。

6.4.8.9 取消命名

为在明确基础上开始，主设备取消所有它控制的节点的命名，重命名这些节点和附加节点。

为此，主设备连续三次对其组成中的所有其他节点广播一个 Unname_Request（取消命名请求）。

已被"Unname_Request（取消命名请求）"明确取消命名的节点通过进入端设置在打断总线前等待一定时间，并采用更长的超时时间以防止命名期间它们作为弱主设备出现。

在端设置中，主设备设置自己为独立主设备状态。

所有节点发送取消命名信号给各自的应用。

注：日常运行时包含闲置（on-the-fly）的附加节点是危险的。

6.4.8.10 开　始

为命名节点，主设备在每个方向上均发出一个 Detect_Request（检测请求），未命名节点如图 6.23 所示。

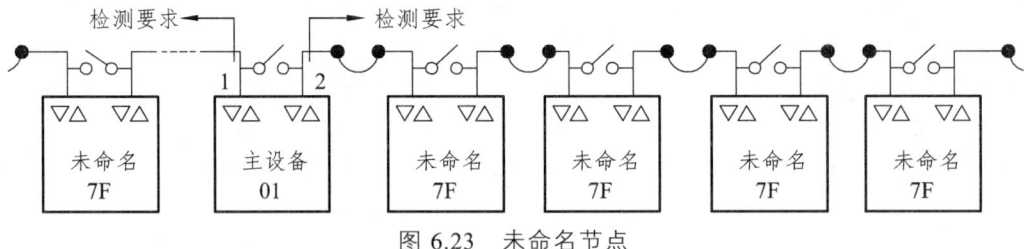

图 6.23　未命名节点

主设备将在 Direction_1（方向_1）和 Direction_2（方向_2）上命名节点，从首先用 Detect_Response（检测应答）响应 Detect_Response（检测请求）的方向开始。

主设备以降序（63，62 等）命名在 Direction_1（方向_1）上的节点，在 Direction_2（方向_2）上以升序（2，3，4 等）命名节点。

6.4.8.11 命　名

每个节点命名节点的方案都一样，图 6.24 给出了一个未命名节点如何进入已命名的组成。

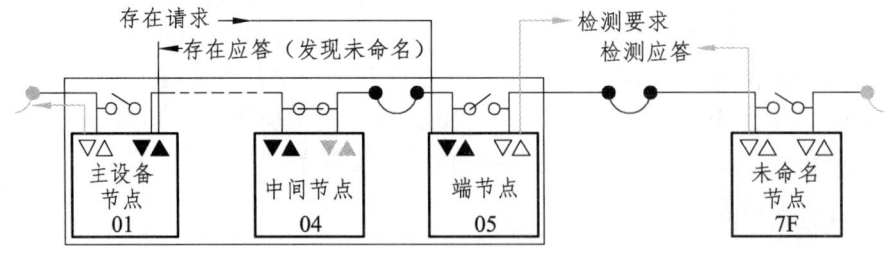

图 6.24　状态和检测

主设备发送一个 Status_Request(状态请求)给节点 05,使该节点发送一个 Detect_Request(检测请求),为命名节点以 Detect_Response(检测应答)响应。在 Status_Response(状态应答)中,End_Node(端节点)05 向主设备报告一个未命名节点的存在。

然后主设备用设置中间节点请求帧(SetInt_Request,设置中间节点请求)切换节点 05 为中间节点,End_Node(端节点)05 靠一个设置中间节点应答帧(SetInt_Response,设置中间节点应答)以及关闭总线开关回复请求帧,如图 6.25 所示。

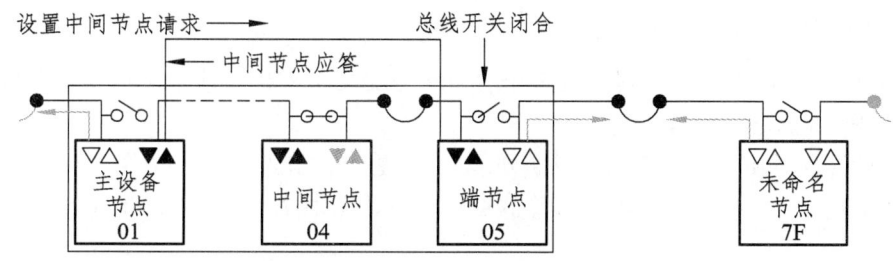

图 6.25　设置中间节点

主设备现在能直接访问未命名节点,并发送一个命令请求帧(Naming_Request,命名请求)以分配地址"06"给新节点,该节点以一个命名应答帧(Naming_Response,命名应答)确认命名,如图 6.26 所示。

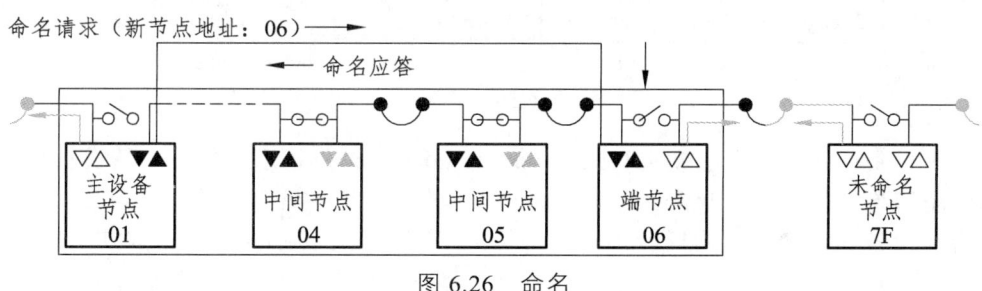

图 6.26　命名

先前未命名的节点成为组成中新的 End_Node(端节点),它关闭自己的 Auxiliary(辅助信道)并在主设备方向上接通 Main_Channel(主信道)。

在允许信道交换的时间段后,主设备发送一个状态请求帧(Status_Request,状态请求)给节点 06,新的 End_Node(端节点)以状态应答帧(Status_Response,状态应答)应答,该应答帧包含给出新命名节点类型和版本的 Node_Descriptor(节点描述符),Process_Data(过程数据)的帧尺寸和期望的轮询周期。

Status_Request(状态请求)也使 End_Node(端节点)发送 Detect_Request(检测请求)给开放的端以检测更多节点,如节点 05 的情况。

如果 Status_Response(状态应答)报告有额外的节点,主设备发送一个 SetInt_Request(设置中间节点请求)以设置 End_Node(端节点)06 为中间节点,并命名下一个节点为 07。

每个附加节点的加入要求四个报文,每个报文占用 250 μs:

(1) Status_Request/Status_Response;
(2) Detect_Request/Detect_Response(交叉的);
(3) SetInt_Request/SetInt_Response;

（4）Naming_Request/Naming_Response。

从端设置到中间设置的切换要求等待 10 ms，在这期间总线不能使用。继电器关闭时间决定着命名间隔时间。

因为主设备每 25 ms 命名一个节点，因此命名 32 个节点需 800 ms。

每次在一个方向上命名一个节点后，主设备在相反方向上用状态请求帧与它命名的许多节点通信，Status_Request（状态请求）可能又报告反方向上更多的节点。

6.4.8.12 构形发布

End_Nodes（端节点）在收到连续三个 Status_Requests（状态请求）时没有报告有更多的节点，主设备将关闭初运行。

主设备计算新的 Periodic_List（周期列表），并基于各节点期望的周期（Node_Period，节点周期）和帧尺寸（Node_Frame_Size，节点帧尺寸）计算各节点的 Individua_Period（特征周期）。

主设备建立构形，既包含所有节点、地址、节点类型和版本以及一个唯一标识初运行的 Master_Topo（主设备拓扑）的数据结构，如图 6.27 所示。

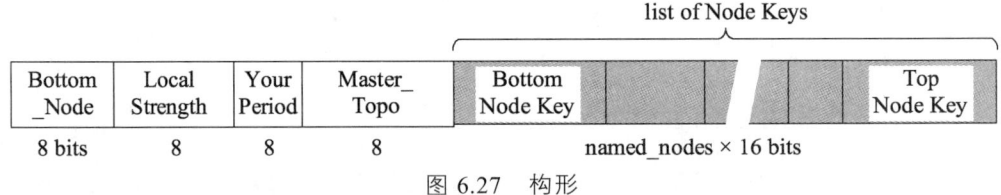

图 6.27 构形

然后主设备通过构形请求帧（Topography_Request，构形请求）给每个从设备发布构形，每个从设备以构形应答帧（Topograph_Response，构形应答）答复请求帧。

所有从设备确认收到新构形后，主设备等待一个 Basic_Period（基本周期）以允许所有节点更新它们对 Process_Data（过程数据）的翻译，然后主设备进入日常运行开始为 Process_Data（过程数据）轮询节点。

6.5 网络系统主要设备

主要网络设备包括中央控制单元（CCU）、人机接口显示屏（HMI）、中继器（REP）、输入输出模块（IOM）、无线传输装置（WTD）、以太网网关、以太网交换机、高压控制单元等。

6.5.1 中央控制单元

中央控制单元作为列车网络控制系统主要设备，主要实现重要设备的管理、运行信息采集、运行状态的监视和故障诊断，从而保证列车安全可靠的运行。同时可为司机或机械师提供故障处理指南，为检修维护提供数据支持。

中央控制单元主要由网关、CPU 处理板卡、IOM 管理板卡、MVB 通信板卡、数字量输入输出板卡、电源板卡、冷却风扇、机箱等组成；可实现 WTB、MVB、ETH 的通信功能；同时扩展可实现网侧电流、变压器差分电流、网压、蓄电池电压等模拟量采集功能。

中央控制单元在通用 CPCI 总线的技术上加入本控制单元特有的信号,实现了扩展性的 CPCI 总线技术;除了 CPCI 总线外,在背板上还包含数字和模拟的 IO 信号;具有 MVB、以太网接口。中央控制单元作为动车组网络控制的核心单元,采集与车辆运行状况有关的各种信息,并对这些数据进行逻辑判断处理后,发送到牵引、制动、辅助供电、空调、旅客信息系统、充电机等连接到列车网络上的各子系统,从而对各子系统进行控制、监视和故障诊断。

6.5.2 高压控制单元

高压控制单元作为列车高压系统的控制设备,主要实现高压系统设备的管理、运行信息采集、运行状态的监视和故障诊断,从而保证列车高压系统安全可靠的运行。

高压控制单元主要由 CPU 处理板卡、IOM 管理板卡、MVB 通信板卡、数字量输入输出板卡、模拟量输入输出板卡、电源板卡、冷却风扇、机箱等组成;主要实现高压系统数字量输入输出监视与控制、网侧电流、网压、变压器差分电流、变压器油流出入口温度、蓄电池电压等模拟量采集功能。高压控制单元可实现 MVB、ETH 的通信功能。

高压控制单元在通用 CPCI 总线的技术上加入本控制单元特有的信号,实现了扩展性的 CPCI 总线技术;除了 CPCI 总线外,在背板上还包含数字和模拟的 IO 信号;具有 MVB、以太网接口。高压控制单元作为动车组网络控制的核心单元,采集与列车高压系统运行状况有关的各种信息,并对这些数据进行逻辑判断处理,从而保证高压系统的正常运行。

6.5.3 输入输出模块

输入输出模块(IOM)是一种用于采集车辆数字量输入信号,同时具有数字量输出信号功能的装置,大量地用于轨道交通运输车辆。输入输出模块采用模块化的设计,系统的功能被划分成各个功能模块,并采用标准的 3U 尺寸的板卡,可以采集 DC 110 V 或者 DC 24 V 的数字量输入信号,并传输到网络控制系统;同时可以接收网络控制系统的输出指令使其输出 DC 110 V 的数字量信号。输入板卡和输出板卡数量可以根据现场的实际需求,灵活配置,满足不同车体的需要。

6.5.4 无线传输装置

适用于中国标准动车组的远程无线传输装置采用 MVB 网络技术、以太网技术、GSM 无线传输技术、WLAN 无线局域网技术,能够满足检修部门对运行动车组动态跟踪监控、提供远程技术支持和故障应急指导并即时组织维修的实际需求。

无线传输装置用于接收列车的各项数据参数及事件/故障,通过 GSM 方式实时传输到地面,支持通过 WLAN 将数据批量下载。将高速动车组运行途中传输的信息分为动态位置跟踪信息、基本状态信息和故障信息等。动态位置跟踪信息主要包括运行动车组的位置,如经纬度或线路公里标;基本状态信息主要有:速度、牵引、制动、车门、轴温等安全相关信息,以及空调、卫生间等旅客服务设施状态信息等;故障信息主要是在车载网络上传输的、可获取的故障事件以及其相关环境参数,用于故障发生后支持车载故障的诊断、分析、排除及动车组检修。

采用标准 3U 机箱，共由 4 块板卡构成，包括 WLAN 板卡、CPU 板卡、GSM 板卡和电源板卡。

WLAN 板卡：符合 802.11g 标准，在列车移动至无线局域网络覆盖的区域后，建立无线局域网连接，无线覆盖的 SSID 可根据无线局域网覆盖的要求提前做好配置；该板卡还扩展有一个以太网接口，用于配置或调试。

CPU 板卡：是整个装置的中央处理单元，该板卡扩展有 MVB 网卡，通过 MVB 网卡从列车通信网络上获取当前列车的运行状态信息。该板卡扩展有两个以太网接口（M12），一路（"以太网口"）用于与以太网总线通信，另一路（"调试网口"）用于调试；还有 2 路 MVB 接口，用于与 TCMS 通信。该 CPU 卡可控制 GSM 与 WLAN 传输，实现系统设计的各项功能。

GSM 板卡：装配 SIM 卡后，负责提供 GSM 无线传输链路，按 CPU 的控制命令，将列车运行过程中的实时信息发送到移动公网；同时集成 GPS 功能，为系统提供列车的 GPS 定位、速度等信息。

电源板卡：设备的 110 V 电源板卡将 DC 110 V 转换为 DC 24 V 和 DC 5 V，其中 DC 24 V 供 GSM 板卡、IO 板卡和 WLAN 板卡使用；DC 5 V 供 CPU 板卡和 MVB 板卡使用。

在无线网络覆盖条件满足时，WLAN 板卡可用于传输 MVB 数据。CPU 板卡通过 MVB 网络和以太网接收列车数据并进行处理。GPRS 板卡接收 CPU 板卡数据后通过 GPRS 天线向地面服务器发送数据。无线主机只接收 GPS 信号，不对外发射 GPS 信号。

列车数据通过 GPRS 传向地面数据中心的外网服务器，用户通过外网客户终端访问服务器数据。地面系统可向主机厂转发列车数据。

6.5.5　MVB 中继器

在列车的 TCN（Train Communication Network）网络中，按照 IEC61375-1 标准规定，因受物理层 RS-485 驱动能力的限制，MVB（Multi-function Vehicle Bus）总线最多可以连接 32 个设备；因线缆长度对信号造成的衰减以及受物理层 RS-485 接收能力的限制，MVB 线缆长度最大不能超过 200 m（对于中距离传输介质 EMD），这些限制的存在对 MVB 网络设计和应用造成了一定的影响。为克服这些应用限制，标准中提出可采用 MVB 中继器设备对 MVB 的物理层信号进行整形和放大，使 MVB 网络能应用在设备总数超过 32 个和总线长度超过 200 m 的场合。MVB 中继器提供了在不同的 MVB EMD 介质网段之间的物理连接。在节点数目超过 32 个或者传输距离超过 200 m 的 MVB 网络中必须使用 MVB 中继器。串联的 MVB 中继器数量不能超过 3 个。每个 MVB 网段的端部都必须连接一个终端连接器，以便防止信号在总线上反射。

6.5.6　以太网网关/交换机

以太网网关/交换机包括以太网网关和以太网交换机两种设备。以太网网关用于接收列车网络的 MVB 数据，转发到以太网设备，或将以太网的设备转发至 MVB 网络（但需要提前进行相关配置），并用于形成列车以太网总线，连接各车厢的以太网，以及车辆上的各控制设备以太网接口。以太网网关包括 CPU 板卡、ETB 板卡、电源板卡和交换机 4 种模块，安装于 1 车和 8 车的司机室电器柜。

以太网交换机用于列车各设备之间的以太网通信，提供 4 个以太网接口（M12），分别连接相邻车厢的以太网网关，以实现以太网列车级通信功能；并且提供 28 个以太网接口（M12）和 2 个调试以太网口（RJ45），用于连接本车辆内的各设备（最多连接 28 个设备），以实现以太网车辆级通信功能。以太网网关包括 ETB 板卡、电源板卡和交换机 3 种模块，安装于 2-7 车的乘客室电器柜，每节车厢安装一台。

以太网网关也包括交换机模块，因此也可以实现以太网交换机的功能。两者之间的区别在于以太网交换机相比以太网网关缺少 CPU 卡，因此无法接收 MVB 数据，无法实现 MVB/ETH 转换的功能。以太网网关又被称为 MVB/ETH 网关。

以太网在列车运行过程中起监视的作用，不参与列车控制，当以太网故障时，列车的运行便能不受影响。由于以太网在列车上的应用，大量的故障数据，事件记录，设备运行参数等都可通过以太网通信的方式传输给显示屏和无线车载设备等，然后根据具体需求对数据进行分类存储、显示以及发送至地面监视服务器，大大提高了对动车组的安全状态和故障情况进行监控的能力，增加了对网络设备维护的手段。原来部分通过 MVB 网络传输的数据可通过以太网进行传输，对传输信息可进行更合理的分配，提高了整个网络通信带宽的利用率。

高速动车组以太网总线采用线型拓扑，传输速率为 100 Mbit/s。在每节车厢装有以太网交换机，用于以太网总线之间的连接，可以传输故障诊断、事件记录、显示等数据。以太网采用 100BASE-TX，全双工模式。

复习思考题

1. 列车通信网络（TCN）的主要作用有哪些？
2. 简述列车通信网络（TCN）的两线三层结构。
3. 根据旅客列车的三种不同组态，简述列车通信网络的组态。
4. 多功能车辆总线（MVB）的定义是什么？
5. 多功能车辆总线的物理介质有哪几种？
6. 总线控制器连接在列车通信网络的什么位置？起什么作用？
7. 试画出一个典型的动力分散型列车通信网络的原理框图。
8. 绞线式列车总线（WTB）的定义是什么？
9. WTB 介质附挂单元（MAU）连接在列车通信网络的什么位置？起什么作用？
10. WTB 介质附挂单元（MAU）有哪几种状态？各有什么特征？
11. 典型的已命名的 WTB，各节点的组成形态是怎样的？
12. 未命名的 WTB 节点的命名包括哪些过程？
13. 网络控制系统的硬件设备包括那些？

CRH 系列动车组交流传动系统分析

7.1 动车组牵引传动与控制系统概述

CRH 系列动车组都是在原型车的基础上，按照铁道部要求进行了相关的改进设计。在电力传动控制方面，各型动车组基本性能相同。

CRH 系列高速动车组技术由关键技术和配套技术组成，关键技术有 9 项，分别是轻量化车体、高速转向架、系统集成、牵引控制系统、牵引变流器、牵引变压器、牵引电动机、列车网络控制、制动系统。配套技术包括空调、钩缓装置、内装饰等 10 项。关键技术中，除车体、转向架及制动技术中的基础制动部分外，系统集成与传动控制系统密切相关，其余都属于电力传动控制的范畴。在动车组成本构成中，除系统集成技术外，其余关键技术占到总成本的 54%以上，配套技术约占 24%，系统集成及其他占 22%。动车组成本构成见表 7.1 所示。

表 7.1 动车组成本基本构成

序号	关键技术及其他		成本比例/%	配套技术	成本比例/%
	内容			内容	
1	轻量化车体		9	空调系统	5
2	高速转向架		13	钩缓装置	2
3	牵引控制系统		3	集便装置	6
4	牵引传动系统	牵引变压器	17	车门	3
5		牵引变流器		车窗	
6		牵引电动机		坐椅	1
7	网络控制系统		3	风挡装置	1
8	制动系统		9	车内装饰	2
9	系统集成及其他		22	车内电器	3
10	—		—	受电弓等车顶电器	1
合计	—		76		24

7.1.1 CRH 系列动车组电力传动系统特征

CRH 系列动车组，目前有 CRH_1 ~ CRH_3 及 CRH_5 四个基本车型，在技术特征上存在着一定的差异。CRH_1、CRH_2、CRH_5 型动车组最高运营速度均为 200 km/h，CRH_3 最高运行速度为 350 km/h。

7.1.1.1　CRH 系列动车组的技术特征

CRH 系列动车组的原型车在国外都是运行比较成熟的车型，具有如下基本技术特征：
① 动力配置模式均为动力分散型；
② 传动方式为电力牵引交-直-交流传动；
③ 变流装置采用四象限、IGBT/IPM 变流器；
④ 牵引电动机采用三相异步电动机；
⑤ 控制系统采用网络控制技术；
⑥ 制动系统采用再生制动与空气制动的组合模式，以再生制动为主；
⑦ 车体结构采用高强度轻量化的铝合金或不锈钢双面焊接结构；
⑧ 车体材料应用大型中空铝合金挤压型材或不锈钢材料。

纵观 CRH 系列动车组的技术特征，其引进技术平台主要有 CRH_2、CRH_3、CRH_5 三个平台，即新干线技术、ICE_3 技术、TGV 技术。各技术平台由于设计理念不同，在电力传动系统中体现得较为明显，存在着一定的差异。

7.1.1.2　电力传动控制方面存在的主要差异

CRH 系列动车组主要在变流器结构与中间直流环节对 2 倍频谐波的处理方面存在着较大差异，同时在控制方式也存在不同，致使各型动车组的牵引特性出现细小的差别。

1. 变流器结构与控制

CRH 系列动车组都采用四象限变流器，VVVF 控制。但变流器电路结构不同，CRH_2 采用三电平脉冲变流器，CRH_3、CRH_5 采用两电平脉冲变流器。

2. 中间直流环节

单相交流供电系统中，脉冲整流器的输出中总含有二次谐波，出现在中间直流环节，引起直流电压脉动。当逆变器频率接近脉动频率时，牵引电动机电流产生脉动现象，由此而带来的问题是功率元件电流增加，电动机转矩脉动增大。典型的处理方式是设置 LC 谐振电路进行滤波消除，谐振电路由电感和电容串联而成。欧洲国家生产的列车习惯采用此方法来滤除二次谐波，以维持直流电压的稳定。

CRH_2 型动车组沿用日本技术习惯，在中间直流环节不设置谐振电路，而是通过逆变器的软件控制，调节逆变器频率，使逆变器输出电压正负周期的电压时间乘积趋于相等，来消除二次谐波电压的影响，大幅度抑制牵引电动机电流脉动现象和转矩脉动现象。

CRH_3 型动车组继承了欧洲技术特征，设置了二次谐波吸收回路，通过 LC 串联谐振电路来消除二次谐波，电感 0.603 mH，电容 4.42 mF。

CRH_5 没有设置二次谐波吸收回路，通过增大直流侧支撑电容的电容值，以达到减少二次谐波电压的目的。中间支撑电容器由四个 1 mF、三个 1.67 mF 的电容器并联，实际容量为 9.01 mF。

3. 牵引特性

CRH 系列 EMU 牵引电动机均采用 PWM 控制，但在额定频率与恒功率开始点及恒功率范围方面存在差异，详细情况参见本书第三章相关内容。

CRH 系列动车组牵引传动系统基本技术参数见表 7.2。

表 7.2 CRH 系列动车组牵引传动系统基本技术参数

车型		CRH_1	CRH_2	CRH_3	CRH_5
	容量 /kV·A	2 100	3 060	5 640	5 262
	牵引绕组	900 V/585 A×4	1 500 V/875 A×2	1 550 V/1 410 A×4	1 770 V/495 A×6
	辅助绕组	无	490 kVA, 400 V/1 225 A	无	无
脉冲整流器	电路结构	两电平	三电平	两电平	两电平
	输入	AC 900 V	AC 1 500 V	AC 1 550 V	AC 1 770 V
	输出	DC 1 650 V	DC 3 000 V	DC 2 700~3 600 V	DC 3 600 V
	开关频率 /Hz	450	1 250	350	250
中间直流环节	电压	DC 1 650 V	DC 3 000 V	DC 2 700~3 600 V	DC 3 600 V
	L_2-C_2	无	无	4.42 mF、0.603 mH	无
	支撑电容 /mF	4	1.25	3.0	9.01
电机侧逆变器	电路结构	两电平	三电平	两电平	两电平
	输入	DC 1 650 V	DC 3 000 V	DC 2 700~3 600 V	DC 3 600 V
	输出	DC 0~1 287 V	DC 0~2 800 V	DC 0~2 800 V	DC 10~2 808 V
	开关频率 /Hz	800	1 000	460	450
牵引电动机	型号	MJA 220-8 4 极	MT205 4 极	1TB2019-4 极	6FJA3257A-6 极
	额定功率 /kW	265	300	562	564
	额定电压 /V	1 287	2 000	2 700	2 808
	额定电流 /A	158	106	145	211
	额定频率 /Hz	92	140	138	84
	额定转速 /(r/min)	2 725	4 140	4 100	1 177
	最高转速 /(r/min)	5 000	6 120	5 900	3 600

在 CRH 系列 200 km/h 动车组中，CRH_2 型动车组具备提升到 300 km/h 的潜力，这对构建我国高速动车技术平台具有一定的参考价值。CRH_2 型作为 200 km/h 级动车组，自运营以来，总体性能良好，能够满足我国客运要求。为我国动车组技术研发及运营管理积累了宝贵的经验，在此以 CRH_2 型动车组为样本，围绕其主电路、辅助电路及控制电路对交流传动控制系统进行分析。

CRH₂型动车组动力配置采用动力分散模式，标准编组为 8 辆、4M + 4T。动轴功率为 300 kW，列车总功率为 4 800 kW，最高运行速度为 200 km/h。制动系统采用再生制动与空气制动结合的复合制动方式，以再生制动为主。控制系统采用 WTB、MVB 两级网络控制。供电制式采用 25 kV/50 Hz 单相交流供电。传动系统采用三相交流异步电动机驱动，变流系统采用四象限脉冲变流器，变流器件采用 IGBT/IPM 功率模块。

　　CRH₂型动车组也可用两个标准编组重联，构成 2（4M + 4T）模式。

　　CRH₂型动车组是以日本新干线 E2 系 1000 为原型车，由四方客车公司与川崎重工合作引进生产的 200 km/h 级动车组。E2 系 1000 是东北新干线专用车辆，供电为 AC 25 kV/50 Hz 专用，基本编组为 10 辆（8M + 2T）编组，由两个动力单元组成，定员 814 人，最高运营速度 275 km/h，最高试验速度为 315 km/h，总功率达 9 600 kW。

　　CRH₂型动车组在原型车 E2-1000 的基础上，对编组、牵引功率、振动控制等方面做了许多适应性改造设计，以满足 200 km/h 运行需要，主要改动情况如下：

① 编组从原型车 10 辆（8M + 2T）变更为 8 辆（4M + 4T）；
② 对动力配置进行了调整，牵引总功率降为 4 800 kW；
③ 通过增加供热设备容量、设置防冻结加热器等以适应环境 – 25°C 的要求；
④ 通过更改侧面下部两侧的车体断面形状，以适应中国铁路限界的下部要求；
⑤ 受电弓改用 DSA250 型；
⑥ 取消原型车上使用的主动式防摇头控制装置、半主动式防摇头控制装置、车体间减振器，保留安装位置，具备不需改造即可安装的条件；
⑦ 调整轮轨关系以适应在中国轨道上的运行。

　　CRH₂型动车组在原型车的基础上做了上述改造，其性能更适合我国铁路技术条件，近几年的运行实践也证明了这一点。

7.2　列车牵引特性与控制策略

　　列车牵引特性是指列车牵引力随速度变化的关系曲线，是进行列车牵引、制动计算的基础资料数据。牵引电动机的机械特性决定了列车的牵引特性。变频调速异步牵引电动机的特性及基本理论，是列车实现牵引/制动特性、列车牵引控制（标量控制、矢量控制、直接转矩控制、PWM 控制）、逆变器和电动机容量确定的理论基础。牵引电动机的最大转矩设计在启动点，通常情况下，牵引电动机的运行可分为恒转矩区和恒功率区。因此，列车电力牵引运行可分为三个运行区，即启动加速区、恒功率运行区和提高速度区或自然特性区，这三个运行调节区如图 7.1 所示。

　　启动加速（恒转矩）区是通过控制变流器的输出，使其输出电压与频率按正比例关系变化。恒功率区采用恒压调频的控制方式，

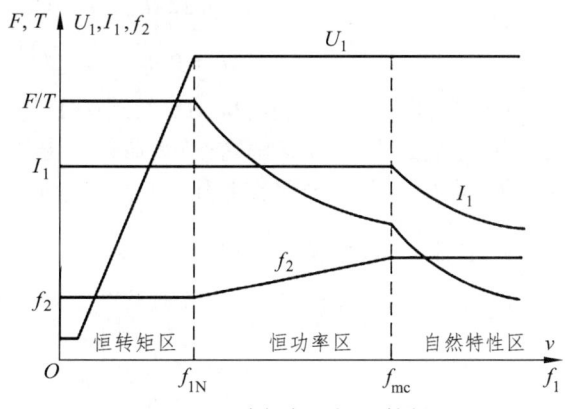

图 7.1　列车牵引控制特性

牵引电动机工作在磁场削弱状态。在启动加速区与恒功率区的交点处，VVVF 结束，变流器输出接近或达到额定电压（最高电压）。

各种列车的牵引特性具有相似形，都由低速启动区、高速运行区组成。由于设计思想不同，特性出现差异，为了充分利用黏着限制条件，低速启动区采用准恒转矩控制，高速运行区恒功率范围向高速区迁移。此外，机车和高速动车组在牵引特性上也存在一定差异。因此，首先对列车牵引特性的共性问题进行分析，然后再进行差异分析。

7.2.1 列车牵引特性

7.2.1.1 启动加速区（恒转矩特性区）

若牵引电动机的气隙磁通保持不变，则电动机可以在任何转速下提供很大的转矩。由式 7.1 可知，只要保持转差频率恒定，即可得到恒定的转矩。转差频率值越接近临界转差频率，在整个速度范围内可获得的转矩越大，这就是所谓的恒转矩特性。利用这一性能，可满足列车以不变的牵引力启动的要求。

$$T_{em} = \frac{m_1 p f_1}{2\pi}\left(\frac{E_1}{f_1}\right)\frac{1}{\frac{r_2'}{s}+s\frac{x_2'^2}{r_2'}} = \frac{m_1 p}{2\pi}\left(\frac{E_1}{f_1}\right)\frac{r_2' f_2}{r_2'^2+(2\sigma f_2 L_{2\sigma})^2} \tag{7.1}$$

牵引电动机的转矩 T_{em} 与频率 f_1 的关系 $T_{em}=F(f_1)$，如图 7.1 所示。转矩 T_{em} 与 f_1 无关，仅取决于 f_2 的大小，所以是一条与横轴平行的直线。牵引电动机的电流 I_1、端电压 U_1 及电势 E_1 与 f_1 的关系，如图 7.1 所示。如式 7.2 所表明的电流与 f_1 无关，亦为常数。因为磁通恒定，显然 E_1 与 f_1 是线性比例关系。定子电压 U_1 由式 7.3 决定。高频时定子电阻 r_1 的影响可忽略，U_1 与 f_1 近似呈线性关系。然而在频率较低时，r_1 的影响不能忽略，此时电压应相对有所提高。

$$\begin{aligned}\dot{I}_1 &= \dot{I}_m - \dot{I}_2' = \frac{-\dot{E}_1}{jx_m} - \frac{\dot{E}_1}{r_2'/s+jx_2'} \\ &= \left(\frac{-E_1}{f_1}\right)\left(\frac{1}{j2\pi L_m}+\frac{f_2}{r_2'+j2\pi L_{2\sigma}f_2}\right) \\ &= \left(\frac{-E_1}{f_1}\right)\left(\frac{r_2'+j(2\pi L_2)f_2}{(2\pi L_m)^2 f_2-(2\pi L_m)(2\pi L_2)f_2+j(2\pi L_m)r_2'}\right)\end{aligned} \tag{7.2}$$

$$\dot{U}_1 = \dot{E}_1 + (r_1+jx_1)\dot{I}_1 = \dot{E}_1 + (r_1+j2\pi f_1 L_{1\sigma})\dot{I}_1 \tag{7.3}$$

在恒转矩运行中，随着电动机转速的上升，电压提高，牵引电动机的输出功率增大。但是电压的提高受到电动机功率或逆变器最大电压的限制，于是电压提高到一定的值后将维持不变，或者电压不再正比于 f_1 上升。此后，电动机将以恒功率输出为条件进行电压和频率的控制。

7.2.1.2 恒功率特性区

牵引电动机的输出功率可近似认为是电磁转矩 T_{em} 与频率 f_1 的乘积，即

$$P_2 \propto T_{em} f_1 = U_1^2 \frac{f_2}{f_1} = \frac{U_1^2}{f_1} f_2 \tag{7.4}$$

要使 $P_2 = C$，可以看出有两种不同的选择。按照 $U_1 = C$、$f_2/f_1 = C$ 控制时，可获得最大电动机与最小逆变器的匹配；按照 $U_1^2/f_1 = C$，$f_2 = C$ 控制时，可获得最小电动机与最大逆变器的匹配。

目前，所有电力传动系统均采用大电动机与小逆变器的匹配方式，即按照 $U_1 = C$，$f_2/f_1 = C$ 控制，可使系统获得更高的性价比。

7.2.1.3 自然特性区

当逆变器输出频率超过最高控制频率以后，若牵引电动机定子端电压 U_1 和转差频率 f_2 均维持不变时，列车将运行于自然特性区，可进一步提高运行速度。从公式（7.4）可知，此时电动机的电磁转矩 T_{em} 与逆变器输出频率 f_1 的平方成反比例关系变化。

7.2.2 不同控制方式下的牵引特性

列车的牵引特性都是由低速加速段和高速运行段两部分构成。不同用途的车型、不同的设计理念，都会使得列车的牵引特性出现差异。这里给出一些具有代表性的列车牵引特性曲线，如图 7.2 ~ 图 7.10 所示。分析这些列车的牵引特性曲线，可归纳为恒转矩与恒功率控制的牵引特性，黏着控制与恒功率控制的牵引特性，恒转矩、黏着特性控制与恒功率控制的牵引特性，恒牵引力、准恒速特性控制的牵引特性四种，分别代表了四种不同的设计思想和控制策略。

7.2.2.1 恒转矩与恒功率控制的牵引特性

在低速区段特性平直，列车按照恒转矩/恒牵引力启动，牵引电动机工作在恒压频比供电方式下，启动电流较大，电动机的最高温升点出现在恒压频比控制的终结点上，即额定频率点上。恒压频比控制结束后，立即进入恒压恒功率运行阶段。牵引电动机最大转矩设置是以保证在恒功率最高速度点上具有最小过载能力为基础，属于大电动机与小逆变器的匹配控制方式，牵引电动机容量偏大，没有得到充分利用，但逆变器始终工作在额定电压、电流下，其能力得到了充分发挥。这种牵引特性的显著特点是恒功率运行范围大，加速性能好，不仅适合于客、货运内燃机车，而且也适合于动车组。CRH_5 型动车组、交流传动干线货运内燃机车采用了此种控制模式，如图 7.2、图 7.3 所示。

7.2.2.2 黏着控制与恒功率控制的牵引特性

这种牵引特性具有普遍性。在低速区，牵引力随着列车速度的升高而下降，牵动力采用与黏着限制曲线相同或相近的变化趋势，可以充分发挥黏着能力，列车按照准恒转矩/牵引力运行。在额定频率点转入恒压恒功率高速区段运行，逆变器按照额定电压、电流输出，牵引电动机与逆变器之间仍为大电动机与小逆变器的匹配，具有牵引力大、加速性能好等优点，适合于客运、货运电力机车，也适合于高速电动车组。

德国铁路 DB189 型客、货用电力机车采用黏着控制与恒功率控制模式，DB189 型电力机车可接受多电流制供电，在 DC 1 500 V/3 000 V 或 AC 供电时，就是采用这种控制方式，如图 7.3 所示。CRH_3、CRH_2 型动车组也采用了黏着控制与恒功率控制模式，如图 7.4、图 7.5 所示。

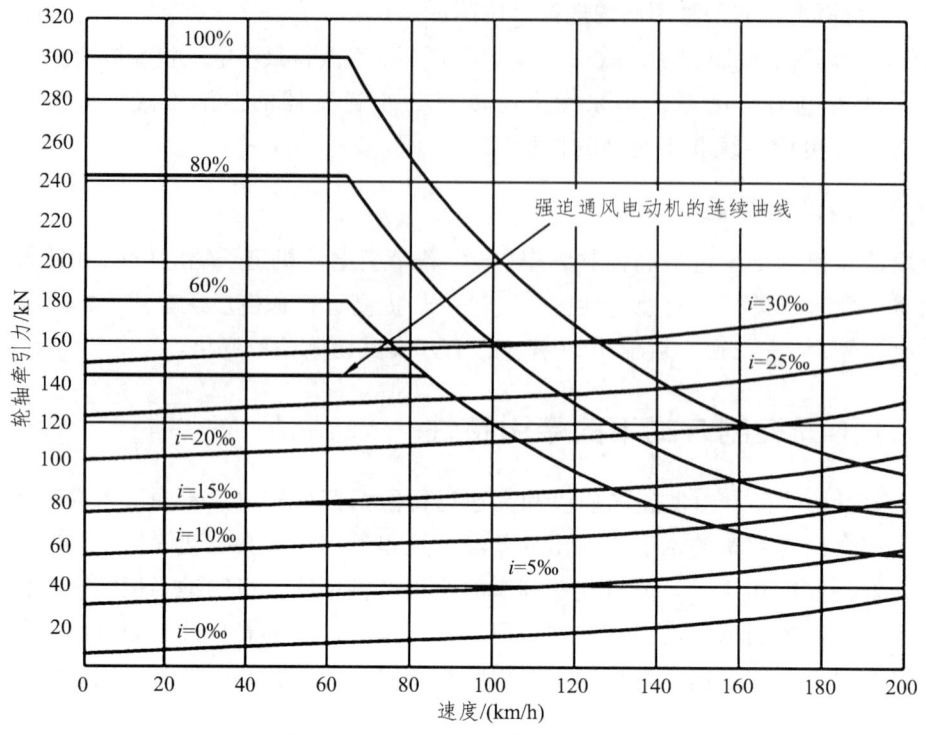

图 7.2 CRH$_5$ 型动车组牵引特性

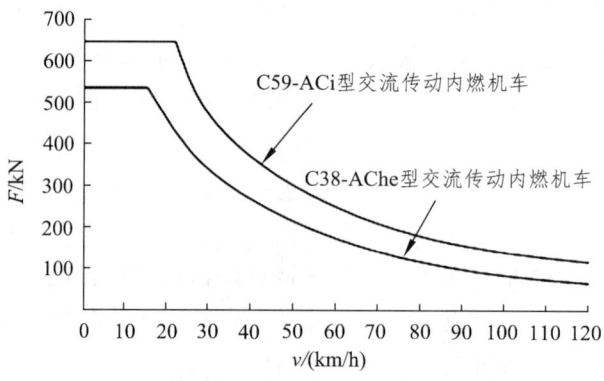

图 7.3 交流传动干线货运内燃机车牵引特性

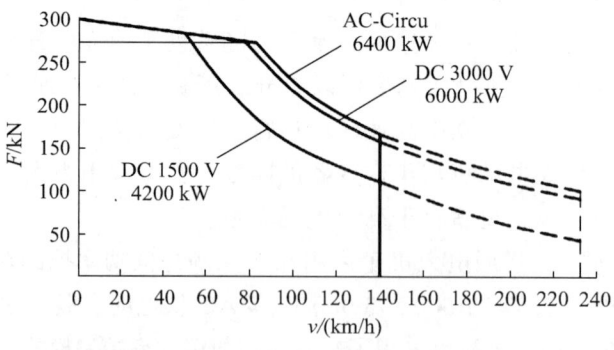

图 7.4 DB189 型电力机车牵引特性

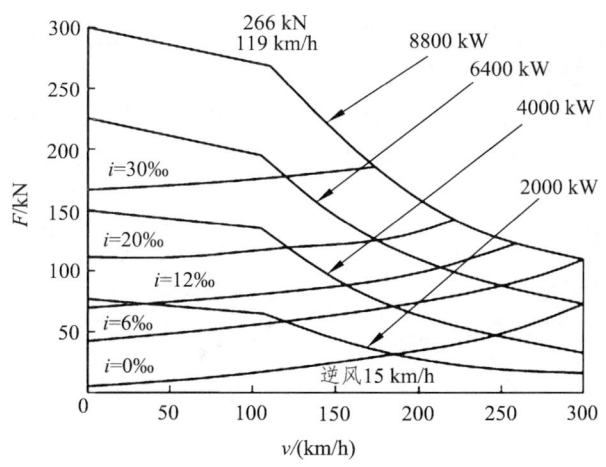

图 7.5　CRH₃ 型动车组基本编组牵引特性

7.2.2.3　恒转矩、黏着特性控制与恒功率控制的牵引特性

这种牵引特性由三段组成。在低速启动时采用恒转矩/恒牵引力控制，可获得较大的牵引力；当列车速度上升到一定值（比较低）时，按照黏着限制曲线（斜线）控制，牵引力的变化与黏着限制曲线变化趋势基本一致，有利于充分利用黏着条件。牵引力随速度的提高而下降，直至持续速度点；从持续速度点开始进入恒功率运行区，按照恒功率输出。该牵引特性具有如下特点：

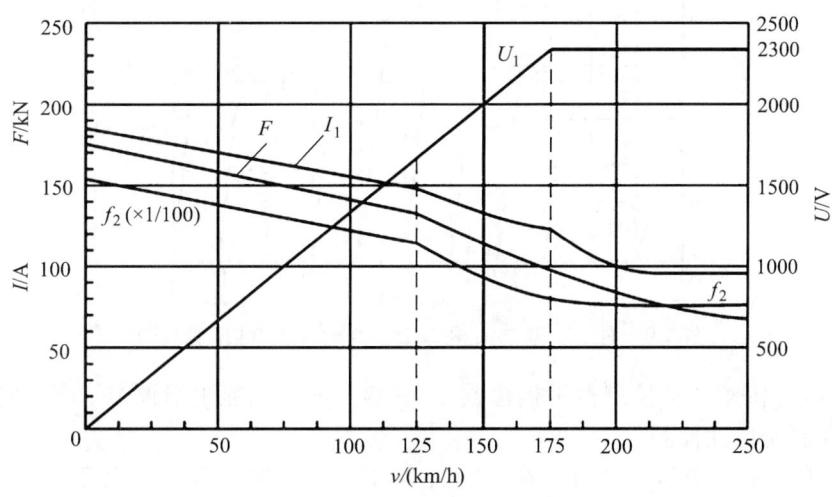

图 7.6　CRH₂ 型动车组基本编组牵引特性

① 启动牵引力大，恒牵引力持续时间很短，牵引电动机温升较低，对牵引电动机抗过载要求并不高；

② 黏着特性控制阶段，牵引力随速度升高而下降，牵引电动机电流也在相应减小，恒功率区向高速度端移动，恒功率范围较小；

③ 牵引电动机的最大转矩按照恒功率最高速度点的过载能力确定，其容量富余较大。逆变器仍然按照最小方式输出，能力得到充分发挥。牵引电动机因启动过程热负荷较轻，恒功

率范围较小,其负荷定额可适当减小一些,使结构尺寸相应变小一些,减轻电动机质量,因此,这种匹配有别于一般的大电动机与小逆变器的匹配方式。

恒转矩、准恒转矩特性控制,非常适合于大功率货运电力机车的牵引特性。HX_D1、HX_D2 型电力机车均采用了此种控制模式,其牵引特性如图 7.7、图 7.8 所示。

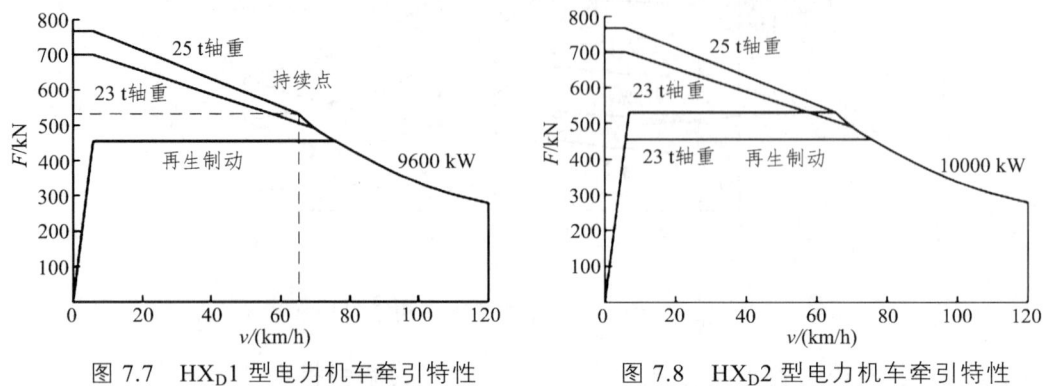

图 7.7　HX_D1 型电力机车牵引特性　　　图 7.8　HX_D2 型电力机车牵引特性

7.2.2.4　恒牵引力、准恒速特性控制的牵引特性

HX_D3 型电力机车采用恒牵引力、准恒速控制,其牵引特性如图 7.9 所示。

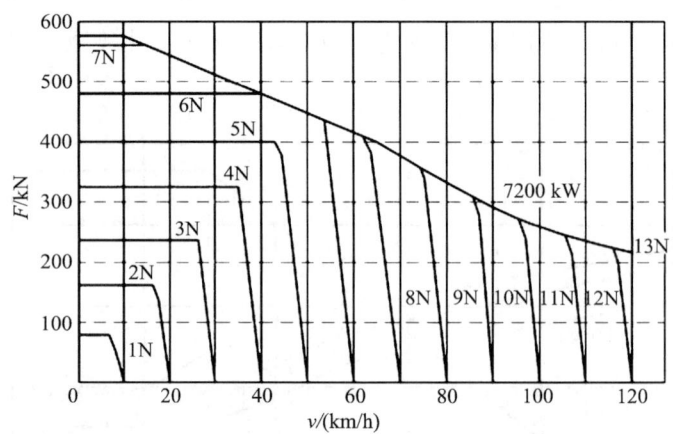

图 7.9　HX_D3 型电力机车牵引特性(250 kN 轴重)

HX_D3 型电力机车司机控制器手柄位共有 13 级,各级间能平滑调节。牵引特性控制采用恒牵引力、准恒速特性控制。

HX_D3 型电力机车牵引控制时,在 25 kN 轴重下,每级牵引力变化设定为 $\Delta F = 80$ kN。牵引力由恒定牵引力、最大牵引力和准恒速控制牵引力三部分组成。恒定牵引力按照司机控制手柄级位来给定,N 为级位,即

$$F_{st} = 80N \tag{7.5}$$

最大牵引力按照机车速度分段计算,计算公式为

$$F_{max} = \begin{cases} 570, & v < 10 \text{ km/h} \\ 600.9 - 3.09v, & 10 \text{ km/h} \leqslant v < 65 \text{ km/h} \\ 26\,000/v, & v \geqslant 65 \text{ km/h} \end{cases} \tag{7.6}$$

准恒速控制牵引力按照机车运行速度进行减缩,计算公式为

$$F_r = 640N - 64v \tag{7.7}$$

若计算值为负值,则此牵引力取值为 0。

牵引力按特性控制时,对 F_{st}、F、F_{max} 进行比较,将最小者作为输出牵引力的控制值送入变流器。故有

$$F = \begin{cases} 80N \\ F_{max} \\ 640N - 64v \end{cases} \tag{7.8}$$

取最小值。

HX_D3 型电力机车的最高速度为 120 km/h,在 250 kN、230 kN 轴重负荷下,持续速度分别为 65 km/h、70 km/h,恒功率范围 65/70 ~ 120 km/h,恒功率调速比 K_{PV} =1.864/1.714。

7.2.3 牵引特性分析与选择

列车牵引特性的组成基本相同,都由低速启动区和高速运行区两部分构成。由于各种列车的能源供给方式、用途、最高运行速度不同,以及设计思想上的差异,对列车牵引特性控制采用不同的策略,性能方面将出现明显差异,也影响传动系统其他部件的工作状态。对列车牵引特性的选择,要结合列车的种类、用途、运行范围、成本等因素综合考虑,优化传动系统各主要部件之间的匹配关系,以充分发挥传动控制系统的效能,满足牵引需要,提高列车的性价比。

7.2.3.1 内燃机车牵引特性分析与选择

内燃机车为自备能源的机车,为了充分利用非常宝贵的动力资源,尽可能扩大恒功率运行范围,应采用恒转矩、恒功率控制的牵引特性,借助于交流传动系统优异的黏着利用性能,可获得较大的启动牵引力,启动过程平稳且迅速,能够充分发挥柴油机能力,保持柴油机恒功率运行,获得良好的牵引性能。持续速度略高于恒压频比控制的终点速度,尽量扩大持续运行恒功率范围。持续运行恒功率范围用恒功率调速比 K_{PV} 表示,恒功率调速比就是恒功率最高速度与持续速度之比,一般 K_{PV} = 4.8 ~ 6.56。

青藏机车 NJ_2 的牵引特性如图 7.2 中 C38-AChe 所示,最高恒功率速度为 120 km/h。由于运行条件复杂,其持续速度及恒功率区速度范围是按不同条件给出的,恒功率调压比见表 7.3。

表 7.3 NJ2 型内燃机车恒功率范围利用情况汇总

最高恒功率速度 v_{PM}	恒功率范围 /(km/h)	持续速度 v_E/(km/h)	运行条件	恒功率调速比 $K_{PV} = v_{PM}/v_E$	恒功率速度范围利用率
120 km/h	16 ~ 120	20.2	AAR 标准状态	5.94	95.96%
	16.1 ~ 120	20.4	海拔 2 828 m、温度 20 °C	5.88	95.86%
	15.7 ~ 120	19.8	海拔 4 100 m、温度 15 °C	6.06	96.06%
	14.2 ~ 120	18.3	海拔 5 072 m、温度 10 °C	6.66	96.12%

HX_N5 型内燃机车牵引特性如图 7.3 中 C59-ACi 所示,最高恒功率速度为 120 km/h,恒功率速度范围为 22.3 ~ 120 km/h,持续速度为 25 km/h,恒功率调速比 $K_{PV} = v_{PM}/v_c = 4.8$。

从 NJ_2、HX_N5 型内燃机车的牵引特性可以看出:内燃机车采用恒转矩、恒功率控制的牵引特性,持续运行的恒功率范围接近恒功率速度范围。HX_N5 型内燃机车恒功率速度范围的利用率达到 97.2%。

7.2.3.2 电力机车牵引特性分析与选择

电力机车为外供能源的机车,轴功率比较大,相应的牵引力也较大。在低速区主要以产生足够大的牵引力、充分利用黏着、限制牵引电动机电流为主要控制目标。在恒功率运行区,根据机车用途,合理确定恒功率运行范围。牵引电动机最大转矩应以恒功率运行最高速度点的过载能力来确定,与变流器的匹配采用大电动机小变流器方式,充分发挥变流器的效能。为此,电力机车的牵引特性可有三种选择:黏着控制与恒功率控制的牵引特性、恒转矩黏着特性控制与恒功率控制的牵引特性、恒牵引力准恒速控制的牵引特性。

客运电力机车一般采用黏着控制与恒功率控制的牵引特性,具有启动牵引力大、启动平稳加速快的特点,可以获得较大的恒功率运行范围,如图 7.4 所示的 DB189 型客运机车牵引特性,恒功率速度范围为 80 ~ 230 km/h。

货运电力机车一般采用恒转矩黏着特性控制的牵引特性,或恒牵引力准恒速控制的牵引特性,短暂的恒转矩或恒牵引力启动可以获得很大的启动牵引力。黏着特性控制将机车牵引力按照黏着限制曲线的变化趋势变化,充分利用黏着条件,使牵引力随机车速度升高而下降,电流也在下降。准恒速特性控制将使机车牵引力按照准恒速关系(线性关系)下降。当速度达到持续速度时,进入恒功率控制阶段,将恒功率运行范围挤向高速区,恒功率范围相对较小,但恒功率范围利用率很高,恒功率范围就是持续恒功率运行范围。牵引电动机功率依然按大电动机小变流器匹配方式来确定,由于牵引电动机的热负荷相对较低,而功率相对偏大,可适当降低其负荷定额,有利于适当减轻牵引电动机的质量。持续恒功率范围较小,恒功率调速比小于 2,但恒功率区位于机车运行的高速度段,可以充分发挥机车在高速段的牵引能力。图 7.7、7.8 所示的 HX_D1、HX_D2 型货运干线电力机车,在 250 kN、230 kN 轴重负荷下,恒功率速度范围为 65/70 ~ 120 km/h。图 7.9 所示的 HX_D3 型电力机车在 250 kN 轴重下,恒功率速度范围为 65 ~ 120 km/h。

7.2.3.3 EMU 的牵引特性分析与选择

EMU 与内燃机车、高速客运电力机车的牵引特性更相似。在低速区特性平直或者随速度上升而下降,使得牵引力变化与黏着特性变化相适应。EMU 采用了轻量化车体结构、流线型外形,列车质量相对较轻,其启动牵引力与机车相比小很多,仍能保证较高的启动加速能力;在高速区,列车按恒功率运行,牵引力与列车速度成反比例关系,随列车速度增高以反比例关系下降。EMU 主要在高速段运行才能发挥效能,故其恒功率运行区段应接近于最高运行速度,恒功率运行范围不必要像机车一样很大,恒功率调速比一般为 2 ~ 3。恒功率起始点位置速度一般在 100 km/h 以上。

最高运行速度在 300 km/h 及以上的动车组,采用动力分散模式,对黏着的需求相对较低,正常线路情况下,受黏着特性限制较小。

EMU 因功率强劲，受线路坡道限制较小，线路坡道通过能力远大于机车，即使在 20‰ ~ 30‰ 的坡道线路上，仍能以高于恒功率的最低速度运行，即列车的平衡速度仍在恒功率运行范围内，牵引电动机的热容量依然在允许范围之内。

EMU 因受黏着限制较小，客运电力机车普遍采用的黏着控制恒功率牵引特性，同样也适合于 EMU，只是在低速区为了充分利用黏着特性，可按照黏着特性变化趋势进行斜线控制，即准恒转矩控制，牵引力将随列车速度上升而呈比例关系下降，直至恒功率范围的起始点速度。

恒转矩恒功率牵引特性、黏着控制（或准恒转矩）恒功率牵引特性均可满足 EMU 的运行需要。采用恒转矩恒功率牵引特性，恒电压频率比终点速度较低，相应恒功率速度范围较大，更适合于最高运行速度为 200 km/h 等级的 EMU；采用黏着控制（准恒转矩）恒功率牵引特性，恒功率范围的起始速度较高，更适合于 300 km/h 等级的 EMU。

图 7.10 所示为 CRH 系列的五种 EMU 牵引特性。

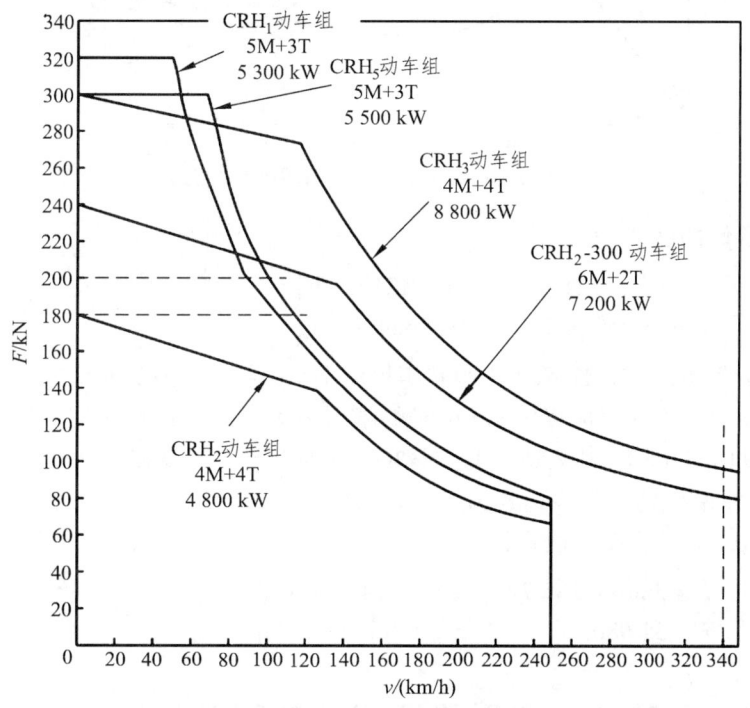

图 7.10　CRH 系列动车组牵引特性曲线

CRH_1、CRH_5 属于 200 km/h 等级的 EMU，采用恒转矩恒功率牵引特性，恒电压频率比终止点速度低，CRH_1 约为 50 km/h，CRH_5 约为 65 km/h。

CRH_2 也属于 200 km/h 等级的 EMU，采用准恒转矩恒功率牵引特性，恒功率起始点速度为 125 km/h。在 0 ~ 125 km/h 范围内，以 0 km/h 牵引力为基点，按照一定的斜率下降。在 125 km/h 以上范围内，牵引力与速度成反比例关系下降。

CRH_2 恒功率区分为两段。在速度 125 km/h 时，电压低于额定电压，逆变器以恒压频比输出，减小了恒压频比，使牵引电动机磁通不变，在升压恒功率下运行，直至速度达到 175 km/h 时，电压已升至额定电压。在此期间，随着速度的增大，牵引电动机电流、转差频率均在下降，而牵引力与速度按反比变化，即电动机工作在恒磁通恒功率状态；速度大于 175 km/h 以后，电压达到额定电压，牵引电动机在恒电压恒功率（磁削恒功率）下运行。CRH$_2$ 型动车组牵引特性曲线如图 7.11 所示。

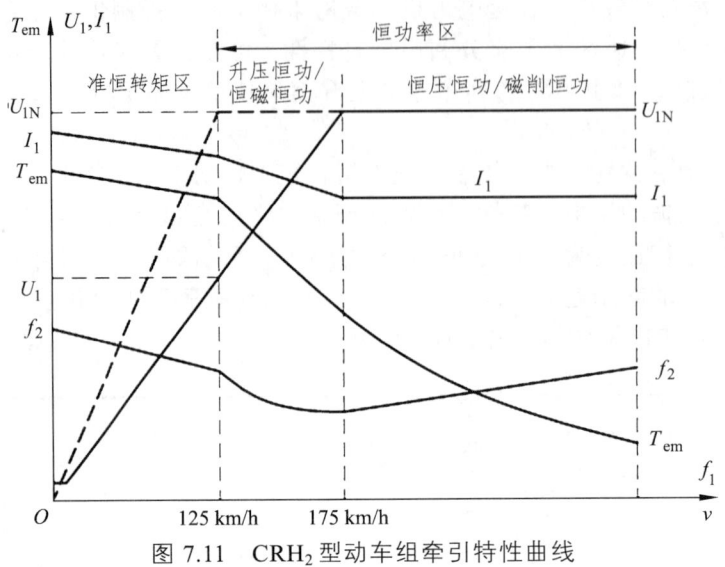

图 7.11　CRH$_2$ 型动车组牵引特性曲线

CRH$_2$ 牵引特性曲线表达式为

$$\left.\begin{array}{ll} F = 176 - 0.36v, & 0 \leqslant v \leqslant 125 \text{ km/h} \\ F = 16\ 250/v, & v > 125 \text{ km/h} \end{array}\right\} \quad (7.9)$$

CRH$_3$ 为 300 km/h 等级的 EMU，采用准恒转矩恒功率牵引特性，恒功率起始点速度为 119 km/h，额定功率为 8 800 kW。低速区以 0 km/h 时的牵引力为基点，按照一定的斜率下降，直线坐标（0，300）、（119，266），其表达式为 $F = 300 - 0.285\ 7v$。速度在 119 km/h 以上时，牵引力与速度按反比例关系变化，其表达式为 $F = 31\ 680/v$。

CRH$_3$ 型 EMU 牵引特性表达式为

$$\left.\begin{array}{ll} F = 300 - 0.285\ 7v, & 0 \leqslant v \leqslant 119 \text{ km/h} \\ F = 31\ 680/v, & v > 119 \text{ km/h} \end{array}\right\} \quad (7.10)$$

7.3　CRH$_2$ 型动车组牵引传动与控制系统分析

CRH$_2$ 动车组由两个基本动力单元组成，2M + 2T 构成一个基本动力单元。一个基本动力单元的牵引传动系统，主要由网侧高压电气设备连接电路、1 台牵引变压器、2 组牵引变流器、8 台三相交流异步牵引电动等组成。CRH$_2$ 动车组基本编组如图 7.12 所示。

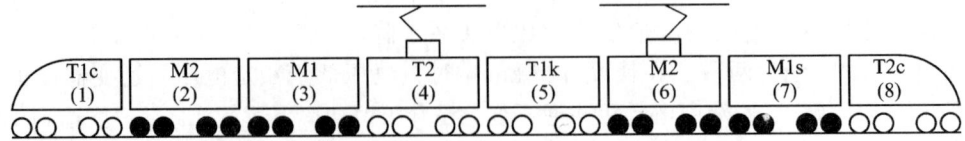

图 7.12　CRH$_2$ 型动车组基本编组

全列车共有 2 个受电弓、2 台牵引变压器、4 组牵引变流器、16 台牵引电动机。列车正常运行时升单弓，另一个受电弓作为备用。

CRH$_2$ 型动车组基本编组主电路设备构成见表 7.4。

表 7.4　CRH$_2$ 型动车组基本编组主电路设备构成

主电路设备	1号车（T1c）	2号车（M2）	3号车（M1）	4号车（T2）	5号车（T1k）	6号车（M2）	7号车（M1s）	8号车（Tc2）
受电弓	—	—	—	1	—	1	—	—
VCB 与避雷器	—	1	—	—	—	1	—	—
牵引变压器	—	1	—	—	—	1	—	—
牵引变流器（CI）	—	1	1	—	—	1	1	—
牵引电动机	—	4	4	—	—	4	4	—

7.3.1　网侧高压电路

网侧高压电路由高压电气设备连接电路和保护电路两部分组成。

7.3.1.1　网侧高压电气设备连接电路

通过搭载在 4 号车、6 号车上的受电弓的其中一个（两个受电弓中的 1 个通常处在下降状态），从接触网上接受 25 kV/50 Hz 单相交流电。2 号车与 6 号车之间，经由各车之间的高压接头，用 25 kV 高压电缆贯通连接。

M2 车（2 号车、6 号车）上搭载有牵引变压器，25 kV 高压电源通过高压电缆经由各车的高压接头、真空断路器，连接到牵引变压器的一次侧（高压侧）绕组。

CRH$_2$ 型动车组主电路如图 7.13 所示。CRH$_2$ 型动车组高压连接设备配置情况如表 7.5 所示。

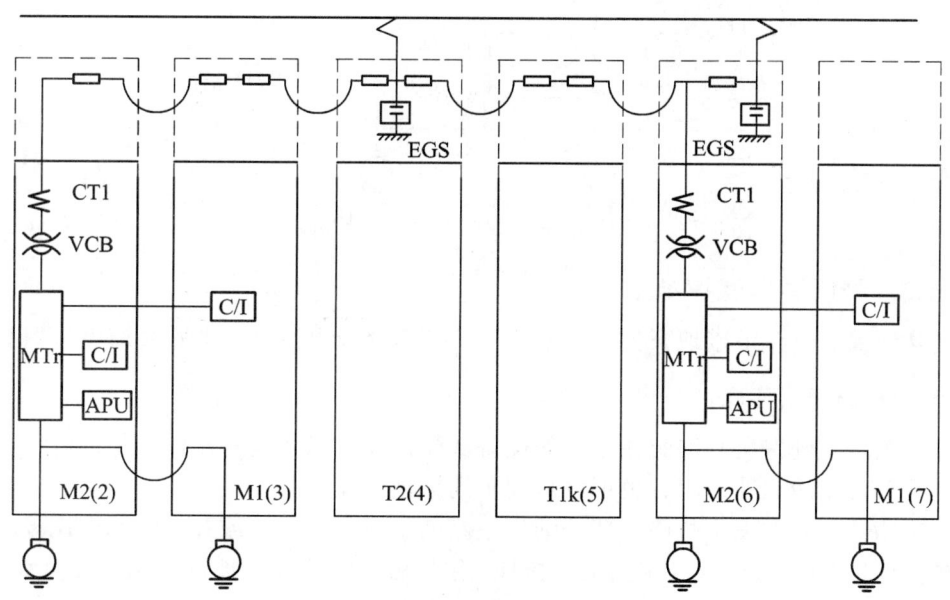

图 7.13　CRH$_2$ 型动车组主电路

表 7.5 CRH$_2$ 型动车组高压连接设备配置

高压连接设备	2 号车（M2）	3 号车（M1）	4 号车（T2）	5 号车（T1k）	6 号车（M2）
受电弓	—	—	1	—	1
保护接地开关（EGS）	—	—	1	—	1
倾斜型电缆接头	—	—	1	1	—
直线接头	1	2	1	1	—
3 分支接头	—	—	—	—	1
变流器（CT1）	1	—	—	—	1
主断路器（VCB）	1	—	—	—	1
牵引变压器	1	—	—	—	1

CRH$_2$ 型动车组一个动力单元的动力配置，如图 7.14 所示。

当受电弓升起后，从接触网线上获得单相高压交流电，通过高压电器引入 2（4）号车载主变压器高压绕组，其末端与接地装置连接，与钢轨及回流线形成回路，电流流向变电所变压器公共端，形成高压供电闭合回路。

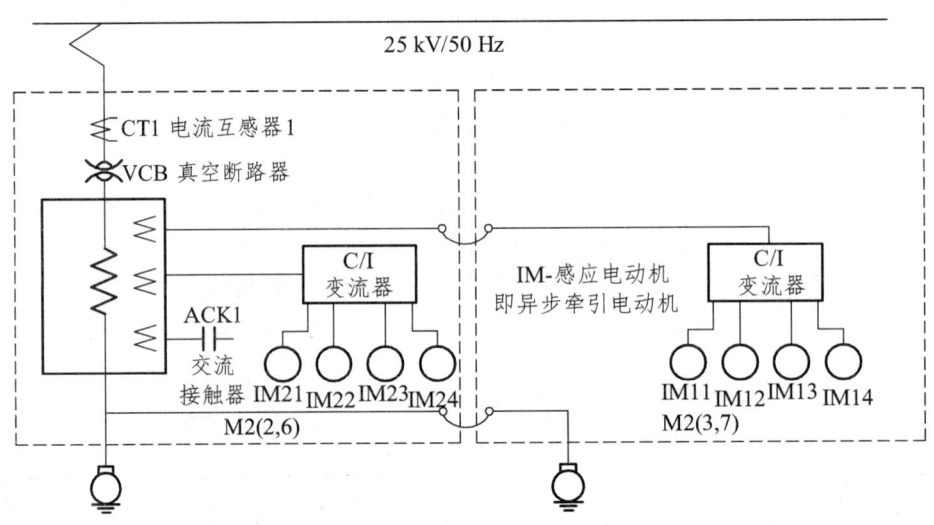

图 7.14 CRH$_2$ 型动车组主电路（一个动力单元）

7.3.1.2 网侧高压保护电路

网侧高压保护电路由接地开关、主断路器、高压交流电流互感器和过流继电器等组成。

1. 保护接地开关 EGS

接地开关用于确保所有安装在车顶的设备都能接地，以防止对车体施加高电压，便于维修。接地开关可以用钥匙锁闭，也可以从列车内部进行操作。

当主断路器 VCB 发生故障不能分断主电路的事故电流时，或在接触网电压异常时，强制性地操作保护接地开关 EGS 将接触网接地，使接触网电流通过地及回流线流向变电所，让变电所的隔离开关跳闸，将使接触网断电，处于无电压的状态。

操作接地开关时，必须关闭受电弓绝缘阀 PIC。PIC 是一种钥匙操作开关，此开关通过隔离并排放受电弓气动系统中的压缩空气，使受电弓下降。

将钥匙从 PIC 上拔下，然后插入接地锁闭开关，这样维修人员便可以移动开关把手，关闭接地开关，从而有效地将车顶的所有高压设备接地。

维修人员接着拔下接地锁闭开关的钥匙，该钥匙可插入接地锁闭开关来锁定 PIC，在维修人员工作时，可以防止其他人员向安装在车顶的设备恢复供电。

2. 主断路器（VCB）

主断路器（VCB）作为主电路的总开关、总保护，它兼有断路器和开关的二重作用。当牵引变压器二次侧以后的电路发生故障时，能够迅速、安全、可靠地切断过电流。正常运行时，也是对主电路进行开闭操作的一种开关，即主电路的总保护和总开关。CRH_2 型动车组采用 CB201 型真空断路器，每个动力单元配置 1 台真空断路器，控制一台牵引变压器。

3. 高压交流电流互感器及过电流继电器

高压交流电流互感器 CT1 设置在 25 kV 高压端的输入侧，监测高压侧电流变化，为高压侧过流保护提供信号。

交流过电流继电器 ACOCR 连接到高压电流互感器的二次侧，经由电流互感器，监视 25 kV 电路的电流。当高压互感器电流超过交流过电流继电器的设定值时，能够发出让 VCB 跳闸的信号。

7.3.2 牵引变压器

CRH_2 型动车组采用 ATM9 型牵引变压器，将从接触网上取得的 25 kV 高压电变换为牵引变流器及其他电器工作所适合的电压，其工作原理与普通电力变压器相同，但由于动车组变压器工作条件的特殊性，要求具有体积小、质量小的特点。为此一次、二次线圈采用了铝质导线，电磁导线电流密度大。ATM9 型变压器采用壳式铁心，铁轭不仅包围线圈的顶面和底面，而且还包围线圈的侧面。采用 30ZH105E 低损耗硅钢片，降低了变压器的铁损。变压器油箱设计成适形结构，紧包变压器铁心及线圈，内部结构紧凑，可以减小变压器的尺寸及质量。

牵引变压器的低压侧由三个绕组构成，绕组接线如图 7.15 所示。

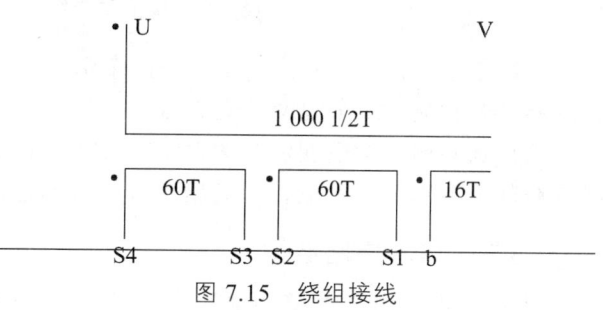

图 7.15 绕组接线

S1-S2、S3-S4 这两个绕组是向动车牵引变流器提供电力的二次绕组；a-b 绕组是向动车组的照明、空调等辅助电路、控制电路、通信电路等提供电力的三次绕组。二次绕组为两个独立绕组，每个绕组与一台牵引变流装置连接，确保二次绕组的高电抗和低耦合性，牵引变流装置具有能稳定运行的特性。为了减小质量，一次、二次线圈采用了铝质线圈。另外，为适应每个二次绕组的增容，一次绕组配置了两个并联结构的线圈。

ATM9 型牵引变压器基本技术参数见表 7.6。

表 7.6　ATM9 型牵引变压器基本技术参数

参　数	容量/kV·A	额定电压/V	额定电流/A	阻抗电压/%		材质
				设计	实测	
原边绕组（一次）	3 060	25 000	122	21.4	21.16	铝
牵引绕组（二次）	2 570	1 500	857×2	21.4	21.87	铝
辅助绕组（三次）	490	400	1225		5.44	铜

7.3.3　牵引变流器

CRH$_2$ 型动车组牵引变流器（Converter & Inverter，CI）采用单相三电平式 PWM 脉冲整流器和三相三电平式 PWM 逆变器，功率开关器件为 IPM/IGBT，动力单元主电路框图如图 7.16 所示。

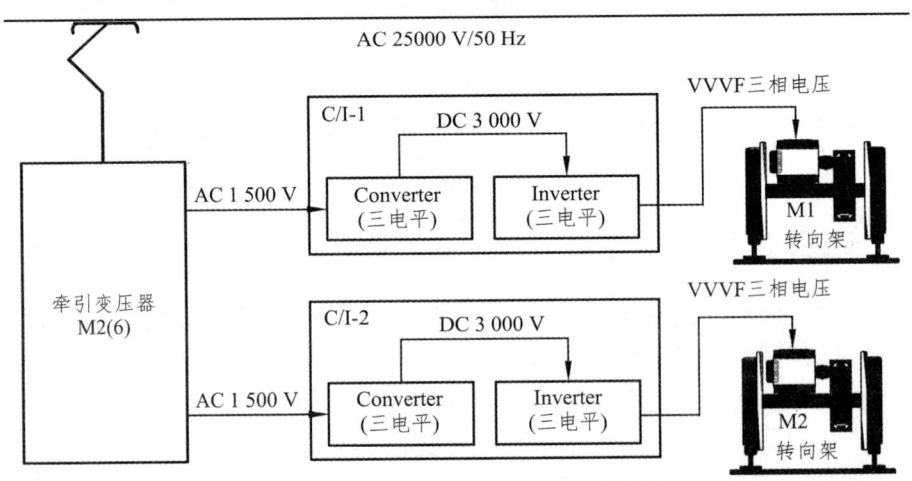

图 7.16　CRH$_2$ 型动力组动力单元变流器构成框图

二次绕组中的一个绕组与 M2 车的牵引变流器连接，另一个绕组经由 M1 车、M2 车之间的连接器连接到 M1 车的牵引变流器上。

牵引运行时，牵引变流器为牵引电动机提供电力。再生制动时，牵引变流器将电机的制动能量转换为单相交流电，经变压器升压后回送到接触网。

7.3.3.1　C/I 电路结构

牵引变流器由脉冲整流器、中间直流环节和逆变器三部分组成。脉冲整流器把单相 1 500 V 交流电变换成直流 3 000 V 电力。中间直流环节主要依靠大容量电容器对整流电压进行滤波及消除谐波处理，使其以恒压源方式工作，获得恒定的直流电压。逆变器将中间环节稳定的直流电压变换成电压频率可变的三相等效正弦波电压，供给三相异步牵引电动机。变流器电路原理如图 7.17 所示。

此外，在直流中间电路上设置由电阻和半导体开关构成的过电压保护电路。

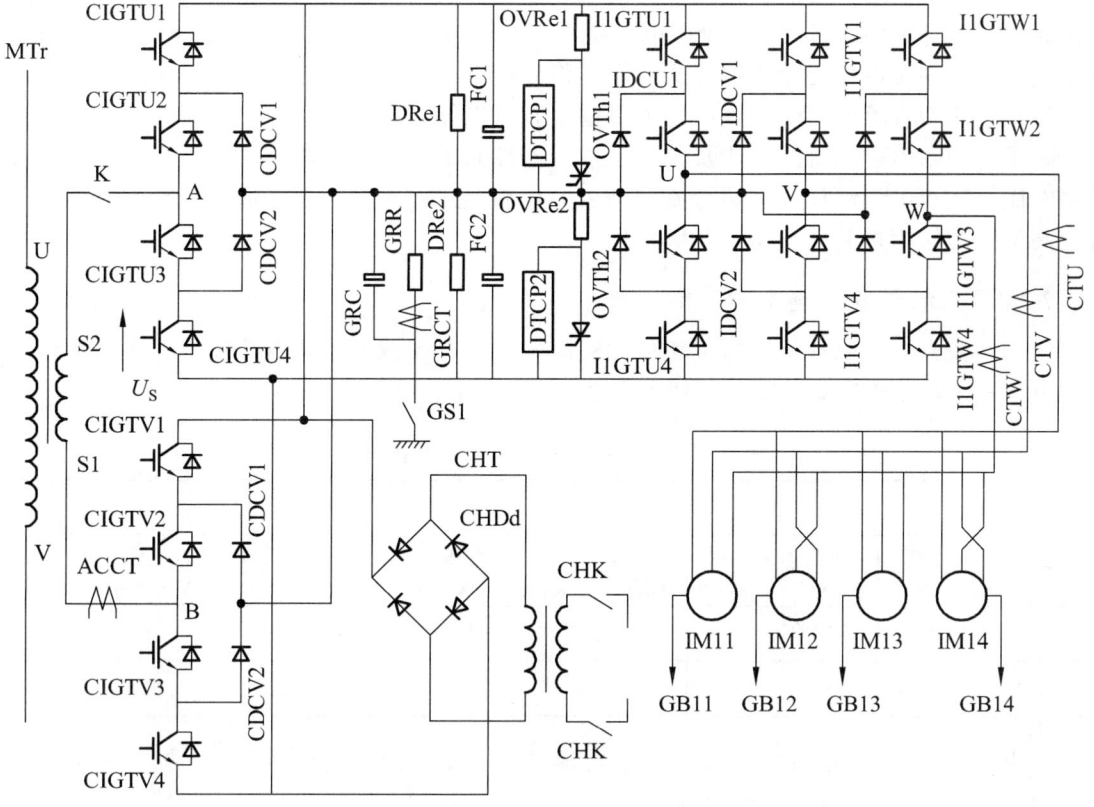

图 7.17 CRH$_2$ 型动车组变流器电路原理图（一组 C/I）

脉冲整流器通过 PWM 控制把电源输入侧的基波功率因数控制在接近于 1，以减小对接触网电源的影响，提高电能的利用率。整流器 A、B 输入端的调制电压 U_s 波形如图 7.18 所示。

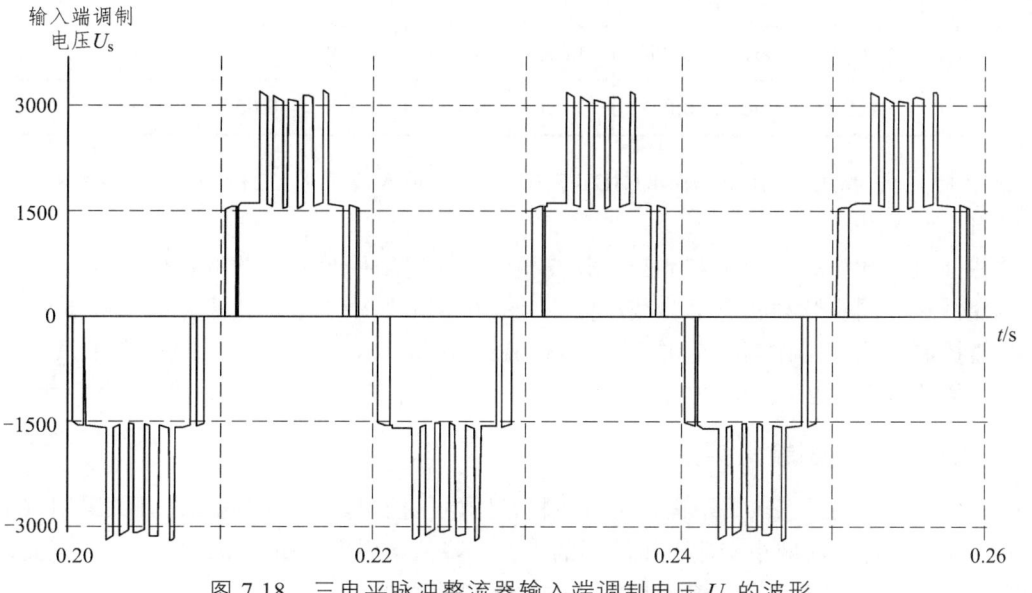

图 7.18 三电平脉冲整流器输入端调制电压 U_s 的波形

逆变器在牵引运行时输入直流中间电压，根据控制指令将其变换成三相电压、频率可变的交流电力，向并联的四台异步牵引电动机统一提供电力，对电动机的转速、转矩进行控制。再生制动时，逆变器变为整流器方式工作，将异步电机（此时工作在发电机工况）输出的三相交流电整流为直流电，向直流中间电路输出直流电能。

为了控制牵引电动机的转速及转矩，逆变器控制采用矢量控制方式。通过矢量控制，将励磁电流与转矩电流解耦，按照直流电动机的控制模式，对转矩及磁通进行独立控制，能够获得高精度的转矩控制以及高速转矩特性。

7.3.3.2 牵引变流器主要参数

牵引变流器中，脉冲整流器采用单相三电平式 PWM 脉冲整流器，逆变器采用电压型三相三电平式 PWM 逆变器。其主要技术参数见表 7.7。

表 7.7 牵引变流器基本参数

基本参数	输入				输出				效率/%
	电压/V	电流/A	频率/Hz	容量/(kV·A/kW)	电压/V	电流/A	频率/Hz	容量/(kV·A/kW)	
脉冲整流器	1 500	857	50	1 285	3 000	432	0	1 296	97.5
逆变器	3 000	432	0	1 296	2 300	424	0~220	1 475	98.5

牵引或制动时，一台牵引变流器运行可测试牵引变压器一次侧的等效干扰电流 J_p 和高次谐波电流，J_p 约为 1.5 A，基波为 60 Hz 时高次谐波的目标值见表 7.8。在额定负荷下综合失真率（THD）在 10% 以下。

表 7.8 高次谐波的目标值

谐波次数	5 次	7 次	11 次	13 次	17 次	19 次	23 次	23~40 次	41~50 次
牵引时（A）	0.062	0.067	0.064	0.095	0.038	0.038	0.051	0.451	0.797
制动时（A）	0.420	0.096	0.079	0.116	0.105	0.072	0.054	0.908	0.773

主控制元件采用高耐压 IPM/IGBT 3 300 V/1 200 A，钳位二极管采用高耐压二极管 3 300 V/1 200 A。

脉冲整流器载波频率为 1 250 Hz，载波相位差设定采用单元间载波相位控制。

逆变器在非同步脉冲状态下，载波频率为 1 000 Hz。牵引电动机采用矢量控制计算的电流瞬时值控制方式，工作频率范围为 0~150 Hz。在恒 V/F 比控制区，牵引时采用 2 300 V/116 Hz，制动时采用 2 300 V/130 Hz。

7.3.3.3 C/I 控制输出关系

牵引变流器采用了三电平结构，可进行精密的电压控制。主电路的功率开关采用 IGBT 或 IPM 高性能元器件，能减小交流电压波形的失真，降低牵引电动机的电磁噪声和转矩波动。

主电路元件的导通状态与输出相电压的关系见表 7.9。

表 7.9　主电路元件的导通状态与输出相电压的关系

输出状态	高电位点电位输出	中性点电位输出	低电位点电位输出
PWM 信号 G_{sw}	$G_{sw}=+1$	$G_{sw}=+1$	$G_{sw}=-1$
IGBT1	ON	OFF	OFF
IGBT2	ON	ON	OFF
IGBT3	OFF	ON	ON
IGBT4	OFF	OFF	ON
输出电压	$+E_d/2$	0	$-E_d/2$
等效电路			

7.3.4　牵引电动机

CRH₂ 型动车组牵引电动机采用 MT205 或 MB-5120-A 型三相异步电动机。作为动力分散动车用牵引电动机,在构造设计方面不仅最大限度地追求轻量化,而且还追求维护时的简易性。

7.3.4.1　结构特征

为了追求轻量化,定子框采用以连接板连接铁心的无框架结构,设有安装转向架的凸头和安装座。定子框的两侧采用铝合金铸件(铝托架)制作部件,进一步实现了定子框整体的轻量化。定子铁心采用厚度 0.5 mm 的硅钢片和 1.6 mm 的端板层压而成。定子线圈由 U、V 和 W 三相绕组组成,每相由三个线圈串行连接。为了限制温升,在定子线圈上增加线圈的并列根数,使线圈导体的断面形状呈偏平形状。线圈之间的连接全部实施银焊,并缠绕绝缘胶带后,实施 200 级无溶剂清漆处理。

转子结构采用牢固的鼠笼形状,转子铁心采用厚度 0.5 mm 的硅钢片和 1.6 mm 的端板层压而成,热套在转子轴上。转轴材料为铬钼钢,与齿轮联轴器配合时,直径大的一侧为 $\phi68$,锥度为 1/10,锥长为 75 mm。转子铁心上设有 8 个 $\phi24$ 的冷却通风孔,提高了冷却效率,使转子轻量化;转子导条从转子铁心外周牢固地固定在槽内,为了保证转差率,转子导条采用电阻系数较大、强度足够的铜锌合金(红铜)。转子导条为纵长的矩形形状,插入转子铁心的 46 个槽中,转子导条的两端通过银焊牢固地接合在短路环上。短路环采用电阻系数较小的纯铜,尽量减小运转过程中因温度上升而产生的热膨胀。为了应对高速转动,在短路环的外围设置了保持环。

非驱动侧使用 6311C4P6 轴承,驱动侧使用 NU214C4P6 轴承。为了防止轴承受到电腐蚀,驱动侧和非驱动侧都采用在轴承外圈上喷镀陶瓷,以形成一层绝缘外膜的绝缘轴承。轴承的构造为带有可以中途注油的加油嘴,可以把润滑脂注入轴承内部。

7.3.4.2　主要技术参数

型号	MB-5120-A（三菱）、MT205（东芝）		
类型	三相鼠笼形异步电动机，四极		
额定功率	300 kW	额定电流	106 A（相电流）
额定电压	2 000 V	额定频率	140 Hz
额定转速	4 140 r/min	最高使用转速	6 120 r/min
高速试验转速	7 040 r/min，2 min	额定转差率	1.4%
额定功率因数	0.87	额定效率	94%
工作定额	连续	冷却方式	强制风冷方式
冷却风量	20 m³/min	绝缘类别	200 级（定子绕组）
动力传送方式	平行万向节齿轮形挠性联轴器方式		
总质量	440 kg		

7.3.4.3　组装试验

将牵引电动机进行拆解检查后，要进行以下试验来确认其性能：

（1）采用通用可变频率电源为牵引电动机供电，施加频率 10~15 Hz，牵引电动机以 300~450 r/min 无负载运转约 2 h 后，再继续以 30~40 Hz、900~1 200 r/min 进行无负载运行，测量转子轴承的温升。

（2）一直进行到轴承的温升达到稳定为止，温升不可超过 55 K。如果温升很大，则需要重新组装。（在组装好的状态下，在外轮附近部位用锤子轻轻敲打，可以改善）。

（3）听轴承的声音，有异常声音时要检查轴承，如果轴承有问题，要更换新品。

（4）测量绝缘电阻，用 500 V 兆欧表在常温状态下测量，确认绝缘电阻在 3 MΩ 以上。

（5）在全部引出线和定子框之间，施以工频交流电压 4 000 V 持续 1 min，进行绝缘强度试验。

7.3.4.4　检查试验

（1）绕组电阻试验：

在端子之间测量定子线圈的直流电阻，换算成 115 °C，其数值应在型式试验所得的定子绕组阻值的 ±5% 以内。

（2）绝缘电阻试验：

用 1 000 V 兆欧表测量全充电部和铁心框之间的绝缘电阻，在冷却状态下应为 3 MΩ 以上。

在所有充电部和铁心框之间施加工频交流 4 000 V 持续 1 min，确认各部位没有异常。

（3）无负载试验：

在轴承中填充润滑脂的情况下进行无负载试验，以约 1 400 r/min（工频）空转 30 min 之后，进行以下试验：

预备反转：4 min，700 r/min	额定反转：5 min，4 140 r/min
额定正转：5 min，4 140 r/min	高速正转：2 min，7 040 r/min

7.3.5 C/I 控制策略

CRH$_2$ 型动车组牵引逆变器采用矢量控制，脉冲整流器采用恒压控制。现对逆变器和脉冲整流器的控制原理及控制框图进行分析。

7.3.5.1 逆变器的控制原理

逆变器的控制采用矢量控制，主要由转矩运算、速度控制、二次磁通指令运算、矢量控制运算、电压前馈运算、恒电流控制、差频控制及黏着恢复控制等组成。逆变器的控制框图如图 7.19 所示。

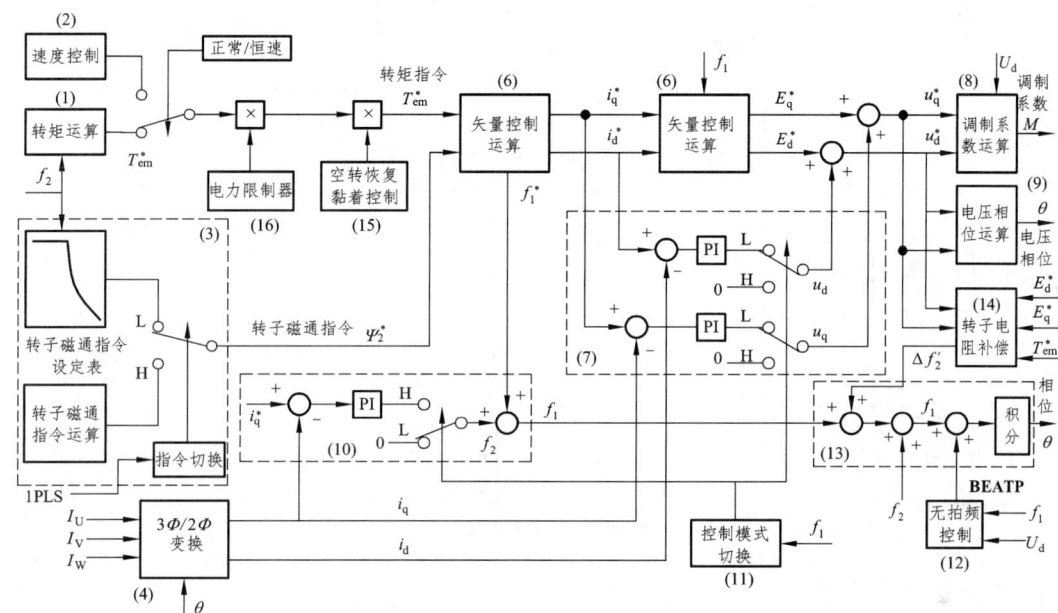

图 7.19 逆变器控制框图

1. 转矩控制单元

牵引时按照换挡（notch）指令及电动机频率设定转矩图形。制动时参照图表按制动力指令设定转矩图形。逆变器闸控开始时利用斜坡函数升到目标值。换空挡（notch off）时转矩图形会从 0 利用斜坡函数降到目标。转矩控制单元框图如图 7.20 所示。

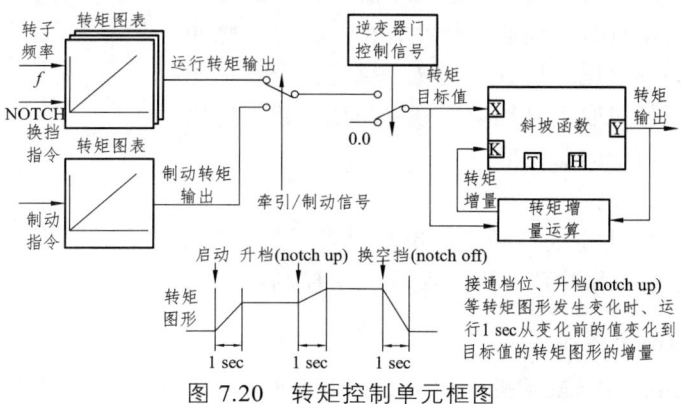

图 7.20 转矩控制单元框图

2. 恒速控制

输入恒速指令时，将当时的速度作为设定速度，为保持此速度，根据转矩图形按照速度偏差进行恒速控制。恒速度控制策略如图 7.21 所示。

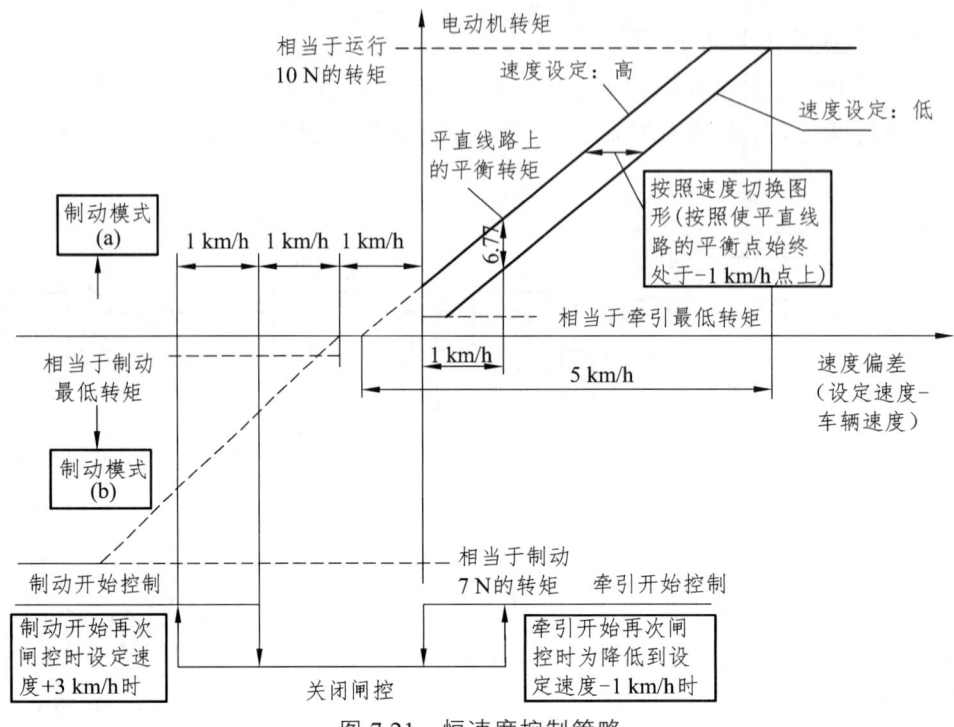

图 7.21　恒速度控制策略

3. 转子磁通指令计算

转子磁通指令根据运转范围按图 7.22 进行设定。逆变器的运转范围可分为 VVVF 和 1 脉冲控制两种，各运转范围内的二次磁通指令计算方式有所不同。转子磁通指令工作区域如图 7.23 所示。

（1）VVVF（1 脉冲以外）控制范围：

基本上转子磁通指令为一定值，但在 1 脉冲控制的速度范围内换空挡或再次运行时，到达 1 脉冲为止。利用 1 脉冲切换频率和逆变器频率之比，运算得到转子磁通指令。在此范围的转子磁通指令，应取 1 脉冲切换频率与变频频率之比和转子磁通初始设定值中的低位值。

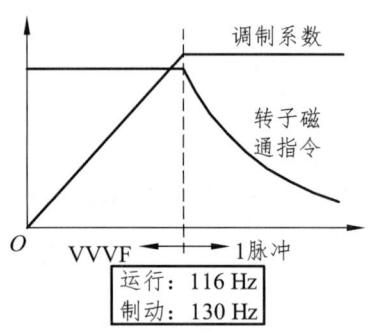

图 7.22　转子磁通指令工作区域

（2）1 脉冲控制范围：

在 1 脉冲范围内使用逆变器频率、电动机常量及转矩指令，计算转子磁通指令使调制系数达到 100%，即使在 1 脉冲范围也可实现矢量控制。

4. 牵引电动机电流变换

通过电流变换器，将三相异步电动机定子电流 I_u、I_v、I_w 变换为矢量控制使用的旋转坐

标上的 d 轴电流 i_q 及 q 轴电流 i_q，i_d 和 i_q 其实就是三相电流在 d、q 轴上的反馈电流。变换使用按逆变器频率积分得到的相位 θ，通过下列运算式进行运算：

$$\begin{pmatrix} i_q \\ i_d \end{pmatrix} = \sqrt{\frac{2}{3}} \begin{pmatrix} \cos\theta & \cos\left(\theta - \frac{2\pi}{3}\right) & \cos\left(\theta - \frac{4\pi}{3}\right) \\ \sin\theta & \sin\left(\theta - \frac{2\pi}{3}\right) & \sin\left(\theta - \frac{4\pi}{3}\right) \end{pmatrix} \begin{pmatrix} i_u \\ i_v \\ i_w \end{pmatrix} \tag{7.11}$$

5. 矢量控制运算

通过矢量控制，把牵引电动机中流过的电流定子 I 分解到 d-q 坐标系中的 d 轴和 q 轴上，q 轴上的电流分量相当于产生转矩所需的电流，d 轴电流分量相当于建立转子磁通部分的电流，这样可将产生转矩与磁场的电流分离出来，实现定子电流的解耦，可按照直流电动机的控制思路，对电动机的转矩和磁场分别独立控制。

实际上利用给定转矩 T_{em}^* 和给定转子磁通 Φ_2^* 及电动机电感参量，使用下面的运算公式，计算与逆变器频率同步旋转的 d-q 旋转坐标上的电流给定值 i_d^*、i_q^*。

$$\left. \begin{array}{l} i_q^* = \dfrac{T_{em}^*}{\Phi_2^*} \cdot \dfrac{1}{p} \cdot \dfrac{L_2}{L_m} \\ i_d^* = \dfrac{\Phi_2^*}{L_m} \end{array} \right\} \tag{7.12}$$

式中　L_m——电动机的互感；

　　　L_2——电动机转子自感；

　　　p——极对数。

若将电流表示在 d-q 轴旋转坐标上，定子电流矢量如图 7.23 所示。

另外，利用 d 轴、q 轴电流指令 i_d^*、i_q^* 和电机常量（r_2、L_2 分别为电动机转子电阻值和自感），可计算给定转差频率 f_2^*。

$$f_2^* = \frac{i_q^*}{i_d^*} \cdot \frac{r_2}{L_2} \tag{7.13}$$

6. 电压前馈（FF）计算

根据 d 轴、q 轴给定电流 i_d^*、i_q^* 和逆变器频率 f_1 及电动机常量，按下列运算公式计算前馈电压给定值 E_d^*、E_q^*。用向量图表示 d 轴、q 轴电压的前馈电压，如图 7.24 所示。

$$\left. \begin{array}{l} E_d^* = r_1 i_d^* - 2\pi f_1 L_1 i_q^* \sigma \\ E_q^* = r_1 i_q^* + 2\pi f_1 L_1 i_d^* \\ \sigma = 1 - \dfrac{L_m^2}{L_1 L_2} \end{array} \right\} \tag{7.14}$$

式中　r_1——电动机定子绕组电阻值；

　　　L_m——电动机互感；

　　　L_1——电动机定子自感；

　　　L_2——电动机转子自感。

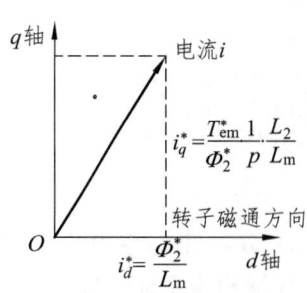
图 7.23　定子电流矢量图

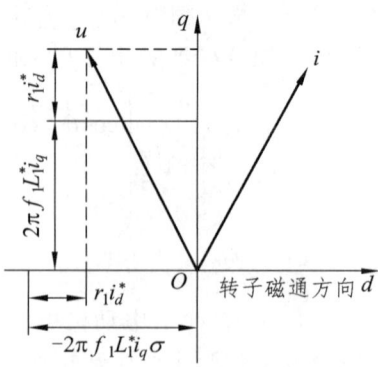
图 7.24　前馈电压矢量图

7. 恒电流控制

为了使 d 轴、q 轴的反馈电流 i_d、i_q 分别追随于 d 轴、q 轴的给定电流 i_d^*、i_q^*，将各自的电流偏差输入到 PI 控制器，由此得到的电压分别作为 d 轴、q 轴的反馈电压 u_d、u_q。

8. 调制度计算

利用 d 轴、q 轴给定电压 u_d^*、u_q^* 和滤波电容器的电压 U_d，按下面公式计算调制度 M：

$$M = \frac{\sqrt{u_d^{*2} + u_q^{*2}}}{\frac{\sqrt{6}}{\pi} U_d} \qquad (7.15)$$

9. 电压相位运算

利用 d 轴、q 轴给定电压 u_d^*、u_q^*，按下面公式计算旋转坐标上电压矢量的相位角 γ。电压矢量的相位角如图 7.25 所示。

$$\gamma = \arctan \frac{u_d^*}{u_q^*} \qquad (7.16)$$

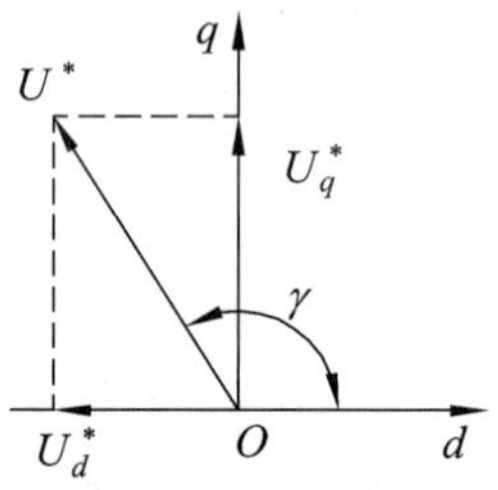

图 7.25　电压矢量相位角

10. 转差频率控制

为了让 q 轴的反馈电流追随于 q 轴给定电流 i_q^*，将各自的电流偏差输入到 PI 控制器，由此得到转差频率补偿值 Δf_2。控制系统在不能进行 1 脉冲范围电压控制时执行此控制，在此范围，给定转差频率 f_2^* 加上差频补偿值，作为转差频率 f_2，即 $f_2 = f_2^* + \Delta f_2$。

11. 控制模式切换

为了在 VVVF 范围内实施电压控制，在输出电压固定的 1 脉冲领域实施差频控制，需要根据逆变器的频率来切换控制器的动作。

12. 逆变器频率计算

在转差频率 f_2 上加上转子电阻补偿转差频率值 $\Delta f_2'$、转子频率 f、无拍频控制补偿

BEATP，计算出逆变器频率。并且对逆变器的频率进行积分运算，计算出电动机电流从三相变换到两相所使用的相位 θ。

13. 无拍频控制

为了抑制由于接触网频率与变频频率干扰而产生的振动，根据 BPF 抽取滤波电容器电压上呈现的脉动特定频率（50 Hz 或 60 Hz，按接触网频率切换），在其输出上加上与逆变器频率相应的增益，计算出无拍频控制补偿 BEATP。

14. 二次电阻补偿

运转中转子电阻值随着电动机温度的变化而变化，需要对电阻值的变化作出预测，并进行补偿。

将 d 轴、q 轴上的给定电压 u_d^*、u_q^* 与对应轴上的给定前馈电压 E_d^*、E_q^* 相比较，计算出偏差值。按照偏差为 0 的补偿原则，确定转差频率补偿值 $\Delta f_2'$。转子电阻补偿原理框图如图 7.26 所示。

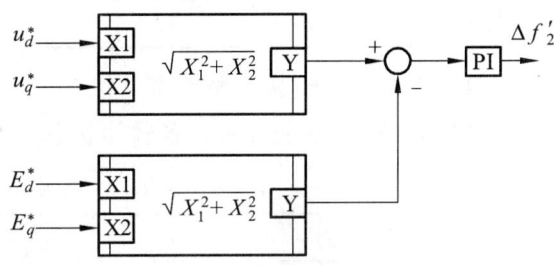

图 7.26 转子电阻补偿原理

15. 空转恢复黏着控制

根据各轴的速度偏差 Δv、加速度偏差 Δa，计算出适合路面状态的黏着系数 μ，将此值乘以扭矩值，从而实施空转恢复黏着控制。

16. 电力限制

在接触网电压下降时，为使主变压器不发生二次过电流，根据二次电流实际值进行电力限制，由整流器计算二次电流实际值与限制值的偏差，根据偏差大小，计算出增益值，将该增益值与转矩值相乘，得到电力限制值。

17. 车上试验

车上试验时的 S/W 框图如图 7.27 所示。

车上试验分为数据（数字→模拟）传输试验和数据判定与保持试验两个阶段。

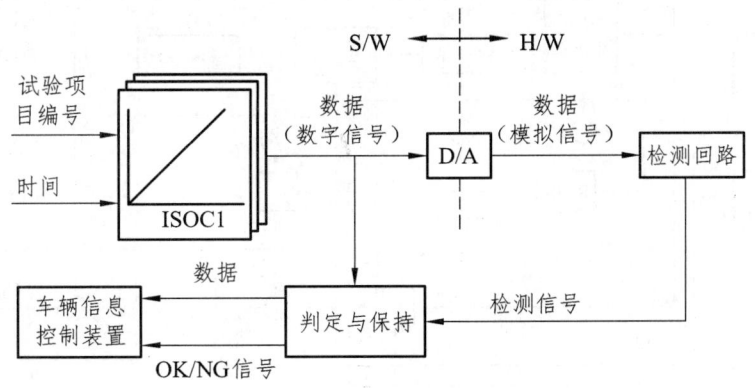

图 7.27 车上试验时的试验框图

（1）数据（数字→模拟）传输：各试验项目数据表按 50 ms 一个周期输出数据。

（2）判定与保持数据：输入检测信号的情况下，检查数据。如当前数据在标准值以内，输出当前数据值和 OK 信号。当数据超出标准值时，输出 NG 信号和当前数据值。

未输入检测信号的情况下，输出 NG 信号和当前数据值（表上的最大值）。试验项目及试验要求见表 7.10。

表 7.10 试验项目及试验要求

试验项目	初期值	增减量	最大值	分辨率
二次过电流 1	24 A	25 A/50 ms	2 999 A	3 000 A/2 048
直流过电压 2	2 160 V	10 V/50 ms	3 560 V	4 000 V/2 048
电机过电流 1（U 相+）	726 A	10 A/50 ms	2 320 A	3 000 A/2 048

18. 脉冲状态转换频率计算

动轮直径为 820 mm 时，各脉冲状态在不同工况下的转换频率见表 7.11。

表 7.11 各脉冲状态对应的转换频率

脉冲状态	异步～5P	5P～3P	3P～1P	U_d
牵引工况	58 Hz	90 Hz	113.5 Hz	2 600 V
再生制动工况	58 Hz	103.5 Hz	130.5 Hz	3 000 V

7.3.5.2 脉冲整流器控制原理

脉冲整流器的控制由恒电压控制、恒电流控制和移相设定三部分组成，其控制原理如图 7.28 所示。

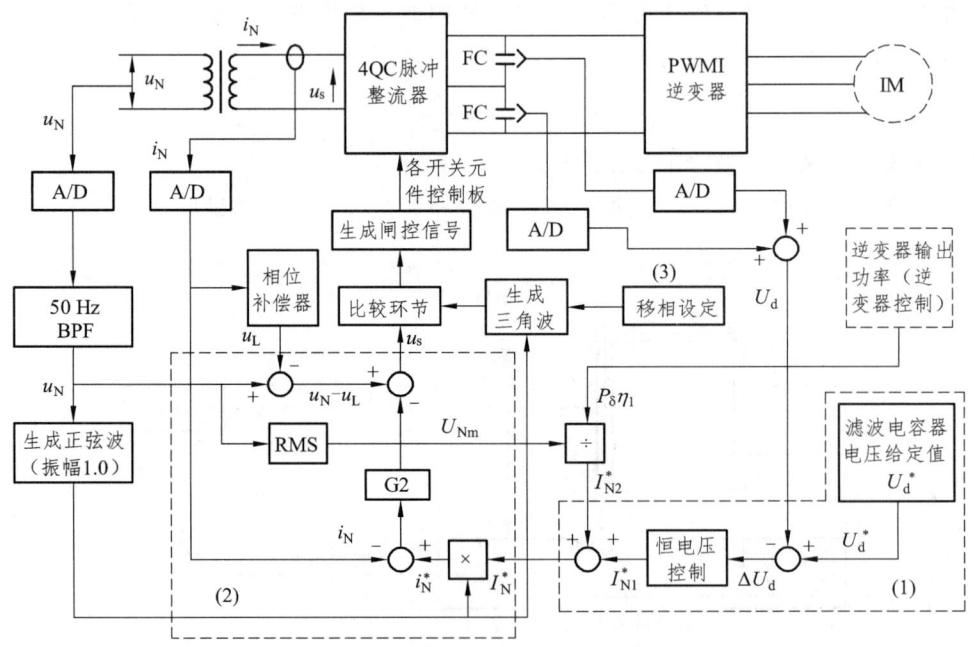

图 7.28 脉冲整流器控制原理框图

1. 恒电压控制

为了使脉冲整流器的输出电压 U_d 与目标值 U_d^* 相一致,需要计算出两者的电压偏差 $\Delta U_d = U_d^* - U_d$,并将其偏差值反馈到恒电压控制单元,进行恒电压控制,如图 7.28 中(1)所示。

把恒电压控制单元的输出值 I_{N1}^* 与来自逆变器输出功率计算所得到的二次电流 I_{N2}^*(脉冲整流器输入电流的一部分)相加,其结果作为脉冲整流器输入电流 I_N^*。

2. 恒电流控制

恒电流控制就是要实现功率因数达到 1,恒电流控制时脉冲整流器各向量关系如图 7.29 所示。

恒电流控制单元需要计算出与 u_N 同相位、幅值与 I_N^* 相同的正弦波瞬时电流给定 i_N^*。然后,还要计算脉冲整流器输入瞬时电流 i_N 与瞬时电流给定 i_N^* 之间的偏差值,以此偏差为基础,结合相位滞后补偿的瞬时电压 u_L 这一因素,可得到脉冲整流器输入端调制电压 u_s,实现功率因数为 1 的控制。其计算式可表示为

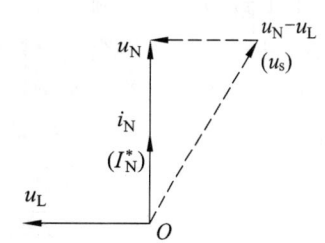

图 7.29 恒电流控制时的向量图

$$u_s = u_N - u_L - (i_N^* - i_N)G_2 \tag{7.17}$$

u_s 是牵引变流器输入电压 u_N 相对于相位滞后的漏电抗电压的瞬时电压。

3. 移相设定

在脉冲整流器控制中,通过改变每组脉冲整流器 PWM 载波的相位,相应提高了开关频率,可有效抑制高次谐波。

移相 90° 时各载波信号的相位变化,如图 7.30 所示。

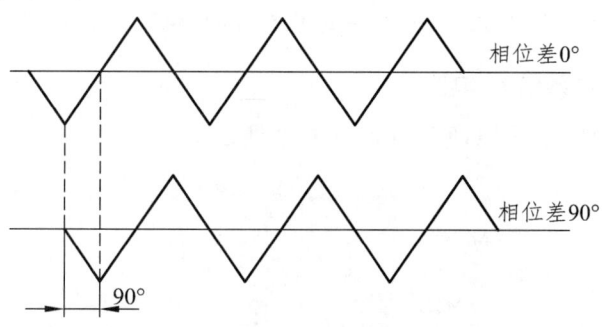

图 7.30 载波相位移相设定

7.4 CRH380AL 型动车组牵引传动与控制系统分析

7.4.1 概 述

7.4.1.1 牵引传动系统的组成

CRH380AL 型动车组牵引系统以 CRH_2 型动车组为基础,采用 14M + 2T 编组型式,为动

力分散型交流传动系统，主要由牵引变压器、脉冲整流器、中间直流环节、逆变器、牵引电机、齿轮传动等组成，以两个动车为 1 个基本动力单元，每个动力单元由 1 台牵引变压器、2 台牵引变流器和 8 台牵引电机构成，其中每台牵引变流器驱动 4 台牵引电机。

列车牵引运行时：受电弓将接触网 AC 25 kV 单相工频交流电，经过相关的高压电气设备传输给牵引变压器，牵引变压器降压输出单相交流电供给牵引变流器，脉冲整流器将单相交流电变换成直流电，牵引逆变器输出电压/频率可调的三相交流电源驱动牵引电机，牵引电机的转矩和转速通过齿轮变速箱传递给轮对驱动列车运行。实现电能到机械能的转换。

再生制动时：控制牵引逆变器使牵引电机处于发电状态，牵引逆变器工作于整流状态，牵引电机发出的三相交流电被整流为直流电并对中间直流环节进行充电，使中间直流环节电压上升。脉冲整流器工作于逆变状态，中间直流回路直流电被逆变为单相交流电，该交流电通过牵引变压器、真空断路器、受电弓等高压设备反馈给接触网，从而实现机械能到电能的转换。牵引系统配置及牵引再生制动流程如图 7.31 所示。

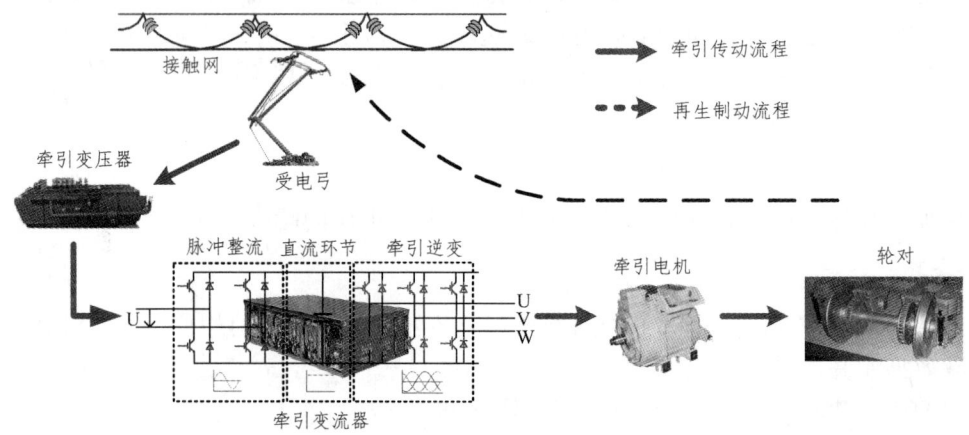

图 7.31　牵引系统配置及牵引再生制动流程

7.4.1.2　牵引传动系统主电路

牵引传动系统主电路结构原理简图如图 7.32 所示。

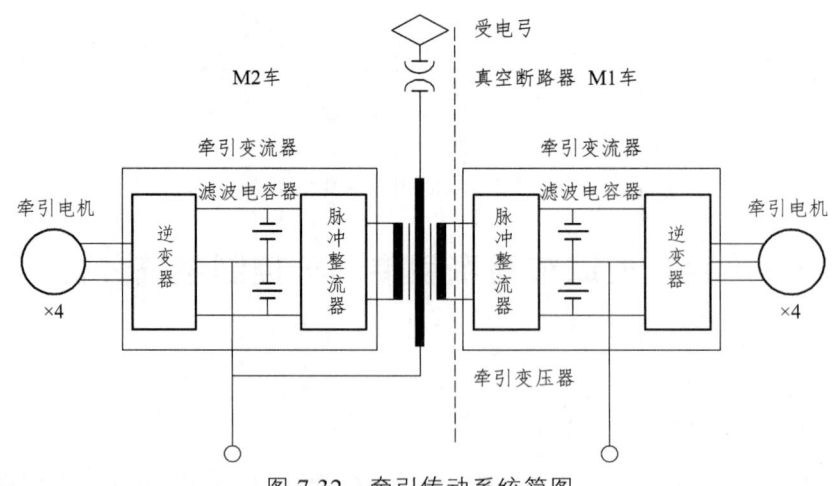

图 7.32　牵引传动系统简图

动车组由受电弓从接触网接受 25 kV、50 Hz 单相交流电,通过真空断路器连接到牵引变压器原边绕组。牵引变压器牵引绕组输出的 AC 1 650 V、50 Hz 电源输入脉冲整流器。脉冲整流器由单相三电平 PWM 变流器、交流接触器 K 组成。采用无触点控制装置实现对输出直流电压定压控制、牵引变压器原边单位功率因数的控制以及故障保护。再生制动时,牵引变流器经过牵引变压器反馈电能。牵引逆变器采用了 VVVF 的控制方式,整流器输入给支撑电容器的直流电压,依据无接点控制装置控制信号,输出变频变压的三相交流电对 4 台并联的电机进行速度、力矩控制。再生制动时牵引电机发出三相交流电,经整流后向支撑电容器输出直流电压。

7.4.1.3 牵引传动系统的布置

CRH380AL 型动车组为 14M + 2T 编组,首尾车辆设有司机室,可双向驾驶,两辆动车组成一个动力单元。正常情况下,两个牵引系统均工作,当一个牵引系统发生故障时,可以自动切断故障源,继续运行。

CRH380AL 型动车组高压分为 2 个单元,1~9 车为一个单元,10~16 为另一单元。两个单元之间相互独立。受电弓布置在 5、13 号车,采用双弓受流。动车组正常运行时,采用单弓受流,另一台备用,处于折叠状态。2~15 号车,车下有牵引变流器和牵引电动机。在 2、4、6、8、10、12、14 号车下装有牵引变压器。1、16 号车为拖车。

7.4.1.4 牵引传动系统的特点

CRH380AL 型动车组牵引传动系统采用交流传动,在牵引变压器、牵引变流器、牵引电机、控制策略等方面有其显著的特点。

(1)牵引变压器采用壳式结构、车体下吊挂安装、油循环强迫风冷,原边采用两组并联结构的绕组,从而增加了每相牵引绕组的容量;牵引绕组为两个独立线圈,确保牵引绕组的高电抗、弱耦合性。

(2)牵引变流器主电路采用两开关功率器件串联与中点带钳位二极管的方案,功率开关器件采用 IPM 智能功率模块或 IBGT 模块。其中 IPM 是将 IGBT 功率器件驱动电路、保护电路等封装在一个模块内的新型电力电子器件,是 IGBT 集成化、智能化的一种应用方式。除具有 IGBT 的优点外,驱动功率小,吸收回路简单,器件模块本身具有检测和自保护功能,可以采用多个并联以增大电流容量。

(3)采用单相三电平 PWM 脉冲整流器,与两电平 PWM 脉冲整流器相比,具有以下优点:每一个功率器件所承受的关断电压仅为直流侧母线电压的一半,在相同的情况下,直流母线电压可以提高一倍,容量也提高一倍;在同样的开关频率及控制方式下,输出电压或电流的谐波大大小于两电平变流器,其总的谐波失真 THD 也远小于两点式变流器;即使在开关频率很低时,其输入侧的电流波形也能保证一定的正弦度。从而减小对通信系统的谐波干扰。

(4)逆变器采用三电平拓扑结构,与两电平逆变器相比,端电压波形包含较少的谐波分量。在一个周期内,两点式逆变器电路只有 8 种状态,而三电平有 27 种,有利于减小相邻电路状态转换时引起的电压和电流波动,从而有利于降低损耗,提高电动机效率,减少转矩脉动。

（5）牵引电机具有良好的牵引特性，可以实现宽范围的平滑调速，使机车起动时发出较大的起动转矩；异步电机结构简单，可靠性高，同直流电机比较，没有因换向引起的电气损耗和机械损耗，没有环火，运行可靠性进一步提高；耐振动、耐风雪，可以在多尘、潮湿等恶劣环境下正常运行；电机过载能力强；转速高，功率/质量比高，有利于电机悬挂；转矩-速度特性较陡，可抑制空转，提高黏着利用率。

7.4.2 CRH380AL 型动车组牵引系统

根据 CRH380AL 高速列车总体技术条件确定的 14M + 2T 编组形式及速度、加速度性能的要求，基于 CRH2 牵引系统平台的可靠性，以 CRH_2-300 平台为基础，通过牵引计算提出 CRH380AL 高速 16 辆编组动车组牵引电机轴输出总功率为 22 400 kW 的牵引系统配置方案如下。

16 辆编组动车组牵引电机轴输出总功率 22 400 kW，齿轮箱传动效率不小于 95%，牵引电传动系统每个牵引单元设 1 台牵引变压器、2 台牵引变流器、8 台牵引电机，每台电机轴输出功率 400 kW。

根据 CRH380AL 高速动车组总体性能技术要求，综合 300 km 动车组京津线牵引计算及试验数据分析，进行牵引计算，得出的牵引再生特性如下。

7.4.2.1 传动比

针对速度提升后牵引电机轴承面临的承受更高转速的问题，通过改变齿轮传动比以提高相同电机转速下轮轴的输出转速，从而降低所需要的牵引电机持续工作转速。

根据核算，按 2.379 的传动比可满足最高运用速度 380 km/h，试验速度 400 km/h 以上的转速要求。

7.4.2.2 牵引性能

基本编组：16 辆编组（14M + 2T）

持续运行速度：350 km/h

最高运行速度：380 km/h

单位运行阻力计算公式：

16 辆编组：$\omega = (3.65 + 0.051\,57v + 0.001\,025v^2)$ （N/t）

运行性能：

- 起动加速度：正常编组、直线平坦线路时速度由 0 加快到 200 km/h 的平均起动加速度为 0.4 m/s² 以上。
- 剩余加速度：正常编组、直线平坦线路、350 km/h 时 0.05 m/s² 以上。

根据上述牵引计算，可以满足 CRH380AL 高速列车速度提升要求，牵引特性曲线如图 7.33 所示。

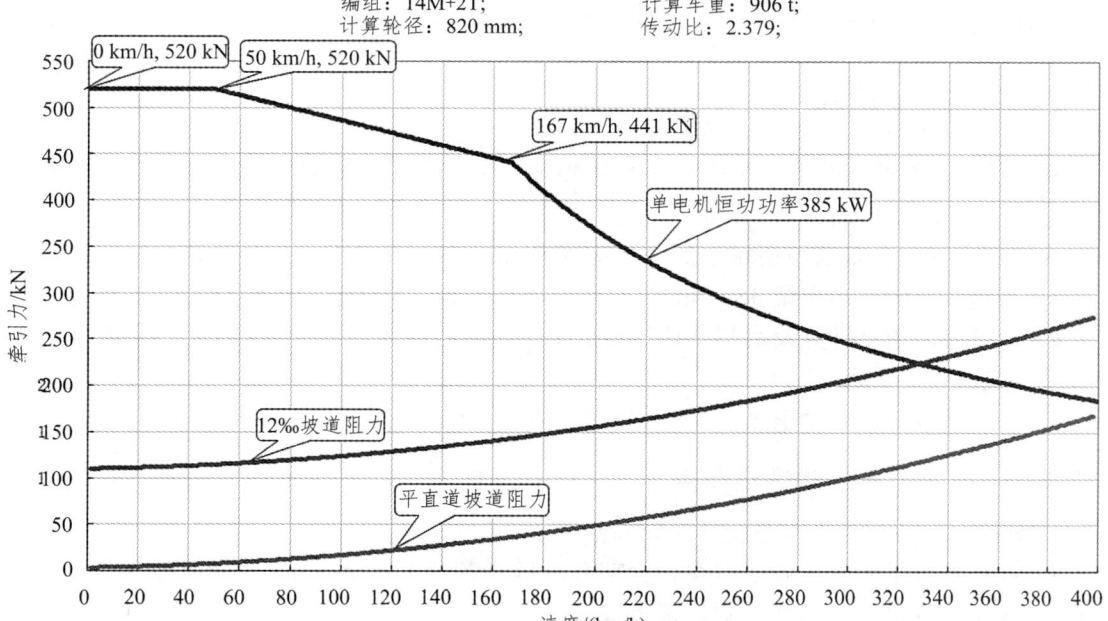

图 7.33 CRH380AL 牵引特性曲线

7.4.2.3 再生电制动性能

单动车再生制动特性曲线如图 7.34 所示。

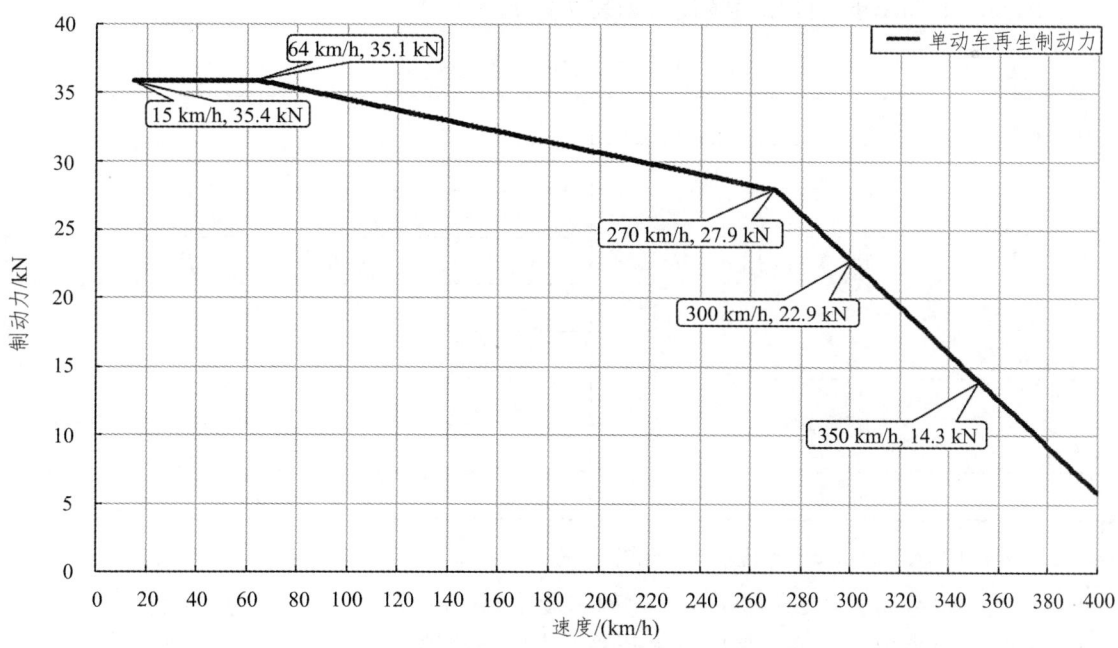

图 7.34 单动车再生制动减速度曲线

全速度区域，再生电制动可以基本满足 M 车 5 级以下（含 5 级）的制动需求。

高速区再生电制动可以满足 M 车 7 级在内的制动需求。

7.4.3 高压电器

新一代动车组高压系统由受电弓、高压隔离开关、网压互感器、保护接地开关、高压电缆及电缆接头组成，给各牵引变压器供电。CRH380AL 动车组采用双弓受流，CRH380AL 动车组采用容量更大、带新型绝缘子的高压隔离开关。

- 高压系统满足动车组 380 km/h 运行及 400 km/h 以上试验的供电能力。
- 通过弓网仿真计算及武广郑西试验，受电弓满足动车组 380 km/h 运行及 400 km/h 以上试验的受流性能要求。
- 高压系统需满足牵引系统单元划分的要求。

7.4.3.1 高压系统的主要特点

CRH380AL 动车组高压系统的主要特点如下：

- 高压系统采用车顶安装方案，大部分高压设备等主要设备布置在车顶。
- 高压电缆接头采用密封式连接形式。
- 电缆接头安装后通过加装保护罩进行防护，具有极高的防雨、雪、冰、雾及防腐蚀性能，同时结构形式具有较好的空气动力学性能。

7.4.3.2 高压系统方案

1. 高压设备的布置

CRH380AL 动车组的高压系统设备如表 7.12 所示。

表 7.12 高压设备列表

设备位置	设备名称
车顶设备	受电弓
	网侧高压电缆组件
	高压隔离开关
	电压互感器
	接地开关
车下高压设备箱	避雷器
	高压断路器
车下设备	电流互感器

2. CRH380AL 动车组高压供电系统方案

动车组受电弓布置在 5、13 号车，每列车设 2 台受电弓，主要高压电气部件有：受电弓、网压互感器、接地保护开关、高压隔离开关、真空断路器及电缆接头等。高压部件技术参数如表 7.13 所示。

表 7.13 高压部件技术参数

型号	额定电流/A
受电弓 TSG19A/DSA380	700
高压隔离开关 BT25.04	500
高压隔离开关 BT25.07	700
电缆接头类型 1	240
电缆接头类型 2	405
VCB	200
接地装置	150

7.4.4 牵引变压器

7.4.4.1 牵引变压器的结构及原理

牵引变压器原边、牵引绕组具有不同的匝数，通过电磁感应作用，原边绕组的电能可传递到牵引绕组，且使原边、牵引绕组具有不同的电压和电流。原边、牵引绕组的电压分别与绕组的匝数成正比，电流分别与绕组匝数成反比。牵引变压器是动车组上的重要部件，用来把接触网上取得的 25 kV 高压电变换为供给牵引变流器及其他电器工作所适合的电压。

7.4.4.2 牵引变压器的特点

CRH380AL 型动车组牵引变压器，其工作原理与普通电力变压器相同。但由于动车组变压器工作条件的特殊性，CRH380AL 型动车组牵引变压器又具有如下特点：

（1）具有坚固的机械结构，耐机械振动和冲击；
（2）体积小、质量小。

变压器采用壳式铁心，其油箱紧包变压器铁心及线圈，使得变压器内部结构紧凑，减小了变压器的尺寸及质量。其原边、牵引线圈采用铝质线圈；电磁线电密大，用量小，同时取消了牵引绕组滤波电抗器。

其牵引绕组为 2 个独立绕组，每个绕组与一台牵引变流器连接，确保牵引绕组的高电抗和疏耦合性，两牵引绕组与各自的高压线圈耦合，相互影响很小，牵引变换装置具有稳定运行的特性。另外，为对应于每个牵引绕组的增容，原边绕组配置了 2 个并联的线圈。

接触网电压变动范围大，受大气过电压和操作过电压等的影响，要求其具有较大的工作范围及较好的绝缘性能。

冷却绝缘介质采用无色透明的合成油——硅油，不含任何添加物、悬浮物等有害物质，具有较好的环保性能。

7.4.4.3 牵引变压器技术参数

牵引变压器具体实施方案技术参数如下表 7.14 所示。

表7.14　牵引变压器技术参数

项目	单位	CRH380AL 高速列车		
绕组	—	高压	牵引	辅助
容量	kV·A	4 174	1 827×2	520
电压	V	25 000	1 658	400
结构方式	—	单相、壳式、无压全密封结构		
冷却方式	—	油循环风冷方式（KDAF）		

7.4.5　牵引变流器

7.4.5.1　牵引变流器的结构及原理

CRH380AL 型动车组牵引变流器（以下简称变流器）由单相三电平脉冲整流器、中间直流电路、三电平逆变器、真空交流接触器等主电路设备以及牵引控制装置、控制电源等控制设备组成。上述设备安装在 1 个箱体内，为减轻质量，箱框采用铝合金结构。每个动车设置一台牵引变流器,每台变流器驱动 4 台并联牵引电机。牵引变流器主电路功能框图参见图 7.35 所示。

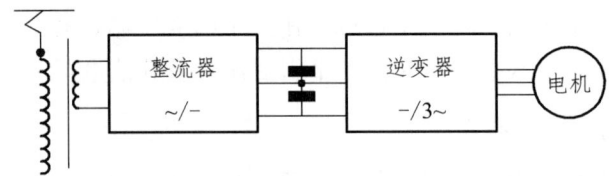

图 7.35　CRH380AL 型动车组牵引变流器主电路功能框图

牵引变压器牵引绕组输出的单相交流电，通过三电平 PWM 脉冲整流器变换为直流电，经中间直流回路将直流电输出给牵引逆变器，牵引逆变器输出电压、频率可调的三相交流电驱动牵引电机。三电平逆变器采用异步调制、5 脉冲、3 脉冲和单脉冲相结合的控制方式。变流器取消了中间直流回路的二次滤波环节，牵引变压器不需设置二次滤波电抗器，使得二者重量均得到大幅度降低。

7.4.5.2　牵引变流器的特点

与传统两电平脉冲整流器相比，CRH_2 型动车组脉冲整流器具有以下优点：

（1）在同样的开关频率及控制方式下，三电平脉冲整流器输出电压或电流的谐波大大小于两电平脉冲整流器。

（2）三电平脉冲整流器输入侧的电流波形即使在开关频率很低时，也能保证一定的正弦度。

（3）牵引电机控制采用矢量控制方式，以提高转矩控制精度、响应速度及电流控制性能。

7.4.5.3　牵引变流器主要参数

硬件部分基本与 CRH_2 型动车组牵引变流器保持不变，仅对部分电气参数进行了优化。牵引变流器主要技术参数如下表 7.15 所示。

表 7.15　牵引变流器主要技术参数

项目	参数
逆变器输出	1 553 kW
单相输入	AC 1 650 V、50 Hz
三相输出	AC 2 300 V、448 A

7.4.6　牵引电机

7.4.6.1　牵引电机结构及原理

CRH380AL 型动车组牵引电机，每辆动车配置 4 台牵引电机（并联连接），一个基本动力单元共 8 台，全列共计 16 台。

牵引电机由定子、转子、轴承、通风系统等组成。牵引电机采用转向架架悬方式，机械通风方式冷却，所有牵引电机的外形尺寸、安装尺寸和电气特性相同，各动车的牵引电机可以实现完全互换。

7.4.6.2　牵引电机的特点

同直流电机相比，三相异步电机有着显著的优越性能和经济指标，其持续功率大而体积小、质量小。具体地说有以下优点：

（1）功率大、体积小、质量小。由于没有换向器和电刷装置，可以充分利用空间，同时在高速范围内因不受换向器电机中电抗电势及片间电压等换向条件的限制，可输出较大的功率，再生制动时也能输出较大的电功率，这对于发展高速运输是十分重要的。

（2）结构简单、牢固，维修工作量少。三相交流牵引电机没有换向器和电刷装置，无需检查换向器和更换电刷，电机的故障大大降低。特别是鼠笼形异步电机，转子无绝缘，除去轴承的润滑外，几乎不需要经常进行维护。

（3）良好的牵引特性。由于其机械特性较硬，有自然防空转的性能，使黏着利用率提高。另外，三相交流异步电机对瞬时过电压和过电流不敏感（不存在换向器的环火问题），它在启动时能在更长的时间内发出更大的启动转矩。合理设计三相交流牵引电机的调频、调压特性，可以实现大范围的平滑调速，充分满足动车组运行需要。

（4）功率因数高，谐波干扰小。其电源侧可采用四象限变流器，可以在较广范围内保持动车组电网侧的功率因数接近于 1，电流波形接近于正弦波，在再生制动时也是如此，从而减小电网的谐波电流，这对改善电网的供电条件、减小通信信号干扰、改善电网电能质量和延长牵引变电站之间的距离十分有利。

7.4.6.3　牵引电机技术参数

牵引电机实施方案技术参数参见下表 7.16 所示。

表 7.16　牵引电机技术参数

项目	参数
额定功率/kW	365
额定电压/V	2 000
额定电流/A	130
额定频率/Hz	140
额定转速/(r/min)	4142

该牵引电机在 CRH$_2$-300 动车组地二阶段项目中进行型式试验及地面组合试验，并通过线路运行试验、跟踪试验进行验证。实际运用表明，CRH380AL 动车组牵引高压系统从牵引加速性能、牵引高压系统匹配性能、部件运行性能、可靠性等方面均能够满足 CRH380AL 动车组的技术要求。

7.5　CRH380BL 型动车组牵引传动与控制系统分析

7.5.1　牵引控制

7.5.1.1　概　述

在每一个牵引单元中有两个动车。每一个动车有一个牵引变流器和一个牵引控制单元（TCU），四个牵引电动机并联提供牵引。每个牵引变流器主要由两个四象限斩波器（4QC），一个带有串联谐振电路的直流环节电压电路，一个制动斩波器（BC）和一个脉宽调制的电机逆变器（PWMI）构成。直流环节电压给列车供电模块提供电源，列车供电模块位于牵引变流器箱外部，它给列车辅助供电系统和车载设备包括牵引系统的辅助设备如泵、风扇等供电。甚至当受电弓降弓后，当列车的运行速度高于牵引电机能量再生所需的某一最低转速，列车供电模块也能给上述系统供电。如图 7.36 所示为牵引系统示意图。

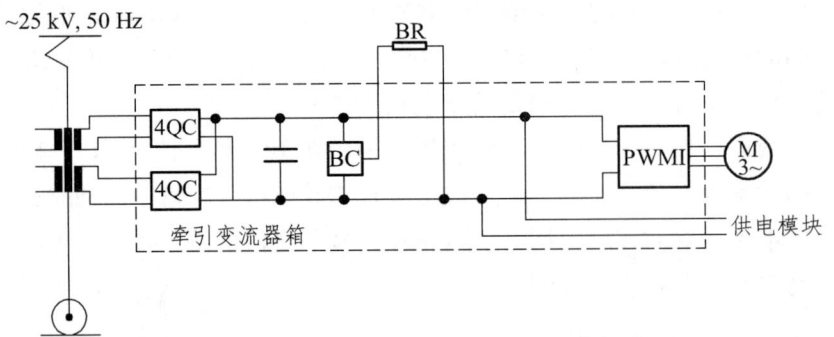

4QC—四象限脉冲整流器；BC—制动斩波器；BR—制动电阻；PWMI—脉冲宽度调制的电机逆变器。

图 7.36　牵引系统的基本图示

7.5.1.2 牵引控制单元

1. 牵引控制单元功能

牵引控制单元（TCU）是铁道车辆上采用微机控制技术的、模块化的控制单元。它是 SIBAS ®32（西门子 32 位微处理器铁路自动系统/Siemens Bahn Automatisierungs System mit 32 Bit Mikroprozessor = Siemens rail automation system with 32 bit microprocessor）的一个组成部分，并且符合 IEC 60571，EN 50121-3-2，EN 50124-1，EN 50155 标准。

TCU 控制、调整、监测列车的牵引部件。作为动力单元的一部分，它的主要功能如下：

（1）调节指定的牵引力或者（电的）制动力，调节牵引变流器的 DC-link 的电压，向牵引变流器发出控制信号，如：为闭环控制采集模拟量；测定电机速度；为基于磁场定向的矢量控制而检测转子磁通量的幅值和相角；为电机逆变器（PWMI）的输出提供一个三相电压的基波变量的幅值和频率；开关时间根据运行范围选择相应的调制方法计算。根据运行范围采用两种不同的调制方法，比如在低速范围内采用异步调制，运行频率通常保持不变，但也可在容许极限内根据需要改变；中高速采用分段同步调制等。

（2）控制开关单元，例如，预充电接触器和线路断路器开关。

（3）监视和保护变流器，牵引电机以及其他牵引部件。

（4）车轮滑动/空转保护。车轮滑动/空转保护系统 确保了轮-轨力的高效传递，依靠持续的车轮滑动控制、车轮加速度的限制、基准速度的确定来实现。通过对传感器故障的可靠诊断和对车轮滑动/空转保护系统的监控确保不出现车轮抱死和空转的现象，减少铁轨和轮对的磨耗。

（5）提供与牵引相关的诊断数据。为了支持维修和提高有效性，TCU 装备了诊断存储器。

（6）通过 MVB，与 CCU、BCU、司机 MMI 和供电模块等进行数据交换。

2. 牵引控制单元结构

牵引控制单元有许多单层和双层符合欧洲标准的模块组成。通过内置式轴流风扇完成通风任务，牵引控制单元的结构如图 7.37 所示。

牵引控制单元主要由一个带有 32 位 Intel80486 微处理器的中央处理单元和两个附属的信号处理器（SIP）组成。信号处理器实现所有实时牵引控制功能和变流器控制功能，因此减轻了中央处理单元的大部分数据处理功能。

中央处理器单元控制牵引系统更高级别的功能。外部命令如牵引/制动指令在这里处理并且为变流器设置预置控制指令。在预置控制指令中，考虑了列车运行中的动态限制参数，如过热、欠压或过压。

信号处理器经过内部总线从中央处理单元接收变流器的控制预置命令。在完成电压/频率（U/f）的转换后，实际值作为频率信号直接读入信号处理器。信号处理器利用数字控制算法确定必须的设置并产生控制脉冲。

TCU 的实时控制功能，如变流器保护或处理器监控（如看门狗）由特殊的监控模块（硬件）完成，负责监控和保护变流器的模块（UWS）连接到信号处理器模块上的触发脉冲发生器和变流器内的控制管之间。

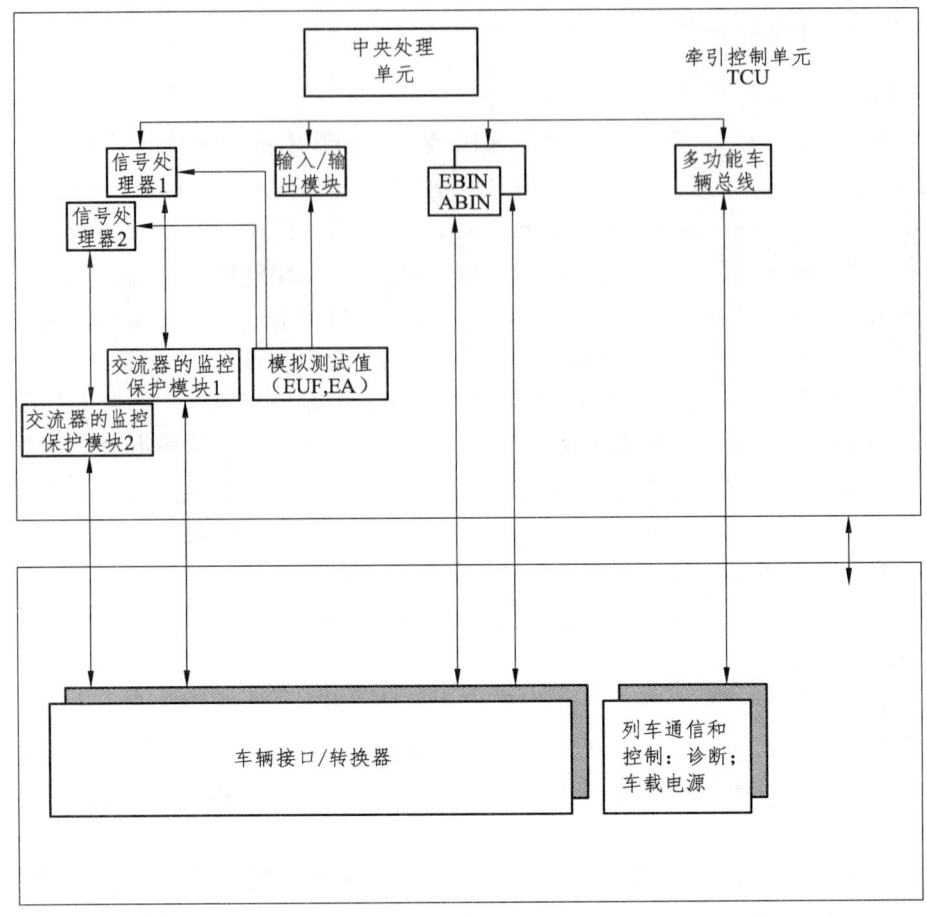

图 7.37　TCU 结构图

操作系统存储在 SIBA®32 控制单元的主存储器中，负责系统的启动、事件级别的管理、处理器意外操作故障处理和硬件的中断。操作系统通过串口与用户维护用的 PC 设备进行通信并执行它的命令。中央处理器单元的应用软件完成高级的牵引控制功能。子处理器（信号处理器，SIP）的应用软件完成变流器的实时控制功能，它根据其控制的变频器类型进行设计（如四象限斩波器、脉宽调制变频器）。

3. 用户监测

在中文 Windows 操作系统下运行"用户监测 SIBAS®32"软件可以把应用软件和操作系统装入到处理器模块，并能访问牵引控制单元的内部诊断系统。

4. 列车通信和控制接口

牵引控制单元作为 MVB 的一部分，通过 MVB 与几个控制设备如 CCU、BCU、MMI 和辅助变流器进行数据交换。它的主要通信对象和它们在牵引控制单元中的主要功能如下。

① CCU：协调动车组的牵引力，完成车辆的基本功能。
② BCU：协调制动功能，为再生制动预置制动力。
③ 车载电源：通过牵引变流器协调供电模块的电源。

一些外围输入和输出的模块，也叫作 KLIP 站，与司机的 MMI 通信以显示运行参数和诊断信息，在与牵引控制单元进行数据交换方面也是很重要的。

在 CRH380BL 型动车组的两个端车以及 VC03/IC06/IC08/BC09/IC11/IC14 车的 8 个牵引变流器，在每个牵引变流器中都有一个牵引控制单元。主控 CCU 通过车辆总线（MVB）针对牵引系统向 TCU 发出设定值，并通过 TCU 从牵引系统接收状态信息。牵引装置控制的重要信号由 TCU 直接通过输入/输出通道读入和发出，如图 7.38 所示。

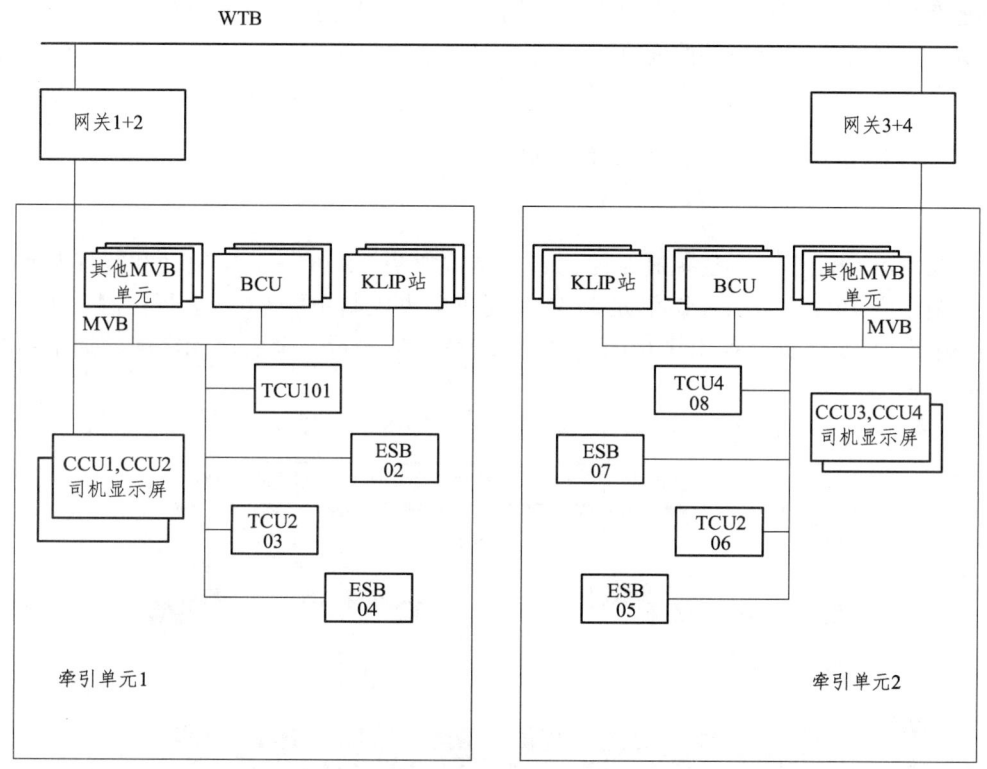

BCU—制动控制单元（Break Control Unit）；CCU—中央通信单元（Central Communication Unit）；ESB—供能块（Energy Supply Block）KLIP-KLIP 站（KLIP Station）；MVB—多功能车辆总线（Multifunction Vehicle Bus）；TCU—牵引控制单元（Traction Control Unit）；WTB—绞线式列车总线（Wire Train Bus）。

图 7.38　TCU 与列车通信和控制系统之间的接口

7.5.2　制动控制

CRH380BL 型动车组的制动系统由电制动系统（动车）、空气制动系统（包括电控直通空气制动和备用的自动空气制动系统）、防滑装置和制动控制装置等组成。动车组制动系统具有与车载列车运行速度控制系统的接口，采用电空联合制动模式，电制动优先。正常情况下制动系统的控制是通过每个司机台上制动控制器的手柄或 ATC 装置进行，系统能够基于预先设定（由制动控制器手柄的位置或者由信号系统进行定义）的制动模式曲线控制列车的减速或者停车。

CRH380BL 型动车组每个动车都可实施再生制动。动车组实施再生制动时，控制系统将三相异步电动机转换为发电机工作，将列车运动的动能转变为电能反馈回电网。当再生制动力无法施加或不足时由拖车和动车的电空制动进行补充；电制动可单独使用或与空气制动一起使用。与空气制动一起使用时，将优先运用电制动，可以减轻车辆的空气制动负荷，从而减少其机械制动部件磨耗。

CRH380BL 型动车组使用的空气制动系统包括直通式空气制动系统和自动式空气制动系统。CRH380BL 型动车组使用的直通式空气制动系统采用电子控制，可按制动模式曲线控制列车减速或停车。安装在每个车上的微机制动控制单元负责执行本车的制动控制功能，包括接收和处理制动控制手柄或信号系统发出的制动指令，以及其他用于列车制动控制的重要信息。制动控制系统遵守故障导向安全原则，当出现影响行车安全的故障时会自动实施紧急制动停车。直通制动系统不能正常工作时，通过手动转换，可启动备用的自动空气制动系统。

7.5.2.1 电空制动系统的组成及功能

1. 组　成

CRH380BL 型动车组电空控制系统的基本结构如图 7.39 所示，电制动和空气制动的协调由制动控制单元 BCU、牵引控制单元 TCU 和列车中央控制系统 CCU 进行控制。在一个牵引单元（4 辆车）内，数据交换由多功能车辆总线 MVB 来完成，牵引单元之间的通信由列车总线 WTB 支持。

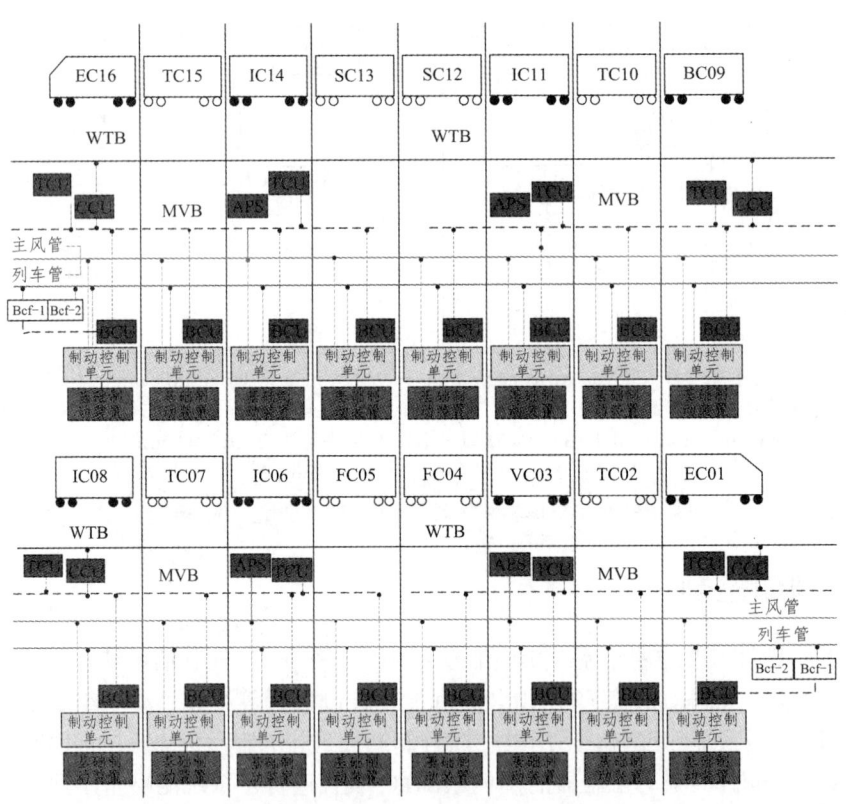

WTB—列车总线；APS—压缩空气供给系统；MVB—多功能车辆总线；MRP—总风管；
BP—列车管；CCU—中央控制单元；TCU—牵引控制单元；
BCU—制动控制单元。

图 7.39　制动控制系统的基本结构

其中，与控制系统相关的重要功能如紧急制动、旅客紧急制动、停放制动、停放制动监控、缓解，分别由图 7.40 所示的电气控制线或电气安全回路激活和监控。

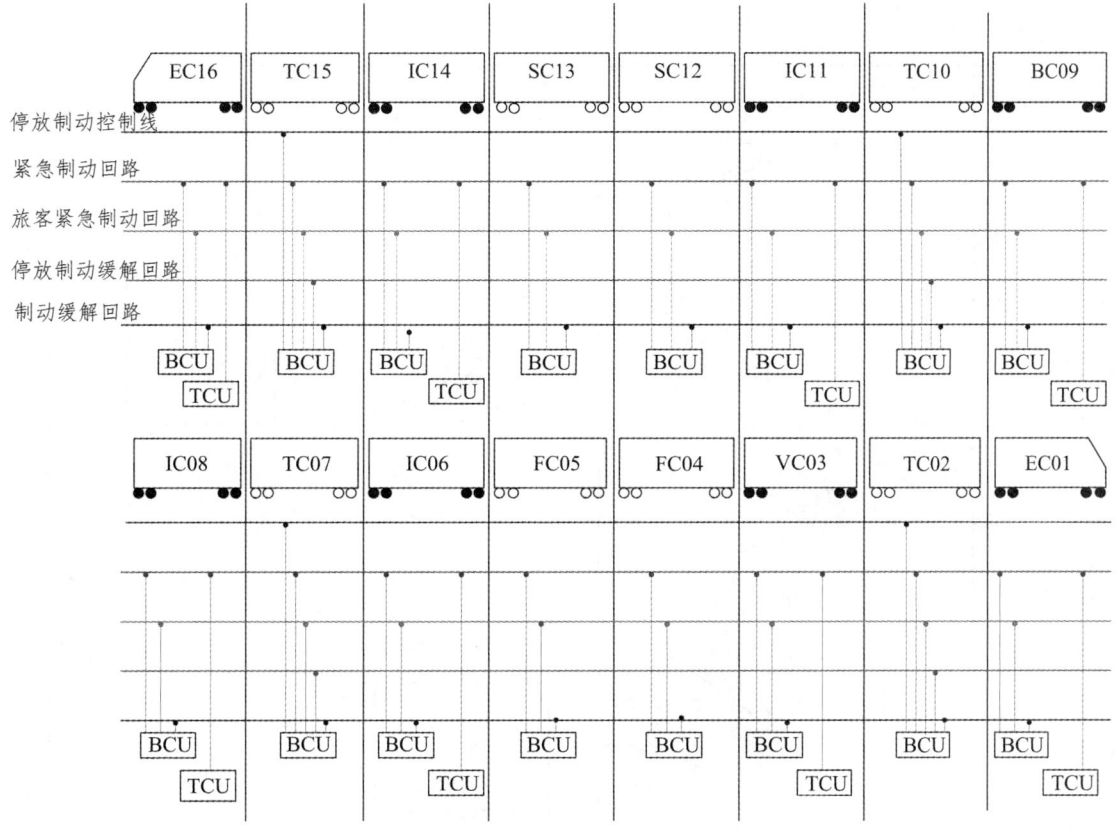

图 7.40　重要功能的控制线和安全回路

每辆车直通电空制动和备用的自动空气制动控制系统的设计理念如图 7.41 所示。直通电空控制和自动空气制动的主要部件包括制动控制手柄、制动控制单元 BCU、紧急制动回路、电磁阀、列车管、控制自动空气制动的分配阀、中继阀、风源、总风缸、总风管、制动风缸及制动缸等。

每列车配有两个压缩空气供应单元（每个单元各用一个空压机），向总风缸供风。因车与车之间的制动功能是独立的，每个制动控制单元有独立的制动风缸；为防止空气倒流进总风缸，制动风缸与总风缸之间装有止回阀。

电磁阀部分 BAV、BRV、EBV 激活直通制动，自动制动分配阀 DRDV 激活自动空气制动。直通制动电磁阀和分配阀都可产生制动缸预控制压力，双向止回阀 DCV 能确保高的预控制压力转化为实际的制动力。

中继阀 RV 可通过预控制压力 C_V 调节制动缸压力 C；中继阀起到了增加制动空气风量的作用。为了防止制动盘的过负荷和轮轨之间的作用力超过黏着力，要根据不同的速度，使紧急制动力分步施加，即高速（$v>200$ km/h）运行时的制动力比低速（$v<200$ km/h）时的要低。紧急制动时，利用中继阀控制压力 T 实现分步，改变中继阀的输出压力。

常用制动时使用直通电空制动，紧急制动时可使用直通制动和自动空气制动。

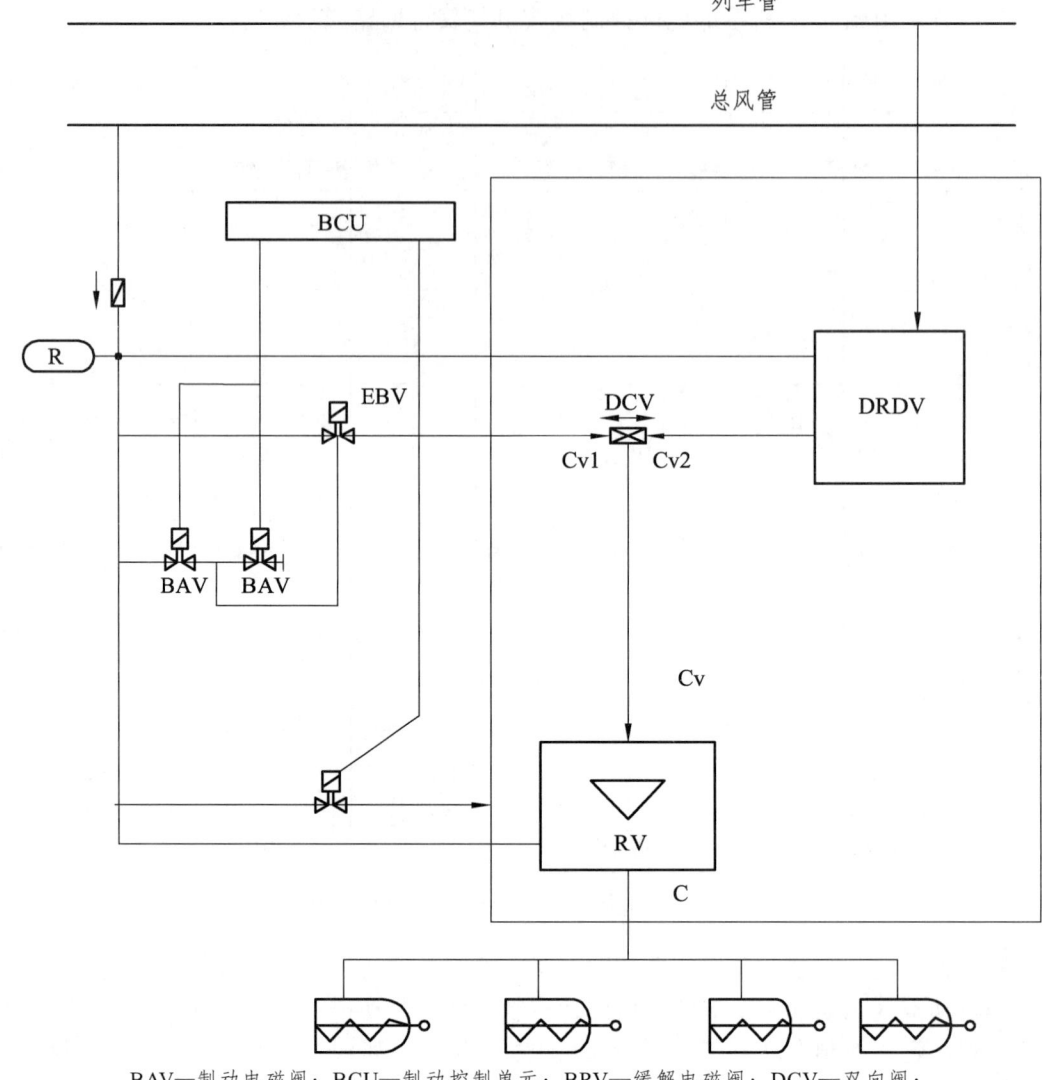

BAV—制动电磁阀；BCU—制动控制单元；BRV—缓解电磁阀；DCV—双向阀；
DRDV—间接制动分配阀；EBV—紧急制动电磁阀；RV—中继阀。

图 7.41　控制系统

2. 功　能

制动系统能实现紧急制动、常用制动、停放制动和防滑控制等基本功能。常用制动优先使用无磨耗的电制动；紧急制动时，各轴均采用空气制动，动轴上另加电制动。电制动通过微机控制的车载控制设备（中央控制单元 CCU、牵引控制单元 TCU 和制动控制单元 BCU）无级控制。再生制动是否可行取决于列车控制系统监测到的接触网电压状态。电制动不可用或故障时，制动力由动轴上的空气制动代替；在这种情况下，也必须满足紧急制动的要求。在速度为 0～10 km/h 的低速范围内必须施加空气制动代替电制动，以保证从电制动转换到空气制动时较小的冲击。空气制动由电子制动控制单元 BCU 进行无级控制。

7.5.2.2 紧急制动控制

在紧急制动过程中，产生最大制动力和最大减速度。紧急制动时，存在以下几种模式，这些模式将产生不同的制动特性。这些模式是按照优先程度排列的，具体的模式由车辆的控制系统自动选择。

（1）R + E100%（空气制动 + 100%电制动）。

（2）直通电空控制，这种制动模式不依赖于电网电压。

第一种制动模式通过电空控制和再生制动的协作实现。这是优先选用的模式，因为它能减少摩擦制动并实现能量回收。在约 5 km/h 时，再生制动被空气制动代替。在电制动有效的情况下（制动模式 R + E100%），无论是动轴还是拖轴的制动缸，从最大速度到最终列车停止的各个速度等级下都保持较低的压力（图 7.42）。

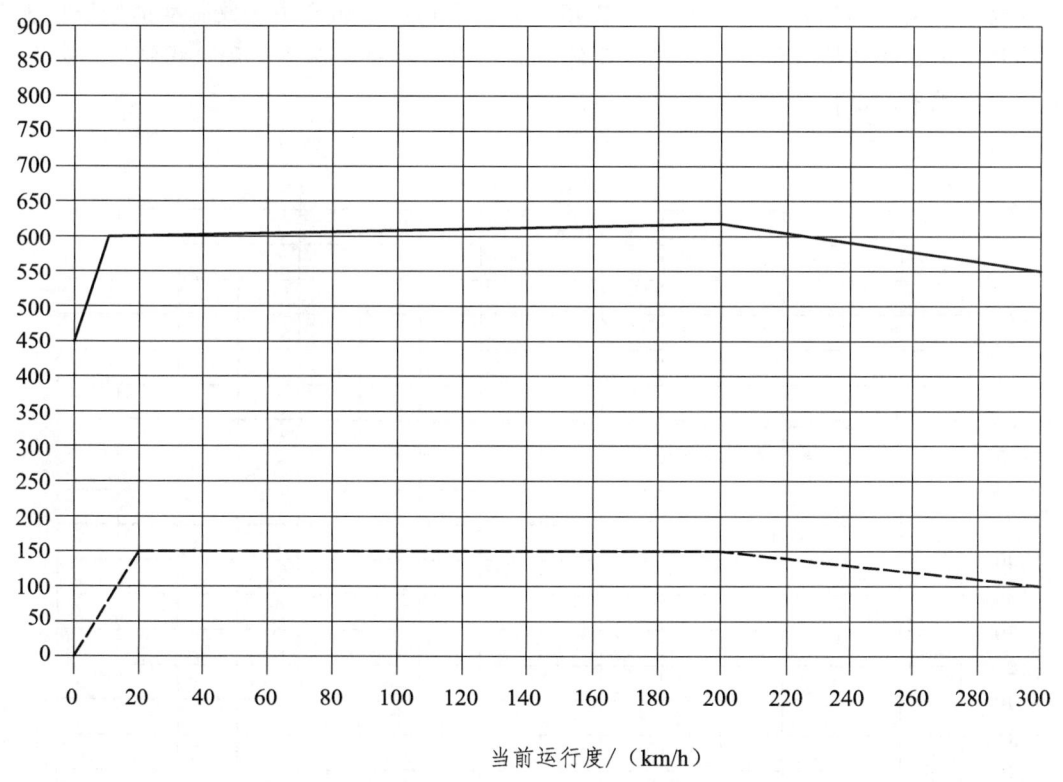

图 7.42　R + E100%制动模式的制动力

第二种制动模式的制动力施加情形如图 7.43 所示。

7.5.2.3 停放制动控制

CRH380BL 型动车组的每个变压器车轴都具有一套弹簧停放制动装置。该装置由司机通过按钮控制，可使列车在无压缩空气时安全停放在 30‰的坡道上不发生溜逸。

在停放控制单元缸里，制动通过弹簧力实施，无需空气压力。停放制动的缓解是采用压缩空气来抵消机械弹簧力。为了允许停放制动的紧急缓解，在变压器转向架的两侧提供了紧急缓解拉索。通过每车的紧急缓解装置和独立、易控的空气截断塞门能够切除发生故障的停放制动。

停放制动装置的抗溜逸安全系数约为1.2（即弹簧停放制动装置产生的制动力与下滑力之比不低于1.2；这种情况适用于空车）。

停放制动装置的控制原理如图7.44所示。实施制动时，停放控制单元制动缸通过电磁阀（H25）来排风；缓解时，激活一个双稳态电磁阀（H25）为弹簧制动缸充风。

当电源失灵时，双稳脉冲电磁阀保持最后一次设置。这就保证了列车在电源故障时停放制动不会无意中被应用或缓解。

停放制动装置的控制信号传输如图7.45所示。由司机按钮产生停放制动信号，并在停放制动控制线里直接转换为信号。通过这些停放制动电气线将"制动"和"缓解"信号分配到整列车上的本地制动控制单元。

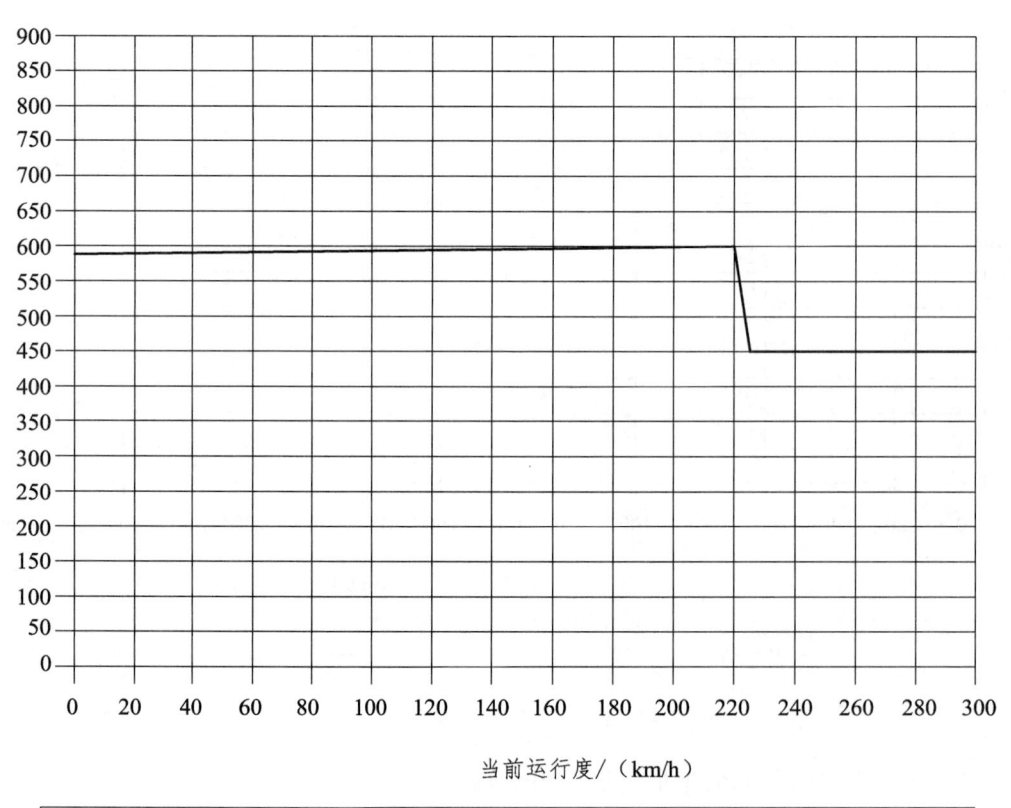

图7.43 R制动模式的制动力

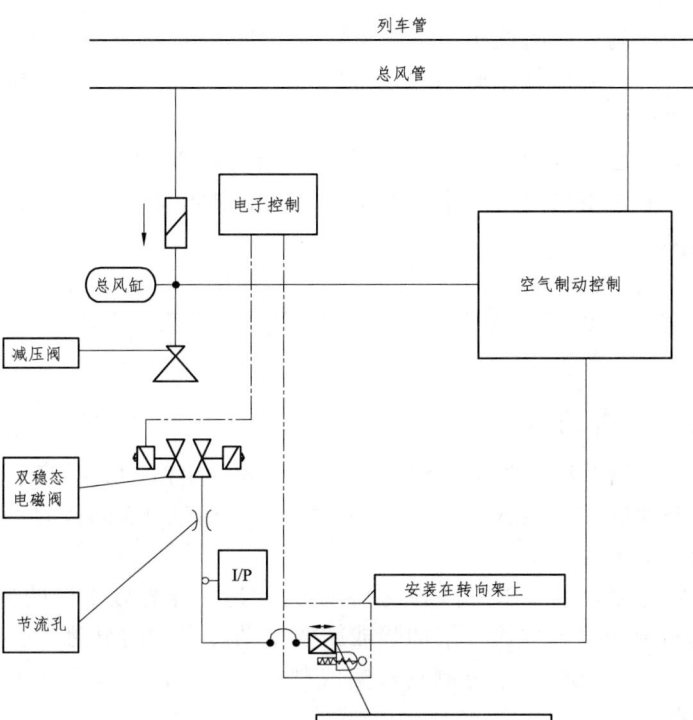

图 7.44 停放制动的控制原理

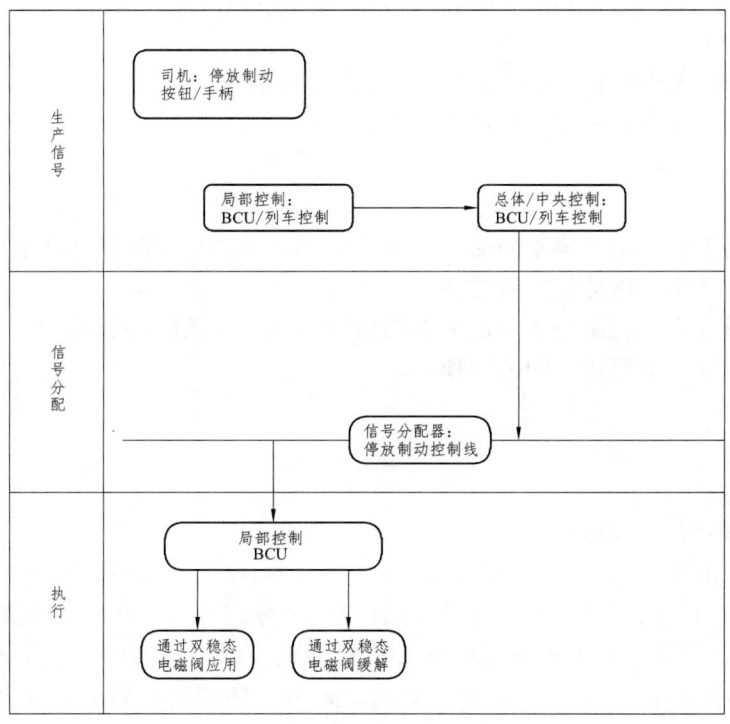

图 7.45 停放制动装置指令的传输

当空气制动和停放制动同时使用时，空气制动产生的制动缸压力通过双向止回阀H28向停放制动单元缸加压，这就使得停放制动缓解到与空气制动实施的同等程度，因此可以预防转向架设备机械性负荷过载。

每辆车停放制动状态可以通过压力传感器检测，再由"MVB"和"WTB"报告传给司机。在列车运行期间，如果检测到应运了停放制动，为防止损坏制动盘，BCU会触发停放制动监视回路实施紧急制动。

当司机在停放制动状态启动列车时，停放制动监视回路也会被触发。如果BCU检测到移动（非静止）信号，在低速时就会启动紧急制动。当紧急制动启动时，牵引系统也将被锁死。

7.5.2.4 超速防护制动控制

ASC（速度自动控制系统）为牵引和制动装置生成设定值，从而使车辆能够达到规定的设定速度并保持在该速度。使用ASC来执行制动操作可通过 0.5 m/s^2 的平均减速度实现。标准减速度在两种情况下会改变。

（1）在达到设定速度之前ASC持续减少制动力，这意味着以平稳的方式达到设定速度。

（2）使用特定的制动调节方式，来加强或减弱制动过程中的显著速度变化。

为了达到制动效果，ASC控制电制动和空气制动系统，在二者之间进行制动力的合理分配，并优先使用电制动。

7.5.2.5 制动管理

CRH380BL型动车组制动管理的整体功能需列车的电子系统的控制，重要部件需要冗余，例如，WTB/MVB、CCU、TBM、SBM。在列车控制系统故障的情况下，可以通过紧急制动（直通和自动制动）停车。

在CRH380BL型动车组中可提供下列功能的制动管理：

① 将制动命令发布到不同的制动系统中。
② 直通空气制动。
③ 电制动。
④ 来自制动手柄、ATP等不同命令输入的处理，并产生实际制动请求。
⑤ 列车制动系统可用性的在线监督。
⑥ 通过重新分步制动命令来补偿失效的或隔离的制动系统的制动力。
⑦ 三种常用制动子模式之间的转换。
⑧ 正常制动。
⑨ 比例制动。
⑩ 踏面清扫。

（1）制动管理的基本原理。

前导头车的BCU起到"制动管理器"的作用。例如，它要确保列车上不同制动方式的所有可用制动（电制动和空气制动）减速设置点的分配（紧急制动和弹簧储能制动除外）。

信号必须通过车辆总线（WTB和MVB）在CCU、BCU和TCU之间交换，来控制各种制动方式，并在制动机发生故障时调整制动力。此外，还能通过列车线传递一些与安全相关功能的数字信号。

（2）制动管理的特点。

CRH380BL型动车组的制动管理具有以下特点：

① 确保在最优化的磨损和能量功效条件下使用。

② 自动制动力的分配遵照制动力控制器的制动请求或者通过自动速度控制（ASC）的制动请求。

③ 在单机和双机重联时，设定值和实际值在控制元件和动车组中的列车节之间的综合通信。

④ 具有自动制动试验的综合诊断。

与安全相关的程序和信号通过常规的数据传输途径（电线、电缆）传送，使这些安全相关的程序和信号独立于经由总线的数据传输。

（3）电空制动与电制动之间的匹配关系。

制动管理系统由电制动的控制系统和电空制动的控制系统组成，用来在最小磨损的状态下进行制动。这意味着优先使用再生制动，并在电制动不足时使用空气制动补足。

制动管理系统在控制系统和相应软件下执行，制动管理本质上基于车辆控制系统CCU、TCU、BCU等控制单元的计算能力和数据通信。

（4）制动力的分配。

根据制动子模式由TBM或由ASC计算不同制动系统之间的制动力分配。TBM为两个制动系统计算制动要求的设定值。制动要求设定值应适用于列车范围内的所有牵引单元。ASC和TBM需要不同制动系统可获得的实际最大制动力的信息。根据车辆实际载荷，局部TCU和BCU应计算可获得的最大制动力。

① 动车的制动力分配。制动力必须平均分配到头车和中间车的车轴上。这取决于电制动和空气制动。如果所有的牵引电机都是完好无损的才可以实施电制动。设置点取决于质量、黏着特性曲线和司机或运行控制系统要求的制动力设置点。

② 拖车的制动力分配。拖车的制动力设置点必须仅取决于电空制动和规定的制动力曲线、质量、黏着系数曲线和司机或运行控制系统要求的制动力设置点。

（5）制动力分配规则。

列车的制动力分配应用以下两条规则：

① 轮轨间黏着系数的最佳应用。

② 空气制动（电空制动）的磨损最低。

制动管理器根据运行控制系统或司机的要求，以及单个制动机（电制动和电空制动）可用性和规定的电/电空制动力曲线计算所需的制动力，将此制动力优先由电制动承担，不足部分由电空制动补充。

如果电制动装置发生故障，不足的电制动力由列车中其他的电制动来实施；如还达不到要求，可使用空气制动，一直达到黏着力极限值。空气制动力被平均分配到所有的车厢里，直到黏着极限，以使空气制动装置均匀磨耗。

（6）制动管理的分层。

列车通信系统的分层结构导致列车制动控制的分层结构。此结构主要由制动控制部件、分段制动管理（SBM）和列车制动管理（TBM）三个级别构成，如图7.46所示。

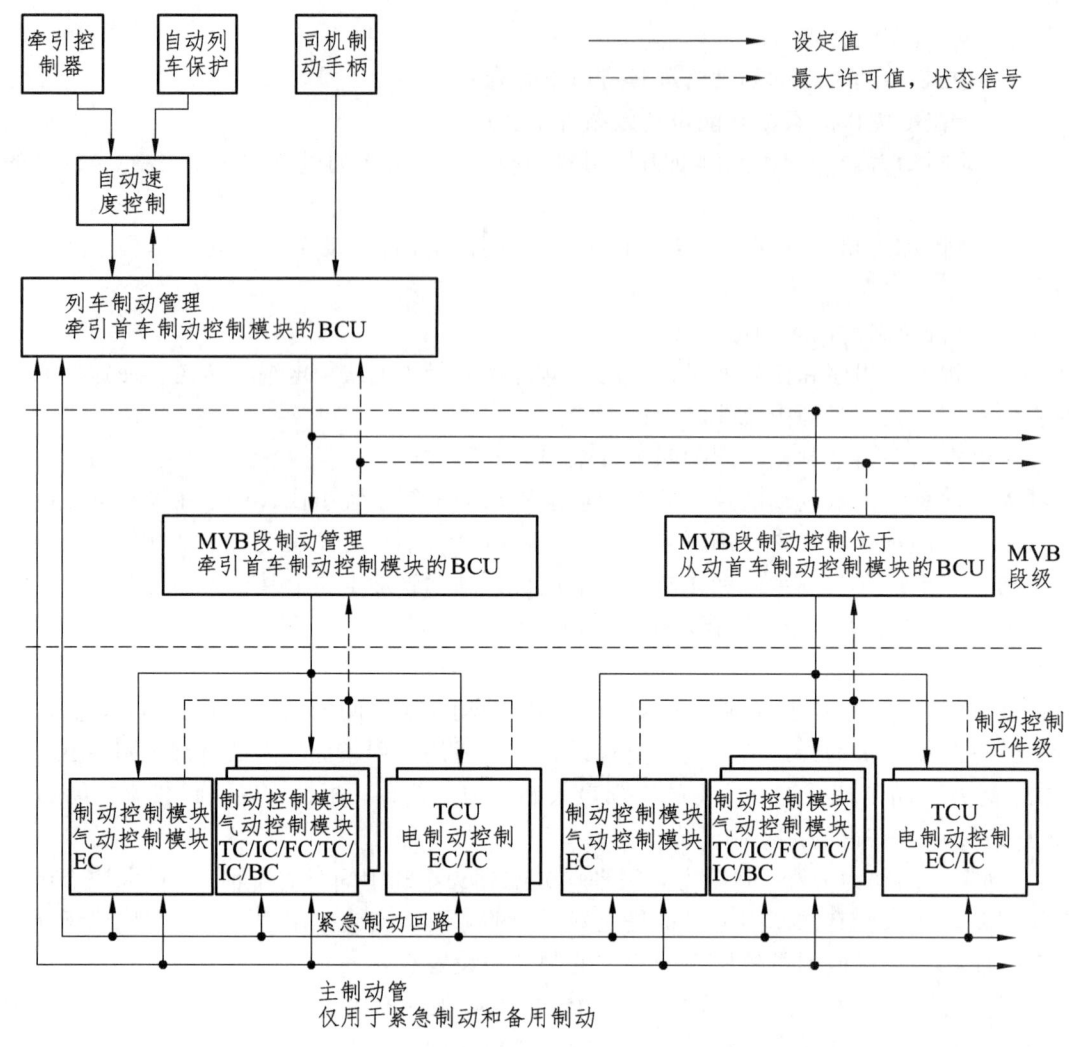

图 7.46 与功能和数据流相关的制动控制的基本分层结构

① 制动控制部件。

控制制动系统的每个控制单元命名为制动控制部件。这可以是制动控制单元（气动制动控制）或牵引控制单元（电制动控制）。每个制动控制部件监控相关装置和子部件并向牵引单元的诊断系统报告故障。

② 分段制动管理器 SBM。

由每个牵引单元内头车的 BCU 实现 SBM 的工作。BCU 设置在制动控制模块（BCM）处。SBM 的功能集成在头车的两个 BCU 内，作为冗余。两个头车的 BCU 中只有一个执行 SBM 的功能。如果 SBM 故障，另一 BCU 将自动执行 SBM 功能。SBM 向单个制动控制部件发送 TBM 的设定值。此外，SBM 将其牵引单元可利用的实际最大制动力叠加（也考虑负荷相关性）并将此数据传送至 TBM。SBM 监控牵引单元的 BCU 并向牵引单元的诊断系统报告故障。

③ 列车制动管理 TBM。

TBM 的功能集中到头车的两个冗余的 BCU 内。在本务车头车内两个 BCU 中仅有一个执行 TBM 的功能。如果 TBM 故障，在本务车中的另一 BCU 将自动执行 TBM 的功能。BCU 位于制动控制模块 BCM 内。列车制动管理功能在电池接通并且司机室第一次激活后在列车内被激活。TBM 位于与列车主 CCU 相同的牵引单元内。TBM 控制并协调列车的所有常用制动系统。TBM 考虑要求的列车制动力和实际制动模式并从可用的制动力计算单个制动系统的制动设定值并将它们传送至 SBM。此外，TBM 控制 ABT，MBT 和 SBT 并对列车内的单个压缩机进行压缩机管理。

计算并传送下列信号：

① 电动力制动的设定值。

② 直接电空制动的设定制动力。

③ 二进制常用制动请求（至 ED 制动）。

④ 二进制紧急制动请求。

存在两个基本的制动服务：

① 手动服务，参考 TBM 的制动力分布部分。

② 自动服务，参考 ASC 的制动力分布部分。

③ 用两种方法命令制动要求设定值。

④ 司机的制动手柄。制动管理计算手动使用中每个制动系统的制动要求设定值。

⑤ ASC：TBM 传送自动使用中的值。

每个电制动和电空制动系统接收一个设定值，两个制动系统将实际的制动力报告给制动管理，制动管理将制动要求设定值与报告的实际制动力相比较。如果在要求的和获得的最大 ED 制动力之间有差别，那么这两个之间的差值按电空制动系统要求。

除了以上三个主要组成部分，制动管理还包括下列基本部件：

① TCU（牵引控制单元）：

- 动力制动的控制。
- 动车非转轴的独立检测。
- 动力制动的车轮防滑保护。

② CCU：中央控制单元（每辆头车内设置有两个冗余的 CCU）：

- ASC（自动速度控制）。
- 牵引控制。
- 电源系统的控制。
- 自动警惕装置。

（7）列车制动管理的激活。

常用制动时，如在牵引单元中司机室被激活，那么 TBM 的功能被激活。此牵引单元头车内的 BCU 通过 CCU 和头车硬线信号获得主牵引单元信号。

在紧急运行和备用制动时。除非在施加紧急制动的情况下，在由 ASC 制动分布的自动运行和手动操作中，列车管处于定压。如果有下列情况，TBM 制动管理将失效。

① 备用制动控制手柄 ZB11-6（C02）的隔离阀（C14）打开，启用备用制动模式。

② 紧急驱动模式激活。

必须提供可由司机激活的按比例操作的制动控制方式。在该方式下，制动力能平均地分配到所有的车轴上，以在不利的黏着条件中，达到尽可能最大且平均的黏着系数利用率。

复习思考题

1. 试分析典型列车牵引特性。
2. 试分析 CRH_2 型动车组牵引传动系统工作原理。
3. 试分析 CRH380AL 型动车组牵引传动系统工作原理。
4. 试分析 CRH380BL 型动车组牵引传动系统工作原理。

参考文献

[1] 张喜全. 电力牵引传动及控制[M]. 北京：中国铁道出版社，1980.

[2] 张喜全. 列车电力传动与控制[M]. 成都：西南交通大学出版社，2010.

[3] 宋雷鸣. 动车组供电牵引系统与设备[M]. 北京：北京交通大学出版社，2012.

[4] 黄济荣. 电力牵引交流传动与控制[M]. 北京：机械工业出版社，1999.

[5] 连级三. 电力牵引控制系统[M]. 北京：中国铁道出版社，2003.

[6] 陈伯时. 电力拖动自动控制系统——运动控制系统[M]. 3 版. 北京：机械工业出版社，2005.

[7] 沈本荫. 现代交流传动及其控制系统[M]. 北京：中国铁道出版社，1997.

[8] 顾绳谷. 电机及拖动基础[M]. 3 版. 北京：机械工业出版社，2003.

[9] 宋雷鸣. 动车组传动与控制[M]. 北京：中国铁道出版社，2007.

[10] 丁荣军. 交流传动机车牵引特性曲线与变流器-牵引电机系统的匹配[J]. 机车电传动，1999，（6）.

[11] 丁荣军，桂武鸣. 四象限变流器输入电压的计算[J]. 机车电传动，1998，（4）：31-37.

[12] 王聪，等译. 现代电力电子学与交流传动[M]. 北京：机械工业出版社，2005.

[13] 张龙. 电力机车电机[M]. 北京：中国铁道出版社，2003.

[14] 华平. 电力机车控制[M]. 北京：中国铁道出版社，2004.

[15] 曲永印. 电力电子变流技术[M]. 北京：冶金工业出版社，2002.

[16] 冯晓云. 电力牵引交流传动及其控制系统[M]. 北京：高等教育出版社，2009.